James Miles Moore

The Martyrs Who Gave up Their Lives in the Prison Pens in Andersonville

James Miles Moore

The Martyrs Who Gave up Their Lives in the Prison Pens in Andersonville

ISBN/EAN: 9783744753364

Printed in Europe, USA, Canada, Australia, Japan

Cover: Foto ©ninafisch / pixelio.de

More available books at **www.hansebooks.com**

Quartermaster General's Office, General Orders, No. 69½

THE MARTYRS

WHO,

FOR OUR COUNTRY,

GAVE UP THEIR LIVES

IN THE

PRISON PENS IN ANDERSONVILLE, GA.

WASHINGTON:
GOVERNMENT PRINTING OFFICE.
1866.

GENERAL ORDERS,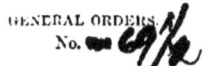
No.
QUARTERMASTER GENERAL'S OFFICE,
Washington, D. C., November 25, 1865.

The following report of Captain James M. Moore, assistant quartermaster United States army, upon the cemetery at Andersonville, Georgia, with the names of the martyrs there interred, is published by authority of the Secretary of War for the information of their comrades and friends.

M. C. MEIGS,
Quartermaster General, Brevet Major General.

REPORT

OF THE

EXPEDITION TO ANDERSONVILLE, GA.,

DURING THE MONTHS OF

JULY AND AUGUST, 1865.

ASSISTANT QUARTERMASTER'S OFFICE, DEPOT OF WASHINGTON,
Washington, D. C., September 20, 1865.

GENERAL: In accordance with Special Orders No. 19, Quartermaster General's office, dated June 30, 1865, directing me to proceed to Andersonville, Georgia, for the purpose of marking the graves of Union soldiers for future identification, and enclosing the cemetery, I have the honor to report as follows:

I left Washington, District of Columbia, on the 8th of July last for Andersonville, Georgia, *via* Savannah, with mechanics and material for the purpose above mentioned.

On my arrival at Savannah, I ascertained there was no railroad communication whatever to Andersonville—the direct road to Macon being broken, and that from Augusta, *via* Atlanta, also in the same condition. I endeavored to procure wagon transportation, but was informed by the general commanding the department of Georgia that a sufficient number of teams could not be had in the State to haul one-half of my stores; and, as the roads were bad, and the distance more than four hundred miles, I abandoned all idea of attempting a route through a country difficult and tedious under more propitious circumstances.

The prospect of reaching Andersonville at this time was by no means favorable, and nearly one week had elapsed since my arrival at Savannah. I had telegraphed to Augusta, Atlanta, and Macon almost daily, and received replies that the railroads were not yet completed.

At length, on the morning of the 18th of July, the gratifying telegram from Augusta was received, announcing the completion of the Augusta and Macon road to Atlanta, when I at once determined to procure a boat and proceed to Augusta by the Savannah river.

The desired boat was secured, and in twenty-four hours after the receipt of the telegram alluded to, I was on my way with men and material for Augusta. On my arrival there, I found the railroad completed to Macon, and that from Macon to Andersonville having never been broken, experienced little difficulty in reaching my destination, where I arrived July 25, after a tiresome trip, occupying six days and nights.

At Macon, Major General Wilson detailed one company of the 4th United States cavalry and one from the 137th regiment United States colored troops to assist me. A member of the former company was killed on the 5th of August, at a station named Montezuma, on the Southwestern railroad.

The rolling stock on all the roads over which I travelled is in a miserable condition, and very seldom a greater rate of speed was attained than twelve miles an hour. At the different stations along the route the object of the expedition was well known, and not unfrequently men wearing the garb of rebel soldiers would enter the cars and discuss the treatment of our prisoners at Andersonville; all of whom candidly admitted it was shameful, and a blot on the escutcheon of the South that years would not efface.

While encamped at Andersonville, I was daily visited by men from the surrounding country, and had an opportunity of gleaning their feelings towards the government; and, with hardly an exception, found those who had been in the rebel army penitent and more kindly disposed than those who have never taken a part, and anxious again to become citizens of the government they had fought so hard to destroy.

On the morning of the 26th of July, the work of identifying the graves, painting and lettering of head-boards, laying out walks, and enclosing the cemetery was commenced, and on the evening of August 16, was completed, with the exceptions hereafter mentioned.

The dead were found buried in trenches on a site selected by the rebels, about three hundred yards from the stockade. The trenches varied in length from fifty to one hundred and fifty yards. The bodies in the trenches were from two to three feet below the surface, and in several instances, where the rains had washed away the earth, but a few inches. Additional earth was, however, thrown upon the graves, making them of a still greater depth. So close were they buried, without coffins or the ordinary clothing to cover their nakedness, that not more than twelve inches were allowed to each man; indeed, the little tablets marking their resting-places, measuring hardly ten inches in width, almost touch each other.

United States soldiers, while prisoners at Andersonville, had been detailed to inter their companions, and by a simple stake at the head of each grave, which bore a number corresponding with a similar numbered name upon the Andersonville hospital record, I was enabled to identify and mark with a neat tablet, similar to those in the cemeteries at Washington, the number, name, rank, regiment, company, and date of death of twelve thousand four hundred and sixty-one graves, there being but four hundred and fifty-one that bore the sad inscription "Unknown U. S. soldiers."

One hundred and twenty thousand feet of pine lumber were used in these tablets alone.

The cemetery contains fifty acres, and has been divided by one main avenue running through the centre, and subdivided into blocks and sections in such a manner that, with the aid of the record, which I am now having copied for the superintendent, the visitors will experience no difficulty in finding any grave.

A force of men is now engaged in laying out walks and cleaning the cemetery of stumps and stones, preparatory to planting trees and flowers.

I have already commenced the manufacture of brick, and will have a sufficient number by the 1st of October to pave the numerous gutters throughout the cemetery; the clay in the vicinity of the stockade being well adapted to the purpose of brick-making.

Appropriate inscriptions are placed through the ground, and I have endeavored, as far as my facilities would permit, to transfer this wild, unmarked, and unhonored graveyard into a fit place of interment for the nation's gallant dead. At the entrance gate, the words "National Cemetery, Andersonville, Ga.," designate this city of the dead.

On the morning of the 17th of August, at sunrise, the stars and stripes were hoisted in the centre of the cemetery, when a national salute was fired, and several national songs sung by those present.

The men who accompanied me, and to whom I am indebted for the early completion of my mission, worked zealously and faithfully from early in the morning until late at night, although suffering intensely from the effects of the sun. Unacclimated as they were, one after another was taken sick with the fever incident to this country, and in a brief period my force of mechanics was considerably lessened, obliging me to obtain others from the residents in different parts of the State.

All my men, however, recovered, with the exception of Mr. Eddy Watts, a letterer, who died on the 16th of July of typhoid fever, after a sickness of three weeks. I brought his body back with me, and delivered it to his family in this city.

Several of the 4th United States cavalry, detailed by General Wilson, died of the same fever shortly after joining their command at Macon.

Andersonville is situated on the Southwestern railroad, sixty miles from Macon. There is but one house in the place, except those erected by the so-called confederate government as hospitals, officers' quarters, and commissary and quartermasters' buildings. It was formerly known as Anderson, but since the war the "ville" has been added.

The country is covered mostly with pines and hemlocks, and the soil is sandy, sterile, and unfit for cultivation, and unlike the section of country a few miles north and south of this place, where the soil is well adapted to agricultural purposes, and cotton as well as corn are extensively raised. It is said to be the most unhealthy part of Georgia, and was probably selected as a depot for prisoners on account of this fact. At midday the thermometer in the shade reaches frequently one hundred and ten degrees, and in the sun the heat is almost unbearable.

The inhabitants of this sparsely-settled locality are, with few exceptions, of the most ignorant class, and from their haggard and sallow faces the effects of chills and fever are distinctly visible.

The noted prison pen is fifteen hundred and forty feet long, and seven hundred and fifty feet wide, and contains twenty-seven acres. The dead line is seventeen feet from the stockade, and the sentry boxes are thirty yards apart. The inside stockade is eighteen feet high, the outer one twelve feet, and the distance between the two is one hundred and twenty feet.

Nothing has been destroyed; as our exhausted, emaciated, and enfeebled soldiers left it, so it stands to-day, as a monument to an inhumanity unparalleled in the annals of war.

How men could survive as well as they did in this pen, exposed to the rays of an almost tropical sun by day and drenching dews by night, without the slightest covering, is wonderful.

The ground is filled with holes where they had burrowed, in their efforts to shield themselves from the weather, and many a poor fellow, in endeavoring to protect himself in this manner, was smothered to death by the earth falling in upon him.

A very worthy man has been appointed superintendent of the grounds and cemetery, with instructions to allow no buildings or structures of whatever nature to be destroyed, particularly the stockade surrounding the prison pen.

The stories told of the sufferings of our men while prisoners here have been substantiated by hundreds, and the skeptic who will visit Andersonville, even now, and examine the stockade, with its black, oozey mud, the cramped and wretched burrows, the dead line and the slaughter-house, must be a callous observer, indeed, if he is not convinced that the miseries depicted of this prison pen are no exaggerations.

I have the honor to be, general, very respectfully, your obedient servant,

JAMES M. MOORE,
Captain and Assistant Quartermaster U. S. Army.

Brevet Major General M. C. MEIGS,
Quartermaster General U. S. Army, Washington, D. C.

LIST OF INTERMENTS

MADE BY THE

EXPEDITION TO ANDERSONVILLE, GEORGIA,

DURING THE MONTHS OF

JULY AND AUGUST, 1865.

No. of grave.	Name.	Rank.	Regiment.	Co.	Died.
	A.				
2347	Aaron, Thomas	Private	2d N. J	B	July 15, 1864.
2038	Abbey, O.	Corporal	174th N. Y	H	June 16, 1864.
2141	Abbey, W. H.	Private	85th N. Y	E	June 18, 1864.
3257	Abbott, C. M.	do	5th Mich	E	July 13, 1864.
4746	Abbott, C.	do	7th N. H	K	Aug. 4, 1864.
5241	Abbott, A.	Sergeant	21st Wis	D	Aug. 10, 1864.
10288	Abbott, D. E.	Corporal	2d Md	D	Oct. 4, 1864.
3194	Aber, A.	Private	7th Tenn. cav	A	July 11, 1864.
4719	Abell, C.	do	15th N. Y. art	C	Aug. 4, 1864.
8865	Abercrombie, W. H.	do	12th Va	C	Sept. 15, 1864.
2648	Able, J.	do	54th Pa	F	June 29, 1864.
4612	Abor, J.	do	104th N. Y	I	Aug. 3, 1864.
11977	Abrinn, G.	do	1st Minn	B	Nov. 12, 1864.
4143	Aches, T. J.	do	7th Pa. res	H	July 28, 1864.
64	Ackhart, David	do	20th N. Y. M	A	Mar. 19, 1864.
468	Ackerman, C.	do	8th Pa	B	April 10, 1864.
5629	Ackerman, Samuel	do	97th N. Y	K	Aug. 14, 1864.
2247	Acker, J.	do	22d Mich	K	June 20, 1864.
3018	Ackley, G. B.	do	3d Pa	B	July 7, 1864.
5601	Ackler, W.	do	3d Mich. cav	C	Aug. 14, 1864.
1928	Adams, J. A. T.	do	6th Md	H	June 14, 1864.
3226	Adams, T. R.	do	85th N. Y	H	July 12, 1864.
3335	Adams, J. D.	do	1st Ky. cav	I	July 16, 1864.
6089	Adams, G.	do	14th U. S	E	Aug. 18, 1864.
4579	Adams, Daniel	do	1st Vt. cav	L	Aug. 2, 1864.
4581	Adams, J. A.	do	10th N. Y	F	Aug. 2, 1864.
6422	Adams, E.	do	2d Ohio cav	C	Aug. 22, 1864.
6467	Adams, O.	do	61st N. Y	C	Aug. 22, 1864.
8402	Adams, H. T.	Sergeant	17th Ill. cav	E	Sept. 11, 1864.
8497	Adams, H.	Private	98th N. Y	G	Sept. 11, 1864.
8559	Adams, S.	Sergeant	100th N. Y		Sept. 12, 1864.
8692	Adams, A. F.	Private	26th Mass	F	Sept. 14, 1864.
9561	Adams, S. B.	do	18th Mass	G	Sept. 23, 1864.
9584	Adams, H.	Private	35th Ind. cav	A	Sept. 23, 1864.
10425	Adams, J.	do	122d Ohio	I	Oct. 6, 1864.
11286	Adams, J. B.	do	16th Mass	G	Oct. 22, 1864.
11759	Adams, J. L.	do	27th Ky	G	Nov. 3, 1864.

LIST OF INTERMENTS IN THE

No. of grave.	Name.	Rank.	Regiment.	Co.	Died.
12606	Adams, A.	....do......	4th Mich	B	Feb. 7, 1865.
10514	Adamson, William	....do......	15th Ky	K	Oct. 8, 1864.
6567	Adcock, James	....do......	9th Minn	B	Aug. 23, 1864.
10830	Addams, P.	....do......	10th Wis	A	Aug. 3, 1864.
12430	Adder, W.	....do......	30th Ill	C	Jan. 11, 1865.
11460	Addley, A.	Citizen			Oct. 25, 1864.
1700	Ades, Edward	Private	8th N. Y. cav	C	June 7, 1864.
5047	Adiler, A.	....do......	8th N. Y	D	Aug. 8, 1864.
1917	Adkius, George	....do......	6th Ind. cav	D	June 14, 1864.
3840	Adlet, John	....do......	119th Ill	K	July 23, 1864.
6575	Adny, F.	....do......	85th N. Y	K	Aug 23, 1864.
8249	Adrian, F.	....do......	9th Ill. cav	E	Sept. 9, 1864.
11852	Afflerk, T.	....do......	2d Pa	F	Nov. 6, 1864.
4382	Ahearn, Daniel	....do......	170th N. Y		July 31, 1864.
1379	Aikens, A.	....do......	1st Md. cav	I	May 26, 1864.
3349	Aikeu, J. W.	....do......	85th N. Y	H	July 15, 1864.
6411	Aiken, George W.	Corporal	7th Tenn	K	Aug. 22, 1864.
12092	Aiken, W. A.	Private	1st Vt	A	Nov. 18, 1864.
8812	Aikin, William	....do......	7th Del	G	Sept. 15, 1864.
10793	Ailaud, C.	....do......	32d Ind	C	Oct. 12, 1864.
4990	Ailes, T. G.	....do......	20th Ohio	I	Aug, 2, 1864.
1837	Ait, M.	....do......	21st Pa	K	June 11, 1864.
1805	Akers, A. A.	....do......	94th Ohio	F	June 10, 1864.
2348	Akers, George	....do......	90th Pa	H	June 23, 1864.
6360	Akers, H. H.	....do......	27th Mass	I	Aug. 21, 1864.
12846	Akers, J. W.	....do......	47th Ohio	B	April 25, 1865.
8001	Akerman, M.	....do......	7th N. Y. art	L	Sept. 6, 1864.
2619	Akenson, A.		Gunboat Nepsia		Sept. 6, 1864.
9445	Akius. J. F.	Private	2d Ind. cav	H	Sept. 21, 1864.
6693	Albert, William	....do......	24th N. Y. bat'y		Aug. 24, 1864.
7062	Alberson, I.	....do......	42d N. Y	C	Aug. 28, 1864.
8301	Alber, S.	Sergeaut	11th Vt	G	Sept. 9, 1864.
5381	Albany, D.	Private	22d Ill	D	Sept. 10, 1864.
8513	Albright, C.	....do......	3d N. J. cav	I	Sept. 11, 1864.
11186	Albin, I.	....do......	89th Ind	B	Oct. 19, 1864.
4149	Alcorn, George W.	....do......	145th Pa	F	July 28, 1864.
9150	Alcom, S. W.	....do......	18th Pa. cav	D	Sept. 18, 1864.
2040	Aldridge, C. W.	....do......	23d Ohio	C	June 16, 1864.
4290	Aldrich, H.	....do......	36th Mass	G	July 30, 1864.
10973	Aldrich, H. W.	....do......	27th Mass	I	Oct. 15, 1864.
11259	Aldrich, H. B.	....do......	1st Vt. art	A	Oct. 21, 1864.
11784	Alderman, W. W.	....do......	31st Iowa	F	Nov. 4, 1864.
7007	Alderman, F.	....do......	15th N. Y. cav	H	Aug. 27, 1864.
1755	Alexander, J.	....do......	125th N. Y	C	June 9, 1864.
3317	Alexander, M.	....do......	1st Pa. cav	F	July 14, 1864.
6921	Alexander, S.	....do......	93d Ind	D	Aug. 26, 1864.
7124	Alexander, J. D.	....do......	5th Ind. cav	K	Aug. 28, 1864.
8127	Alexander, B.	....do......	123d Ill	B	Sept. 8, 1864.
8388	Alexander, W.	....do......	2d Pa. res	I	Sept. 10, 1864.
8493	Alexander, P. S.	....do......	13th Tenn. cav	D	Sept. 11, 1864.
11389	Alexander, W. S.	....do......	3d N. J. cav	C	Oct. 24, 1864.
5286	Aler, B.	....do......	103d Pa	A	Aug. 10, 1864.
6941	Aleny, F.	....do......	111th N. Y	K	Aug. 26, 1864.
10507	Alen, D.	....do......	126th Pa	A	Oct. 9, 1864.
9759	Alford, W. I.	....do......	117th Ind	K	Sept. 25, 1864.
11212	Alford, B. C.	....do......	152d N. Y	F	Oct. 20, 1864.
6074	Alford, George	....do......	11th Ky. cav	B	April 22, 1864.
9250	Alfka, H.		2d U. S. cav	D	Sept. 19, 1864.
10762	Alf, H.	Private	89th Ill	A	Oct. 12, 1864.

ANDERSONVILLE CEMETERY, GEORGIA. 11

No. of grave.	Name.	Rank.	Regiment.	Co.	Died.
975	Algert, H. K.	Sergeant	54th Pa	F	May 9, 1864.
5650	Alger, W. A.	Corporal	15th Mass	D	Aug. 14, 1864.
1569	Alingert, D	Private	51st Ohio	C	June 2, 1864.
29	Allen, E. S.	do	2d N. H.	H	March 9, 1864.
329	Allen, Samuel S.	Corporal	13th Ky	F	April 3, 1864.
571	Allen, Jesse	do	116th Ind	K	April 15, 1864.
850	Allen, W. H.	Private	1st Md	H	May 2, 1864.
883	Allen, James W.	Private	11th Tenn	B	May 4, 1864.
1423	Allen, R. C.	do	17th Ill	I	May 28, 1864.
1550	Allen, W.	do	45th Ohio	B	June 1, 1864.
3003	Allen, A.	do	32d Me	K	July 10, 1864.
3293	Allen, A. W.	do	14th N. Y. art	M	July 14, 1864.
4349	Allen, Charles	do	18th U. S	H	July 30, 1864.
4656	Allen, S.	do	9th N. H	C	Aug. 2, 1864.
4673	Allen, C.	do	8th Pa. cav	K	Aug. 3, 1864.
4723	Allen, William	Corporal	11th Ky. cav	C	Aug. 4, 1864.
5334	Allen, G. H.	Private	2d Mass. art	E	Aug. 11, 1864.
5453	Allen, C. B.	do	2d Wis	G	Aug. 12, 1864.
5569	Allen, N.	do	3d Iowa	K	Aug. 13, 1864.
5568	Allen, W.	do	1st N. Y. cav	H	Aug. 13, 1864.
6331	Allen, Charles	Sergeant	1st R. I. cav	D	Aug. 21, 1864.
6713	Allen, A. A.	Private	14th Mich	I	Aug. 24, 1864.
7429	Allen, A. B.	Corporal	121st Ohio	C	Aug. 31, 1864.
8185	Allen, J. L.	Private	101st Pa	I	Sept. 8, 1864.
8730	Allen, Francis	do	1st Mass. art	M	Sept. 14, 1864.
9643	Allen, D. B.	Sergeant	29th Ind		
9829	Allen, J.	Private	1st Conn. cav	H	Sept. 27, 1864.
10874	Allen, James C.	do	91st Ohio	F	Oct. 13, 1864.
12452	Allen, J. T.	do	82d N. Y	A	Jan. 14, 1865.
12495	Allen, J. W.	Corporal	1st Ohio	G	Jan. 20, 1865.
12571	Allen, T.	Private	9th Mich. cav	H	Feb. 2, 1865.
12710	Allen, G. W.	do	7th Tenn	I	Feb. 28, 1865.
846	Allbeck, G. B.	Sergeant	52d N. Y	F	May 2, 1864.
2113	Allwise, J. R.	Private	24th Wis	E	June 17, 1864.
7587	Allman, Charles	do	7th N. Y. art	C	Sept. 2, 1864.
2313	Allison, B. F.	do	13th Tenn. cav	D	June 22, 1864.
2393	Allison, E.	do	55th Pa	K	June 24, 1864.
9896	Allison, D. B.	do	55th Pa	K	Sept. 27, 1864.
11525	Allison, G.	do	1st Va	F	Oct. 26, 1864.
2400	Allison, L. F.	do	21st Ill	B	June 24, 1864.
3197	Allbrook, C. W.	do	60th Ohio	C	July 11, 1864.
5844	Allenberger, J.	do	39th N. Y	B	Aug. 16, 1864.
10473	Allyn, D.	do	88th Ind	K	Oct. 7, 1864.
11479	Allinger, L.	do	48th N. Y	I	Oct. 26, 1864.
3932	Almond, A.	do	72d Ohio	A	July 25, 1864.
5938	Alphord, J.	do	75th N. Y	G	Aug. 17, 1864.
7739	Alsaver, S.	do	47th N. Y	H	Sept. 3, 1864.
224	Altwood, Abraham	do	13th Pa. cav	I	Mar. 29, 1864.
7478	Altenbreud, F.	do	39th N. Y	D	Sept. 1, 1864.
8765	Altumus, William	do	7th Pa	E	Sept. 14, 1864.
10823	Altou, S.	Corporal	7th Pa. cav	H	Oct. 13, 1864.
9748	Alven, John	Private	19th Mass	B	Sept. 25, 1864.
11777	Alvord, A.	do	23d Ill	G	Nov. 3, 1864.
7482	A.ward, A.	do	135th Ohio	B	Sept. 1, 1864.
2956	Amagas, Eli	Sergeant	103d Pa	F	July 5, 1864.
800	Ambler, Frederick	Private	47th N. Y	H	April 29, 1864.
8232	Ambler, C.	do	13th N. Y. cav	D	Sept. 9, 1864.
2314	Ambrose, Jacob	Corporal	9th N. Y. cav	G	June 23, 1864.
26	Ames, John G.	Sergeant	2d N. H.	F	March 8, 1864.

LIST OF INTERMENTS IN THE

No. of grave.	Name.	Rank.	Regiment.	Co.	Died.
1118	Ames, George	Private	100th Ohio	K	May 15, 1864.
2286	Ames, H.	do	35th Mass	A	June 21, 1864.
4654	Ames, J. R.	Sergeant	14th N. Y. art	I	Aug. 3, 1864.
8449	Ames, M. L.	Private	32d Mass	G	Sept. 10, 1864.
10642	Ames, Henry	do	2d N. Y. art		Oct. 10, 1864.
887	Amos, J.	do	Ringgold bat'y	F	May 5, 1864.
987	Amos, T. G.	do	2d Tenn	C	May 10, 1864.
4947	Ammerman, H. H.	do	23d Mich	A	Aug. 7, 1864.
12646	Amps, C.	Private	33d N. J	I	Feb. 13, 1865.
3354	Amy, G.	do	1st N. J	K	July 15, 1864.
537	Anderson, H.	do	20th N. Y. cav	M	April 14, 1864.
824	Anderson, A.	do	2d Va	H	May 1, 1864.
1028	Anderson, William	do	2d Md	C	May 11, 1864.
1575	Anderson, S.	do	11th Ky	D	June 3, 1864.
1724	Anderson, D.	do	111th Ohio	B	June 8, 1864.
1798	Anderson, A.	do	9th Md	A	June 10, 1864.
2380	Anderson, A.	do	14th Conn	K	June 23, 1864.
2546	Anderson, George	do	23d Mich	E	June 27, 1864.
2547	Anderson, D.	Sergeant	103d Pa	K	June 27, 1864.
2606	Anderson, John	Private	19th Me	I	June 28, 1864.
3046	Anderson, R	do	93d Ohio	C	July 8, 1864.
3739	Anderson, A.	do	100th N. Y	I	July 21, 1864.
4055	Anderson, J.	Corpora.	79th Pa	I	July 27, 1864.
4110	Anderson, L.	Private	14th N. Y	D	July 27, 1864.
4270	Anderson, D.	do	76th Ind	E	July 29, 1864.
4800	Anderson, A.	do	99th N. Y	F	Aug. 6, 1864.
4973	Anderson, J.	do	4th Pa	L	Aug. 7, 1864.
6710	Anderson, A.	do	19th Ill	K	Aug. 24, 1864.
7138	Anderson, T.	do	2d N. J	E	Aug. 28, 1864.
7907	Anderson, C. S.	Sergeant	10th Tenn	D	Sept. 5, 1864.
8071	Anderson, Charles		Gunboat Southfield.		Sept. 6, 1864.
8819	Anderson, J.	Private	39th N. Y	E	Sept. 15, 1864.
9156	Anderson, F.	do	1st Mich. cav	G	Sept. 18, 1864.
9832	Anderson, J. N	do	7th N. H	E	Sept. 27, 1864.
9946	Anderson, W.	do	89th Ill	C	Sept. 28, 1864.
10242	Anderson, W.	do	98th Ill	E	Oct. 3, 1864.
2631	Andrews, Joseph	do	2d Tenn	C	June 29, 1864.
3941	Andrews, E. L.	do	6th Ind. cav	K	July 26, 1864.
7533	Andrews, W.	do	85th N. Y	K	Sept. 1, 1864.
10393	Andrews, J. R	do	63d Ohio	K	Oct. 6, 1865.
3167	Andson, S.	do	8th Tenn. cav	B	July 11, 1864.
5042	Andrum, Samuel	do	— Ohio	G	Aug. 8, 1864.
3334	Aug.on, William	do	7th Tenn. cav	A	July 15, 1864.
7887	Angstedt. —	do	1st Pa	F	Sept. 5, 1864.
11748	Angian. J.	Sergeant	66th N. Y	D	Nov. 2, 1864.
1743	Amy, William	Private	3d Pa. cav	E	June 8, 1864.
4698	Anker, George		Schooner Norman.		Aug. 4, 1864.
8373	Anlaslino, —, (col'd.)		54th Mass		Sept. 10, 1864.
2769	Annhult, J. H.	Corporal	10th Va	I	July 2, 1864.
6049	Anorson, John	Private	91st Pa	C	Aug. 18, 1864.
6548	Answell, J.	do	15th N. Y. cav	A	Aug. 23, 1864.
8717	Anson, Robert	do	1st N. Y. cav	K	Sept. 14, 1864.
6541	Antonio, P.	do	13th Tenn. cav	H	Sept. 14, 1864.
8720	Antisdal, George	do	5th N Y. cav		Sept. 14, 1864.
10271	Anthony E.	do	3d Ill	E	Oct. 3, 1864.
11607	Antill, I.	do	61st Pa	F	Oct. 28, 1864.
11681	Anterville, W.	do	6th N. Y	G	Oct. 31, 1864.
12202	Antler, F.	do	29th N. Y	B	Dec. 1, 1864.
12728	Antone, C.	do	31st Wis	D	March 4, 1865.

ANDERSONVILLE CEMETERY, GEORGIA. 13

No. of grave.	Name.	Rank.	Regiment.	Co.	Died.
6976	Appleby, S. W.	Private	85th N. Y	K	Aug. 27, 1864.
11419	Appleby, T. M.	do	149th Pa.	K	Oct. 24, 1864.
758	Arb, Simon	do	4th Pa. cav	C	April 27, 1864.
1382	Arble, Thomas	do	13th Pa. cav	A	May 20, 1864.
5341	Arbogast, W.	do	1st Vt. art'y	C	Aug. 11, 1864.
1084	Archy, J.	do	61st Mass	F	May 14, 1864.
4195	Archart, H.	do	51st Pa	C	July 29, 1864.
7130	Arches, Joseph L.	do	9th N Y	A	Aug. 28, 1864.
12325	Archer, H.	Corporal	1st Md	I	Dec. 23, 1864.
3967	Ardray, A. F.	Sergeant	13th Pa	F	July 25, 1864.
9741	Argt, C.	Private	6th N. Y		
250	Armidster, M.	do	4th Pa. cav	A	Mar. 30, 1864.
3582	Armibrish, A.	do	21st Ohio	D	July 23, 1864.
8589	Armington, H.	do	18th Mass	C	Sept. 12, 1864.
11523	Armin, Charles	do	8th U. S	I	Oct. 26, 1864.
876	Armstrong, George	Sergeant	8th Va. M	C	May 4, 1864.
1968	Armstrong, G. B.	Private	8th Va	C	June 15, 1864.
5011	Armstrong, J.	do	3d Va	C	Aug. 8, 1864.
5862	Armstrong, Charles	Sergeant	4th Pa. cav	C	Aug. 16, 1864.
7339	Armstrong, R.	Private	89th Ill	A	Aug. 30, 1864.
8653	Armstrong, A.	do	7th Pa	A	Sept. 13, 1864.
9475	Armstrong, H.	do	140th N. Y	G	Sept. 21, 1864.
10693	Armstrong, G.	do	28th Mass	A	Oct. 11, 1864.
10818	Armstrong, J.	do	164th N. Y	C	Oct. 12, 1864.
11571	Armstrong, W.	do	24th N. Y. bat'y		Oct. 27, 1864.
11172	Armond, William	do	7th N. Y	F	Oct. 19, 1864.
4529	Arnold, Charles	do	9th Ohio cav	G	Aug. 2, 1864.
6077	Arnold, H.	do	18th U. S	H	Aug. 18, 1864.
7024	Arnold, E. W.	do	17th Me	G	Aug. 27, 1864.
7168	Arnold, Daniel	do	184th Pa	C	Aug. 29, 1864.
7470	Arnold, R. B	do	7th N. Y. art	L	Sept. 1, 1864.
8655	Arnold, L.	do	73d Pa	A	Sept. 13, 1864.
12792	Arnold, L.	do	137th Ill	I	Mar. 18, 1865.
6720	Arnett, H. S.	do	13th Ky	A	Aug. 24, 1864.
12593	Arnett, T.	do	4th Ky	F	Feb. 5, 1865.
6051	Arnott, C.	do	47th N. Y	C	Aug. 20, 1864.
7843	Arue, J.	do	64th Ohio	D	Sept. 4, 1864.
12513	Arnick, W.	do	93d Ind	B	Jan. 23, 1865.
11727	Aron, W.	do	7th Ill. cav	M	Nov. 1, 1864.
789	Arrowsmith, W. R.	do	45th Ohio	H	Sept. 28, 1864.
1895	Arrowood, James	do	8th Tenn. cav	C	June 13, 1864.
12350	Arsnott, W.	do	7th Mich	E	Dec. 27, 1864.
251	Arthur, George	do	7th Ohio	B	Mar. 30, 1864.
7736	Arthur, J.	do	69th Ohio	I	Sept. 3, 1864.
12426	Arthur, D.	do	4th Ky	G	Jan. 10, 1865.
348	Arthor, J. C.	Sergeant	89th Ohio	A	July 17, 1864.
9492	Ashford, A. W.	do	11th Iowa	C	Sept. 22, 1864.
7572	Aspray, W.	Sergeant	13th Tenn	B	Sept. 2, 1864.
10487	Asbery, Anderson	Private		F	Oct. 7, 1864.
1580	Ashley, C. G.	do	146th N. Y	G	June 3, 1864.
3759	Ashley, J. M.	do	1st Ky. cav	L	July 22, 1864.
4537	Ashley, D. B.	do	16th U. S	C	Aug. 2, 1864.
12622	Ashley, —.	Citizen			Feb. 9, 1865.
5544	Ashtan, —.	Corporal	10th N. Y	I	Aug. 13, 1864.
6474	Ashby, J. F.	Private	7th Tenn. cav	B	Aug. 22, 1864.
9151	Atchley, A.	Private	3d Tenn	A	Sept. 18, 1864.
12520	Atchison, W. P.	do	142d Penn	F	Jan. 25, 1865.
10664	Aterick, L. E.	Sergeant	11th Vt	A	Oct. 11, 1864.
2461	Atkinson, P.	Private	22d Mich	C	June 25, 1864.

LIST OF INTERMENTS IN THE

No. of grave.	Names.	Rank.	Regiment.	Co.	Died.
5964	Atkinson, George	Private	9th Minn	F	Aug. 17, 1864.
9733	Atkinson, John	...do	14th Ill. cav	D	Sept. 25, 1864.
951*	Atmore, G. W.		3d N. H.	G	Sept. 22, 1864.
4004	Atkins, J. H.	Private	2d E. Tenn	C	July 26, 1864.
4894	Atkins, A.	...do	39th Ky	H	Aug. 6, 1864.
9910	Atkins, L.	...do	2d Tenn	D	Sept. 28, 1864.
10979	Atkins, E.	...do	6th Ill	C	Oct. 15, 1864.
978l	Atmore, C.	Private	2d Mass. art	A	Sept. 26, 1864.
3666	Atwell, Thomas	Sergeant	6th U. S. cav	M	July 20, 1864.
7207	Atwood, G. S.	Private	24th N. Y. bat'y		Aug. 29, 1864.
9960	Atwood, A.	...do	1st Vt	C	Sept. 28, 1864.
950	Aubrey, K.	Sergeant	14th N. Y.	A	May 8, 1864.
2977	Auger, A.	Private			
7743	Auger, G.	...do	47th N. Y.	E	Sept. 3, 1864.
11710	Auger, W.	...do	118th Pa	D	Nov. 1, 1864.
1779	Augustus, F.	Sergeant	89th Ohio	K	June 9, 1864.
6093	Auglin, J. A.	Corporal	18th Ky	B	Aug. 18, 1864.
8046	Augustine, J.	Private	100th Ill	I	Sept. 6, 1864.
5472	Aulger, George	...do	10th Mich	F	Aug. 13, 1864.
5511	Ault, James L.	...do	101st Pa	C	Aug. 13, 1864.
5680	Ault, J. W.	...do	40 h Ind	D	Aug. 14, 1864.
1736	Austin, A.	...do	147th N. Y.	N	June 8, 1864.
3094	Austin, J.	...do	7th N. Y. art	M	July 10, 1864.
3266	Austin, J. A.	Sergeant	1st R. I. cav	H	July 13, 1864.
4098	Austin, D. B.	Private	2d N. J	I	July 27, 1864.
4477	Austin, Isaac	...do	25th Wis	G	Aug. 1, 1864.
6119	Austin, D.	...do	8th Mich	C	Aug. 19, 1864.
8969	Austin, James	Sergeant	4th U. S. cav	K	Sept. 6, 1864.
11896	Austin, W.	Private	3d Iowa cav	A	Nov. 7, 1864.
5027	Austine, T.	...do	52d N. Y	A	Aug. 8, 1864.
5721	Austindalph, I.	...do	3d N. H.	D	Aug. 15, 1864.
11860	Auvaudt, J.	...do	184th Pa	D	Nov. 6, 1864.
3975	Averill, F. E.	...do	9th Vt	I	July 25, 1864.
4065	Avery, John W.	...do	1st Mass. h. art	G	July 27, 1864.
11765	Avery, J.	...do	1st N. H. cav	M	Nov. 3, 1864.
12820	Ayers, G. S.	...do	147th N. Y.	G	Mar. 30, 1865.
942	Ayres, S. Y.	...do	11th Va	C	May 7, 1864.
12763	Ayres, S.	...do	52d Ky	A	Feb. 26, 1865.

B.

112	Babb, Samuel	Private	8th Md	I	Mar. 23, 1864.
10147	Babb, W.	...do	5th Ky	G	Oct. 1, 1864.
2006	Babb, G. W.	...do	13th Tenn	A	June 15, 1864.
4988	Babb, James	...do	7th N. H.	B	Aug. 7, 1864.
1712	Babcock, N	...do	111th N. Y.	G	June 17, 1864.
2598	Babcock, F.	Corporal	44th Ill	G	June 28, 1864.
2720	Babcock, R.	Private	30th Conn	A	July 1, 1864.
3066	Babcock, J.	...do	72d N. Y.	E	July 9, 1864.
4638	Babcock, J. S.	...do	14th N. Y.	D	Aug. 3, 1864.
4893	Babcock, R.	...do	9th N. Y.	D	Aug. 6, 1864.
5335	Babcock, J.	...do	55th N. Y.	E	Aug. 11, 1864.
9474	Babcock, L. A.	Sergeant	9th Minn	D	Sept. 21, 1864.
11831	Babcock, W. N.	Private	13th N. Y.	L	Nov. 5, 1864.
11841	Babcock, J.	...do	1st Vt	K	Nov. 5, 1864.
12347	Babcock, J. M.	...do	140th N. Y.	I	Dec. 27, 1864.
3709	Babbitt, John	...do	7th Ill	K	July 21, 1864.
8314	Babbit, W. H.	Private	29th Ind	I	Sept. 10, 1864.

ANDERSONVILLE CEMETERY, GEORGIA. 15

No. of grave.	Names.	Rank.	Regiment.	Co.	Died.
5692	Babst, M	Private	9th N. Y	D	Aug. 15, 1864.
754	Bacon, E. P	do	154th N. Y	B	April 26, 1864.
5671	Bacon, A. W	do	9th Vt	G	Aug. 14, 1864.
2870	Bacelus, A	do	109th N. Y	A	July 4, 1864.
11272	Bachus, E. R	do	15th N Y. art	F	Oct. 21, 1864.
3115	Backley, C	do	24th N. Y. batt'y		July 10, 1864.
8053	Backley, J. F	do	9th Minn	G	Sept. 7, 1864.
3447	Bachelder, B. F	do	24th N. Y. batt'y		July 17, 1864.
3461	Bachelder, Benjamin	do	16th Conn	C	July 17, 1864.
4447	Bachellor, J. R	do	1st N. H		Aug. 1, 1864.
3771	Badger, P	do	47th N. Y	E	July 22, 1864.
7116	Baggaly, T	do	1st Mass. art	B	Aug. 28, 1864.
11818	Bagley, H	do	66th Pa	K	Nov. 4, 1864.
61	Bahn, William	do	7th N. Y	D	Mar. 18, 1864.
857	Bailey, A. W	do	14th Ky	G	May 3, 1864.
1158	Bailey, Andrew	do	1st U. S. cav	I	May 17, 1864.
3166	Bailey, James	do	2d Vt	A	July 11, 1864.
3346	Bailey, A. D	do	7th N. H	C	July 15, 1864.
3433	Bailey, F. M	do	40th Ky	G	July 17, 1864.
3783	Bailey, P	Sergeant	38th Ill	B	July 22, 1864.
4173	Bailey, S. T	Private	1st Vt. cav	H	July 28, 1864.
5161	Bailey, L	do	7th N. J	A	July 9, 1864.
5471	Bailey, J. H	Sergeant	11th Ky. cav	A	Aug. 13, 1864.
5564	Bailey, W	Corporal	25th Wis	E	Aug. 13, 1864.
5697	Bailey, G. W	do	154th N. Y	G	Aug. 15, 1864.
6099	Bailey, J. F	Private	18th Pa	K	Aug. 18, 1864.
6624	Bailey, R	do	21st Mass	A	Aug. 23, 1864.
7295	Bailey, J	do	36th Wis	I	Aug. 30, 1864.
7493	Bailey, John	do	12th N. Y. cav	A	Sept. 1, 1864.
7763	Bailey, F	do	16th Conn	E	Sept. 4, 1864.
7890	Bailey, A	do	5th N. Y	K	Sept. 5, 1864.
10163	Bailey, C	do	76th N. Y	K	Oct. 1, 1864.
11930	Bailey, George	do	72d Ind	A	Nov. 8, 1864.
12039	Bailey, J. J	do	2d Pa. art	F	Nov. 16, 1864.
2946	Baily, John	do	4th Mich. cav	M	July 5, 1864.
4576	Baine, H	do	5th R. I	A	Aug. 2, 1864.
6660	Bair, John G	do	46th Pa	F	Aug. 24, 1864.
7779	Baird, J	do	26th Iowa	H	Sept. 4, 1864.
11504	Bain, G	do	183d Pa	G	Oct. 26, 1864.
12406	Baiter, G	do	4th Vt	A	Jan. 6, 1865.
327	Baker, Elijah	do	45th Ohio	B	
579	Baker, Isaac	do	1st Ky	H	April 5, 1864.
695	Baker, Frank	do	5th Tenn. cav		April 23, 1864.
803	Baker, A. W	do	3d Ky. cav	C	April 29, 1864.
1046	Baker, J. D	do	57th Pa	F	May 12, 1864.
2323	Baker, Henry	do	18th Pa. cav	I	June 22, 1864.
2892	Baker, John	do	89th Ill	B	July 4, 1864.
3308	Baker, Thomas	do	16th Ill. cav	M	July 14, 1864.
3477	Baker, William	do	10'd Pa	F	July 17, 1864.
3550	Baker, E	do	85th N. Y	E	July 18, 1864.
4327	Baker, John	Teamster			July 30, 1864.
4468	Baker, Charles	Private	52d N. Y	G	Aug. 1, 1864.
4479	Baker, J	do	9th Ind	G	Aug. 1, 1864.
4563	Baker, T. W	do	13th Ind	B	Aug. 2, 1864.
4610	Baker, E	Corporal	4th Pa	K	Aug. 3, 1864.
4810	Baker, A	Private	5th Mich	F	Aug. 5, 1864.
4835	Baker, William	do	3d Ky	I	Aug. 6, 1864.
4965	Baker, William	do	4th N. H	H	Aug. 7, 1864.
4969	Baker, F	do	U. S. S. C		Aug. 7, 1864.

LIST OF INTERMENTS IN THE

No. of grave.	Names.	Rank.	Regiment.	Co.	Died.
5294	Baker, Isaac	Private	13th Tenn	B	Aug. 11, 1864.
5379	Baker, William	do	1st U. S. cav	K	Aug. 12, 1864.
5617	Baker, M. A	do	13th Tenn. cav	E	Aug. 14, 1864.
6061	Baker, James	do	101st Pa	C	Aug. 18, 1864.
6785	Baker, E. E	do	34th Mass	C	Aug. 25, 1864.
7857	Baker, I. W	do	3d N. H	G	Sept. 5, 1864.
8052	Baker, Ira	do	85th N. Y	H	Sept. 7, 1864.
8215	Baker, J	do	24th N. Y. batt'y	....	Sept. 8, 1864.
8759	Baker, M	do	146th N. Y	F	Sept. 14, 1864.
8902	Baker, Z	do	184th Pa	C	Sept. 16, 1864.
8917	Baker, William	do	11th Pa. cav	....	Sept. 16, 1864.
9102	Baker, James	do	17th Me	H	Sept. 18, 1864.
9287	Baker, W. C	do	94th Ohio	H	Sept. 19, 1864.
9430	Baker, John	do	1st Mich. cav	H	Sept. 21, 1864.
10636	Baker, A	do	93d N. Y	B	Oct. 10, 1864.
11469	Baker, John	do	11th Vt	E	Oct. 26, 1864.
11566	Baker, B. H	do	148th Pa	B	Oct. 27, 1864.
11660	Baker, J	Corporal	16th N. Y. cav	K	Oct. 30, 1864.
11848	Baker, J	Private	24th N. Y	F	Nov. 5, 1864.
12530	Baker, J	do	125th Ill	H	Jan. 26, 1865.
12778	Baker, J. G	do	1st Minn	A	Mar. 15, 1865.
5690	Bakers, Joseph P	do	7th Ind. cav	H	Aug. 15, 1864.
9101	Baken, J	do	154th N. Y	E	Sept. 18, 1864.
1034	Balis, Thomas	do	2d Ill. art	M	May 11, 1864.
1376	Baldwin, N	do	9th Ohio cav	F	May 26, 1864.
2818	Baldwin, Thomas	do	1st Conn. cav	L	July 3, 1864.
4861	Baldwin, G	do	19th U. S	A	Aug. 6, 1864.
5498	Baldwin, George	do	9th Ohio cav	G	Aug. 3, 1864.
6554	Baldwin, A. H	do	2d Pa. cav	K	Aug. 23, 1864.
6853	Baldwin, G	do	154th N. Y	C	Aug. 25, 1864.
7791	Baldwin, C	do	24th N. Y. cav	M	Sept. 2, 1864.
9682	Baldwin, A	do	5th Pa	K	Sept. 24, 1864.
11256	Baldwin, J. W	do	11th Ky. cav	H	Oct. 21, 1864.
11275	Baldwin, L. A	do	24th Mich	B	Oct. 22, 1864.
11435	Baldwin, W	do	35th Mass	A	Oct. 24, 1864.
1781	Balcan, D	do	19th Ohio	F	June 9, 1864.
2538	Balsley, William	do	20th Pa. cav	F	June 26, 1864.
4035	Ballinger, Robert	do	39th Ind	I	July 26, 1864.
10577	Ballinger, George	do	87th Pa	D	Oct. 9, 1864.
4457	Ballard, R. B	do	85th N. Y	C	Aug. 1, 1864.
12795	Bales, P	do	44th Mo	F	Mar. 18, 1865.
5533	Bales, G. W	do	13th Tenn. cav	B	Aug. 13, 1864.
7664	Bales, Henry	do	2d Tenn	K	Sept. 3, 1864.
5632	Balcomb, —	do	11th Conn	B	Aug. 14, 1864.
5758	Balmet, J	do	19th Ohio	I	Aug. 15, 1864.
8018	Ballantine, Robert	do	16th Conn	A	Sept. 6, 1864.
10969	Ballett, J	do	19th Me	G	Oct. 11, 1864.
12585	Baley, E	do	4th Vt	B	Feb. 4, 1865.
12504	Balstron, J	do	93d Ind	F	Jan. 22, 1865.
12777	Balson, L	do	12th Ky	B	Mar. 15, 1865.
2055	Ball, H	do	7th Wis	A	June 16, 1864.
2180	Ball, L	do	26th Pa	K	June 19, 1864.
5261	Ball, J. M	do	2d Md	B	Aug. 10, 1864.
7347	Ball, P	do	49th Pa	H	Aug. 30, 1864.
11445	Ball, J	Corporal	19th Pa	K	Oct. 25, 1864.
11964	Ball, H. A	Private	3d Conn	B	Nov. 11, 1864.
12077	Ball, W	do	12th U. S	C	Nov. 18, 1864.
2760	Ball, Daniel	do	11th Ky	B	July 2, 1864.
288	Bane, S	do	Ring's battery	A	April 1, 1864.
1154	Banghart, J	do	9th Mich. cav	G	May 16, 1864.

ANDERSONVILLE CEMETERY, GEORGIA. 17

No. of grave.	Names.	Rank.	Regiment.	Co.	Died.
1201	Banks, E. E.	Private	17th U. S.	H	May 19, 1864.
11528	Baney, J.	....do......	4th Pa. cav	I	Oct. 26, 1864.
1514	Baney, Henry	....do......	21th Ind	D	May 31, 1864.
10980	Baney, George	....do......	4th Pa.	I	Oct. 15, 1864.
2009	Bangardner, B.	....do......	2d Wis	K	June 15, 1864.
3909	Banner, J.	....do......	11th Ky	C	July 24, 1864.
9078	Bunner, M.	....do......	20th Mass	B	Sept. 17, 1864.
5847	Bancroft, A. H.	....do......	85th N. Y.	....	Aug. 11, 1864.
5536	Banker, J. M.	....do......	118th N. Y.	K	Aug. 13, 1864.
7742	Banning, J. F.	....do......	16th Conn	E	Sept. 3, 1864.
8443	Bannam, H.	....do......	39th N. Y.	H	Sept. 11, 1864.
8909	Baurall, J	....do......	4th U. S.	F	Sept. 16, 1864.
10983	Bauyer, J. S.	....do......	55th Pa	E	Oct. 15, 1864.
11056	Bannyer, F.	....do......	126th N. Y.	K	Oct. 17, 1864.
8496	Banes, A.	....do......	36th Ohio	G	Sept. 11, 1864.
188	Bard, W. F.	Sergeant	45th Ohio	F	Mar. 27, 1864.
642	Barge, Henry	Private	20th Mass	E	April 20, 1864.
1244	Barnard, Wm. N.	....do	2d Tenn	A	May 20, 1864.
1293	Bartche, C. P.	....do......	5th Iowa	K	May 23, 1864.
1302	Barnett, James	....do......	8th Ky	H	May 24, 1864.
1397	Barden, Charles L.	....do......	15th U. S.	E	May 26, 1864.
1596	Barker, J.	....do......	2d N. C.	F	June 3, 1864.
1689	Barger, H.	Sergeant	120th N. Y.	A	June 7, 1864.
1697	Barnes, U. L.	Private	2d Mass. cav.	M	June 7, 1864.
3051	Barnes, W.	Corporal	101st Pa	H	July 8, 1864.
3053	Barnes, B. H.	....do......	92d Ohio	H	July 9, 1864.
4782	Barnes, G.	Private	10th Tenn	D	Aug. 5, 1864.
6569	Barnes, William	....do......	7th Tenn. cav	M	Aug. 23, 1864.
6594	Barnes, William	....do......	1st Vt. cav	F	Aug. 23, 1864.
6771	Barnes, J. S.	....do......	16th N. Y.	K	Aug. 25, 1864.
6963	Barnes, A. C.	....do......	35th N. Y.	D	Aug. 27, 1864.
6974	Barnes, L. A.	....do......	19th Mass	F	Aug. 27, 1864.
7460	Barnes, W.	....do......	119th Pa	G	Sept. 1, 1864.
7794	Barnes, T. M.	....do......	5th Ind. cav	B	Sept. 4, 1864.
7994	Barnes, T. S.	....do......	31st Ohio	B	Sept. 6, 1864.
8821	Barnes, R. W.	....do......	24th N. Y. batt'y	....	Sept. 15, 1864.
10418	Barnes, Thomas	....do......	76th N. Y.	B	Oct. 6, 1864.
10480	Barnes, Thomas	....do......	12-th Illinois	F	Oct. 7, 1864.
11343	Barnes, M.	Corporal	115th N. Y.	F	Oct. 23, 1864.
12338	Barnes, J.	Private	11th Ky	D	Dec. 25, 1864.
12524	Barnes, E. H.	....do......	2d Ohio	D	Jan. 26, 1865.
12602	Barnes, F. B.	....do......	7th Tenn. cav	D	Feb. 16, 1865.
3748	Barns, J	....do......	12th N. Y. cav	F	July 21, 1864.
4221	Barns, A. C.	....do......	15th Tenn	H	July 29, 1864.
526	Barr, W. B.	....do......	112th Ill	E	April 13, 1864.
673	Barr, Augustus A	....do......	54th Pa	F	April 22, 1864.
2226	Barr, J. T.	....do......	4th Pa. cav	K	June 20, 1864.
3019	Barr, S.	....do......	103d Pa	G	July 7, 1864.
7932	Barr, W.	Sergeant	8th Mich. cav	L	Sept. 5, 1864.
8256	Barr, E.	Private	103d Pa	C	Sept. 9, 1864.
588	Barrett, D.	....do......	13th N. Y.	H	April 17, 1864.
2438	Barrett, F.	....do......	42d Ind	I	June 25, 1864.
4330	Barrett, I.	....do......	6th Pa	K	June 30, 1864.
7280	Barrett, S. C	....do......	26th Ohio	F	Aug. 30, 1864.
8192	Barrett, G. M.	....do......	184th N. Y.	E	Sept. 8, 1864.
8763	Barrett, A.	Corporal	25th Ill	D	Sept 14, 1864.
9848	Barrett, J.	Private	18th U. S.	D	Sept. 27, 1864.
1759	Barra, John	....do......	65th Ind	H	June 9, 1864.
1835	Burnett, J.	....do......	132d N. Y.	C	June 11, 1864.
6609	Barnett, E. T.	....do......	149th Pa.	I	Aug. 23, 1864.

2

LIST OF INTERMENTS IN THE

No. of grave.	Name.	Rank.	Regiment.	Co.	Died.
6952	Barnett, G. W.	Private	25th Mass.	I	Aug. 26, 1864.
7541	Barnett, M.	do	145th Pa.	K	Sept. 2, 1864.
8458	Barnett, J.	do	126th Ill.	I	Sept. 11, 1864.
9568	Barnett, A.	do	12th Ky. cav.	K	Sept. 23, 1864.
11069	Barnett, J.	do	6th Va. cav.	K	Oct. 30, 1864.
12187	Barnett, T.	do	2d Mich.	E	Nov. 28, 1864.
12812	Barnes, J.	do	6th Pa.	D	Mar. 25, 1865.
10826	Bartholomew. J. O.	do	7th Tenn. cav.	K	Oct. 13, 1864.
1995	Bartholomew, E.	do	105th Ohio.	C	June 16, 1864.
6518	Bartholomew, J.	do	99th Ind.	A	Aug. 22, 1864.
3328	Barton, T. F.	do	13th Tenn. cav.	A	July 14, 1864.
4027	Barton, J. T.	do	52d Ind.	G	July 26, 1864.
4494	Barton, James	do	4th Pa. cav.	M	Aug. 1, 1864.
*5981	Barton, George	do	130th Ind.	F	Aug. 17, 1864.
7724	Barton, William	do	1st Ala. cav.	L	Sept. 1, 1864.
*8409	Barton, D.	do	85th N. Y.	I	Sept. 11, 1864.
*7886	Barton, W.	do	11th Vt.	K	Sept. 5, 1864.
*5220	Barton, E.	do	2d Ind. cav.	G	Aug. 10, 1864.
3580	Barrows, H.	do	14th N. Y.	E	July 19, 1864.
9079	Barrow, C. S.	do	12th N. Y. cav.	...	Sept. 28, 1864.
12418	Barrows, J.	do	5th Va. cav.	G	Jan. 9, 1865.
3829	Barclay, P.	do	42d Ill.	I	July 23, 1864.
3841	Barrush, John	do	17th Mass.	H	July 22, 1864.
4364	Barnard, W.	do	85th N. Y.	K	July 31, 1864.
5715	Barnard, H. A.	do	9th Min.	A	Aug. 15, 1864.
9853	Barnard, G.	Corporal	7th Mich. cav.	M	Sept. 27, 1864.
12758	Barnard, W.	Private	14th Ill. cav.	F	Mar. 12, 1865.
4404	Barry, W.	do	77th Pa.	C	July 31, 1864.
7255	Barry, G. S.	do	32d Mo.	I	Aug. 30, 1864.
4427	Barber, James	do	1st Va. cav.	F	July 31, 1864.
5071	Barber, C.	do	6th Pa.	F	Aug. 8, 1864.
5848	Barber, C. F.	do	112th Ill.	I	Aug. 16, 1864.
9553	Barber, J. M.	Corporal	36th Mich.	C	Sept. 23, 1854.
11491	Barber, T.	Private	4th Ky. cav.	H	Oct. 26, 1864.
11939	Barber, B.	do	16th Ohio cav.	D	Nov. 9, 1864.
12055	Barber, W. H.	do	1st Vt. art.	C	Nov. 16, 1864.
12315	Barber, H.	Corporal	96th N. Y.	D	Dec. 20, 1864.
4653	Barger, George	Private	5th Ky. cav.	A	Aug. 3, 1864.
4769	Bartlett, L.	do	118th N. Y.	I	Aug. 5, 1864.
7673	Bartlett, H.	do	17th Me.	C	Sept. 3, 1864.
9477	Bartlett, E. K.	do	2d U. S. S. S.	D	Sept. 21, 1864.
5277	Barnhart, D. F.	do	7th Tenn. cav.	B	Aug. 10, 1864.
12613	Barnhart, G.	do	7th Tenn.	C	Feb. 8, 1865.
6204	Barrick, S.	do	17th Wis.	I	Feb. 19, 1864.
6839	Barere, T. J.	Sergeant	89th Ohio.	A	Feb. 25, 1864.
7370	Barngrover, J. A.	Private	101 Ind.	H	Feb. 31, 1864.
7877	Barklett, H.	do	24th N. Y. batt'y.	...	Sept. 5, 1864.
8086	Barker, F.	do	12th Vt. art.	H	Sept. 7, 1864.
12376	Barker, George	do	46th N. Y.	H	Jan. 1, 1865.
8361	Barnum, H.	do	39th N. Y.	H	Sept. 11, 1864.
9098	Bartley, S.	do	88th Ind.	I	Sept. 18, 1864.
9631	Barstow, J.	do	18th U. S.	D	Sept. 24, 1864.
9897	Barchfield, Eli.	do	14th Ohio.	...	Sept. 27, 1864.
10044	Barney, H.	do	17th Mich.	D	Sept. 29, 1864.
10153	Barratt, George	do	22d N. Y.	A	Oct. 1, 1864.
10682	Barnham, F.	Corporal	14th Conn.	I	Oct. 11, 1864.
10690	Barlow, O. L.	do	16th Conn.	E	Oct. 11, 1864.
10767	Bary, William	Private	27th Mass.	H	Oct. 12, 1864.
11605	Barrigan, A.	do	82d N. Y.	A	Oct. 28, 1864.
11612	Burtill, R.	do	104th N. Y.	F	Oct. 29, 1864.

ANDERSONVILLE CEMETERY, GEORGIA. 19

No. of grave.	Name.	Rank.	Regiment.	Co.	Died.
413	Basham, Solomon	Private	12th Ky	E	April 5, 1864.
977	Basting, C	...do	47th Ill	B	May 9, 1864.
12687	Bass, J	...do	2d Ill. cav	C	Feb. 22, 1865.
6552	Bass, Charles	...do	7th N. Y. art	B	Aug. 24, 1864.
8217	Bass, G	Teamster	6 d N. Y	....	Sept. 8, 1864.
8097	Ba-ford, J	Private	12th N. Y. cav	G	Sept. 7, 1864.
8376	Basston, G. H	...do	155th Ohio	F	Sept 10, 1864.
8397	Bassenger, H	...do	14th Ind	C	Sept. 10, 1864.
8848	Bassett, B. C	...do	1st Mass. art	I	Sept. 15, 1864.
12408	Bussett, J. R	...do	14th Conn	B	Jan. 6, 1865.
705	Bary, W. H	...do	2d Tenn	B	April 24, 1864.
3664	Baty, John	...do	16th Conn	E	July 29, 1864.
10999	Baty, A	...do	132d N. Y	K	Oct. 16, 1-64.
974	Batting, Isaac	Corporal	8th Pa. cav	H	May 9, 1864.
1212	Batkins, A. S	Private	45th Ohio	F	May 19, 1864.
1069	Bates, Lester	...do	97th N. Y	A	May 13, 1864.
1366	Bates, L. B	...do	1st Ohio cav	A	May 25, 1864.
1705	Bates, F. E	...do	14th Va	F	June 7, 1864
2122	Bates, E. L	...do	7th U. S. cav	E	June 17, 1864.
3845	Bates, John	Corporal	14th N. Y	I	July 23, 1864.
5555	Bates, G	Private	5th N. Y	A	Aug. 13, 1864.
3275	Bathrick, J	...do	1st Ill. cav	A	July 14, 1864.
3407	Bateman, D. P	...do	24 Va	B	July 16, 1864.
3756	Batch, O	...do	45th Ohio	I	July 22, 1864.
3821	Batchel, Daniel	...do	55th Pa	D	July 24, 1864.
4618	Batdorf, M	...do	2-d Ill	H	Aug. 3, 1864.
6211	Batchelor, P	Sergeant	3d Me	K	Aug. 19, 1864.
8576	Batchelder, J	Private	1st Wis	I	Sept. 12, 1864.
8539	Batt, M	...do	16th Va	E	Sept. 11, 1864.
9830	Batt, W. H	...do	6th Mich. cav	L	Sept. 27, 1864.
9487	Barterson, D	...do	76th N. Y	B	Sept. 22, 1864.
11610	Batterson, L	...do	10th Wis	K	Oct. 28, 1864.
10556	Baters, W	...do	139th N. Y	G	Oct. 9, 1864.
2599	Baughtman, T	...do	33th Ohio	C	June 28, 1864.
5040	Baumgratte, C	...do	73d Pa	D	Aug. 8, 1864.
1999	Baxter, P	...do	73d Pa	C	June 15, 1864.
7434	Baxter, P. D	...do	121st Ohio	D	Sept. 1, 1864.
9637	Baxter, S	...do	6th Mich. cav	L	Sept. 24, 1864.
8603	Baxton, H	...do	2d Mass. art	G	Sept. 12, 1864.
1795	Baynton, Henry	...do	2d Tenn	D	June 10, 1864.
3603	Bayley, Frank	...do	10th Ill. cav	E	July 19, 1864.
10859	Bayley, T	...do	11th Ky. cav	....	Oct. 13, 1864.
4661	Baynard, William	...do	U. S. S. Ward	....	Aug. 3, 1864.
4948	Bayer, F	Private	1-9th Ind	H	Aug. 7, 1864.
5919	Bayle, William	...do	7th Conn	B	Aug. 17, 1864.
6142	Bayless, R	...do	2d Tenn. cav	C	Aug. 19, 1864.
9380	Baywood, J	Sergeant	1st N. Y. cav	I	Sept. 20, 1864.
11072	Bayhmer, S. G	Private	153d Ohio	A	Oct. 17, 1864.
427	Beagier, H	do	27th Pa	C	April 5, 1864.
585	Beason, Benjamin	...do	2d Tenn	E	April 17, 1864.
691	Beaver, George	...do	111th Ohio	B	April 23, 1864.
6706	Beaver, J	...do	14th Va	I	Aug. 24, 1864.
11917	Beaver, M	...do	29th Ill	B	Nov. 8, 1864.
1137	Beatty, Thomas	...do	2d Tenn	B	May 16, 1864.
2072	Beatty, D	Corporal	Ringgold battery	F	June 17, 1864.
12304	Beatty, R	Private	5th Ky	D	Dec. 18, 1864.
1548	Beach, J	...do	11th N. Y	E	June 1, 1864.
1566	Beard, Samuel J	...do	12th Ky. cav	D	June 2, 1864.
1664	Beard, J. R	...do	6th Mich	E	June 6, 1864.
3240	Beard, O	...do	54th Pa	C	July 12, 1864.

LIST OF INTERMENTS IN THE

No. of grave.	Name.	Rank.	Regiment.	Co.	Died.
3087	Beard, J. C	Sergeant	1st Ky. cav	C	July 9, 1864.
11652	Beard, J	Private	14th Ill	K	Oct. 30, 1864.
2525	Bean, J. W	....do	56th Mass	I	June 26, 1864.
6683	Bean, G. W	....do	8th Me	C	Aug. 24, 1864.
9149	Bean, C. S	....do	3d Tenn. cav	E	Sept. 18, 1864.
2741	Bean, John	....do	75th Pa	E	July 1, 1864.
9949	Bean, H T	....do	24th Ohio	D	Sept. 28, 1864.
4200	Beadle, H. H	....do	9th Vt	I	July 29, 1864.
5391	Bear, John	....do	79th Pa	D	Aug. 12, 1864.
6229	Bear, Samuel	....do	55th Pa	G	Aug 20, 1864.
6644	Bear, D	Sergeant	93d Ill	B	Aug. 23, 1864.
7846	Bear, E	Private	33d Ohio	A	Sept. 4, 1864.
3790	Beardslee, M. A	Sergeant	27th Mich	D	July 22, 1864.
6021	Beam, D	Private	2d N. Y. cav	M	Aug. 17, 1864.
6386	Beannian, William	....do	2d Mass. art	G	Aug. 21, 1864.
6499	Beavey, H. Y	....do	59th Mass	B	Aug. 22, 1864.
7126	Beasley, P	....do	9th Va	G	Aug. 28, 1864.
8029	Beady, William	....do	9th Vt	I	Sept. 6, 1864.
988	Beasnug, C	....do	150th N. Y	C	Sept. 27, 1864.
11184	Beale, R	....do	1st Md. cav	D	Oct. 19, 1864.
11924	Beach, J. F	....do	14th Va	K	Nov. 8, 1864.
1870	Beal, John	....do	78th Ill	F	June 12, 1864.
8719	Beatie, Robert	....do	95th Pa	D	Sept. 14, 1864.
1511	Beckwith, E	Corporal	6th Mich. cav	I	May 31, 1864.
8472	Beckwith, C	Private	14th N. Y. art	D	Sept. 11, 1864.
3809	Beckols, W	....do	16th Ill	G	July 23, 1864.
4224	Becker, G	....do	9th Minn	G	July 29, 1864.
4522	Beck, John	....do	92d N. Y	H	July 30, 1864.
12130	Beek, G	....do	1st Mich. cav	H	Nov. 23, 1864.
4573	Becke, ——	....do	31st Ill	G	Aug. 2, 1864.
6031	Beckham, F. B	....do	10th N. Y. cav	A	Aug. 18, 1864.
9216	Beckshire, J	Corporal	12th N. Y. cav	F	Sept. 19, 1864.
9226	Beckley, W	Private	1st Mich. cav	E	Sept. 19, 1864.
9886	Beckley, S	....do	10th Mich	F	Sept. 27, 1864.
12383	Beckley, G	....do	102d Ohio	F	Jan. 3, 1865.
576	Bee, Thomas	....do	Ind. cav		
5012	Bee, George	....do	119th N. Y	F	Aug. 8, 1864.
8992	Beebe, J. E	....do	111th N. Y		Sept. 17, 1864.
9305	Beebe, John	Corporal	1st Mich	A	Sept. 20, 1864.
849	Beeman, Richard	Private	25th Ohio	E	May 1, 1864.
2361	Beers, A	....do	45th Ohio	A	June 20, 1864.
7181	Beeper, S	....do	184th Pa	E	Aug. 29, 1864.
462	Bell, E. S	....do	4th Tenn	C	April 10, 1864.
4667	Behreas, A	....do	7th Pa	E	Aug. 3, 1864.
6127	Behaud, James A	....do	103d Pa	D	Aug. 19, 1864.
5754	Beirs, James C	....do	16th Conn	A	Aug. 15, 1864.
10758	Beightol, J. F	....do	51st Pa	I	Oct. 12, 1864.
1263	Bell, B. B	....do	11th Ky. cav	I	May 21, 1864.
1442	Bell, H	....do	15th U. S	C	May 28, 1864.
3267	Bell, D. S	....do	20th N. Y. S. M.	F	July 13, 1864.
6621	Bell, Thomas	....do	11th Pa	E	Aug. 23, 1864.
7283	Bell, A	....do	70th Ohio	B	Aug. 30, 1864.
8110	Bell, William	....do	2d Mass. cav	M	Sept. 7, 1864.
9136	Bell, J	....do	6th N. Y	B	Sept. 18, 1864.
11124	Bell, H. C	....do	120th N. Y	D	Oct. 18, 1864.
11620	Bell, J. R	....do	8th Md	D	Oct. 29, 1864.
8463	Bell, George	....do	5th N. H	C	Sept. 11, 1864.
8693	Bell, Joseph	....do	135th Ohio	B	Sept. 14, 1864.
8942	Bell, William	Corporal	39th N. Y	K	Sept. 16, 1864.
9023	Bell, Thomas	Private	5th Tenn	I	Sept. 17, 1864.

ANDERSONVILLE CEMETERY, GEORGIA.   21

No. of grave.	Name.	Rank.	Regiment.	Co.	Died.
472	Beltz, N. W	Private	2d Md	H	April 10, 1864.
2065	Belding, F	do	105th Ohio	D	June 16, 1864.
2260	Bells, J. H	do	2d N. Y. cav	M	June 20, 1864.
2918	Belford, John	do	145th Pa	F	July 5, 1864.
4622	Belle, Robert	do	1st Ala. cav	A	Aug. 3, 1864.
411	Belisky, J	do	16th Ill	D	April 5, 1864.
11674	Bellinger, G	do	87th Pa	D	Oct. 30, 1864.
8010	Belden, William	do	82d N. Y	E	Sept. 6, 1864.
5164	Bemis, H	do	10th Wis	C	Aug. 9, 1864.
12620	Bemis, Charles	do	7th Conn	K	Feb. 9, 1865.
756	Bennett, L. J	do	11th Va	C	April 27, 1864.
1065	Bennett, L	do	65th Ind	H	May 13, 1864.
2404	Bennett, C. B	do	1st Md	D	June 24, 1864.
3089	Bennett, J. H	do	85th N. Y	E	July 9, 1864.
3138	Bennett, ——	do	146th N. Y	B	July 10, 1864.
5242	Bennett, A	do	26th Ill	B	Aug. 10, 1864.
6359	Bennett, A	do	67th Pa	K	Aug. 21, 1864.
6603	Bennett, L. A	do	1st Me. art		Aug. 23, 1864.
7477	Bennett, J	do	55th Pa	D	Sept. 1, 1864.
11559	Bennett, R. N	do	72d Ind	D	Oct. 27, 1864.
12019	Bennett, A	do	39d Ind	G	Nov. 15, 1864.
12162	Bennett, N. L	do	26th Mich	G	Nov. 26, 1864.
2294	Bennett, C	do	6th Ind	H	Dec. 15, 1864.
12665	Bennett, J	do	184th Pa	E	Feb. 17, 1865.
7983	Bender, C	do	54th Ohio	C	Sept. 6, 1864.
1230	Bender, George	do	12th Ill. cav	C	May 20, 1864.
1570	Bengman, W. H	do	39th Iowa	H	June 3, 1864
2087	Benor, H	do	100th Ohio	E	June 17, 1864.
3952	Benner, A. E	do	31st Me	E	July 25, 1864.
6704	Benner, William	do	145th Pa	K	Aug. 24, 1864.
4752	Bennether, ——	do	55th Pa	D	Aug. 5, 1864.
4904	Benuman, L				Aug. 6, 1864.
4954	Bentley, M. W	Private	6th Vt	A	Aug. 7, 1864.
5452	Bentley, T	do	6th Conn	H	Aug. 12, 1864.
5464	Bentley, James	do	1st Conn. cav	I	Aug. 13, 1864.
5945	Bentley, C	do	22d N. Y	D	Aug. 17, 1864.
10490	Bentley, H	do	24th Mich	I	Oct. 7, 1864.
8775	Bentley, T	do	54th Pa	H	Sept. 14, 1864.
5847	Benseman, E	do	97th N. Y	E	Aug. 16, 1864.
6349	Benson, A	do	1st Vt	C	Aug. 21, 1864.
6412	Benning, John	Corporal	16th Ill. cav	G	Aug. 22, 1864.
6630	Benzton, N	Private	9th Minn	H	Aug. 23, 1864.
6670	Beutner, James	do	100th N. Y	I	Aug. 24, 1864.
6979	Benway, C	do	6th N. Y. art	K	Aug. 27, 1864.
8365	Benner, W. A	do	135th Ohio	F	Sept. 10, 1864.
10653	Benton, C. W	do	29th Ill	B	Oct. 11, 1864.
10939	Benton, L	do	30 Ind	H	Oct. 14, 1864.
11604	Benlis, J. M	Corporal	87th Ind	F	Oct. 28, 1864.
3591	Benlit, F	Private	3d Mich	A	July 19, 1864.
5749	Boot, Isaac	do	142d N. Y	G	Aug. 15, 1864.
2111	Berry, J. M	Sergeant	1st Ala. cav	A	June 17, 1864.
2170	Berry, J. C	Private	19th Ohio	E	June 19, 1864.
2595	Berry, Henry	do	15th Mich	E	June 28, 1864.
9097	Berry, C. H	do	6th Me	H	Sept. 18, 1864.
11955	Berry, G	do	18th Mass	K	Nov. 10, 1864.
8188	Berkiger, B	do	16th Ill. cav	F	Sept. 8, 1864.
1601	Berfoot, R	do	103d Pa	B	June 4, 1864.
1859	Berham, H	do	73d Pa	G	June 12, 1864.
1883	Berchfield, W. R	do	2d Tenn	I	June 12, 1864.
3216	Berdine, A. A	do	101st Pa	B	July 12, 1864.

LIST OF INTERMENTS IN THE

No. of grave.	Name.	Rank.	Regiment.	Co.	Died.
4002	Berkley, M	Corporal	50th Pa	I	July 26, 1864.
5324	Berlingam, A. J	Private	114th Pa	K	Aug. 11, 1864.
5950	Berran, I	do	8th Mich. cav	B	Aug. 17, 1864.
6039	Beron, F	do	69th N. Y	G	Aug. 18, 1864.
6137	Bersha, John	do	15th N. Y. art	B	Aug. 19, 1864.
8442	Berness, Albert	do	57th Mass	B	Sept. 11, 1864.
11434	Berks, G	do	51st Pa	A	Oct. 21, 1864.
288	Berlin, James	do	2d Md. cav	F	April 1, 1864.
6457	Bersh, E	do	20th N. Y	D	Aug. 22, 1864.
8661	Berger, J	do	2d Mo	I	Sept. 13, 1864.
1493	Besanon, Peter	do	14th Conn	B	May 31, 1864.
6403	Besson, William	do	2d Mass. cav	H	Aug. 21, 1864.
10681	Best, William	do	8th Ill	E	Oct. 11, 1864.
5573	Betts, P	do	1st Mich	C	Aug. 14, 1864.
5934	Beumret, C	do	14th N. J	D	Aug. 17, 1864.
2939	Bibles, Alexander	do	7th Tenn. cav	D	July 6, 1864.
10452	Bible, W	do	8th Tenn	D	Oct. 7, 1864.
3215	Bibley, J	do	3d Mich	C	July 12, 1864.
6290	Bibley, George	do	9th Mich	E	Aug. 20, 1864.
8499	Bicket, E. H	do	57th Pa	K	Sept. 11, 1864.
1076	Bickel, S. R	do	2d Ohio cav	M	May 14, 1864.
351	Bidon, S	do	52d N. Y	A	April 4, 1864.
861	Biddinger, M	Musician	94th Ohio	K	April 3, 1864.
1928	Bidmeed, James	Private	1st R. I. cav	G	June 14, 1864.
6366	Bidwell, C	Citizen	Teamster		Aug. 21, 1864.
10635	Bidwell, J	Private	5th N. Y. cav	G	Oct. 10, 1864.
7145	Biers, S	do	18th Mich	B	Aug. 29, 1864.
331	Biel, S	do	42d N. Y	K	April 3, 1864.
545	Biglow, William	do	7th Conn	B	April 14, 1864.
3232	Biglow, I	do	85th N. Y	D	July 12, 1864.
5321	Biglow, John	do	22d Mass	F	Aug. 11, 1864.
7645	Bigelow, C	do	19th Maine	H	Sept. 3, 1864.
8657	Bigelow, G	do	34th Mass	E	Sept. 13, 1864.
2046	Bigler, M	do	4th Pa. cav	K	June 16, 1864.
2436	Bigler, M	do	2d U. S. cav	B	June 25, 1864.
4971	Bigler, A	do	6th Ky. cav	D	Aug. 7, 1864.
601	Billings, W. W	do	52d N. Y	G	April 17, 1864.
3726	Billings, W	do	6th Tenn	I	July 21, 1864.
10565	Billings, Joseph	do	2d N. Y. cav	M	Oct. 8, 1864.
10749	Billings, J	do	5th Iowa	B	Oct. 12, 1864.
7227	Billingsby, J	do	1st Mich. bat'y		Aug. 29, 1864.
3694	Billig, J. S	do	13th Pa. cav	H	July 21, 1864.
4109	Ballows, John	do	2d Mich	K	July 27, 1864.
10451	Bill, B. S	do	1st Ky. cav	K	Oct. 7, 1864.
4339	Binder, John	do	2d Mich	A	July 30, 1864.
10005	Bingham, C. D	do	5th N. Y. cav	D	Sept. 29, 1864.
10945	Bings, G	do	5th N. Y. art	B	Oct. 13, 1864.
891	Bird, W. T	do	11 Ky. cav	H	May 5, 1864.
2415	Bird, J	do	45th Ohio	A	May 24, 1864.
4780	Bird, P	Corporal	7th N. Y. art	K	Aug. 5, 1864.
8222	Bird, S. H	Private	13th Penn. cav	D	Sept. 8, 1864.
12831	Bird, M	do	7th N. Y. art	K	April 14, 1865.
9545	Birdseye, J	do	7th Mich	D	Sept. 23, 1864.
11636	Birdsell, D	do	16th Conn	C	Oct. 29, 1864.
1876	Birkett, W. D	Corporal	7th Tenn	K	June 12, 1864.
5587	Binham, H	Private	143d Pa	F	Aug. 14, 1864.
5855	Birley, Peter	do	20th Mo	I	Aug. 16, 1864.
5995	Birch, L. F	Co	31st Ohio	H	Aug. 17, 1864.
6598	Birrell, M. L	do	125th N. Y	A	Aug. 23, 1864.
9777	Birck, T. A	do	58th Ind	L	Sept. 26, 1864.

No. of grave.	Name.	Rank.	Regiment.	Co.	Died.
10955	Birgis, E	Private	146th N. Y	B	Oct. 15, 1864.
1513	Bishop, C	do	27th Mich	F	May 31, 1864.
1789	Bishop, D. S	do	11th Ky. cav	A	June 10, 1864.
2110	Bishop, S	do	49th Ohio	K	June 17, 1864.
2217	Bishop, P	do	15th Mo	I	June 20, 1864.
3900	Bishop, A	do	1cth Conn	A	July 24, 1864.
5495	Bishop, J. C	do	3d Va	C	Aug. 12, 1864.
6083	Bishop, B. H	do	1st Conn. cav	I	Aug. 18, 1864.
6590	Bishop, C	do	7th N. Y. art	M	Aug. 23, 1864.
6672	Bishop, W	do	7th Tenn. cav	H	Aug. 23, 1864.
10602	Bishop, T	Citizen	Teamster		Oct. 10, 1864.
12412	Bishop, E	Private	11th Vt	E	Jan. 8, 1865.
2483	Bisel, James	Sergeant	18th Pa. cav	K	June 25, 1-64.
11222	Bisel, B	Private	142d Pa	F	Oct. 22, 1864.
5706	Bissell, J. S	do	85th N. Y	D	Aug. 15, 1864.
12296	Bissell, J	do	2d Ohio cav	E	Dec. 16, 1864.
2013	Bish, J	do	103d Pa	F	July 5, 1864.
9800	Bisgrove, Isaac	do	9th Minn	E	Sept. 26, 1864.
1199	Bitner, A	do	16th U. S	C	May 19, 1864.
4261	Bither, J	do	16th Mass	K	July 29, 1954.
4602	Bitsor, John	do	1st Md. cav	A	Aug. 3, 1864.
8772	Bitter, H	do	29th Mo	F	Sept. 14, 1864.
10835	Bittman, J	do	1st Mich	C	Oct. 13, 1864.
7247	Biver, N	do	59th N. Y	C	Aug. 30, 1864.
9846	Bixler, D	do	5th Iowa	B	Sept. 27, 1864.
569	Black, James A	do	14th Pa. cav	D	April 15, 1864.
1226	Black, G. W	do	99th Ohio	F	May 20, 1864.
3176	Black, H	do	2d Tenn	D	July 11, 1864.
2574	Black, L	do	97th N. Y	A	June 27, 1864.
2904	Black, J. H	do	25th Ill	E	July 5, 1864.
2908	Black, James	do	9th Mass	E	July 5, 1864.
3600	Black, W. O	do	103d Pa	G	July 19, 1864.
7084	Black, J	do	143d Pa	I	Sept. 3, 1864.
11018	Black, J	do	42d N. Y	G	Oct. 16, 1864.
11971	Black, H. C	do	42d N. Y	H	Nov. 12, 1864.
1885	Blackman, J	do	85th N. Y	K	June 13, 1864.
4830	Blackman, A	do	7th Conn. hev. art	C	Aug. 6, 1864.
6542	Blackman, W	do	18th Pa	D	Aug. 23, 1864.
9679	Blackman, S	do	72d Ohio	G	Sept. 24, 1864.
517	Blackwood, J	do	14th Pa. cav	D	April 15, 1864.
4076	Blackwood, W	do	115th N. Y	G	July 27, 1864.
5313	Blackwood, G. W	do	11th Tenn	B	Aug. 11, 1864.
980	Blackburn, George	Corporal	10th Va	I	May 9, 1864.
10340	Blackburn, James	Private	5th Mich	G	Oct. 4, 1864.
4315	Blacke, John	Sergeant	31st Ill	A	July 30, 1864.
8998	Blackuer, Thomas	Private	7th Tenn. cav	L	Sept. 17, 1864.
10350	Blackcher, W. H	do	42d Ind	I	Oct. 4, 1864.
10617	Blackmy, B	do	7th Tenn	E	Oct. 10, 1864.
10674	Blackman, W	do	184th Pa	A	Oct. 11, 1864.
11334	Blackly, George	do	3d Iowa	G	Oct. 23, 1864.
3231	Blake, W. D	do	4th N. Y. batt'y		July 12, 1864.
2438	Blake, George	do	100th N. Y	I	June 25, 1864.
2521	Blake, J. F	do	1st R. I. cav	M	June 26, 1864.
9147	Blake, E	do	69th Pa	K	Sept. 18, 1864.
10753	Blake, William	do	19th Mass	E	Oct. 12, 1864.
12052	Blakely, R	do	7th Wis	F	Nov. 15, 1864.
109	Blanchard, Oscar	do	2d Mass. cav	E	Mar. 23, 1864.
1665	Blanchard, L	Corporal	16th Ill. cav	D	June 6, 1864.
4067	Blanchard, O. S	Private	52d Mass	G	July 27, 1864.
5274	Blanchard, A	do	7th Iowa	A	Aug. 10, 1864.

LIST OF INTERMENTS IN THE

No. of grave.	Name.	Rank.	Regiment.	Co.	Died.
5483	Blanchard, G.	Private	7th N. J.	K	Aug. 13, 1864.
6129	Blanchard, E.	do	12th N. Y. cav	F	Aug. 19, 1864.
8340	Blanchard, L.	do	100th N. Y.	K	Sept. 10, 1864.
8514	Blanchard, James	do	7th Mich.	G	Sept. 15, 1864.
3337	Blair, J. W.	do	27th Mass.	C	July 13, 1864.
3973	Blair, D.	do	27th Mass.	B	July 28, 1864.
6100	Blair, H.	Citizen			Aug. 18, 1864.
7747	Blair, J. G.	Private	49th Pa.	E	Sept. 3, 1864.
7796	Blair, John	do	7th Mich.	E	Sept. 4, 1864.
9952	Blair George	do	7th Pa. art		Sept 24, 1864.
11597	Blair, John	do	106th Pa.	H	Oct. 24, 1864.
12469	Blair, James	Corporal	8th N. Y. cav	K	Jan. 16, 1865.
4296	Blakestery, H.	Private	1st Conn. cav	L	July 30, 1864.
5290	Blaizdall, C.	do	8th Me.	F	Aug. 11, 1864.
7888	Blaier, D.	do	15th N. Y.	C	Sept. 4, 1864.
10083	Blauvelt, William	do	95th N. Y.	B	Sept. 3, 1864.
8937	Blessing, C.	do	9th Ohio.	F	Sept. 16, 1864.
11090	Blessing, Pius	do	15th Va.	K	Oct. 18, 1864.
4933	Bliss, James H.	do	22d N. Y. cav	I	Aug. 7, 1864.
5728	Bliss, F. H.	do	1st Vt. cav	I	Aug. 15, 1864.
102	Blossom, Charles.	do	6th U. S. cav	E	Mar. 22, 1864.
137	Blood, T. B.	do	18th Mass.	A	Mar. 24, 1864.
7206	Blood, L.	do	7th N. Y.	C	Aug. 29, 1864.
9344	Blood, G. P.	do	73d Ill.	E	Sept. 20, 1864.
609	Bloomer, H	do	4th Ky.	G	April 18, 1864.
2035	Bloomer, J.	do	2d Vt. bat'y	*	June 16, 1864.
2366	Bloomker, W.	do	2d Mo.	F	June 22, 1864.
2980	Bloom, Adam	do	2d N. J.	I	July 6, 1864.
12373	Bloom, J.	Corporal	7th Md.	F	Jan. 1, 1865.
1983	Boss, P.	Private	21st Ill.	A	June 15, 1864.
7166	Blodgett, A. Z.	Corporal	34th Mass.	A	Aug. 29, 1864.
8413	Blosser, Jonah.	do	7th Pa. res	H	Sept. 11, 1864.
8959	Block, J. P.	do	100th N. Y.	F	Sept. 16, 1864.
10414	Blumly, E.	do	8th Conn.	D	Oct. 6, 1864.
8508	Blyth, O.	do	1st Ohio	I	Sept. 11, 1864.
6765	Bnakman, A.	do	12th N. H.	I	Aug. 25, 1864.
6370	Boares, A	do	178th N. Y.	D	Aug. 21, 1864.
596	Bock, Samuel	do	75th Ind.	I	April 17, 1864.
207	Bodin T. S.	Sergeant	44th Ohio.		Mar. 28, 1864.
1368	Bodkin, William.	Private	45th Ohio.	K	May 25, 1864.
1970	Bodkin, W. J	do	45th Ohio.	F	June 15, 1864.
11085	Bodkin, E. L.	do	133d Ill.	D	Oct. 18, 1864.
10816	Bodkins, P.	Corporal	1 Ky. cav	K	Oct. 12, 1864.
4401	Bodles, Daniel	Private	7th N. Y.	D	July 31, 1864.
4470	Bodge, S. D.	do	18th Mass.	D	Aug. 1, 1864.
5285	Bode, A.	do	85th N. Y.	B	Aug. 10, 1864.
2959	Bodibay, J.	do	7th N. Y.	F	July 6, 1864.
474	Boemaster, J.	do	54th Mass.	I	April 5, 1864.
2890	Bogley, J. E.	do	21st Ill.	D	July 4, 1864.
3656	Bogart, John	do	9th Ohio.	G	July 20, 1864.
7909	Bogard, John R.	Corporal	14th Va.	A	Sept. 5, 1864.
12045	Boggs, H. C.	do	6th Va. cav	E	Nov. 16, 1864.
12059	Bogar, David	Sergeant	184th Pa.	C	Nov. 17, 1864.
3777	Bohnmiller, J	Corporal	10th Mich. cav	H	July 22, 1864.
10919	Bohnson, W.	Private	15th Wis.	I	Sept. 14, 1864.
11317	Bohanon, J	Corporal	9th Ky.	I	Oct. 24, 1864.
12453	Bohein, J.	Private	14th Ill. cav	B	Jan. 14, 1865.
12540	Bohein, C.	do	2d Conn	E	Jan. 28, 1865.
3973	Bohl, H.	do	10th N. Y. cav	E	July 9, 1864.
5390	Bohen, Philip	do	79th Ind.	A	Aug. 14, 1864.

ANDERSONVILLE CEMETERY, GEORGIA. 25

No. of grave.	Name.	Rank.	Regiment.	Co.	Died.
8338	Boice, G. A	Private	27th Mass	G	Sept. 10, 1864.
5529	Boice, J	do	4th Del		Aug. 13, 1864.
3424	Boitrum, John S	do	2d Minn	I	July 16, 1864.
8449	Boisonnault, F. N	do	1st D. C. cav	H	Sept. 11, 1864.
539	Boling, William	do	11th Tenn	E	April 14, 1864.
832	Boley, Peter	do	12th Ky	L	May 1, 1864.
1603	Boley, A. J	do	6th Ind	C	June 4, 1864.
2723	Bolt, J. H	Sergeant	18th Pa. cav	E	July 1, 1864.
3944	Boles, H	Private	13th Tenn	C	July 25, 1864.
6003	Boles, W. G	do	13th Tenn. cav	B	Aug. 17 1864.
6244	Boles, F	Corporal	4th Pa. cav	K	Aug. 20, 1864.
8267	Boles, J	Private	22d N. Y. cav	I	Sept. 9, 1864.
9592	Boles, M. B	do	— Iowa	I	Sept. 24, 1864.
9890	Boles, William	do	89th Ill		Sept. 27, 1864.
11307	Boles, G	do	112th Ohio	H	Oct. 22, 1864.
6018	Bolen, E	Sergeant	35th N. Y	F	Aug. 17, 1864.
8075	Boland, Daniel	Private	183d Pa	I	Sept. 7, 1-64.
12342	Bo and, James	do	Purnell Legion		Dec. 26, 1864.
11718	Bolby, D	do	14th N. Y. art	D	Nov. 1, 1864.
11795	Bolton, N. P	do	100th Ill	B	Nov. 4, 1864.
1385	Bomers, James	do	89th Ohio	A	May 26, 1864.
1576	Boman, Samuel	do	3d Pa. art	B	June 3, 1864.
10791	Boman, J	do	108th Ill	D	Oct. 12, 1864.
11087	Boman, G	do	149th Pa	E	Oct. 13, 1864.
10267	Bontrell, O	do	4th Va	F	Oct. 3, 1864.
3706	Bontrell, C	do	6th Ohio	G	July 21, 1864.
4251	Bonley, James	do	81st Ind	C	July 9, 1864.
5132	Bongie, John	do	11th Conn	C	Aug. 9, 1864.
5673	Bonestine, W. H	Corporal	107th Ohio	I	Aug. 14, 1864.
10294	Bond, J	Private	12th N H	F	Oct. 4, 1864.
5819	Bond, S, F	do	123d Ohio	B	Aug. 16, 1864
12079	Bond, Charles C	do	20th Pa. cav	K	Nov. 18, 1864.
5943	Boulanberger, A	do	115th Pa	G	Aug. 17, 1864.
9809	Bonewell, W. W	do	14th Pa. cav	C	Sept. 26, 1864.
11066	Bonder, P	do	16th N. Y. cav	M	Oct. 17, 1864.
12190	Bone, A	do	1st Conn	E	Dec. 1, 1864.
448	Boone, James	do	4th Va. cav	L	April 9, 1864.
2451	Boomer, B. F	Corporal	16th Wis	I	June 25, 1864.
4562	Boothe, Z	Sergeant	16th Ky. cav	E	Aug. 2, 1864.
5505	Boobar, William	Private	1st Ala. cav	E	Aug. 13, 1864.
5794	Boom, W. P	do	31st Ind	F	Aug. 15, 1864.
12128	Booth, J	do	32d Ind	E	Nov. 22, 1864.
12521	Boorman, J	do	12th N. Y. cav	D	Jan. 25, 1865.
12679	Book, C	do	8th Md	G	Feb. 19, 1864.
3008	Bourbon, O	do	64th Ill	B	July 7, 1864.
8606	Bootes, E. N	do	101st Pa	H	Sept. 12, 1864.
5269	Borst, J	do	5th N. Y. cav	B	Aug. 10, 1864.
7755	Borden, E	Corporal	21st Wis	K	Sept. 4, 1864.
12035	Born, W	Private	16th Md	I	Nov. 16, 1864.
12621	Borem, M	do	31st Ill	G	Feb. 9, 1865.
2014	Bostwick, R. S	Corporal	2d Mich	F	June 15, 1864.
2254	Boswith, A. N	Private	16th Conn	D	June 20, 1864.
6576	Boston, J	do	27th Ky	E	Aug. 23, 1864.
3030	Bosworth. H	do	12th Mass	B	July 7, 1864.
11015	Bosworth, W. H	do	7th Tenn	E	Oct. 16, 1864.
6727	Bottoms, J. M	do	1st Ky. cav	H	Aug. 24, 1864.
1122	Boughter, M	do	15th U. S	E	May 15, 1864.
1976	Bougher, W	do	2d Tenn	B	June 15, 1864.
2027	Bougher, W. M	do	2d Tenn	B	June 16, 1864.
2555	Boutwright, A	Sergeant	7th Tenn	A	June 27, 1864.

No. of grave.	Name.	Rank.	Regiment.	Co.	Died.
5943	Bourman, ——	Private	123d Ill.	F	Aug. 17, 1864.
6688	Bourman, A.	do	63d Pa.	B	Aug. 21, 1864.
76.7	Boulton, T.	do	4:d N. Y.	G	Sept. 2, 1864.
11747	Boulyon, A.	do	2d Vt.	B	Nov. 2, 1864.
1193	Bouser, G.	do	89th Ill.	F	Nov. 4, 1864.
12047	Boucher, W.	Seaman			Nov. 16, 1864.
193	Bow, James	Private	1st Ky. cav		Mar. 27, 1864.
1086	Bowers, A.	do	1st Md.	I	May 14, 1864.
4389	Bowers, J.	do	2d Pa. art.	I	Aug. 7, 1864.
5672	Bowers, W. H.	U. S. S.	Water Witch		Aug. 8, 1864.
6937	Bowers, T.	Private	4th U. S.	K	Aug. 26, 1864.
9745	Bowers, F.	do	5th Pa. cav	A	Sept. 25, 1864.
11366	Bowers, A.	do	4th N. H.	H	Oct. 22, 1864.
12562	Bowers, J.	do	21st Ohio	K	Dec. 28, 1864.
12772	Bowers, W. H.	do	100th Ohio	A	Mar. 13, 1865.
1341	Bower, H.	do	1st Wis.	A	May 24, 1864.
5378	Bower, John	do	16th Conn	E	Aug. 11, 1864.
5526	Bower, Benjamin	do	6th Pa. cav	L	Aug. 13, 1864.
5937	Bower, F.	do	61st Ohio	I	Aug. 17, 1864.
6074	Bower, G. W.	do	103d Pa.	K	Aug. 18, 1864.
6279	Bower, C.	do	101st Pa.	C	Aug. 20, 1864.
10484	Bower, J.	Sergeant	14th Ill.	H	Oct. 16, 1864.
12611	Bower, H.	Private	37th Ohio	F	Feb. 12, 1865.
1002	Bowman, John	do	2d Ohio	C	June 4, 1864.
2784	Bowman, John	do	42d Ind	C	July 4, 1864.
3783	Bowman, J.	do	7th Tenn	C	July 22, 1864.
3831	Bowman, L.	do	51st Ohio	K	July 23, 1864.
5008	Bowman, Henry	do	11th Ky. cav	F	Aug. 9, 1864.
6008	Bowman, A.	do	104th Ohio	E	Aug. 17, 1864.
11941	Bowman, H.	do	84th N. Y.	K	Nov. 10, 1864.
2125	Bowerman, R.	Corporal	22d Mich	H	June 17, 1864.
2128	Bowman, H. A.	Sergeant	10th Wis	F	June 18, 1864.
2381	Bowlan, J.	Private	27th Mich	E	June 23, 1864.
26.7	Bowermaster, S. K.	Bugler	3d Va	D	June 28, 1864.
3345	Bowan, S.	Private	147th N. Y.	H	July 20, 1864.
4401	Bowen, J.	do	7th N. Y. cav	K	Aug. 3, 1864.
6744	Bowen, T. H.	do	65th N. Y. cav	B	Aug. 24, 1864.
50.3	Bowkin, William	do	53d Ind	G	Aug. 8, 1864.
5475	Bowden, H.	do	9th Ill	F	Aug. 13, 1864.
9408	Bowden, L.	do	7th Minn	A	Sept. 21, 1864.
1741	Bowley, William	do	1st R. I. cav	M	June 8, 1864.
5985	Bowley, J.				Aug. 17, 1864.
84.4	Bowstenk, T. D.	Sergeant	106th Pa.	H	Sept. 11, 1864.
7466	Bowler, H. A.	Private	1st Mass. art	C	Sept. 1, 1864.
9478	Bowler, C. F.	do	13th Tenn	B	Sept. 21, 1864.
10371	Bowles, L. H.	do	7th Vt.	A	Oct. 5, 1864.
10789	Bowling, J.	do	3d Pa.	A	Oct. 12, 1864.
11794	Bowlighter, S.	do	1st Va. cav	I	Nov. 4, 1864.
1275	Box, G.	do	111th N. Y.	D	May 21, 1864.
663	Boyd, James J. T.	do	2d Tenn	F	April 21, 1864.
1242	Boyd, A. D.	Corporal	2d Tenn	F	May 20, 1864.
1300	Boyd, Thomas	Private	9th Pa.	D	May 23, 1864.
1468	Boyd, H. J.	do	7th Ohio	H	May 30, 1864.
1971	Boyd, J. E.	do	84th Ill	B	June 15, 1864.
4108	Boyd, W. H.	do	9th Tenn. cav	C	July 27, 1864.
4637	Boyd, A. M.	do	1st Vt	L	Aug. 3, 1864.
5657	Boyd, L.	Corporal	4th U. S.	C	Aug. 14, 1864.
9323	Boyd, B. F.	Private	6th Ill. cav	D	Sept. 20, 1864.
8519	Boyd, W. F.	do	125th Ind	F	Sept. 11, 1864.

ANDERSONVILLE CEMETERY, GEORGIA. 27

No. of grave.	Name.	Rank.	Regiment.	Co.	Died.
9740	Boyd, M	Private	13th Ky	A	Sept. 25, 1864.
11678	Boyd, H. P	do	14th Ill	I	Oct. 31, 1864.
12013	Boyd, F	do	18th Mass	A	Nov. 15, 1864.
10	Boyl, Patrick	do	63d N. Y	A	March 5, 1864.
4276	Boyle, W. H	do	11th Ohio	H	July 30, 1864.
5825	Boyle, H	do	135th Ohio	B	Aug. 16, 1864.
7759	Boyle, P	do	25th Wis	D	Sept. 4, 1864.
8012	Boyle, Patrick	do	49th N. Y	F	Sept. 16, 1864.
9079	Boyle, R. C	do	7th Tenn. cav	I	Sept 17, 1864.
11729	Boyle, T	do	4th Ill	B	Nov. 1, 1864.
11974	Boyle, T	do	16th N. Y	D	Nov. 12, 1864.
1053	Boyder, A. L	do	2d Tenn	B	May 13, 1864.
9728	Boyce, A	do	13th N. Y. cav	I	Sept. 25, 1864.
2673	Boyce, R	do	6th N. Y. cav	M	June 30, 1864.
5442	Boyer, P	do	81st Ind	K	Aug. 12, 1864.
5969	Boyer, F	do	43d Pa	E	Aug. 17, 1864.
6126	Boyer, John B	do	4th U. S	K	Aug. 19, 1864.
7943	Boyer, D	do	15th Tenn	B	Sept. 5, 1864.
8769	Boyer, J. M	Sergeant	7th Pa. cav	F	Sept. 12, 1864.
11611	Boyer, T	Private	11th Pa	F	Oct. 29, 1864.
12112	Boyer, J	do	1st U. S. art	K	Nov. 21, 1864.
9456	Boylan, C	do	14th Iowa	G	Sept. 21, 1864.
9520	Boyley, James	do	7th Pa	E	Sept. 22, 1864.
10779	Boyes, J. M	do	145th Pa	G	Oct. 12, 1864.
9793	Bozell, J. F	do	4th Ind	B	Sept. 26, 1864.
592	Brant, Charles	do	9th N. Y	A	April 17, 1864.
3109	Brant, A	do	119th Pa	G	July 10, 1864.
3268	Brant, B. B	do	3d Md	H	July 13, 1864.
11682	Brant, Charles	Sergeant	1st N. J	E	Oct. 31, 1864.
661	Bradley, Alexander	Private	3d Pa	F	April 21, 1864.
874	Bradley. M	do	3d Pa. art	A	May 4, 1864.
2919	Bradley, John		U.S. g'bt Southfield		July 5, 1864.
3531	Bradley, George	Private	17th Mich	B	July 18, 1864.
5232	Bradley, John	do	69th N. Y	K	Aug. 10, 1864.
7536	Bradley, B	do	9th Mich. cav	E	Sept. 1, 1864.
8505	Bradley, E	Sergeant	11th Mich	K	Sept. 11, 1864.
9625	Bradley, A	Private	111th Ohio	A	Sept. 24, 1864.
808	Brannan, Elias	do	2d Tenn	F	April 30, 1864.
2181	Brannan, P. A	do	11th N. J	B	June 19, 1864.
3414	Brannan, James	do	2d Tenn	I	July 16, 1864.
943	Brake, J	Sergeant	6th Va. cav	C	May 7, 1864.
952	Brannigan, John	Private	82d Ohio	F	May 8, 1864.
2434	Brannagin, J	do	18th U. S	D	June 24, 1864.
12030	Brannagin, C	do	2d Mass. art	H	Nov. 15, 1864.
1487	Braddock, Wm	do	2d Md	D	May 30, 1864.
12177	Braddock, T	do	77th Pa	C	Oct. 26, 1864.
1847	Branon, Wm	do	2d Tenn	F	June 11, 1864.
6551	Brannon, P	do	7th Pa	A	Aug. 23, 1864.
12006	Brannon, J	do	3d Ky	B	Nov. 14, 1864.
3643	Brannon, J	do	2d Tenn	A	July 20, 1864.
4888	Branan, L	do	2d Tenn	A	Aug. 6, 1864.
1538	Bradshaw, A. G	do	2d Tenn	B	June 1, 1864.
2749	Bradshaw, H	do	U. S. M. corps		July 1, 1864.
6685	Bradshaw, R	Corporal	121st N. Y	E	Aug. 24, 1864.
1578	Brabmyer, H	Private	7th Ill	M	June 3, 1864.
1619	Brannock, C	Sergeant	79th Ill	K	June 4, 1864.
3470	Brannock, F	Private	3d Mich	C	July 17, 1864.
1815	Brandiger, F	do	24th Ill	K	June 10, 1864.
2222	Brasier, S	Musician	19th Ind	I	June 20, 1864.

LIST OF INTERMENTS IN THE

No. of grave.	Name.	Rank.	Regiment.	Co.	Died.
2423	Bray, H. N.	Corporal	9th Ky	H	June 24, 1864.
9548	Bray, T. E.	Private	79th Ind	K	Sept. 23, 1864.
2492	Bratt, G.	Sergeant	21st Ohio	G	June 26, 1864.
3979	Bragg, J. C.	Private	10th N. J. cav	E	July 26, 1864.
2696	Brandon, Jno.	...do	15th Ohio	F	June 30, 1864.
7704	Branden, O.	...do	15th N. Y. art	A	Sept. 3, 1864.
3178	Brady, F.	...do	27th Mass	G	July 11, 1864.
12096	Brady, R.	...do	5th Pa. cav	M	Nov. 18, 1864.
12219	Brady, J.	...do	140th N. Y.	E	Dec. 4, 1864.
3988	Bradford, L.	...do	10th Pa. res	I	July 26, 1864.
4365	Bradford, D. B.	...do	7th N. Y. art	B	July 31, 1864.
6512	Bradford, J.	Corporal	2d Mass. cav	F	Aug. 22, 1864.
12171	Bradford, H. A.	Private	7th Tenn	E	Nov. 26, 1864.
12840	Bradford, D.	...do	85th Ill	C	April 21, 1865.
4059	Brackin, S. Denis	...do	56th Mass	...	July 27, 1864.
4371	Bradfield, B. L.	...do	7th Tenn. cav	C	July 31, 1864.
6628	Bradman, A. M.	Sergeant	6th U. S. cav	M	Aug. 23, 1864.
4070	Brand, L. C.	Private	57th Mass	D	July 27, 1864.
12576	Bransom, E.	...do	55th Ind	A	Feb. 6, 1865.
4259	Branch, J	...do	38th Ill	C	July 29, 1864.
4776	Brailey, J.	...do	3d Me	E	Aug. 5, 1864.
5219	Brabham, George	...do	7th Ohio cav	B	Aug. 10, 1864.
7892	Braton, F. M.	...do	9th Me	B	Sept. 5, 1864.
7963	Bramly, Fred	...do	54th Pa	K	Sept. 6, 1864.
8591	Brainard, J. P.	...do	1st Vt. cav	L	Sept. 12, 1864.
9836	Bresang, C.	...do	150th N. Y.	C	Sept. 27, 1864.
11902	Bradisk, F.	...do	19th Mass	B	Nov. 7, 1864.
12263	Brain, Wm	...do	1st N. Y. art	B	Dec. 12, 1864.
1857	Brackett, S.	...do	23d Mass	C	June 12, 1864.
519	Bremer, Thos.	...do	111th N. Y.	F	April 13, 1864.
543	Brcel, Jacob	Corporal	27th Pa	H	April 14, 1864.
920	Brewer, M	Private	2d Tenn	E	May 6, 1864.
1365	Brewer, S	...do	15th N. Y.	K	May 25, 1864.
1669	Brewer, H. Z.	Sergeant	24th Ill	C	May 6, 1864.
2054	Brewer, G. E.	Private	25th Conn	A	June 16, 1864.
5134	Brewer, Fred	...do	39th N. Y.	C	Aug. 9, 1864.
6421	Brewer, H	...do	76th Ill	F	Aug. 22, 1864.
7430	Brewer, J	...do	2d Tenn	D	Aug. 31, 1864.
11685	Brewer, H	Sergeant	2d N. Y. cav	G	Oct. 31, 1864.
10120	Brewer, D. C.	Private	43d Ohio	K	Oct. 1, 1864.
10221	Brewer, J. S.	...do	6th N. Y.	B	Oct. 2, 1864.
12640	Brewer, W. H	...do	10th N. J.	D	Feb. 12, 1865.
2744	Brewer, W. T.	...do	7th Tenn	D	July 1, 1864.
1800	Breny, James	...do	99th N. Y.	I	June 10, 1864.
2727	Brenn, J	...do	73d Pa	K	July 1, 1864.
2833	Brennon, M	...do	14th Conn	B	July 3, 1864.
3027	Breanny, J	...do	46th Pa	E	July 7, 1864.
3056	Bretsuyder, J	...do	65th Ill	D	July 9, 1864.
3608	Breckineck, H.	...do	7th Ohio cav	A	July 19, 1864.
3940	Brett, James	...do	85th Ill	K	July 25, 1864.
5774	Breen, J	...do	2d Mass	F	Aug. 15, 1864.
6164	Brersford, M	...do	7th Iowa	F	Aug. 19, 1864.
6663	Breckenridge, ——	...do	73d Pa	K	Aug. 24, 1864.
7841	Breese, D.	...do	9th Minn	A	Sept. 4, 1864.
8476	Brenner, N	...do	60th Ohio	F	Sept. 11, 1864.
12238	Breim, A	Sergeant	6th N. J	I	Dec. 7, 1864.
10763	Breidan, E	Private	35th Ill	E	Oct. 12, 1864.
3716	Brenlinger, W. R.	Sergeant	4th Pa. cav	D	July 21, 1864.
332	Briggs, Andrew	Private	13th Pa. cav	H	April 3, 1864.
849	Briggs, Wilson	...do	1st N. C	A	May 2, 1864.

ANDERSONVILLE CEMETERY, GEORGIA. 29

No. of grave.	Name.	Rank.	Regiment.	Co.	Died.
993	Briggs, W. W	Private	36th Mass	H	May 10, 1864.
2478	Briggs, J	do	6th Mich	E	June 25, 1864.
2761	Briggs, W	do	2d Mass. art	G	July 2, 1864.
3149	Briggs, W. H	do	20th Mich	G	July 11, 1864.
5015	Briggs, J. C	do	19th Me	F	Aug. 8, 1864.
5026	Briggs, H	do	1st Wis. cav	L	Aug. 8, 1864.
5322	Briggs, E	do	1st Wis. cav		Aug. 11, 1864.
8116	Briggs, —	do	104th N. Y	C	Sept. 8, 1864.
10591	Briggs, F	do	17th Ohio	G	Oct. 10, 1864.
1613	Bridwell, H. C	do	38th Ill	D	June 4, 1864.
1923	Brian, Charles	do	183d Pa	F	June 14, 1864.
2303	Brigham, David	do	32d Mich	D	June 22, 1864.
2307	Brinkey, Morris	Sergeant	16th Ill	L	June 23, 1864.
11052	Brinkey, W. L	Private	4th Ky	F	Aug. 17, 1864.
2917	Brien, James	do	56th Pa	I	July 5, 1864.
2983	Bright, John	do	8th Tenn	G	July 6, 1864.
3917	Bright, E	do	90th Pa	I	July 25, 1865.
6020	Bright, N	do	6th Ohio	E	Aug. 17, 1864.
8073	Bright, Adam	Corporal	101st Pa	K	Sept. 7, 1864.
3264	Bridges, M. H	Sergeant	30th Ill	K	July 13, 1864.
9570	Bridges, W. J	Private	122d Ill	F	Sept. 23, 1864.
3366	Briker, J	do	68th Ind	C	July 15, 1864.
11626	Bricker, J. J	Sergeant	126th Ohio	H	Oct. 29, 1864.
4684	Britton, B. H	Private	125th Ohio	H	Aug. 3, 1864.
10685	Britton, H	Sergeant	15th Wis	B	Oct. 11, 1864.
11668	Britton, A. R	Private	79th Ill	E	Oct. 30, 1864.
12421	Britton, J	do	45th Ky	F	Jan. 9, 1865.
3442	Brinton, J	do	147th Pa	G	July 17, 1864.
5080	Brinton, J. W	do	29th Ind	I	Aug. 8, 1864.
9351	Brinton, M. J	Sergeant	11th Ky cav	C	Sept. 23, 1864.
3998	Bridell, S	Corporal	5th Ky	F	July 26, 1864.
6319	Briney, Joseph	Private	4th Pa. cav	H	Aug. 20, 1864.
6772	Brittenham, J	do	20th Pa	C	Aug. 25, 1864.
6953	Brink, C	do	109th N. Y	K	Aug. 26, 1864.
7775	Brink, F	do	11th Pa. cav	M	Sept. 4, 1864.
7125	Bridaham, H. W	do	55th Pa	H	Aug. 28, 1864.
8358	Brickenstaff, —	do	101st Pa	I	Sept. 10, 1864.
8415	Brill, C	do	140th N. Y	F	Sept. 11, 1864.
8425	Brice, J. C	do	1st Ala. cav	L	Sept. 11, 1864.
9473	Brince, J. R	do	122d Ohio	C	Sept. 21, 1864.
8509	Brinhomer, J	do	60th Ohio	C	Sept. 11, 1864.
8542	Brinkerman, L	do	9th Me	D	Sept. 11, 1864.
8799	Brinckley, A	do	1st Mass	K	Sept. 15, 1864.
9007	Brinker, J	do	2d Wis	A	Sept. 23, 1864.
9090	Briant, L. A	do	146th N. Y	B	Sept. 24, 1864.
9787	Britauskey, J	do	52d N. Y	E	Sept. 26, 1864.
10621	Britzer, L. B	Corporal	15th U. S	C	Oct. 10, 1864.
11308	Brinker, J	Private	11th Ohio	K	Oct. 22, 1864.
11627	Brightman, C	do	7th N. Y	D	Oct. 29, 1864.
11706	Briskley, H	do	1st U. S	K	Nov. 1, 1864.
8285	Bridgway, J	do			Sept. 9, 1864.
409	Brown, E. M	do	5th Me	G	Mar. 31, 1864.
428	Brown, W	do	42d N. Y	A	April 5, 1864.
552	Brown, Warren	do	120th N. Y	K	April 14, 1864.
838	Brown, T	do	66th Ind	D	May 1, 1864.
897	Brown, Henry	do	90th Pa	H	May 5, 1864.
939	Brown, D	do	4th Pa	C	May 7, 1864.
1393	Brown, J. T	do	4th Pa. cav	K	May 26, 1864.
1455	Brown, Augustus	do	2d Md	G	May 29, 1864.
1635	Brown, J	do	13th Pa. cav	E	June 5, 1864

LIST OF INTERMENTS IN THE

No. of grave.	Name.	Rank.	Regiment.	Co.	Died.
1762	Brown, C............	Private	16th U. S........	D	June 9, 1864.
1879	Brown, H	....do......	12th N. J	H	June 12, 1864.
1887	Brown, J............	....do......	125th N. Y......	B	June 13, 1864.
2127	Brown, C............	....do......	3d Pa. cav......	B	June 17, 1864.
2465	Brown, H	....do......	72d N. Y........	C	June 25, 1864.
2518	Brown, M	....do......	14th Va.........	E	June 26, 1864.
2610	Brown, M	....do......	14th Pa. cav.....	C	June 28, 1864.
2641	Brown, A............	....do......	26th Mass.......	D	June 29, 1864.
2681	Brown, O............	....do......	15th Wis........	G	June 30, 1864.
3198	Brown, J. B.........	Sergeant ..	2d Tenn	F	July 11, 1864.
3245	Brown, Charles......	Private	23d Ohio	D	July 13, 1864.
2253	Brown, J............	....do......	4th Wis.........	H	July 13, 1864.
3659	Brown, E. G........	....do......	7th N. Y. art....	L	July 20, 1864.
4036	Brown, George	....do......	10th Vt.........	B	July 26, 1864.
4112	Brown, C............	....do......	103d N. Y.......	C	July 27, 1864.
4360	Brown, J............	....do......	53d Pa..........	G	July 31, 1864.
4395	Brown, G	....do......	4th Mich. cav....	E	July 31, 1864.
5046	Brown, A. O	....do......	113th Ill........	C	Aug. 8, 1864.
5113	Brown, M	....do......	50th Pa.........	D	Aug. 9, 1864.
5339	Brown, Wm	....do......	2d Mass. art.....	H	Aug. 11, 1864.
5525	Brown, J. C.........	....do......	1st Md. art......	B	Aug. 13, 1864.
5538	Brown, B. M........	....do......	85th N. Y.......	I	Aug. 13, 1864.
5806	Brown, C. H	....do......	1st Conn........	H	Aug. 16, 1864.
5924	Brown, J. M	Corporal ...	29th Ill.........	B	Aug. 17, 1864.
5978	Brown, J	Private	73d Ill..........	D	Aug. 17, 1864.
6057	Brown, D...........	....do......	18th Mass.......	K	Aug. 18, 1864.
6152	Brown, G. L........	....do......	111th Ohio......	F	Aug. 19, 1864.
6177	Brown, J	....do......	25th Mass.......	A	Aug. 19, 1864.
6410	Brown, J. M........	....do......	66th Ind........	F	Aug. 22, 1864.
6540	Brown, E. R........	....do......	2d Md..........	C	Aug. 23, 1864.
6623	Brown, Charles......	....do......	97th N. Y.......	F	Aug. 23, 1864.
6655	Brown, James.......	....do......	4th N. Y. cav....	E	Aug. 24, 1864.
6691	Brown, James	....do......	170th N. Y......	K	Aug. 24, 1864.
6811	Brown, J	....do......	8th Me..........	G	Aug. 25, 1864.
6836	Brown, Wm	....do......	1st Ill. cav......	G	Aug. 25, 1864.
6871	Brown, W. F........	....do......	2d N. H.........	B	Aug. 26, 1864.
6887	Brown, T...........	Corporal ...	11th Pa. cav.....	I	Aug. 26, 1864.
7016	Brown, J. H	Private	2d Del..........	I	Aug. 27, 1864.
7266	Brown, H	Corporal ..	39th N. Y.......	F	Aug. 30, 1864.
7440	Brown, L...........	Private	27th Mass.......	I	Sept. 1, 1864.
7501	Brown, D...........	....do......	118th N. Y......	B	Sept. 1, 1864.
7526	Brown, John	....do......	66th N. Y.......	...	Sept. 1, 1864.
7529	Brown, W...........	....do......	26th Ohio	G	Sept. 1, 1864.
7615	Brown, William	....do......	5th N. Y........	D	Sept. 2, 1864.
7658	Brown, J	....do......	16th N. Y.......	C	Sept. 3, 1864.
7727	Brown, E...........	....do......	2d Md	D	Sept. 3, 1864.
7985	Brown, G. H	....do......	63d N. Y........	C	Sept. 6, 1864.
7993	Brown, M...........	Corporal ...	110th Ohio......	F	Sept. 6, 1864.
8286	Brown, L...........	Private	8th Pa. cav......	C	Sept. 9, 1864.
8356	Brown, A	....do......	101st Pa	H	Sept. 10, 1864.
8391	Brown, H. S........	....do......	8th Mich. cav....	F	Sept. 10, 1864.
8676	Brown, H. H	Corporal ...	41st Ohio	A	Sept. 13, 1864.
8780	Brown, Samuel	Private	56th Mass.......	E	Sept. 14, 1864.
8794	Brown, P...........	....do......	55th Pa.........	A	Sept. 15, 1864.
8869	Brown, A	....do......	3d Mich.........	G	Sept. 15, 1864.
8962	Brown, William	....do......	16th Ill.........	C	Sept. 16, 1864.
9011	Brown, J. H	Corporal ...	12th Ill.........	F	Sept. 17, 1864.
9240	Brown, H	....do......	18th Mich.......	A	Sept. 19, 1864.
9350	Brown, A. T	Sergeant ..	73d Ill..........	C	Sept. 20, 1864.
9556	Brown, C	Private	66th N. Y.......	K	Sept. 23, 1864.

ANDERSONVILLE CEMETERY, GEORGIA. 31

No. of grave.	Name.	Rank.	Regiment.	Co.	Died.
9628	Brown, J	Private	20th Ky	I	Sept. 24, 1864.
9660	Brown, J	....do	11th Mass	E	Sept. 24, 1864.
9674	Brown, G. H	....do	85th N. Y	H	Sept. 24, 1864.
9708	Brown, J	Sergeant	1st Ind. cav	A	Sept. 25, 1864.
9782	Brown, G. E	Private	16th Ill. cav	M	Sept. 26, 1864.
10198	Brown, J	....do	1st Va. cav	B	Oct. 1, 1864.
10199	Brown, E. W	Sergeant	20th Ohio	E	Oct. 1, 1864.
10281	Brown, W. H	....do	20th Ohio	B	Oct. 4, 1864.
10292	Brown, G. M	Private	14th Pa	I	Oct. 4, 1864.
10305	Brown, G	....do	9th Vt	D	Oct. 4, 1864.
10668	Brown, A	....do	140th N. Y	K	Oct. 11, 1864.
10819	Brown, John	Corporal	57th Mass	E	Oct. 12, 1864.
10963	Brown, George	....do	Bridge's battery		Oct. 15, 1861.
11068	Brown, J. D	Private	11th Vt. art	A	Oct. 17, 1864.
11073	Brown, John A	....do	5th N. Y. art	D	Oct. 17, 1864.
11303	Brown, E. W	....do	4th Ky	F	Oct. 22, 1864.
11372	Brown, J. B	Corporal	2d Tenn	K	Oct. 23, 1864.
11577	Brown, J	Private	12th U. S	C	Oct. 28, 1864.
11919	Brown, D	....do	128th Ind	B	Nov. 8, 1864.
11928	Brown, C	....do	1st N. Y. cav	M	Nov. 8, 1864.
11953	Brown, C	....do	39th N. Y	H	Nov. 10, 1864.
12450	Brown, H	....do	15th Ill	F	Jan. 14, 1865.
255	Brooks, S. T	....do	16th Va	I	Mar. 30, 1864.
1324	Brooks, W	Corporal	16th N. Y	E	May 23, 1864.
1872	Brooks, D. S	Private	79th Pa	H	June 12, 1864.
1937	Brooks, J	....do	127th Ohio	I	June 14, 1864.
2334	Brooks, E	....do	1st Wis. cav	H	June 22, 1864.
5152	Brooks, W. D	Corporal	16th Conn	F	Aug. 9, 1864.
3717	Brookman, J. E	....do	44th Ill	I	July 21, 1864.
51	Broughton, H	Private	77th N. Y	H	Mar. 16, 1865.
3359	Broughton, D	....do	7th Ind. cav	K	July 15, 1864.
121	Brockway, C	Corporal	11th Mich	K	Mar. 23, 1864.
4073	Brockway, M	Private	2d Ohio art	D	July 27, 1864.
9148	Brock, William	....do	76th N. Y	F	Sept. 18, 1864.
11563	Brock, C	....do	46th Pa	A	Oct. 27, 1864.
465	Broadby, James	....do	17th Mass	A	April 10, 1864.
2067	Brookhart, William	....do	45th Ohio	I	June 16, 1864.
9446	Brookover, George	....do	13th Ohio	B	Sept. 21, 1864.
845	Browder, H. V	....do	2d Tenn	K	May 2, 1864.
12360	Browders, P	....do	11th Ky	A	Dec. 30, 1864.
909	Broderick, J. S	....do	2d N. Y	E	May 6, 1864.
3475	Broderick, W		U. S. Navy		July 17, 1864.
1221	Brott, Anthony	Private	1st N. Y. cav	K	May 19, 1864.
1288	Broman, C	....do	4th Mich	H	May 22, 1864.
1610	Browning, J	....do	2d Tenn	F	June 4, 1864.
5877	B.owning, Thomas	....do	103d Pa	A	Aug. 16, 1864.
1919	Brownler, John	....do	7th Ohio	I	June 14, 1864.
1642	Brownell, A. G	....do	58th Mass	B	Aug. 25, 1864.
2082	Browman, G	....do	11th Ky. cav	D	June 16, 1864.
2700	Broo, F	....do	22d Mich	I	June 30, 1864.
2927	Brockhiller, J	....do	4th Ill. cav	M	July 5, 1864.
2997	Brobst, J	....do	52d N. Y	B	July 7, 1864.
3228	Brophy, M	....do	5th Ky	I	July 12, 1864.
3587	Bronagun, M	....do	17th Mass	E	July 19, 1864.
3606	Broomsteel, S. A	....do	20th N. J	G	July 19, 1864.
4269	Broyer, J	....do	2d Mo	E	July 20, 1864.
4870	Bromsteed, G	Sergeant	11th Wis	A	Aug. 6, 1864.
5592	Broadbeck, Adam	Private	11th Pa. cav	A	Aug. 14, 1864.
6065	Brower, L. F	Corporal	17th Mich	A	Aug. 18, 1864.
7940	Brower, J	Private	184th Pa	F	Sept. 5, 1864.

No. of grave.	Name.	Rank.	Regiment.	Co.	Died.
6163	Brookers, J. M	Private	112th Ind	E	Aug. 19, 1864.
6882	Brockler, H	do	76th N. Y	F	Aug. 26, 1864.
7390	Broxmire, Thomas	do	15th N. Y	E	Aug. 31, 1864.
7517	Brought, Charles	do	18th N. Y. art	I	Sept. 1, 1864.
7921	Brossesault, M	do	2d U. S. art	M	Sept. 5, 1864.
8334	Brokimzer, F	do	7th Mich	D	Sept. 10, 1864.
8247	Broadstreet, C. B	do	1st Me. cav	B	Sept. 9, 1864.
8911	Brothers, D	do	45th Ill	H	Sept. 16, 1864.
9543	Bromley, H	Sergeant	11th Tenn		Sept. 23, 1864.
12564	Bromley, J	Private	18th U. S	G	Jan. 31, 1865.
9591	Broyden, D. C	do			Sept. 23, 1864.
11298	Brogan, John	Corporal	2d Tenn	C	Oct. 22, 1864.
12002	Brogan, J. M	Private	85th N. Y	B	Nov. 14, 1864.
11932	Brotherton, W. H	Corporal	29th Mich	B	Nov. 9, 1864.
12089	Brookmeyer, G. W	Private	8th Conn	H	Nov. 18, 1864.
12565	Browre, J. W	do	13th Tenn	B	Jan. 31, 1865.
1216*	Brubaker, B. P	Corporal	79th Pa	D	Nov. 26, 1864.
3044	Bruce, J. W	Private	5th Ind. cav	M	July 8, 1864.
3573	Bruce, H	do	24th Wis	H	July 20, 1864.
5416	Bruce, John	do	101st Pa	C	Aug. 12, 1864.
8363	Bruce, J. B	Sergeant	101st Pa	F	Sept. 10, 1864.
11329	Bruce, A	Private	11th Pa	I	Oct. 23, 1864.
3517	Brust, J	do	16th Mich	K	July 18, 1864.
1327	Brunig, B	do	13th Pa. cav	B	May 23, 1864.
1559	Brumaghin F	do	125th N. Y	E	June 2, 1864.
1654	Brumbey, George	do	4th Pa	I	June 5, 1864.
5049	Brummett, B	do	11th Tenn. cav	C	Aug. 8, 1864.
5644	Brunan, H	do	1st Ky	G	Aug. 14, 1864.
5771	Brutche, E	do	10th Ohio cav	I	Aug. 15, 1864.
7490	Bruning, C	do	14th Ohio	G	Sept. 1, 1864.
1369	Bryson, J	do	2d Pa. cav	D	May 23, 1864.
1669	Bryan, R	do	16th Ohio	C	June 4, 1864.
3005	Bryan, P	do	3d Pa. art	A	July 7, 1864.
4770	Bryan, William	do	2d Tenn	B	Aug. 5, 1864.
6928	Bryan, L	do	166th Pa	F	Aug. 27, 1864.
7668	Bryan, William	do	1st N. Y. cav	I	Sept. 3, 1864.
1242	Bryant, James A	do	8th Tenn	I	May 20, 1864.
4475	Bryant, D	do	179th N. Y	B	Aug. 1, 1864.
6256	Bryant, W. C	do	107th Ill	A	Aug. 20, 1864.
6903	Bryant, W. A	do	2d Mass. art	H	Aug. 26, 1864.
7248	Bryunt, H	do	82d N. Y	C	Aug. 30, 1864.
11930	Bryant, C. F	do	16th Me	E	Nov. 13, 1864.
11517	Bubler, J. W	do	40th Mass	C	Oct. 26, 1864.
3801	Bubs, H	do	59th Mass	C	July 22, 1864.
5949	Buck, H	do	1st Md. cav	B	June 1, 1864.
3814	Buck, ——	do	24th N. Y	H	July 23, 1864.
5082	Buck, B. F	do	2d Pa. cav	K	Aug. 8, 1864.
5662	Buck, B. P	do	2d Pa. cav	H	Aug. 15, 1864.
5785	Buck, B. T	do	30th Ill	I	Aug. 15, 1864.
10534	Buck, D. C	do	2d Pa. cav	L	Oct. 8, 1864.
1641	Buckley, George	do	9th Md	B	June 5, 1864.
2577	Buckley, John	do	1st N. J	G	June 27, 1864.
8872	Buckley, J. G	do	126th Ohio	A	Sept. 14, 1864.
8975	Buckley, A. M	do	1st Md	B	Sept. 17, 1864.
10585	Buckley, W	do	122d N. Y	D	Oct. 10, 1864.
5132	Buckley, John J	do	126th Ohio	E	Aug. 9, 1864.
2133	Buckhannah, W	do	3d Pa. art	B	June 18, 1864.
2191	Buckhart, E	do	27th Ind	F	June 19, 1864.
2529	Buchannon, S	do	12th Ky. cav	F	June 26, 1864.
7758	Buchanon, J	do	27th Mass	A	Sept. 4, 1864.

No. of grave.	Name.	Rank.	Regiment.	Co.	Died.
3848	Buckam, J	Private	43d N. Y	A	July 23, 1864.
4084	Buckner, Adam	....do	116 Pa	G	July 27, 1864.
4509	Buckner, James	....do	1st Vt	M	Aug. 1, 1864.
11761	Buckner, George	....do	2d Md	K	Nov. 3, 1864.
8265	Buckmaster, F	....do	15th Iowa	K	Sept. 9, 1864.
10888	Buckmaster, J	....do	79th Ill	C	Oct. 14, 1864.
4963	Buckman,	....do	16th N. Y. cav	H	Aug. 7, 1864.
9975	Buckhier, Joseph	....do	51st Ohio	A	Sept. 28, 1864.
5100	Budson, John	....do	1st Wis. cav	L	Aug. 9, 1864.
1464	Buel, J	....do	4th Mo	C	May 29, 1864.
5714	Buell, G. W	....do	15th N. Y	E	Aug. 15, 1864.
8234	Buell, J	Sergeant	85th N. Y	B	Sept. 9, 1864.
9301	Buell, J	Private	4th Iowa	K	Sept. 20, 1864.
3099	Bufman, H. C	Corporal	1st N. Y. art	B	July 10, 1864.
12362	Buffinton, B	Private	74th Ill	F	Dec. 30, 1864.
12417	Buffum, L	Sergeant	100th N. Y	K	Jan. 8, 1865.
11569	Bughly, William	Private	133d Pa	E	Oct. 57, 1864.
228	Bull, Frank	....do	4th Pa. cav	H	Mar. 29, 1864.
1784	Bullock, W. H	....do	24th Mass	K	June 10, 1864.
9642	Bullock, E	Corporal	85th N. Y	E	Sept. 24, 1864.
5719	Bullsen, E. F	Sergeant	5th Mich. cav		Aug. 15, 1864.
5953	Bullier, William	Private	23d N. Y. cav	B	Aug. 17, 1864.
7567	Bulkely, E. A	....do	97th N. Y	E	Sept. 2, 1864.
10746	Bulen, J. W	....do	60th Mass	C	Oct. 11, 1864.
11223	Bullied, James	....do	19th Me	D	Oct. 20, 1864.
6287	Buller, W. J	....do	7th Tenn	B	Aug. 20, 1864.
5175	Buldac, L	....do	56th Mass	I	Aug. 9, 1864.
2299	Bumgardner, ——	....do	44th Ind	D	June 22, 1864.
11920	Bumgardner, Joel	....do	3d Ohio	C	Nov. 8, 1864.
4137	Bundy, Joseph	....do	7th N. Y. art	B	July 28, 1864.
4968	Bunbey, M. J	....do	45th Ohio	D	Aug. 7, 1864.
5757	Bunker, S. A	....do	1st Me. art	C	Aug. 15, 1864.
9819	Bunker, J F	....do	152d N. Y	G	Sept. 26, 1864.
9834	Bunker, R. B	Corporal	1st Mich	D	Sept. 27, 1864.
10745	Bunker, C	Private	4th Vt	D	Oct. 11, 1864.
11024	Bunker, T	....do	55th Pa	K	Oct. 16, 1864.
11972	Bupp, L	....do	149th Pa	G	Nov. 12, 1864.
608	Burnitt, B	....do	6th Ky	D	April 18, 1864.
114	Burnett, ——				Mar. 25, 1864.
1375	Burnett, Joseph	Private	13th Pa. cav	G	May 26, 1864.
2916	Burnett, Samuel	....do	6th Ind. cav	G	June 16, 1864.
5970	Burnett, J	....do	7th Mich	G	Aug. 17, 1864.
6194	Burnett, S. H	....do	6th Tenn	H	Aug. 19, 1864.
10876	Burnett, M	....do	18th Conn	H	Oct. 12, 1864.
217	Burton, Henry	Drummer	140th N. Y		Mar. 29, 1864.
249	Burton, Lafayette	Private	18th Pa. cav	D	Mar. 30, 1864.
772	Burton, William	....do	1st Tenn. art	A	April 28, 1864.
1167	Burton, Tillman	....do	1st Ky. cav	F	May 17, 1864.
1267	Burton, George	....do	8th U. S. C. T	I	May 21, 1864.
7214	Burton, G. E	....do	85th N. Y	K	Aug. 29, 1864.
7777	Burton, John	....do	19th Mass	E	Sept. 4, 1864.
10431	Burton, C	....do	4th Vt	A	Oct. 6, 1864.
11411	Burton, W. B	....do	6th Va. cav	A	Oct. 24, 1864.
11858	Burton, O. S	....do	35th Ill	I	Nov. 6, 1864.
12414	Burton, N	....do	3d Va. cav	B	Jan. 8, 1865.
671	Burns, Samuel	....do	73d Pa	K	April 22, 1864.
221	Burns, S. A	Sergeant	West Va. mil	C	Mar. 29, 1864.
619	Burns, E. J	....do	13th N. Y. cav	D	April 19, 1864.
2026	Burns, Owen	Private	13th Pa. cav	C	June 16, 1864.
2816	Burns, John	....do	13th Pa cav	A	July 3, 1864.

LIST OF INTERMENTS IN THE

No. of grave.	Name.	Rank.	Regiment.	Co	Died.
3224	Burns, John	Private	3d Conn	I	July 12, 1864.
3294	Burns, James	do	105d Pa	F	July 14, 1864.
3295	Burns, M. G	do	111th Ohio	B	July 14, 1864.
5357	Burns, P	do	3d N. Y. cav	C	Aug. 11, 1864.
5596	Burns, B	do	6th Conn	G	Aug. 14, 1864.
5946	Burns, H	Sergeant	16th Ill. cav	D	Aug. 17, 1864.
5991	Burns, Daniel	Private	5th N. Y. art	D	Aug. 17, 1864.
8745	Burns, W	do	3d N. Y. cav	C	Sept. 14, 1864.
10260	Burns, J	do	103d Pa	E	Oct. 3, 1864.
11313	Burns, M	do	12th Ohio	K	Oct. 22, 1864.
11154	Burns, N. H	Corporal	2d Mass	H	Oct. 19, 1864.
11884	Burns, T	Private	118th N. Y	F	Nov. 6, 1864.
12185	Burns, J	do	7th Vt	B	Nov. 28, 1864.
281	Burnes, John	do	17th Mo	I	April 1, 1864.
477	Burnes, John	do	40th N. Y	I	April 10, 1864.
924	Burnes, John	do	99th N. Y	H	May 6, 1864.
3656	Burnes, D. B	do	13th Tenn	D	July 20, 1864.
7055	Burn, John	do	100th Ill	K	Aug. 28, 1864.
261	Burrows, Nathaniel	do	1st Ky. cav	K	Mar. 31, 1864.
4299	Burrows, J	do	95th Ill	L	July 30, 1864.
8253	Burrows, H	do	9th Minn	K	Sept. 9, 1864.
8315	Burrows, H	do	11th Vt	F	Sept. 10, 1864.
540	Burke, W. H	do	1 2d N Y	F	April 14, 1864.
1224	Burke, W. H	do	126th N.Y	I	May 19, 1864.
1251	Burke, J. H	do	2d Mo	M	May 21, 1864.
1431	Burke, L	do	3d U. S	B	May 29, 1864.
4500	Burke, J	do	90th Pa	A	Aug. 1, 1864.
5196	Burke, John	do	69th N. Y	K	Aug. 10, 1864.
7323	Burke, J	do	10th Wis	E	Aug. 30, 1864.
12152	Burke, R	do	16th Conn	D	Nov. 21, 1864.
1838	Burk, O	do	15th Wis	B	June 11, 1864.
3647	Burk, James	do	1st R. I	C	July 20, 1864.
7717	Burk, James	do	1st U. S	K	Sept. 3, 1864.
10560	Burk, C	Citizen			Oct. 8, 1864.
11929	Burk, J. D	Private	22d Pa. cav	D	Nov. 8, 1864.
978	Burdeck, C	do	42d N. Y	F	May 9, 1864.
2134	Burdeck.		125th N. Y	A	June 18, 1864.
6339	Burddeck, L	do	148th Pa	D	Aug. 21, 1864.
6990	Burdick, Theo	do	6th Mich. cav	I	Aug. 27, 1864.
10924	Burdick, A	do	85th N. Y	C	Oct. 14, 1864.
7838	Burdock, L	do	22d N. Y	L	Sept. 4, 1864.
2292	Burham, W	do	1st Ohio art	K	June 21, 1864.
5340	Burnham, J	Sergeant	12th Mass	I	Aug. 13, 1864.
2875	Burt, J	Private	2d N. J. cav	A	July 4, 1864.
2907	Burt, C. E	Sergeant	2d Mass. art	K	July 5, 1864.
3165	Burshen, F	Private	54th N. Y	C	July 11, 1864.
3345	Bursteel, John	do	27th Ill	H	July 15, 1864.
3699	Burgess, W. T	do	16th Mass	H	July 21, 1864.
10357	Burgess, H	do	27th Pa	C	Oct. 4, 1864.
5232	Burren, George	do	1st N. J. cav	B	Aug. 10, 1864.
5457	Burdis, G	do	89th Ill	A	Aug. 12, 1864.
5656	Burna, J. W	do	121st Ohio	K	Aug. 11, 1864.
6013	Burkhart, C	Corporal	2d Mich	G	Aug. 17, 1864.
6334	Burcherd, C	Private	11th Vt	L	Aug. 21, 1864.
6388	Burcham, J	do	5th Mich	B	Aug. 21, 1864.
6452	Burbanks, J	do	85th N. Y	D	Aug. 22, 1864.
6171	Bursha, Thomas	do	2d N. Y. art	M	Aug. 19, 1864.
6652	Burd, W. H	do	6th U. S	E	Aug. 23, 1864.
7134	Burgan, L	do	25th Mass	G	Aug. 28, 1864.
7306	Burkessel, H	do	14th Conn	D	Aug 30, 1864.

ANDERSONVILLE CEMETERY, GEORGIA. 35

No. of grave.	Name.	Rank.	Regiment.	Co.	Died.
8102	Burkhead, W	Private	Purnell legion		Sept. 5, 1864.
8474	Burgin, A	do	4th Me	I	Sept. 11, 1864.
9870	Burrill, William	do	59th N. Y	C	Sept. 27, 1864.
10016	Bur'eigh, L	do	6th N. Y. art	F	Sept. 29, 1864.
10201	Burdge, L	do	3d Pa. cav	D	Oct. 1, 1864.
10943	Burthart, J	do	116th Pa	H	Oct. 14, 1864.
11635	Burr, E	do	145th Pa	K	Oct. 29, 1864.
11933	Burrs, W	do	82d N. Y	B	Nov. 9, 1864.
11894	Burch, W	do	2d Pa. art	F	Nov. 7, 1864.
12389	Burley, C	do	3d N. Y	B	Jan. 4, 1865.
12486	Burry, W	do	66th Ind	I	Jan. 19, 1865.
12509	Burfield, C	Citizen	N. Y		Jan. 22, 1865.
313	Bush, David	Private	117th Ind	C	April 3, 1864.
2271	Bush, Thomas	do	8th Mich. cav	A	June 20, 1864.
3370	Bush, W	do	15th U. S	E	July 15, 1864.
3380	Bush, H	do	4th N. H	H	July 16, 1864.
11337	Bush, H. H	do	14th Va	B	Oct. 23, 1864.
833	Bushby. N	do	7th N. H	C	May 1, 1864.
487	Bushman, J. R	do	132d N. Y	G	April 11, 1864.
1360	Buskirk, A	do	47th N. Y	H	May 24, 1864.
2047	Buskirk, O	do	13th N. Y	D	June 16, 1864.
1415	Busbnell, A	do	65th N. Y	D	May 27, 1864.
5275	Busick, W. A	Corporal	101st Ind	F	Aug. 10, 1864.
8041	Bushee, C. C	do	2d Wis	B	Sept. 13, 1864.
11366	Bushley, William	do	5th N. Y. art	A	Oct. 23, 1864.
11986	Buston, B	Private	7th Mich	K	Nov. 13, 1864.
6184	Bushell, William	do	14th Conn	D	Aug. 19, 1864.
8776	Butters, J	do	89th Ill	A	Sept. 14, 1864.
22	Butter, C. M	do	3d Me	K	April 7, 1864.
1790	Butter, J. D	do			June 10, 1864.
2429	Butter, A	do	72d Mass	H	June 24, 1864.
3097	Butter, L. J	do	118th Pa	E	July 10, 1864.
5805	Butler, James	do	24th N. Y. art	B	Aug. 16, 1864.
10586	Butter, H. J	do	89th Ill	D	Oct. 10, 1864.
721	Butler, Thomas	do	132d N. Y	G	April 25, 1864.
1188	Butler, William	do	96th Pa	B	May 17, 1864.
9235	Butler, P	do	120th N. Y	D	Sept. 19, 1864.
10848	Butler, J	do	2d N. Y. cav	D	Oct. 13, 1864.
1527	Butler, J. J	Sergeant	7th Tenn	B	June 1, 1864.
3808	Butler, C. P	Private	148th Pa	A	July 22, 1864.
4183	Butler, W	do	43d N. Y	D	July 28, 1864.
4355	Butler, George C	Sergeant	2d Mass. art	G	July 30, 1864.
4402	Butler, D	Private	5. d Pa	G	July 31, 1864.
5017	Butler, W. W	do	7th Tenn. cav	B	Aug. 8, 1864.
10362	Butler, A	Corporal	89th Ill	D	Oct. 5, 1864.
11734	Butler, M	Private	10th Wis	K	Nov. 2, 1864.
12239	Butler, A. F	do	1st Vt art	F	Dec. 7, 1864.
419	Button, E. D	do	11th Ky. cav	D	April 5, 1864.
1200	Butner, L. B	Sergeant	6th Ky. cav	D	May 19, 1864.
3446	Butts, A	Private	114th N. Y	C	July 17, 1864.
9824	Butts, John	do	22d Ill	F	Sept. 27, 1864.
12651	Butoff, R	Sergeant	124th N. Y	C	Feb. 13, 1865.
5747	Butterfield, James	Citizen			Aug. 15, 1864.
9796	Butcher, Peter	Private	14th W. Va	F	Sept. 26, 1864.
4956	Buxton, Thomas	do	1st Mass. art	G	Aug. 7, 1864.
5230	Buyer, H	do	24th N. Y	K	Aug. 10, 1864.
6701	Buyd, J. M	do	101st Pa	C	Aug. 24, 1864.
306	Byerly, William	do	11th Ky. cav	E	April 4, 1864.
859	Byerly, W. N	do	1st Tenn	A	May 3, 1864.
10098	Byerly, James	do	1st E Tenn	A	Sept. 30, 1864.

LIST OF INTERMENTS IN THE

No. of grave.	Name.	Rank.	Regiment.	Co.	Died.
9868	Byerns, J	Private	1st Mass. art	I	Sept. 27, 1864.
10226	Byers, J	do	22d Pa	E	Oct. 2, 1864.
3330	Bynorn, J. W	do	13th Tenn. cav	C	July 14, 1864.
626	Byres, George	do	65th Ill	B	April 19, 1864.
9790	Byron, J	Corporal	69th N. Y	A	Sept. 26, 1864.
10202	Byron, H. M	Sergeant	1st Ky. cav	I	Oct. 1, 1864.

C.

3399	Cable, C		Citizen		
2377	Cady, J	Private	77th N. Y	E	June 23, 1864.
10721	Cady, J. J	do	14th N. Y	H	Oct. 11, 1864.
10765	Cady, George	do	66th N. Y	G	Oct. 12, 1864.
1234	Cadding, J. C	do	89th Ill	B	Dec. 27, 1864.
2190	Cadmus, C	do	4th N. Y	A	June 19, 1864.
3062	Cain, M	do	132d N. Y	E	July 9, 1864.
7780	Cain, Thomas	do	14th Conn	G	Sept. 4, 1864.
6904	Cahon, N. J	do	1st Mich	H	Aug. 26, 1864.
4265	Cahill, J. H	do	90th Ohio	C	Aug. 6, 1864.
12082	Cahill, William	do	50th Ohio	A	Nov. 18, 1864.
8	Caleman, Lind	do	1st Mass. cav	A	Mar. 5, 1864.
484	Caldwell, William	do	2d Del	D	April 11, 1864.
1206	Caldwell, S. A	do	14th Pa. cav	K	May 19, 1864.
2101	Caldwell, J	Sergeant	15th Ohio	D	June 16, 1864.
9476	Caldwell, A. J	Private	3d Ohio	E	Sept. 21, 1864.
10430	Caldwell, P	do	7th Pa. cav	E	Oct. 5, 1864.
11807	Caldwell, A	do	42d N. Y	A	Nov. 4, 1864.
622	Calesley, J	do	4th Pa. cav	K	April 19, 1864.
7017	Calony, E	do	17th Me	G	Aug. 27, 1864.
723	Calloway, William	do	7th Ohio cav	F	April 25, 1864.
1687	Callihan, Patrick	do	11th Ky. cav	A	June 7, 1864.
1702	Callihan, Thomas	do	14th Pa. cav	H	June 7, 1864.
1709	Callhan, John	do	1st Del	G	June 7, 1864.
3158	Callihan, R	do	57th Mass	A	July 11, 1864.
7230	Callihan, J	do	57th Mass	B	Aug. 29, 1864.
2884	Callihan, Samuel	do	103d Pa	K	July 4, 1864.
3002	Callihan, H	do	34th Ohio	C	July 7, 1864.
3810	Callahan, James	do	— R. I. batt'y		July 23, 1864.
9886	Callahan, W	do	52d Pa	D	Sept. 27, 1864.
12395	Callahan, P	do	1st Md	F	Jan. 5, 1865.
3746	Calligan, James	do	2d Mass	A	July 22, 1864.
2136	Cale, J	Sergeant	85th N. Y	G	June 18, 1864.
7211	Cale, W. H	Private	112th Ill	A	Aug. 29, 1864.
6356	Callaghan, C	do	39th Ill	F	Aug. 21, 1864.
8411	Callbrock, J	do	147th N. Y	B	Sept. 11, 1864.
9706	Calkins, S. V	do	120th N. Y	D	Sept. 25, 1864.
10905	Callam, M	do	35th Ind	B	Sept. 14, 1864.
11530	Caling. Ed	do	7th N. Y	H	Oct. 26, 1864.
1632	Calvert, R. R	Sergeant	6th Pa	B	May 11, 1864.
12559	Calvert, G. F	Private	8th Ind. cav	I	Jan. 30, 1865.
12385	Calvington, R	do	72d Ohio	C	Jan. 3, 1865.
9040	Caldhun, L. C	do	8th N. Y. cav	L	Sept. 17, 1864.
466	Callagher, C	do	5th R. I. art	A	Aug. 6, 1864.
389	Campell, D	do	Ringgold's batt'y	E	April 5, 1864.
563	Campbell, James	do	7th Ohio cav	F	April 15, 1864.
946	Campbell, L. B	do	104th N. Y	B	May 7, 1864.
1015	Campbell, William	do	8th Pa. cav	E	May 10, 1864.
1238	Campbell, D	do	8th N. Y. cav	H	May 20, 1864.
1498	Campbell, J. B	do	103d Pa	E	May 31, 1864.
1751	Campbell, W	do	2d Tenn	A	June 9, 1864.

ANDERSONVILLE CEMETERY, GEORGIA. 37

No. of grave.	Name.	Rank.	Regiment.	Co.	Died.
5375	Campbell, James	Private	13th Pa. cav	F	Aug. 11, 1864.
5584	Campbell, R. D	do	11th Pa	E	Aug. 14, 1864.
6269	Campbell, R. G	do	11th Pa. Res	C	Aug. 20, 1864.
6505	Campbell, J. M	do	120th Ill	G	Aug. 22, 1864.
7226	Campbell, J	do	99th N. Y	I	Aug. 29, 1864.
7878	Campbell, William	do	96th N. Y	B	Aug. 31, 1864.
7395	Campbell, Robert	do	7th Conn	F	Aug. 31, 1864.
7534	Campbell, S. B	do	2d Mich	H	Sept. 1, 1864.
7669	Campbell, Geo. T	do	3d Pa. art	A	Sept. 3, 1864.
8457	Campbell, W. C	do	5th Ohio	I	Sept. 11, 1864.
8793	Campbell, M	do	109th N. Y	K	Sept. 15, 1864.
9406	Campbell, O. H	do	14th Va	F	Sept. 21, 1864.
4930	Campbell, S. L	do	15th U. S	C	Aug. 6, 1864.
9452	Campbell, Samuel	Sergeant	74th Ohio	G	Sept. 21, 1864.
11204	Campbell, W	Private	2d N. Y	C	Oct. 22, 1864.
11477	Campbell, C. A	do	11th Pa	C	Oct. 26, 1864.
12174	Campbell, B	do	12th Va	I	Nov. 26, 1864.
12663	Campbell, D. A	do	15th Mass	G	Feb. 16, 1865.
6420	Camnell, J	do	12th U. S	H	Aug. 22, 1864.
6533	Camell, J	do	7th Mo. cav	H	Aug. 23, 1864.
10105	Cambell, William	do	13th Pa. cav	D	Sept. 30, 1864.
1351	Cameron, John	Sergeant	27th Mich	H	May 24, 1864.
2848	Cameron, John	Private	1st N. Y. cav	H	July 4, 1864.
2963	Cameron, H	do	69th Ohio	B	July 5, 1864.
3595	Cameron, D	Sergeant	1st Mich. cav	L	July 19, 1864.
6336	Cameron, William	Corporal	101st Pa	A	Aug. 21, 1864.
12143	Cameron, F	Private	17th Mich	E	Nov. 24, 1864.
156	Campsey, James	do	14th Pa. cav	H	Mar. 25, 1864.
1770	Camp, N	do	2d N. J. cav	F	June 9, 1864.
7871	Camp, W. W	do	7th Tenn	K	Sept. 5, 1864.
12643	Camway, H	do	6th Tenn	K	Feb. 13, 1865.
3307	Canard, J. Q. A	do	14th Ohio	G	July 14, 1864.
177	Cannon, William	Teamster			Mar. 26, 1864.
12173	Cannon, A	Private	42d Ind	F	Nov. 26, 1864.
336	Cane, John	do	9th Conn	H	April 4, 1864.
11361	Candee, D. M	do	2d Conn. art	A	Oct. 23, 1864.
2758	Caney, C. C	do	116th Ill	D	July 2, 1864.
2849	Canon, James	do	4th Pa. cav	C	July 4, 1864.
4117	Cantrell, M	do	6th Pa	B	July 28, 1864.
10462	Canby, G. C	do	2d Pa. cav	E	Oct. 7, 1864.
1521	Capehart, H	do	70th Ohio	I	June 1, 1864.
10026	Capell, C	do	82d Ill	D	Sept. 29, 1864.
10257	Capsay, J	Corporal	90th Ill	D	Oct. 3, 1864.
5	Carpenter, White	do	82d Ohio	D	Mar. 4, 1864.
54	Carpenter, William	Private	2d Mich. cav	I	Mar. 17, 1864.
1339	Carpenter, P	do	1st R. I. cav	E	May 24, 1864.
2254	Carpenter, O. B	Corporal	29th Ind	D	June 20, 1864.
3916	Carpenter, L	Private	2d N. Y. art	B	July 25, 1864.
3977	Carpenter, H. B	do	85th N. Y	B	July 26, 1864.
4045	Carpenter, L	do	12th Pa	K	July 27, 1864.
4632	Carpenter, H. A	do	2d N. Y. art	A	Aug. 3, 1864.
5578	Carpenter, U. C	do	145th Pa	G	Aug. 14, 1864.
7383	Carpenter, S	do	66th Ind	I	Aug. 31, 1864.
8854	Carpenter, G	do	7th N. Y	D	Sept. 15, 1864.
10806	Carpenter, Frank	do	7th N. Y. art	C	Oct. 12, 1864.
45	Carter, William	do	139th Pa	H	Mar. 14, 1864.
524	Carter, ——	do	2d Md	C	April 13, 1864.
1146	Carter, Henry	do	2d Ind	C	May 16, 1864.
1829	Carter, William	do	101st Pa	B	June 11, 1864.
1987	Carter, A. J	do	146th N. Y	E	June 15, 1864.

38 LIST OF INTERMENTS IN THE

No. of grave.	Name.	Rank.	Regiment.	Co.	Died.
2580	Carter, W. J............		U. S. gunboat Montgomery.	....	June 27, 1864.
2726	Carter, Thomas	Private	15th U. S.........	H	July 1, 1864.
2940	Carter, H. C...........	....do......	13th Tenn. cav....	E	July 5, 1864.
3184	Carter, W.............	....do......	11th Ky. cav	H	July 11, 1864.
4021	Carter, John..........	....do......	2d Md............	C	Aug. 3, 1864.
5212	Carter, Ed............	Corporal ...	7th N. Y. art	A	Aug. 10, 1864.
6767	Carter, C. A..........	Private	1st U. S..........	B	Sept. 16, 1864.
11103	Carter, J. B..........	....do......	89th Ohio	I	Oct. 18, 1864.
11312	Carter, W. B.........	....do......	11th Tenn........	E	Oct. 22, 1864.
11769	Carter. J	....do......	11th Vt	A	Nov. 3, 1864.
463	Carr, William........	....do......	8th Va...........	B	April 5, 1864.
584	Carr, F	Corporal ...	2d N. Y. art	K	Mar. 15, 1864.
3859	Carr, D	Private	25th N. Y	B	July 24, 1864.
5036	Carr, William........	....do......	1st Md. cav.......	D	Aug. 8, 1864.
5673	Carr, William........	....do......	125th N. Y	K	Aug. 14, 1864.
5905	Carr, B	....do......	25th Mich........	K	Aug. 16, 1864.
6304	Carr, William........	....do......	97th N. Y	E	Aug. 20, 1864.
6470	Carr, George A	....do......	3d N. Y. art	K	Aug. 22, 1864.
6743	Carr, A	....do......	27th N. Y	....	Aug. 21, 1864.
7095	Carr, J	....do......	51st Pa...........	G	Aug. 28, 1864.
8374	Carr, J	....do......	19th Me..........	E	Sept. 10, 1864.
11192	Carr, P	....do......	1st N. H	H	Oct. 20, 1864.
666	Carroll, J	....do......	5th Ill	H	April 22, 1864.
2061	Carroll, T	....do......	132d N. Y........	F	June 16, 1864.
4139	Carroll, James	....do......	69th N. Y	A	July 28, 1864.
4366	Carroll, O. J.........	....do......	2d Mass. art......	G	July 31, 1864.
4456	Carroll, J	....do......	2d Mass	D	Aug. 1, 1864.
7037	Carroll, J. R	Corporal ...	78th Ill	I	Aug. 27, 1864.
7633	Carroll, A...........	Private	2d Pa. cav........	A	Sept. 2, 1864.
9186	Carroll, L	....do......	U. S. cav.........	G	Sept. 18, 1864.
9245	Carroll, C...........	Teamster ..	16th A. C	....	Sept. 19, 1864.
10293	Carroll, P...........	Corporal ...	95th N. Y	E	Oct. 4, 1864.
12015	Carroll, W	Private	42d N. Y.........	D	Nov. 15, 1864.
12449	Carroll, Joseph	Citizen	Teamster	....	Jan. 13, 1865.
11331	Carroll, P...........	Private	100th N. Y.......	C	Oct. 23, 1864.
11370	Carroll, W	....do......	145th Pa.........	B	Oct. 23, 1864.
811	Carden, Robert	....do......	2d Tenn	C	April 30, 1864.
1839	Carden, A. K	....do......	7th Tenn. cav....	E	June 11, 1864.
189	Cardwill, W. C	....do......	6th Tenn.........	C	Mar. 27, 1864.
840	Cardwell, W. C......	....do......	6th Tenn.........	G	May 2, 1864.
355	Carmen, F. H........	....do......	54th Pa..........	F	April 4, 1864.
374	Carl, Joseph.........	....do......	14th N. Y........	A	April 5, 1864.
1357	Carl, J. M...........	....do......	6th Md	E	May 24, 1864.
5545	Curl, L..............	....do......	120 N. Y.........	G	Aug. 13, 1864.
734	Carner, Andrew	....do......	4th Pa. cav.......	M	April 25, 1864.
965	Carley, W. C	....do......	111th Ohio.......	B	May 8, 1864.
1138	Carmichael, George...	....do......	18th Pa. cav......	K	May 16, 1864.
1164	Cartner, J. D.........	....do......	5th Mich. cav.....	L	May 17, 1864.
1914	Carnes, W	Seaman....	U. S. Navy.......	....	June 13, 1864.
2661	Carnes, H...........	Private	10th Va..........	E	June 29, 1864.
3102	Carnes, T	....do......	13th N. Y. cav....	B	July 10, 1864.
2013	Carrington, James....	....do......	2d Va............	A	June 15, 1864.
2025	Carnahan, G. M.....	....do......	65th Ohio........	F	June 16, 1864.
2349	Carny, R............	....do......	73d Pa...........	F	June 23, 1864.
2446	Carish..............	....do......	6th Ky. cav.......	I	June 25, 1864.
3393	Carron, O	....do......	38th Ill..........	H	July 16, 1864.
3462	Cartney, A	....do......	2d Mich..........	E	July 17, 1864.
4081	Carn, William	Corporal ...	1 Mass	H	July 27, 1864.
5258	Carney, D. J	Private	132 N. Y.........	G	Aug. 10, 1864.

ANDERSONVILLE CEMETERY, GEORGIA. 39

No. of grave.	Name.	Rank.	Regiment.	Co.	Died.
9879	Carney, Francis	Private	2d N. Y. art	C	Sept. 27, 1864.
11640	Carney, M	do	9th N. Y. cav	L	Oct. 30, 1864.
4848	Carrier, D. B	do	16th Conn	D	Aug. 6, 1864.
6418	Currier, C. C	Corporal	21st Wis	F	Aug. 21, 1864.
5034	Card, G	Private	109th N. Y	F	Aug. 10, 1864.
12178	Card, A	Sergeant	153d N. Y	C	Nov. 27, 1864.
5480	Cary, Thomas	Private	11th Vt. art		Aug. 13, 1864.
10872	Cary, Thomas	do			Oct 13, 1864.
11512	Carey, T	do	65th N. Y	E	Oct. 26, 1864.
6246	Carlton, J. L	do	31st Maine	D	Aug. 20, 1864.
9773	Carlton, G	do	45th Pa	K	Sept. 26, 1864.
6433	Carson, E	do	115 N. Y	A	Aug. 22, 1864.
8563	Carson, J. G	do	100th N. Y	B	Sept. 12, 1864.
6806	Carmire, P	do	1st Vt. art	L	Aug. 25, 1864.
6926	Carnahan, A. W	Sergeant	6th Ind	E	Aug. 26, 1864.
8470	Carneham, Charles	Private	24th N. Y. bat'y		Sept. 11, 1864.
7094	Carp, J. S	Sergeant	1st Mich	K	Aug. 28, 1864.
7655	Carmer, Andrew	Private	85th N. Y	G	Sept. 3, 1864.
7685	Carver, John G	do	16th Conn	D	Sept. 3, 1864.
7746	Carlin, M	do	1st Me. cav	F	Sept. 3, 1864.
8023	Carr, Md	do	118th N. Y	F	Sept. 6, 1864.
8136	Carborins, W	Corporal	39th N. Y	C	Sept. 8, 1864.
9169	Carlentyere, G	Private	23d Wis		Sept. 18, 1864.
9420	Carman, W. P	do	2d N. Y. M. R	K	Sept. 21, 1864.
10210	Cargill, C	do	12th U. S	F	Oct. 1, 1864.
10986	Carg, A	do	21st Ohio	E	Oct. 16, 1864.
12268	Carmac, T	do	2d N. Y	D	Dec. 12, 1864.
12339	Carle, F	do	1st N. Y. cav	D	Dec. 23, 1864.
12447	Cartwright, E	do	4th Ky	C	Jan. 13, 1865.
546	Case, Daniel	do	8th Pa. cav	M	April 14, 1864.
5294	Case, A. P	do	7th Tenn	I	Aug. 11, 1864.
6295	Case, H. J	do	12th N. Y. cav	A	Aug. 20, 1864.
8377	Case, E	do	8th U. S. cav	M	Sept. 10, 1864.
8479	Case, A. F	do	8th N. Y. cav	A	Sept. 11, 1864.
12391	Case, L	Corporal	5th Mich. cav	L	Jan. 4, 1865.
1785	Castle, J. W	Private	147th N. Y	H	June 10, 1864.
1844	Castle, F	do	103d Ill	E	June 11, 1864.
4226	Castle, William	do	22d Mass	H	July 29, 1864.
6128	Castle, William	do	1st N. Y. art	E	Aug. 19, 1864.
10752	Castle, C	do	1st Wis. cav	C	Oct. 12, 1864.
11561	Castle, C H	do	1st Va	A	Oct. 27, 1864.
1032	Casto, Jesse	do	8th Va. cav	E	May 11, 1864.
1177	Castano, J	do	104th N. Y	H	May 17, 1864.
1263	Cash, Philip	do	1st Ky. cav	I	May 21, 1864.
2216	Cassman, A		Marine corps		June 20, 1864.
2643	Cassins, John S	Private	24th N. Y	B	June 29, 1864.
2675	Caswell, F	do	9th N		June 30, 1864.
7070	Caswell, J. S	do	18th Mass	F	Aug. 28, 1864.
7483	Caswell, G	do	21st Ohio	C	Sept. 1, 1864.
3832	Casey, J	do	100th N. Y	G	July 23, 1864.
4168	Casey, William	do	28th Mass	C	July 28, 1864
4569	Casey, M	do	17th Mass	H	Aug. 2, 1864.
5234	Casey, J	do	15th U. S	A	Aug. 10, 1864.
5271	Casey, P	do	174th N. Y	A	Aug. 10, 1864.
11176	Casey, John	do	19th U. S	A	Oct. 19, 1864.
12599	Cassell, D	do	20th Pa	E	Feb. 6, 1865.
8421	Cassells, Samuel	do	52 N. Y	D	Sept. 11, 1864.
9071	Castable, J	do	125 N. Y	B	Sept. 24, 1864.
10724	Cassady, J	do	9th Minn	F	Oct. 11, 1864.
530	Cates, J	do	97th N. Y	A	April 13, 1864.

LIST OF INTERMENTS IN THE

No. of grave.	Name.	Rank.	Regiment.	Co.	Died.
3417	Caton, W. T.	Private	49th Pa.	D	July 16, 1864.
7164	Caten, M.	do	7th Mich. cav	E	Aug. 29, 1864.
7176	Catacurt, Robert	do	103d Pa.	H	Aug. 29, 1864.
7851	Cathraine, S	do	13th Tenn. cav	E	Sept. 5, 1864.
8454	Cattlekock, F.	do	35th Ohio	A	Sept. 11, 1864.
9762	Catrill, L.	do	—— Va.	B	Sept. 25, 1864.
416	Cault, Albert	do	116th Ill.	A	April 9, 1864.
6724	Caughlin, B.	do	56th Mass.	E	Aug. 24, 1864.
1534	Cavenaugh, John	do	141st N. Y.	H	June 1, 1864.
3126	Cavanaugh, P.	do	16th U. S	A	July 10, 1864.
5102	Cavanaugh, John	do	1st Wis. cav	H	Aug. 9, 1864.
2062	Cavin, James	do	1st Tenn.		June 16, 1864.
3983	Cavin, J.	do	East Tenn. H. G.		July 26, 1864.
6693	Cavet, Robert	do	113th Ill.	D	Aug. 24, 1864.
8700	Cavender, J. L	do	149th Pa.	E	Sept. 14, 1864.
2971	Cearer, D	do	7th N. Y. art	B	July 6, 1864.
11423	Ceefer, J. H.	do	87th Ind.	K	Oct. 21, 1864.
11178	Celary, J. H.	do	1st Mass.	E	Oct. 18, 1864.
1466	Centre, A.	do	16th N. Y.	A	May 29, 1864.
7502	Center, E. R.	do	115th Ill.	K	Sept. 1, 1864.
1721	Ceplias, L.	do	45th Pa.	I	June 7, 1864.
10834	Cept, I.	do	14th Ohio	I	Oct. 13, 1864.
97	Chase, W. B.	Sergeant	15th Pa. cav	C	Mar. 22, 1864.
1593	Chase, A.	Private	111th N. Y.	H	June 3, 1864.
2811	Chase, M.	do	6th Vt	H	July 2, 1864.
3320	Chase, T. M.	do	72d Pa.	G	July 14, 1864.
4346	Chase, V.	do	16th U. S.	C	July 30, 1864.
4856	Chase, D.	do	9th N. Y.	I	Aug. 6, 1864.
5469	Chase, N. F.	do	85th N. Y.	K	Aug. 13, 1864.
5989	Chase, F. W.	do	17th Me. h. art	D	Aug. 17, 1864.
6109	Chase, E. L.	do	23d Ill.	C	Aug. 18, 1864.
7313	Chase, John	do	25th Mass.	F	Aug. 30, 1864.
7450	Chase, S. M.	do	4th N. Y. art	D	Sept. 1, 1864.
8105	Chase, G. M.	Corporal	1st Wis.	A	Sept. 7, 1864.
8686	Chase, M. M.	Private	2d Mass. art	G	Sept. 13, 1864.
8923	Chase, E. S.	do	1st Vt. art	C	Sept. 16, 1864.
9113	Chase, L.	do	10th U. S.	C	Sept. 18, 1864.
2663	Chapman, J.	do	—— Wis	G	June 29, 1864.
911	Chapman, George	do	75th Ohio	A	May 6, 1864.
1330	Chapman, H.	do	5th Mich. cav.	E	May 23, 1864.
3286	Chapman, J.	do	85th N. Y.	K	July 14, 1864.
4331	Chapman, J.	do	3d Pa. art	B	July 30, 1864.
4809	Chapman, —	do	11th Ky.	H	Aug. 5, 1864.
7316	Chapman, H.	do	16th Conn.	E	Aug. 30, 1864.
8033	Chapman, C.	do	6th N. Y. art	I	Sept. 6, 1864.
8260	Chapman, G.	do	18th Pa.	A	Sept. 9, 1864.
10901	Chapman, J.	do	3d Iowa	G	Oct. 14, 1864.
12776	Chapman, K	do	24th Maine	B	Mar. 14, 1865.
301	Challis, James	do	6th Ind.	G	April 2, 1864.
378	Chambliss, J R	Sergeant	5th Mich. cav	K	April 5, 1864.
3209	Chamberlain, H	Private	1st N. J. cav.	D	July 12, 1864.
4205	Chamberlain, C. P.	do	6th Vt	A	July 29, 1864.
5860	Chamberlain, C	do	154th N. Y.	D	Aug. 16, 1864.
8243	Chamberlain, Chas. L	do	17th U. S.	B	Sept. 9, 1865.
11535	Chamberlain, I	do	21st Wis.	I	Oct. 27, 1864.
12230	Chamberlain, J. B.	do	8th Iowa cav	A	Dec. 6, 1864.
2796	Chadwick, C. E.	do	7th N. H.	F	July 2, 1864.
9698	Chadwick, M	do	16th Tenn.	I	Sept. 24, 1864.
3222	Chapin, T	do	24th N. Y. cav.	A	July 12, 1864.
2157	Chatburn, H	do	24th N. Y. batt'y		June 18, 1864.

ANDERSONVILLE CEMETERY, GEORGIA. 41

No. of grave.	Name.	Rank.	Regiment.	Co.	Died.
3707	Chapin, J. L.	Private	16th Conn	A	July 21, 1864.
8694	Chapin, James	do	135th Ohio	F	Sept. 14, 1864.
11587	Chapin, J. A.	do	135th Ohio	F	Oct. 28, 1864.
3907	Charles, R. J	do	5th Ill	M	July 24, 1864.
5105	Charles, F	do	180th Ohio	A	Aug. 9, 1864.
1228	Chapfield, William	Corporal	10th Vt	F	May 29, 1864.
4390	Chapel, C	Private	1st Wis	E	July 31, 1864.
5478	Chapel, R	do	6th N. Y. cav	A	Aug. 13, 1864.
4726	Chapell, A	do	85th N. Y	D	Aug. 4, 1864.
5831	Chapell, A	do	39th N. Y	E	Aug. 16, 1864.
10748	Chappell, E	do	76th N. Y	K	Oct. 12, 1864.
4763	Champlin, W	do	85th N. Y	E	Aug. 5, 1864.
5436	Champney, P. A	do	U. S. S. Corps		Aug. 12, 1864.
5548	Chandler, M	do	124th Ohio	E	Aug. 13, 1864.
5799	Champ'ain, H	do	10th Conn	F	Aug. 15, 1864.
6653	Chateman, S. M	do	2d N. Y	F	Aug. 23, 1864.
7695	Chart, C. W	do	2d Ohio	H	Sept. 3, 1864.
7865	Chagnon, E	do	12th N. Y. cav	F	Sept. 5, 1864.
9005	Chattenay, J	do	82d Ill	H	Sept. 18, 1864.
9682	Chaffee, R. A	do	5th N. Y. cav	H	Sept. 24, 1864.
9919	Chatterton, J	do	95th N. Y	B	Sept. 28, 1864.
11815	Chacon, A. W	do	106th Pa	B	Nov. 4, 1864.
6188	Chambers, R. S	do	89th Ohio	H	Aug. 19, 1854.
6557	Chambers, J	do	147th N. Y	E	Aug. 23, 1864.
11101	Chambers, I	do	140th N. Y	F	Oct. 18, 1864.
12634	Chambers, W	do	8th Mich. cav	G	Feb. 10, 1865.
12435	Chamber, J. S	do	15th Ohio	C	Jan. 11, 1865.
11486	Chatsin, W. M	do	6th Ky. cav	H	Oct. 26, 1864.
4710	Chance, A. J	do	1st Ky. cav	C	Aug. 5, 1864.
328	Cheneworth, Wm	do	4th Iowa	K	April 3, 1864.
3205	Cheneworth, Wm	do	9th Ill	H	July 12, 1864.
5103	Chester, A	do	11th Vt	K	Aug. 9, 1864.
10459	Cheney, S	do	79th Ill	A	Oct. 7, 1864.
7189	Chesley, P. S	do	10th N. Y. cav	G	Aug. 29, 1864.
7539	Chestey, John	do	174th N. Y	G	Sept. 2, 1864.
7890	Cherry, James	do	7th Ind. cav	I	Sept. 5, 1864.
864	Cheek, W. F	Corporal	2d N. C	C	May 3, 1864.
11239	Cheek, R	Private	6th Tenn	D	Oct. 21, 1864.
4903	Chew, John	Corporal	13th Pa	F	Aug. 6, 1864.
431	Childers, C. H	Private			April 8, 1864.
459	Childers, J. M	do	2d Tenn	D	April 10, 1864.
1574	Childers, J	do	13th Tenn	A	June 3, 1864.
1900	Childers, W	do	89th Ohio	D	June 13, 1864.
2166	Childers, Thos. L	do	2d Tenn	G	June 25, 1864.
7523	Childers, E	do	13th Tenn	E	Sept. 1, 1864.
7702	Childers, W. E	do	7th Tenn. cav	E	Sept. 3, 1864.
4141	Childs, William	do	73d N. Y	A	July 28, 1864.
11201	Childs, G	do	16th U. S	B	Oct. 20, 1864.
5063	Childs, G. A	do	9th Md	I	Aug. 8, 1864.
6317	Childs, A	do	85th N. Y	F	Aug. 20, 1864.
10593	Childs, S. P	do	1st Va. cav	C	Oct. 10, 1864.
6230	Child, A. F	do	1st Mo. cav	E	Aug. 20, 1864.
11555	Child, H	Corporal	47th N. Y	E	Oct. 27, 1864.
760	Chisholm, J. M	Sergeant	U. S. marine corps		April 27, 1864.
1186	Chisholm, J. H	Private	150th Pa	H	May 18, 1864.
210	Chilcote, James A	do	20th Mich	G	Mar. 28, 1864.
717	Chitwood, J. H	do	2d Tenn	G	April 24, 1864.
4319	Chitwood, D	do	16th Ill. cav	H	July 30, 1864.
2339	Chippendale, C	do	1st Ky. cav	B	June 23, 1864.
9935	Chingbury, A	do	89th Ill	G	Sept. 28, 1864.

No. of grave.	Name.	Rank.	Regiment.	Co.	Died.
10680	Chickchester, C. H...	Private....	57th N. Y.........	I	Oct. 11, 1864.
2713	Chopman, J..........	....do......	7th Pa............	H	June 30, 1864.
10551	Choat, William	....do......	6th Ill. cav.......	D	Oct. 9, 1864.
1932	Christy, W..........	....do......	89th Ohio.........	K	June 15, 1864.
629	Christie, A. M	....do......	1st Conn..........	A	April 19, 1864.
10612	Christy, J..........	....do......	1st N. Y. drag....	I	Oct. 10, 1864.
877	Christmas, J	....do......	11th Ky. cav......	F	May 4, 1864.
1676	Christenberry, R. J...	Sergeant...	12th Ky..........	G	June 16, 1864.
3344	Chriscnson, P	Private....	15th Mass.........	B	July 15, 1864.
6935	Christiansen, J	....do......	82d Ill............	F	Aug. 26, 1864.
9294	Christman, J. E	....do......	6th Ind. cav.......	G	Sept. 19, 1864.
9755	Christian, J	....do......	15th Va...........	C	Sept. 25, 1864.
230	Chummey, Jesse.....	Sergeant...	2d Tenn...........	A	Mar. 29, 1864.
1684	Church, W. H	Private....	1st Mass. cav	E	June 7, 1864.
2360	Church, A...........	....do......	7th Wis	H	June 23, 1864.
2468	Church, E...........	....do......	2d Ohio	G	June 25, 1864.
5413	Church, F. M	....do......	2d N. Y. cav	D	Aug 12, 1864.
5824	Church, C. L........	....do......	5th N. Y. cav	C	Aug. 16, 1864.
9141	Church, C. H........	Corporal...	45th Pa...........	B	Sept. 18, 1864.
2416	Churchill, T. J......	Private....	39th Mass.........	G	June 24, 1864.
5686	Churchill, G. W.....	....do......	3d Mich. cav......	C	Aug. 15, 1864.
7074	Chute, A. M.........	....do......	23d Mass	B	Sept. 3, 1864.
10654	Churchwell, E.......	....do......	15th Tenn	A	Oct. 11, 1864.
11088	Chusterson, F	....do......	15th Wis	E	Oct. 18, 1864.
1810	Churchward, A. R ...	....do......	9th Mich	C	June 10, 1864.
482	Clark, Lewis........	....do......	2d Tenn	A	April 11, 1864.
504	Clark, A. E	....do......	16th Ill. cav.......	I	April 12, 1864.
1213	Clark, Albert	....do......	2d Tenn	A	May 19, 1864.
1587	Clark, H. S	....do......	62d Ohio	E	June 3, 1864.
1679	Clark, D............	....do......	111th Ohio........	B	June 6, 1864.
1881	Clark, W	Citizen ...	Teamster	...	June 12, 1864.
2114	Clark, A	Sergeant...	85th N. Y.........	E	June 17, 1864.
2154	Clark, John	Private....	48th N. Y.........	D	June 18, 1864.
2229	Clark, G. W.........	Corporal...	7th N. H..........	C	June 20, 1864.
2316	Clark, James........	Private....	1st Me. cav	C	June 22, 1864.
2947	Clark, F	....do......	8th N. Y. cav......	B	July 5, 1864.
3043	Clark, W	....do......	82d Ind...........	C	July 8, 1864.
3362	Clark, H............	....do......	8th Pa. cav	D	July 15, 1864.
3617	Clark, J. C..........	Sergeant...	31st Ohio	H	July 20, 1864.
3648	Clark, E	Private....	27th Mass	H	July 20, 1864.
4044	Clark, A. H	....do......	11th Ky	I	July 27, 1864.
4295	Clark, George	....do......	16th Mass.........	I	July 30, 1864.
5143	Clark, William	....do......	14th Ill. cav	K	Aug. 9, 1864.
5730	Clark, C. H	....do......	2d N. J...........	C	Aug. 15, 1864.
5901	Clark, A	....do......	54th Ind..........	A	Aug. 16, 1864.
5922	Clark, J. D..........	....do......	89th Ohio.........	I	Aug. 17, 1864.
5167	Clark, Chr..........	....do......	12th N. Y	F	Aug. 9, 1864.
6153	Clark, H. H.........	....do......	16th Conn.........	K	Aug. 19, 1864.
6492	Clark, S............	....do......	27th Mass	I	Aug. 22, 1864.
6846	Clark, W	....do......	6th Conn	A	Aug. 25, 1864.
7091	Clark, ——.........	....do......	7th Va. cav.......	E	Aug. 27, 1864.
7345	Clark, W. L.........	....do......	11th Vt...........	F	Aug. 30, 1864.
7361	Clark, John	....do......	11th Vt...........	M	Aug. 31, 1864.
7525	Clark, James........	....do......	13th Tenn	A	Sept. 1, 1864.
7760	Clark, C............	....do......	51st Ill	K	Sept. 4, 1864.
7919	Clark, George.......	....do......	66th Ohio.........	D	Sept. 5, 1864.
8143	Clark, P. M.........	Sergeant...	1st Me. cav	A	Sept. 8, 1864.
8810	Clark, J. R.........	Private....	135th Ohio........	F	Sept. 15, 1864.
8834	Clark, F. J..........	....do......	6th Ill. cav........	B	Sept. 15, 1864.
9269	Clark, J	....do......	101st Pa..........	....	Sept. 18, 1864.

ANDERSONVILLE CEMETERY, GEORGIA. 43

No. of grave.	Name.	Rank.	Regiment.	Co.	Died.
9560	Clark, C	Private	29th Ill	B	Sept. 23, 1864.
9772	Clark, S	....do	124th Ohio	H	Sept. 25, 1864.
10099	Clark, ————	Corporal	27th Mass	A	Sept. 30, 1864.
10376	Clark, Z	Private	19th Me	D	Oct. 5, 1864.
10443	Clark, W	....do	5th Pa. cav	A	Oct. 7, 1864.
10557	Clark, R. W	....do	2d U. S. S. S.	..	Oct. 9, 1864.
10611	Clark, P	....do	42d N. Y.	B	Oct. 10, 1864.
10847	Clark, G	....do	1st Pa. cav	H	Oct. 13, 1864.
11025	Clark, J	....do	3d Pa	D	Oct. 16, 1864.
11250	Clark, H	....do	184th Pa	F	Oct. 21, 1864.
11304	Clark, L	....do	100th N. Y	G	Oct. 22, 1864.
11309	Clark, E. B	....do	101st Pa	B	Oct. 22, 1864.
11618	Clark, H. M	....do	21st Ohio	A	Oct. 29, 1864.
11760	Clark, Theodore	....do	1st D. C. cav	I	Oct. 31, 1864.
11744	Clark, W. C	....do	10th Wis	E	Nov. 2, 1864.
11903	Clark, G. W	Sergeant	1st Mich. art	C	Nov. 7, 1864.
12062	Clark, M	Private	101st Ind	B	Nov. 17, 1864.
12114	Clark, J	....do	8th N. Y.	K	Nov. 21, 1864.
12403	Clark, J. B	Sergeant	7th N. Y. art	L	Jan. 6, 1865.
12424	Clark, J	Private	89th Pa	D	Jan. 10, 1865.
12672	Clark, R	....do	114th Ill	F	Feb. 18, 1865.
12682	Clark, F. D	....do	7th Pa	C	Feb. 20, 1865.
3941	Clarkson, ————	....do	11th Conn	H	July 25, 1864.
7463	Clay, Henry	....do	184th Pa	A	Sept. 1, 1864.
9491	Clay, O	....do	126th Ohio	D	Sept. 22, 1864.
10268	Clay, H	....do	13th Tenn	H	Oct. 3, 1864.
4339	Claybaugh, G. W	....do	2d Pa. art	F	July 31, 1864.
634	Claycome, S. A	Sergeant	66th Ind	G	April 20, 1864.
11900	Clayton, J.	Private	10th N. J	B	Nov. 13, 1864.
3774	Clayton, D. J	....do	9th Ohio cav	D	July 22, 1864.
4128	Clayton, J	....do	89th Ohio	G	July 28, 1864.
10421	Clayton, E. B	....do	1st Me	F	Oct. 6, 1864.
1530	Clatter, F	....do	18th Pa. cav	C	June 1, 1864.
1856	Clane, H	....do	11th Ky	E	June 12, 1864.
3449	Claucey, Robert	....do	104th N. Y	E	June 17, 1864.
7838	Clancy, J. W	....do	38th Ill	E	Sept. 5, 1864.
3575	Clabaugh, J	....do	9th Minn	D	July 19, 1864.
3918	Claugh, John D	....do	11th Vt	F	July 25, 1864.
4516	Claflin, F. G	....do	1st Mass. art	F	Aug. 1, 1864.
6616	Clauson, Henry	....do	26th Iowa	I	Aug. 23, 1864.
3016	Clausby, J	Corporal	17th Mass	E	July 7, 1864.
10759	Clage, S	Sergeant	7th Mich. cav	C	Oct. 12, 1864.
835	Clendennan, C. L	Private	4th Va. cav	D	May 1, 1864.
1636	Clemens, J. D	....do	7th Tenn. cav	D	June 5, 1864.
1917	Clemens, D	....do	6th U. S. art	L	June 14, 1864.
5802	Clemens, A	....do	15th N. Y. cav	F	Aug. 15, 1864.
7928	Clemens, J	....do	19th Mass	B	Sept. 5, 1864.
1943	Clear, James	....do	22d Mich	F	June 14, 1864.
2174	Clemburg, J	....do	16th U. S	D	June 19, 1864.
2912	Clemings, Thomas	....do	11th Ky	I	July 4, 1864.
3989	Clements, W	....do	1st Mich. S. S.	C	July 26, 1864.
4325	Clements, James	....do	2d Mo. cav	A	July 30, 1864.
6674	Clements, L	....do	3d Va. cav	A	Aug. 24, 1864.
6909	Clermento, H	....do	65th N. Y	F	Aug. 26, 1864.
7348	Cleary, P	....do	1st Conn. cav	B	Aug. 30, 1864.
8750	Cleggett, M	Corporal	36th Ill	I	Sept. 14, 1864.
9925	Cleves, M	Private	3d Ill	H	Sept. 28, 1864.
10403	Cleaver, W	....do	7th Tenn	G	Oct. 6, 1864.
11028	Cleeves, W	....do	43d N. Y	F	Oct. 16, 1864.
11179	Clem, W. H	....do	11th Ky. cav	L	Oct. 19, 1864.

LIST OF INTERMENTS IN THE

No. of grave.	Name.	Rank.	Regiment.	Co.	Died.
11922	Cleveland, E	Private	18th Pa. cav	I	Nov. 8, 1864.
740	Clifford, George	do	132d N. Y	K	April 26, 1864.
813	Clifford, Charles	Corporal	16th N. Y	B	April 30, 1864.
1170	Clifford, James	Private	4th Vt	F	May 17, 1864.
4917	Clifford, H. C	do	7th Ind. cav	I	Aug. 6, 1864.
9034	Clifford, J	do	6th U. S. cav	B	Sept. 17, 1864.
2861	Cling, C	do	2d Mo	I	July 4, 1864.
7496	Cling, Jacob	do	2d Mich	K	Sept. 1, 1864.
2152	Clinger, W. H	do	40th Ky	A	June 18, 1864.
5787	Cline, John	do	12th Ill	I	Aug. 15, 1864.
6022	Cline, K	do	111th Ohio	B	Aug. 17, 1864.
6494	Cline, B	do	85th N. Y	K	Aug. 22, 1864.
6502	Cline, J	do	3d Pa	H	Aug. 22, 1864.
7835	Cline, M	do	2d Ohio	E	Sept. 4, 1864.
9639	Cline, J	do	118th Pa	A	Sept. 21, 1864.
9721	Cline, W	do	76th N. Y	F	Sept. 25, 1864.
11437	Cline, J. W	do	85th N. Y	K	Oct. 21, 1864.
12021	Cline, S. M	do	1st N. Y. drag	H	Nov. 15, 1864.
12051	Cline, F	do	15th Ill	E	Nov. 16, 1864.
12726	Cline, M	do	14th Ill	B	Mar. 4, 1865.
6108	Clinch, Geo. E	Sergeant	14th Ohio	C	Aug. 18, 1864.
6243	Clingman, J	Private	15th N. Y	L	Aug. 20, 1864.
12471	Clinton, R	do	102d N. Y	D	Jan. 17, 1865.
2694	Clough, B	do	9th Vt	A	June 30, 1864.
4999	Clout, F	do	89th Ind	A	Aug. 7, 1864.
799-	Clokie, J. W	Serg. Maj	49th Ohio		Sept. 6, 1864.
9508	Clonay, J	Private	145th Pa	F	Sept. 22, 1864.
12825	Clooman, P	do	1st Mass	B	April 7, 1865.
1407	Clute, H. V	do	24th N. Y. ind. bat		May 31, 1864.
2287	Clusterman, J	do	16th Ill. cav	I	June 21, 1864.
8665	Chutter, L	do	11th Pa	C	Sept. 13, 1864.
5895	Clyne, E. F	Sergeant	11th Tenn. cav	E	Aug. 16, 1864.
5955	Clyens, J. P	Private	147th N. Y	B	Aug. 17, 1864.
341	Coatt, E. J	do	10th Ohio	M	April 4, 1864.
561	Coates, George H	do	7th Ohio cav	I	April 15, 1864.
9396	Coats, S. R	do	135th Pa	H	Sept. 20, 1864.
10121	Coats, S. R	do	139th Pa	H	Oct. 1, 1864.
10381	Coats, Rufus	do	2d Ohio cav		Oct. 5, 1864.
2048	Coalman, Ill. cav	do	16th Ill. cav	M	June 16, 1864.
10773	Coalman, C. S	do	37th Mass	I	Oct. 12, 1864.
7343	Coanes, William	do	73d N. Y	D	Aug. 30, 1864.
2753	Cobbern, N	do	73d Ill	I	July 1, 1864.
1195	Cobb, James		Citizen of Tenn		May 18, 1864.
6285	Cobb, G	Private	4th Mich	D	Aug. 20, 1864.
9820	Cobb, J	do	3d Iowa cav	C	Oct. 26, 1864.
1232	Coburg, W. C	do	6th Pa. cav	L	May 20, 1864.
5365	Colburn, C	do	122d N. Y	E	Aug. 11, 1864.
10129	Colburn, A	do	116th N. Y	H	Oct. 1, 1864.
7045	Cobert, F. C	do	11th Pa. cav	L	Aug. 27, 1864.
9967	Cobin, J. M	do	14th Va	B	Sept. 28, 1864.
2207	Cochran, James	Sergeant	26th Ohio	G	June 20, 1864.
4729	Cochran, C	Private	105d Pa	I	Aug. 4, 1864.
7992	Cochran, John	Corporal	126th N. Y	K	Sept. 5, 1864.
11775	Cochran, M	Private	42d N. Y	A	Nov. 3, 1864.
9237	Cockson, J	do	140th N. Y	C	Sept. 19, 1864.
933	Coddington, William	do	97th N. Y	H	May 7, 1864.
1198	Coddington, W. J	do	93d Ill	I	May 18, 1864.
5999	Coder, E	do	31st Iowa	E	Aug. 17, 1864.
11065	Coe, George W	do	145th Pa	E	Oct. 16, 1864.
2235	Coffman, F	do	3d Va. cav	A	June 20, 1864.

ANDERSONVILLE CEMETERY, GEORGIA. 45

No. of grave.	Name.	Rank.	Regiment.	Co.	Died.
9094	Coffman, William	Private	13th Pa	F	Sept. 18, 1864.
6263	Coff, James	do	20th Mich	F	Aug. 20, 1864.
5315	Coffin, A. R	do	2d Mass. cav	M	Aug. 11, 1864.
11020	Cofam, W	do	10th Wis	A	Oct 16, 1864.
3715	Cogswell, S	do	6th N. Y. art	M	July 21, 1864.
10651	Cogger, W	do	125th N. Y	B	Oct. 11, 1864.
28	Cohan, D	do	3d Mé	B	Mar. 8, 1864.
11590	Cohash, John	do	23d Mass	I	Oct. 28, 1864.
1166	Cohagen, J. H	do	6th Ohio	K	Nov. 3, 1864.
445	Coil, P	do	45th Pa	A	April 9, 1864.
9243	Coistum, W	Corporal	98th Ohio	C	Sept. 19, 1864.
34	Colan, Frederick	Private	17th Mich	F	Mar. 11, 1864.
167	Collins, Henry	Sergeant	4th Iowa	G	Mar. 26, 1864.
1291	Collins, Thomas	Corporal	21st Ohio	G	May 22, 1864.
2886	Collins, W	Private	2d Tenn	H	July 4, 1864.
3070	Collins, A	do	92th N. Y	B	July 9, 1864.
3071	Collins, James	do	5th Mich	I	July 9, 1864.
3578	Collins, J	do	15th Ohio	I	July 19, 1864.
5829	Collins, R	do	7th Tenn. cav	K	Aug. 16, 1864.
5908	Collins, T	do	5th R. I	A	Aug. 16, 1864.
6201	Collins, Thomas		U. S. gunboat Southfield		Aug. 19, 1864.
6714	Collins, C. R	Private	27th Mass	D	Aug. 24, 1864.
6848	Collins, W	do	3d Iowa	F	Aug. 25, 1864.
8121	Collins, M	do	101st Pa	K	Sept. 8, 1864.
9535	Collins, G	do	56th Ind	F	Sept. 22, 1864.
10600	Collins, D	do	1st M I	C	Oct. 10, 1864.
11726	Collins, J		Citizen teamster		Nov. 1, 1864.
11743	Collins, C	Private	2d Mich	K	Nov. 2, 1864.
12415	Collins, John	Sergeant	5th Ind	G	Jan. 8, 1865.
12487	Collins, G	Private	118th Pa	E	Jan. 19, 1865.
12832	Collins, J. H	do	1st R. I. cav	A	April 16, 1865.
256	Collin, William	do	93d Ill	G	Mar. 30, 1864.
2012	Collin, John	do	2d Md	D	June 15, 1864.
8570	Colin, M	do	4th U. S. cav	H	Sept. 12, 1864.
11853	Colins, A. J	do	2d Mass	D	Nov. 6, 1864.
275	Colewell, B	do	2d N. C	F	Mar. 31, 1864.
7557	Colwell, D. C	Sergeant	2d N. Y. art	E	Sept. 2, 1864.
375	Colwell, J. H	Private	2d Tenn	C	April 5, 1864.
5743	Colwell, J	do	120th N. Y	A	Aug. 15, 1864.
300	Cole, John	do	112th Ill	E	April 2, 1864.
1600	Cole, W. C	do	1st Ky. cav	C	June 4, 1864.
3351	Cofe, A. H	do	9th Vt	H	July 15, 1864.
3541	Cole, B	do	82d Ohio	A	July 18, 1864.
4142	Cole, R. S	do	152d N. Y	H	July 28, 1864.
5890	Cole, M	do	15th N. Y. art	M	Aug. 16, 1864.
6241	Cole, John J	do	5th N. Y. cav	M	Aug. 20, 1864.
8099	Cole, W. H	Corporal	16th Mass	K	Sept. 7, 1864.
8169	Cole, J. C	Private	118th Pa	K	Sept. 8, 1864.
8456	Cole, George	do	12th N. Y. cav	A	Sept. 11, 1864.
10062	Cole, E. B	do	14th N. Y. art	B	Sept. 30, 1864.
10137	Cole, George M	Sergeant	9th Tenn	C	Oct. 1, 1864.
11438	Cole, H. O	Private	2d Pa	L	Oct. 24, 1864.
11589	Cole, T	do	109th N. Y	K	Oct. 28, 1864.
4519	Coles, William	do	61st N. Y	H	Aug. 1, 1864.
9784	Coles, J. W	Sergeant	5th Iowa	K	Sept. 26, 1864.
672	Colvin, George	Private	11th Ky. cav	D	April 22, 1864.
7966	Colvin, E. O	Corporal	5th R. I. art	A	Sept. 5, 1864.
763	Coleman, G	Private	101st Ohio	A	April 27, 1864.
2995	Coleman, J	Sergeant	18th Pa. cav	K	July 7, 1864.

LIST OF INTERMENTS IN THE

No. of grave.	Name.	Rank.	Regiment.	Co.	Died.
5396	Coleman, A	Private	6th Ohio	K	Aug. 12, 1864.
6645	Coleman, C	do	19th Pa	A	Aug. 23, 1864.
10553	Coleman, J	do	2d N. Y. art	I	Oct. 9, 1864.
966	Colagan, M	do	12th Ky. cav	E	May 8, 1864.
1973	Colect, James	do	1st Vt. cav	H	June 15, 1864.
2244	Coburn, Thomas	do	16th Ill	G	June 20, 1864.
10350	Coburn, Warren	do	1st Vt. art	M	Oct. 4, 1861.
5137	Coby, John M	do	13th N. H.	D	Aug. 9, 1864.
5469	Cott, John	do	20th Mass	K	Aug. 12, 18 4.
10796	Cotts, R. E	do	2d Ohio	C	Oct. 12, 1861.
5451	Collyer, J	do	11th Ohio	G	Oct. 12, 1861.
5645	Collar, E	do	130th Ind	G	Oct. 14, 1864.
10552	Colar, H	do	2d N. J	D	Oct. 9, 1864.
7786	Colton, Z. F	do	85th N. Y.	E	Sept. 4, 1864.
7855	Coleley, A	do	1st N. Y. cav	M	Sept. 5, 1864.
7883	Coldwell, William	Corporal	124th Mich	H	Sept. 5, 1864.
9081	Colyer, B	Private	1st Mass	G	Sept. 18, 1864.
10272	Cot.er, W	do	16th Conn	B	Oct. 3, 1864.
11826	Colebaugh, N	do	69th Pa	H	Nov. 5, 1864.
6971	Coller, John J	do	6 h Ill	B	Aug. 27, 1864.
469	Combs, Ed. A	do	9th Md	I	April 10, 1864.
3826	Combs, John	do	7th N. H.	B	July 14, 1864.
5228	Combs, B	do	60. h N. Y	A	Aug. 11, 1864.
8841	Combs, George	do	2d Mass. cav	....	Sept. 15, 1864.
9110	Combs, S	do	1st Pa	H	Sept. 21, 1864.
10626	Combs, J	do	95th N. Y.	I	Oct. 10, 1864.
2578	Combston, J	do	7th Ohio cav	I	June 27, 1864.
6746	Combs, John	do	101st Pa	A	Aug. 24, 1864.
10283	Comicle, F	do	7th Pa	H	Oct. 4, 1864.
11719	Compton, H. H	do	21st Ill	K	Nov. 1, 1864.
12255	Comton, F. G	do	71st Pa	F	Dec. 10, 1864.
10821	Comvell, J. F	do		....	Oct. 12, 1864.
12141	Comway, C. C	do	2d Pa. art	A	Nov. 23, 1864.
12253	Comrose, G	do	1st Del. cav	D	Dec. 9, 1864.
216	Conaster, Philip	do	7th Ohio cav	D	Mar. 28, 1864.
625	Conweil, P	do	6th Ind	M	April 19, 1864.
936	Connor, John	do	97th N. Y.	D	May 7, 1864.
4449	Connor, D	do	18th Conn	D	Aug. 1, 1864.
6430	Connor, J	do	6th Pa	D	Aug. 22, 1864.
7598	Connor, J		U. S. navy	....	Sept. 1, 1864.
7722	Connor, M	Private	15th U. S. inf	H	Sept. 3, 1864.
11575	Connor, T	do	9th Mass	C	Oct. 28, 1864.
11892	Connor, P	do	2d Mass	H	Nov. 7, 1864.
12368	Connor, S	do	112th Pa	H	Jan. 1, 1865.
10868	Connor, Del	do	2d Del	F	Oct. 13, 1864.
1848	Conner, D	do	17th Mass	H	June 11, 1864.
2747	Conner, P	do	11th Mich	A	July 1, 1864.
4025	Conner, Henry	do	52d N. Y.	D	July 26, 1864.
5979	Conner, J N	do	184th Pa	C	Aug. 17, 1864.
6932	Conner, W. A	Sergeant	26th Iowa	D	Aug. 26, 1864.
9895	Conner, J. B	Private	9th Ohio cav	G	Sept. 27, 1864.
2033	Connelly, F	do	52d N. Y.	B	June 16, 1864.
6395	Connelly, William	do	55th Pa	C	Aug. 21, 1864.
8551	Connelly. M	do	4th N Y	C	Sept. 12, 1864.
8161	Connell, J	do	4th U. S. inf	D	Sept. 8, 1864.
9332	Connell, J. O	do	24th Mass	E	Sept. 20, 1864.
11513	Connell, T	do	130th N. Y.	C	Oct. 26, 1864.
3922	Connolly, D	do	9th Ind	I	July 25, 1864.
5528	Cunelly. Patrick	do	164th N. Y.	D	Aug. 13, 1864.
1037	Conrad, Edsen	do	8th Mich	G	May 12, 1865.

ANDERSONVILLE CEMETERY, GEORGIA. 47

No of grave.	Name.	Rank.	Regiment.	Co.	Died.
9335	Conrad, R. P	Private	4th Ky	B	Sept. 27, 1864.
9951	Conrad, W	....do	4th Pa. cav	M	Sept. 28, 1864.
1631	Conklin, N	....do	121st Ohio	B	June 5, 1864.
2160	Conklin, A	....do	69th N. Y	A	June 19, 1864.
4111	Conklin, S	....do	9th Minn	I	July 27, 1864.
4263	Conklin, N	....do	9th Pa	K	July 29, 1864.
6281	Conklin, J. R	....do	45th Ohio	L	Aug. 19, 1864.
6970	Conklin, E	....do	9th Minn	C	Aug. 27, 1864.
1995	Conroy, P	....do	99th N. Y	A	June 15, 1864.
2149	Conaught, C. S	Seaman, U. S. gmb't Southfield			June 18, 1864.
2698	Conway, F	Private	1st Del	K	June 30, 1864.
4342	Conway, J	....do	106th Ohio	A	July 30, 1864.
7072	Conway, Thomas	....do	9th N. H	C	Aug. 28, 1864.
8035	Conway, W. E	....do	4th Md	E	Sept. 6, 1864.
12295	Cone, S	....do	115th Pa	E	Dec. 16, 1864.
4520	Cone, R	....do	8th N. Y	A	July 30, 1864.
6062	Coner, C. W	....do	1st Mass. art	L	Aug. 18, 1864.
10723	Coney, T	....do	8d N. Y	E	Oct. 11, 1864.
12798	Conover, S	....do	175th Ohio	B	Jan. 19, 1865.
1565	Constant, John	....do	9th Mich	B	May 31, 1864.
7182	Conelius, J	....do	12th N. Y. cav	F	Aug. 29, 1864.
2817	Conard, A	....do	3d Va	F	July 2, 1864.
3500	Condon, H	....do	14th U. S. inf	A	July 18, 1864.
3569	Condon, Thomas	....do	22d N. Y. cav	F	July 18, 1864.
6930	Conden, W. H	....do	16th Me	G	Aug. 26, 1864.
4394	Conley, J. H	....do	2d Del	H	July 31, 1864.
8057	Conley, W	....do	5th Me	F	Sept. 6, 1864.
4547	Conlin, Tim	....do	1st Mass. art	D	Aug. 1, 1864.
10699	Conlin, Daniel	....do	5th N. Y	A	Oct. 11, 1864.
5494	Connahan, W	....do	11oth Pa	D	Aug. 13, 1864.
6591	Congden, E	....do	2d Mass	G	Aug. 23, 1864.
6573	Connars, John	....do	14th Mass	I	Aug. 24, 1864.
10605	Conners, E	....do	42d N. Y	D	Sept. 29, 1864.
6729	Conol, O. B	....do	1st N. Y. cav	D	Aug. 24, 1864.
10684	Couel, J	....do	13th Ind	D	Sept. 30, 1864.
8919	Conger, James	....do	49th N. Y	A	Sept. 16, 1864.
8933	Conice, J. D	....do	7th Mich	F	Sept. 17, 1864.
9295	Congreve, E	....do	5th U. S. cav	A	Sept. 19, 1864.
9619	Conshy, John	....do	125th N. Y	K	Sept. 23, 1864.
9989	Connett, Daniel	....do	130th Ind	F	Sept. 28, 1864.
304	Cook, Lewis	....do	9th Md	E	April 2, 1864.
569	Cook, Theodore	....do	12th Ky. cav	D	April 12, 1864.
1711	Cook, J	....do	4th Mich. cav	D	June 7, 1864.
2729	Cook, W. P	....do	2d E. Tenn	A	July 2, 1864.
3604	Cook, L. B	....do	2d Ohio cav	C	July 19, 1864.
3943	Cook, John	....do	4th Me	D	July 25, 1864.
4032	Cook, J	....do	10th Mich	F	July 26, 1864.
4979	Cook, G. P	....do	16th Ill. cav	L	Aug. 6, 1864.
6069	Cook, W. H	....do	1st Conn. cav	G	Aug. 18, 1864.
6446	Cook, George	....do	10th Mich. cav	H	Aug. 22, 1864.
7485	Cook, G. W	....do	146th N. Y	E	Sept. 1, 1864.
7593	Cook, W. H	....do	37th Mass	H	Sept. 2, 1864.
8320	Cook, J. J	Corporal	1st Vt. cav	I	Sept. 10, 1864.
8930	Cook, J	Private	7th Va. cav	I	Sept. 17, 1864.
11093	Cook, C. H	....do	6th N. Y. cav	E	Oct. 18, 1864.
11240	Cook, George	....do	66th N. Y	E	Oct. 21, 1864.
12258	Cook, N	....do	1st Mich	K	Dec. 10, 1864.
12700	Cook, J. P	....do	4th Ky	G	Feb. 26, 1865.
2069	Cooper, T	....do	18th Pa. cav	K	June 16, 1864.
1050	Cooper, C	....do	2d Tenn	B	May 12, 1864.

No. of grave.	Name.	Rank.	Regiment.	Co.	Died.
2632	Cooper, E	Private	1st Tenn	A	June 29, 1864.
2858	Cooper, G. W	....do	7th Tenn	B	July 4, 1864.
4920	Cooper, J	....do	7th Mich	K	July 6, 1864.
5101	Cooper, Silas	....do	5th Iowa	B	July 9. 1864.
5816	Cooper, James	....do	22d N. Y cav	G	Aug. 16, 1864.
8144	Cooper, J	....do	80th Ind	E	Sept. 8, 1864.
11830	Cooper, A. H	Corporal	7th Va. cav	I	Nov. 5, 1864.
12274	Cooper, N	Private	22d N. Y	F	Dec. 13, 1864.
1088	Coones, J. M	....do	1st Mass	E	May 14, 1864.
1100	Coon, Nathan	....do	14th Va	K	May 14, 1864.
1490	Coon, J. H	....do	18th Pa. cav	K	May 31, 1864.
6320	Coon, George	....do	2d Pa	F	Aug. 21, 1864.
8357	Coon, H. S	....do	1st Md	E	Sept. 10, 1864.
11408	Coon, George F	....do	65th N. Y	K	Oct. 21, 1864.
2195	Coons, F	....do	52d N. Y	B	June 19, 1864.
7846	Coons, David	....do	57th Ohio	C	Sept. 1, 1864.
12351	Coons. T	....do	15th N.Y	K	Dec. 28, 1864.
1871	Coombs, John	....do	3d Pa. art	A	June 12, 1864.
9180	Coombs, George	....do	2d Mass. art	A	Sept. 18, 1864.
2776	Cooly, A	....do	38th Ind	C	July 2, 1864.
9208	Cooley, J		7th Tenn. cav	L	Sept. 19, 1864.
10644	Cooley, G	Private	3d Mich	A	Oct. 11, 1861.
10871	Cooley, Hy	....do	34th Mich	G	Oct. 13, 1864.
4363	Cool, J. B	Corporal	3d Va. cav	H	July 31, 1864.
2933	Coovert, D	Private	78th Pa	F	July 5, 1864.
3693	Cooney, F	....do	14th N. Y	G	July 21, 1864.
7532	Cooldridge, M	....do	17th U. S. inf	B	Sept. 1, 1864.
7842	Coogrove, F	....do	16th N. Y	H	Sept. 4, 1864.
8240	Coonan, J	....do	2d N. J	C	Sept. 9, 1864.
12818	Copeland, B	....do	14th Pa. cav	D	Mar. 29, 1865.
11174	Copeland, J	....do	15th Mass	D	Oct. 19, 1864.
458	Copeland, C	....do	1st Ohio	A	April 10, 1864.
1150	Copeland, J	....do	106th N. Y	I	May 16, 1864.
2695	Copple, F	....do	54th Pa	H	June 30, 1864.
11656	Cople, H	....do	54th Pa	K	Oct. 30, 1864.
8406	Cope, J. B	....do	17th Mich	A	Sept. 11, 1864.
6258	Copen, V. A	Corporal	33d Ohio	C	Aug. 20, 1864.
10497	Copenheaver, William	....do	1st Pa	D	Oct. 8, 1864.
2223	Corbett, Thomas	Private	5th Ky	A	June 20, 1864.
110	Corbett, L. B	....do	W. Va. mil'a	C	Mar. 23, 1864.
7144	Corbett, E		U. S. navy		Aug. 29, 1864.
10529	Corbitt, John	Private	64th N. Y	C	Oct. 8, 1864.
7802	Corbet, W. M	....do	1st Mass. art	M	Sept. 4, 1864.
6237	Corbin, W	....do	49th Pa	C	Aug. 20, 1864.
10842	Corbin, M	....do	184th Pa	D	Oct. 13, 1864.
1778	Corbin, B. F	Sergeant	24th N. Y. ind. bat		June 9, 1864.
715	Curley, Michael	Private	11th N. J	A	April 24, 1864.
1044	Corey, C. A	....do	1st Vermont cav	F	May 12, 1864.
1009	Corse, Silas	....do	2d Pa. cav	L	May 11, 1864.
1413	Corson, B. S	....do	1st R. I. cav	H	May 27, 1864.
2102	Cornelius, L. C	Corporal	89th Ohio	C	June 19, 1864.
6640	Cornelius, E	Private	5th Ind	B	Aug. 23, 1864.
6738	Cornelius, James	....do	9th Ill. cav	H	Aug. 24, 1864.
10389	Cornelius, William	....do	4th Pa. cav		Oct. 5, 1864.
3556	Corl, C. C	....do	38th Ill	H	July 18, 1864.
4493	Cordray, J. J	....do	89th Ohio	B	Aug. 1, 1864.
3677	Corwin, J. V	....do	6th Ill	L	July 20, 1864.
3856	Corwin, J	....do	7th Ill. cav	K	July 24, 1864.
4691	Cornish, A	....do	13th Tenn. cav	C	Aug. 4, 1864.

No. of grave.	Name.	Rank.	Regiment.	Co.	Died.
6632	Corless, R............	Private	7th N. Y. art....	E	Aug. 24, 1864.
6969	Cornstock, G. E......	....do......	2d N. Y. art	A	Aug. 26, 1864.
7906	Corst, James.........	....do......	14th U. S. inf....	D	Sept. 5, 1864.
9632	Corb, William........	....do......	11th Ohio........	D	Sept. 24, 1864.
10485	Corbis, J.............	....do......	18th Pa. cav......		Oct. 7, 1864.
11347	Corrin, Charles	....do......	1st N. Y. cav.....	C	Dec. 23, 1864.
4230	Coron, Charles.......	....do......	7th N. H.........	G	July 29, 1864.
11609	Costlock, H. A.......	....do......	6th Pa...........	E	Oct. 2, 1864.
12767	Cosselman, G........	....do......	152d N. Y........	K	Mar. 13, 1864.
7471	Coston, J.............	....do......	22d N. Y. cav....	C	Sept. 1, 1864.
6691	Cotton, J.............	Corporal ..	100th Ill.........	H	Aug. 18, 1864.
3949	Cottrell, P...........	Private	7th Conn.........	C	July 25, 1864.
2307	Cottrill, M...........	Sergeant ...	6th Ind. cav......	F	June 22, 1864.
7880	Cottsrell, G. W......	Private	7th Tenn.........	C	Sept. 5, 1864.
240	Couler, Wm..........	....do......	14th Ky..........	I	Mar. 30, 1864.
6387	Coulter, M...........	....do......	22d Ky	B	Aug. 21, 1864.
1197	Courtney, Pat........	....do......	126th N. Y.......	K	May 18, 1864.
5262	Courtney, J. F.......	....do......	2d Ind. cav.......	L	Aug. 11, 1864.
3430	Couch, Benjamin.....	....do......	50th Pa	H	July 17, 1864.
3899	Courtnay, W.........	....do......	12th N. Y. cav....	A	July 24, 1864.
5329	Countryman, ——.....	....do......	120th N. Y.......	A	Aug. 11, 1864.
8433	Courson, D. H.......	....do......	20th Me..........	K	Sept. 11, 1864.
615	Covington, A........	....do......	2d Tenn..........	K	April 18, 1864.
2131	Covington, J. B......	....do......	2d Tenn..........	K	June 16, 1864.
3937	Cover, L.............	....do......	47th Ohio........	B	July 25, 1864.
4222	Cover, John..........	....do......	18th Pa. cav......	E	July 29, 1864.
12474	Covert, E............	....do......	6th Mich. cav....	C	Jan. 17, 1865.
5384	Covil, William.......	....do......	3d Vermont	I	Aug. 12, 1864.
593	Cowell, John.........	....do......	6th Mich. cav....	G	April 17, 1864.
2969	Cowles, D............	....do......	10th Wis.........	B	July 6, 1864.
8976	Cowen, J.............	....do......	4th N. Y.........	I	Sept. 17, 1864.
475	Cox, W. C...........	Sergeant ..	2d N. C..........	F	April 10, 1864.
687	Cox, Joseph	Private	7th Mass.........	G	April 23, 1864.
1117	Cox, Joseph	Sergeant ..	42d Ind..........	B	May 15, 1864.
1873	Cox, J. A............	Private	13th Pa. cav......	H	June 12, 1864.
2293	Cox, A. B............	....do......	6th Ky. cav......	I	June 21, 1864.
3315	Cox, T. A............	Sergeant ...	3d Va. cav.......	A	July 14, 1864.
4192	Cox, L...............	Private	68th Ind	E	July 28, 1864.
4210	Cox, D. C............	....do......	59th Mass........	F	July 29, 1864.
4357	Cox, James..........	....do......	103d Pa	A	July 30, 1864.
5244	Cox, A. E............	Corporal ...	5th Iowa.........	G	Aug. 10, 1864.
5622	Cox, W. A...........	Private	5th Iowa.........	G	Aug. 14, 1864.
5633	Cox, H..............	Corporal ...	2d Pa. cav.......	B	Aug. 14, 1864.
6378	Cox, H..............	Private	5th Iowa.........	I	Aug. 21, 1864.
7058	Cox, D..............	....do......	1st N. Y. cav.....	H	Aug. 28, 1864.
11030	Cox, P...............	Sergeant ...	98th Mass........	G	Oct. 16, 1864.
2399	Coyle, H.............	Private	8th Pa. cav.......	F	June 24, 1864.
3948	Coyle, Edward.......	....do......	58th Pa..........	E	July 25, 1864.
8113	Coyle, C.............	....do......	11th Ky. cav......	I	Sept. 7, 1864.
8512	Coyle, M............	Corporal ...	79th Pa..........	B	Sept. 11, 1864.
7675	Coy, John H........	Private	1st N. Y. cav.....	L	Sept. 3, 1864.
11158	Coyne, M............	....do......	48th N. Y........	H	Oct. 19, 1864.
3241	Coyner, George W...	....do......	89th Ohio........	D	July 13, 1864.
8941	Coykendall, D.......	....do......	15th N. Y........	K	Sept. 6, 1864.
174	Crafts, E. T.........	....do......	17th Mass........	E	Mar. 26, 1864.
3692	Craft, B.............	....do......	42d N Y.........	D	July 21, 1864.
6913	Craft, A.............	....do......	90th Pa..........	G	Aug. 23, 1864.
425	Crane, H............	....do......	3d Me............	D	April 5, 1864.
2329	Crane, M............	....do......	23d Ill...........	E	June 22, 1864.

50   LIST OF INTERMENTS IN THE

No. of grave.	Name.	Rank.	Regiment.	Co.	Died.
2032	Crain, J	Private	79th Ill	D	June 16, 1864.
7209	Crain, J	do	4th Pa. cav	H	Aug. 29, 1864.
1078	Crain, R. O	do	17th Mich	A	Oct. 12, 1864.
662	Craig, W. A	Sergeant	5th Ind	M	April 21, 1864.
5417	Craig, J. G	Private	54th Pa	I	Aug. 12, 1864.
6562	Craig, D	Sergeant	2d Ohio	D	Aug. 23, 1864.
7456	Craig, Wm	Private	103d Pa	D	Sept. 1, 1864.
8221	Craig, W	do	139th N. Y	H	Sept. 8, 1864.
9307	Craig, S	do	3-th Ill	I	Sept. 20, 1864.
9704	Craig, J	do	23d Ill	B	Sept. 25, 1864.
10087	Craig, F	do	9th Ill	K	Sept. 30, 1864.
12506	Craig, J	do	2d Ill. art	B	Jan. 22, 1865.
775	Crawford, J	do	14th Conn	A	April 28, 1864.
2253	Crawford, Jno	do	16th Ill. cav	K	June 20, 1864.
2289	Crawford, A	Corporal	13th Tenn. cav	B	June 21, 1864.
3432	Crawford, John	Private	61st N. Y	B	July 17, 1864.
4353	Crawford, M	do	14th Pa. cav	G	July 30, 1864.
6615	Crawford, Joseph	do	77th Pa	E	Aug. 23, 1864.
8117	Crawford, James	do	103d Pa	B	Sept. 7, 1864.
10274	Crawford, George	do	1st Pa	F	Oct. 24, 1864.
11436	Crawford, L	do	184th Pa	B	Oct. 1, 1864.
11614	Crawford, M	do	14th Pa	K	Oct. 29, 1864.
1974	Crandell, W. M	do	93d Ill	A	June 15, 1864.
832	Crandeil, D	do	85th N. Y	E	Sept. 10, 1864.
2950	Crandall, R	do	115th N. Y	I	July 4, 1864.
8399	Crandall, J	Corporal	85th N. Y	C	Sept. 10, 1864.
11876	Crandall, L	Private	145th Pa	I	Nov. 6, 1864.
3061	Crandle, J. F	do	120th N. Y	K	July 9, 1864.
3828	Cran, R	Drummer	7th Wis	D	July 23, 1864.
9021	Cram, A	Private	4th Tenn	F	Sept. 17, 1864.
1437	Cramer, E	do	35th N. J	A	May 28, 1864.
5177	Cramer, E	do	4th Pa. cav	M	Aug. 9, 1864.
7737	Cramer, A	do	30th Ind	H	Sept. 3, 1864.
9134	Cramer, E	do	55th Pa	F	Sept. 18, 1864.
10039	Cramer, J M	do	5th Iowa	B	Sept. 29, 1864.
11633	Cramer, A	Sergeant	1st Del. cav	K	Oct. 29, 1864.
334	Crapen, J	Private	134th N. Y	E	April 3, 1864.
436	Craswell, Samuel	do	2d Tenn	K	April 8, 1864.
837	Cravner, S. P	do	14th Pa. cav	K	May 1, 1864.
4182	Crasby, M	do	1st Md	G	July 28, 1864.
4620	Cranke, James	do	5th Mich. cav	G	Aug. 3, 1864.
7274	Craziun, J	do	82d N. Y	E	Aug. 30, 1864.
8108	Crasen, J	do	53d Ind	G	Sept. 7, 1864.
8133	Crager, J	do	13th Ind	C	Sept. 8, 1864.
11224	Craven, A. J	Corporal	15th Ohio	C	Oct. 20, 1864.
8219	Crasy, S. P	Private	7th Tenn. cav	K	Sept. 8, 1864.
11483	Cramt, J. P	do	10th Ky	D	Oct. 26, 1864.
11565	Cragan, G	do	1st Pa. cav	F	Oct. 27, 1864.
11659	Cramley, George	do	20th Pa. cav	L	Oct. 30, 1864.
11993	Crampton, A. B	do	143d Pa	B	Nov. 13, 1864.
12691	Crampton, A	do	79th Ohio	C	Feb. 22, 1865.
2179	Cremer, George	do	24th Ill	C	June 19, 1864.
6929	Creamer, E	do	10th N. J	B	Aug. 26, 1864.
7179	Cremones, D	do	9th Va	D	Aug. 29, 1864.
3972	Cregger, J. F	Musician			July 25, 1864.
11800	Cregger, W. H	Private	5th Pa. cav	G	Nov. 4, 1864.
7800	Cregg, J	Sergeant	49th Ohio	K	Sept. 4, 1864.
5660	Crews, E. M	Private	5th Ind. cav	A	Aug. 14, 1864.
6310	Crews, G	do	7th Tenn. cav	B	Aug. 20, 1864.
12061	Cresey, N. F	do	11th Me	G	Nov. 17, 1864.

ANDERSONVILLE CEMETERY, GEORGIA. 51

No. of grave.	Name.	Rank.	Regiment.	Co.	Died.
1077	Crippen, G. F	Private	5th Mich	C	May 14, 1864.
1523	Crist, J. D	do	31st Ind	F	June 1, 1864.
2311	Criswell, J	do	12th N. Y. cav	F	June 22, 1864.
5826	Crisley, J	do	6th Md	G	Aug. 16, 1864.
6208	Critchfield, L	do	93d Ind	A	Aug. 19, 1864.
7696	Crizer, W	do	54th Pa	F	Sept. 3, 1864.
8783	Crissman, Jas	do	140th N. Y.	F	Sept. 14, 1864.
10912	Crilley. C. W	do	29th Ill	B	Oct. 14, 1864.
11471	Crim, C	do	6th N. Y..cav	K	Oct. 25, 1864.
12649	Cripman, S	do	2d N. Y.	K	Feb. 13, 1865.
15	Cross, Ira W	do	16th Mass	G	Mar. 6, 1864.
1417	Cross, E	do	111th Ill	C	May 27, 1864.
1422	Cross, M. C	do	2d Tenn	F	May 28, 1864.
3592	Cross, George W	do	1st Mass. art	L	July 19, 1864.
3687	Cross, F	do	2d Tenn	H	July 21, 1864.
5171	Cross, Noah	do	1st Me. art	A	Aug. 9, 1864.
7982	Cross, J. S	do	21st Ill	D	Sept. 5, 1864.
8859	Cross, J. D	do	4th Ill. cav	I	Sept. 15, 1864.
928	Crosser, W	do	111th Ohio	B	May 7, 1864.
1945	Crocker, George	do	1st Ohio art	A	June 14, 1864.
2822	Crocker, J	do	93d N. Y	E	July 3, 1864.
3817	Crocker, D	do	5th Vt	D	July 23, 1864.
9814	Crocker, Charles	do	2d R. I	A	Sept. 26, 1864.
2273	Crouse, George	do	24th N. Y. ind. bat.		June 20, 1864.
2455	Crouse, F	do	141st Pa	A	June 25, 1864.
4883	Crouse, H	do	5th Vt	C	Aug. 6, 1864.
6749	Crouse, J	Sergeant	16th Ill	I	Aug. 24, 1864.
8008	Crouse, W. A		Coles' Md. cav	E	Sept. 6, 1864.
8618	Crouse, J. A	Private	1st Md. cav	A	Sept. 13, 1864.
466	Cronch. Levi	do	40th Pa	I	April 10, 1864.
479	Coghan, John	do	3d Pa. cav	A	April 11, 1864.
1692	Crowhie, John	do	22d Mich	K	June 7, 1864.
2071	Crow J	Sergeant	2d Tenn	I	June 16, 1864.
8352	Crow. B	Private	4th Iown	E	Sept. 10, 1864.
2644	Crompter, Jas	Sergeant	14th N. Y. cav	F	June 29, 1864.
3324	Crosby, M	Private	24th N. Y. bat		July 14, 1864.
8521	Crosby. W	do	4th Me	A	Sept. 12, 1864.
9934	Crosby. B	do	8th Conn	G	Sept. 29, 1864.
12433	Crosby. J	do	90th Ill	C	Jan. 11, 1865.
6812	Crosbey. E	do	40th Mass	A	Aug. 25, 1864.
4483	Crockett, A. W	do	17th Mass	K	Aug. 1, 1864.
4512	Crocke, H	Corporal	45th Pa	A	Aug. 1, 1865.
4582	Cromwell, G. W	Private	27th Iowa	F	Aug. 2, 1864.
8605	Cromwell. T	do	6th N. Y. art		Sept. 14, 1864.
10936	Cromwell, S. R	Corporal	1st Me art	M	Oct. 14, 1864.
11211	Cromwell. D	Private	19th Me	D	Oct. 20, 1864.
11262	Cromwell, W. H	do	59th Ohio	H	Oct. 21, 1864.
4692	Croup. W. S	do	103d Pa	L	Aug. 3, 1864.
4741	Crook, E H	Sergeant	7th Va	I	Aug. 5, 1864.
7495	Crooks. J. M	Private	92d Ohio	K	Sept. 1, 1864.
8701	Crooks, W B	do	135th Ohio	B	Sept. 14, 1864.
5107	Croy. J	do	18th U. S	B	Aug 9, 1864.
5150	Crossman. H J	do	20th Mass	L	Aug. 9, 1864.
5886	Cromark. J	Sergeant	77th N. Y	B	Aug. 16, 1864.
6315	Crowly, Pat	Private			Aug. 20, 1864.
7619	Cronman, John	do	1st Mass. art	E	Sept. 2, 1864.
9026	Cronenshields, C	do	37th Mass	I	Sept. 17, 1864.
10346	Crowning. H	do	7th Wis	C	Oct. 4, 1864.
9288	Cromblet, A. J	do	122d Ohio	E	Sept. 19, 1864.

No. of grave.	Name.	Rank.	Regiment.	Co.	Died.
9724	Cronley, D	Private	11th Vt	F	Sept. 25, 1864.
10276	Crowthers, J. H	...do	13th Pa. cav	A	Oct. 3, 1864.
11239	Crow, F	...do	115th N. Y	D	Oct. 21, 1864.
11297	Crowley. S	...do	2d N. Y	B	Oct. 22, 1864.
11540	Cromingburger, C	...do	23d Ohio	I	Oct. 27, 1864.
11728	Crose, E. F	...do	11th Vt	L	Nov. 2, 1864.
1260	Crust, William	...do	80th Ohio	C	May 21, 1864.
7601	Cruse, E	...do	7th Tenn. cav	I	Sept. 2, 1864.
9554	Crumb, O	...do	119th Pa	G	Sept. 23, 1864.
1371	Cubbage, C. H	...do	2d Md	H	May 25, 1864.
5993	Cuff, S	...do	14th N. Y	E	Aug. 17, 1864
1961	Culberton, John	Sergeant	13th Pa. cav	B	June 14, 1864.
8062	Culbertson, S	Corporal	5th Iowa	H	Sept. 6, 1864.
4011	Culgee, Adam	Private	9th Minn	G	July 26, 1864.
4119	Culver, A. L	...do	24th N. Y. bat	....	July 28, 1864.
8590	Culver, J	...do	69th Pa	....	Sept. 12, 1864.
9840	Culver, J. W	Musician	42d Ind	D	Sept. 27, 1864.
4367	Cullen, M	Private	7th Conn	E	July 31, 1864.
7159	Culbert, W	...do	39th N. Y	D	Aug. 29, 1864.
9544	Culbert, J	Seaman	U. S. Navy	....	Sept. 23, 1864.
10544	Culbertson, Lewis	Private	73d Pa	B	Oct. 8, 1864.
7418	Cullen, M	...do	16th Conn	K	Aug. 31, 1864.
12120	Cullen, T. P	...do	31st Pa	I	Nov. 22, 1864.
7726	Culling, William	...do	120th Ind	F	Sept. 3, 1864.
10399	Cullingford, P	...do	7th Pa	G	Oct. 6, 1864.
12301	Culp, P. K	...do	138th Pa	B	Dec. 17, 1864.
1230	Cummings, A. B	Sergeant	29th Mass	C	May 20, 1864.
2823	Cummings, J	Private	11th Ky	E	July 3, 1864.
3292	Cummings, S	...do	21st Wis	A	July 14, 1864.
3890	Cummings, W	...do	2d Mich	F	July 22, 1864.
5685	Cummings, D	...do	5th Mich. cav	I	Aug. 15, 1864.
8130	Cummings, W. S	...do	35th Ohio	I	Sept. 8, 1864.
8966	Cummings, —	...do	22d N. Y	D	Sept. 16, 1864.
9770	Cummings, J	...do	6th Ohio	E	Sept. 25, 1864.
9823	Cummings, R	...do	65th Pa	K	Sept. 27, 1864.
11631	Cummings, J. N	...do	7th Tenn	B	Oct. 29, 1864.
5201	Cumch, J	...do	1st Mich. cav	G	Aug. 10, 1864.
5423	Cumberland, Thomas	...do	14th Pa. cav	B	Aug. 12, 1864.
8051	Cumton, R	...do	101st Ind	I	Sept. 6, 1864.
1457	Cunningham, William	...do	45th N. Y	B	May 29, 1864.
2930	Cuningham, J	...do	8th Va	E	July 5, 1864.
5476	Cuningham, J	...do	17th N. Y	E	Aug. 13, 1864.
6721	Cuningham, T	...do	12th N. Y	I	Aug. 24, 1864.
7698	Cunningham, J	...do	1st Va. cav	F	Sept. 3, 1864.
11215	Cunningham, R	...do	1st Del	F	Oct. 21, 1864.
2617	Cupick, B	...do	7th Mich	C	June 28, 1864.
5174	Cuppett, J	...do	3d Va	H	Aug. 9, 1864.
365	Curry, Robert A	...do	8th Va	C	April 4, 1864.
728	Curry, W. H	...do	9th Md	F	April 25, 1864.
869	Curry, Archibald	...do	119th Pa	E	May 3, 1864.
1172	Curry, J. W	...do	30th Ind	F	May 17, 1864.
3627	Curry, John	...do	146th N. Y	B	July 20, 1864.
7617	Curry, S	...do	146th Pa	C	Sept. 2, 1864.
4234	Currey, W. F	...do	4th Ind. cav	I	July 29, 1864.
7555	Curey, D	...do	57th N. Y	A	Sept. 2, 1864.
2017	Curtis, N	...do	45th Ohio	D	June 16, 1864.
3476	Curtis, W. A	Sergeant	1st N. J. cav	L	July 17, 1864.
3877	Curtis, A	Private	16th Ill	D	July 24, 1864.
4955	Curtis, M. D	...do	8th Mich	C	Aug. 7, 1864.
8625	Curtis, John	...do	16th Me	I	Sept. 13, 1864.

ANDERSONVILLE CEMETERY, GEORGIA. 53

No. of grave.	Name.	Rank.	Regiment.	Co.	Died.
574	Currell, H. G.	Private	39th Mass	C	April 15, 1864.
1204	Curley, P	....do	125th N. Y	E	May 19, 1864.
1473	Currier, William	Corporal	87th Ind	K	May 30, 1864.
3993	Curtry, L	Private	2d Pa. cav	A	July 26, 1864.
4257	Cutchill, C	....do	99th N. Y	I	July 29, 1864.
5828	Curnings, Benjamin	....do	3d Pa	A	Aug. 16, 1864.
6869	Curtin, B	....do	4th Va. cav	B	Aug. 25, 1864.
7853	Curren, F	....do	58th Mass	F	Sept. 5, 1864.
9341	Curver, J. H	....do	4th Mich. cav		Sept. 20, 1864.
11567	Curtwright, L	....do	51st Ohio	F	O t. 27, 1864.
1809	Cushing, Charles E.	Corporal	12th Mass	H	June 12, 1864.
4458	Custerman, F	Private	147th N. Y	G	Aug. 1, 1864.
5156	Cussey, James	....do	15th U. S	A	Aug. 9, 1864.
80	Curler, A	....do	20th Me	C	Mar. 20, 1864.
9611	Cutler, C. F	Corporal	2d N. Y	G	Sept. 23, 1864.
10172	Cutler, C. F	Private	2d Mass. art	G	Oct. 1, 1864.
4846	Cutter, William	....do	59th N. Y	B	Aug. 6, 1864.
12434	Cutter, J. P	....do	99th N. Y	B	Jan. 11, 1865.
9540	Cute, A		8th N. Y. cav	A	Sept. 22, 1864.
10482	Cutkel, C	Private	7th N. Y. art	I	Oct. 7, 1864.
11403	Cutsdaphner, D. J	Sergeant	95th Ohio	D	Oct. 24, 1864.
12367	Cutts, O. W	Private	16th Me	D	Jan. 1, 1865.
3356	Cuvere, J. W	....do	60th Ohio	B	July 15, 1864.
9482	Cuyler, H	....do	16th U. S	B	Sept. 22, 1864.

D.

2266	Dabney, B	Private	1st Tenn	A	June 10, 1864.
9739	Dacy, G	....do	12th Wis	I	Sept. 25, 1864.
6437	Daffney, I		U. S. navy		Aug. 22, 1864.
10087	Daffondall, P. H.	Private	58th Ind	D	Nov. 18, 1864.
5446	Dagnan, Charles	....do	16th Conn	K	Aug. 12, 1864.
8193	Daher, G	....do	66th N. Y	D	Sept. 8, 1864.
6797	Dailey, M	....do	7th Pa	I	Aug. 25, 1864.
3577	Dailey, William	....do	5th N. Y. cav	I	July 19, 1864.
8651	Dailey, A	Corporal	7th Mich. cav	E	Sept. 13, 1864.
12545	Daily, J	Private	73d Ind	I	Jan. 28, 1865.
7053	Dakentelt, J	....do	7th Tenn. cav	D	Aug. 27, 1864.
8626	Dake, G	Corporal	100th Ill	D	Sept. 13, 1864.
787	Daly, John	Private	2d Mass	F	April 28, 1864.
1641	Daly, Michael	....do	10th Mo. cav	H	June 5, 1864.
8650	Daly, T	....do	42d N. Y	I	Sept. 13, 1864.
1480	Daley, John	....do	95th N. Y	H	May 30, 1864.
2021	Daley, James	....do	3d Va. cav	A	June 17, 1864.
7419	Daley, S	....do	33d Ohio	D	Aug. 31, 1864.
3079	Dalon, C	....do	8th Pa. cav	F	July 9, 1864.
3741	Dalten, James	....do	8th Pa. cav	H	July 21, 1864.
4663	Dalby, James	....do	73d Ill	H	Aug. 3, 1864.
5351	Dalziel, W	....do	6th Mich	A	Aug. 11, 1864.
5681	Dallinger, W. C	....do	38th Ind	E	Aug. 14, 1864.
10917	Dalzell, J. G	....do	139th Pa	I	Oct. 14, 1864.
910	Dangler, W. G	....do	5th U. S	M	May 6, 1864.
981	Damon, R	Sergeant	45th Ohio	B	May 9, 1864.
10741	Damon, J. D	Private	7th N. Y. art	K	Oct. 11, 1864.
2522	Damhockle, E	....do	26th Wis	I	June 26, 1864.
3614	Damery, John	....do	16th Conn	A	July 20, 1864.
7278	Dampey, John	....do	85th N. Y	B	Aug. 30, 1864.
2366	Daniel, —	....do	2d Tenn	K	June 23, 1864.
5890	Daniel, R	....do	9th Ky	F	Aug. 16, 1864.
1653	Danim, William	....do	19th U. S	F	June 5, 1864.

No. of grave.	Name.	Rank.	Regiment.	Co.	Died.
3570	Dann, R	Private	19th Mass	G	July 19, 1864.
2973	Dandebon, F	....do	3d Ind		July 6, 1864.
3584	Danning, W	....do	132d N. Y	G	July 19, 1864.
5866	Danfirth, George A				Aug. 16, 1864.
6745	Daner, L	Private	10th Va	I	Aug. 24, 1864.
8467	Dant, I M	....do	7th Va. cav		Sept. 11, 1864.
9374	Danna, H	Corporal	11th Vt	I	Sept. 20, 1864.
10435	Dane, Andrew	Private	36th Ind	1	Oct. 6, 1864.
11102	Danior, W. H	....do	105th Ohio	E	Oct. 18, 1864.
12580	Danson, J	....do	124th Ind	D	Feb. 3, 1865.
961	Darker, William	....do	12th Ind	C	May 8, 1864.
1626	Darling, D. W	....do	93d Ill	B	June 10, 1864.
5083	Darling, I	....do	4th N. Y. cav	C	Aug. 8, 1864.
6726	Darling, G. H	....do	18th N. Y. cav	F	Aug. 24, 1864.
4377	Darvin, M. W	....do	2d U. S. S. S	B	July 29, 1864.
4669	Darew, T	....do	5th Mich	I	Aug. 3, 1864.
5599	Darant, Lonis	....do	111th N. Y	C	Aug. 14, 1864.
6936	Darsey, M	....do	9th Va	L	Aug. 26, 1864.
7562	Dart, Charles W	....do	85th N. Y	C	Sept. 2, 1864.
8095	Darley, I	Sergeant	14th N. Y. art		Sept. 7, 1864.
10961	Darun, J. S	Private	112th Ill	I	Oct. 15, 1864.
8582	Dasen, N	....do	8th Va. cav	F	Sept. 12, 1864.
12496	Dausing, A	....do	30th Ill	C	Jan. 21, 1865.
12623	Dannard, N	....do	4th Ky	D	Feb. 9, 1865.
227	Davis, W. L	....do	20th Me	E	Mar. 29, 1864.
356	Davis, Andrew	....do	112th Ill	A	April 4, 1864.
508	Davis, J. M	....do	66th Ind	I	April 12, 1864.
647	Davis, S	....do	3d Va	D	April 20, 1864.
690	Davis, Henry E	....do	7th Ohio	H	April 23, 1864.
894	Davis, Leroy	....do	7th Tenn	K	May 5, 1864.
961	Davis, H. R	Corporal	99th N. Y	I	May 8, 1864.
1345	Davis, Nelson	Private	8th Mich	A	May 24, 1864.
1383	Davis, H	....do	85th N. Y	I	May 26, 1864.
1463	Davis, Richard	....do	3d Pa. cav	L	May 29, 1864.
1518	Davis, Thomas	....do	1st Mass. cav	H	May 31, 1864.
1545	Davis, Isaac	....do	8th Pa. cav	H	June 1, 1864.
1581	Davis, J. W	....do	2d Tenn	C	June 3, 1864.
1748	Davis, J	Sergeant	7th Ohio cav	F	June 9, 1864.
2117	Davis, C	Corporal	6th Ky. cav	D	June 17, 1864.
2396	Davis, Thomas	Private	9th Md		June 24, 1864.
2674	Davis, B	....do	22d Ohio battery		June 30, 1864.
2703	Davis, L	....do	3d Iowa	E	June 30, 1864.
2736	Davis, B	....do	5th Ky	C	July 1, 1864.
2805	Davis, J. P	....do	13th Ky	A	July 3, 1864.
2813	Davis, William	....do	10th Conn	E	July 3, 1864.
2909	Davis, G. W	....do	45th Ohio	E	July 5, 1864.
2938	Davis, W	....do	22d Pa. cav	B	July 5, 1864.
3444	Davis, H	....do	12th N. Y	F	July 17, 1864.
3667	Davis, J	....do	3d Tenn	A	July 20, 1864.
3793	Davis, J	....do	103d Pa	H	July 22, 1864.
3924	Davis, G. C	....do	12th Ky. cav	F	July 25, 1864.
4150	Davis, W	....do	16th Ill. cav	M	July 28, 1864.
4206	Davis, J	....do	15th Iowa	D	July 29, 1864.
4211	Davis, G	....do	1st Md. cav	I	July 29, 1864.
4334	Davis, J		Citizen		
4625	Davis, J	....do	101st Pa	E	Aug. 3, 1864.
5129	Davis, J	....do	85th N. Y	H	Aug. 9, 1864.
5255	Davis, K	....do	13th Ind	D	Aug. 10, 1864.
5620	Davis, W. H	....do	33d Ohio	D	Aug. 14, 1864.
5756	Davis, G	Corporal	19th U. S	A	Aug. 15, 1864.

ANDERSONVILLE CEMETERY, GEORGIA.

No. of grave.	Name.	Rank.	Regiment.	Co.	Died.
6037	Davis, G	Private	1st N. Y	H	Aug. 18, 1864.
6210	Davis, I. W	Corporal	15th U. S	E	Aug. 19, 1864.
6316	Davis, William	Private	103d Pa	A	Aug. 20, 1864.
6391	Davis, D	do	104th N Y	G	Aug. 21, 1864.
7049	Davis, G	do	17th U. S	F	Aug. 27, 1864.
7180	Davis, C. A	do	58th Mass	I	Aug. 29, 1864.
7319	Davis, James	do	7th Tenn	C	Aug. 30, 1864.
7325	Davis, W	do	1st Conn	L	Aug. 30, 1864.
7431	Davis, G. W	Corporal	21st Ohio	G	Aug. 31, 1864.
7455	Davis, I. F	Private	36th Wis	B	Sept. 1, 1864.
7670	Davis, H	do	1st N. Y. art	D	Sept. 3, 1864.
7894	Davis, I. I	Corporal	43d N. Y	B	Sept. 5, 1864.
8039	Davis, N. I	Private	85th N. Y	C	Sept. 7, 1864.
8271	Davis, O. F	do	9th Vt	I	Sept. 9, 1864.
8423	Davis, Levi	do	7th Tenn. cav	K	Sept. 10, 1864.
8445	Davis, D	do	3d Me	C	Sept. 11, 1864.
85.3	Davis, C	do	112th Ill	E	Sept. 12, 1864.
9229	Davis, H	do	17th Iowa	A	Sept. 18, 1864.
9421	Davis, C	do	27th Mass	B	Sept. 21, 1864.
10235	Davis, Clark	do	1st U. S. battery	K	Oct. 2, 1864
10241	Davis, P	Corporal	94th N. Y	I	Oct. 3, 1864.
10244	Davis, W	Private	7th Tenn	D	Oct. 3, 1864.
10663	Davis, G	do	113th Ill	D	Oct. 10, 1864.
10771	Davis, Ira	do	1st Wis	B	Oct. 12, 1864.
10971	Davis, E. J	do	9th Minn	E	Oct. 15, 1864.
11317	Davis, Jno	do	47th N Y	E	Nov. 4, 1864.
12652	Davis, H. T	do	5th N. Y cav	G	Feb. 14, 1865.
152	Davison, H	do	57th Pa	I	Mar. 25, 1864.
6404	Davison, M	do	15th N. Y	M	Aug. 21, 1864.
3363	Davidson, Charles	do	100th Pa	M	July 15, 1864.
5431	Davidson, Geo	do	57th Pa	C	Aug. 12, 1864.
6805	Davidson, I. H	do	15th U. S	C	Aug. 25, 1864.
8034	Davidson, P. S	do	21st Ohio	K	Sept. 6, 1864.
9149	Davidson, C	do	90th Pa	G	Sept. 18, 1864.
10064	Davidson, G	Corporal	12th Pa	K	Sept. 29, 1864.
11628	Davidson, Sam'l	Private	184th Pa	A	Oct. 29, 1864.
12037	Davidson, W	do	27th Mass	H	Nov. 16, 1864.
2473	Davenport, Jas	do	7th N. J	I	June 25, 1864.
12172	Davenport, J	do	6th Ind. cav	I	Nov. 26, 1864.
3610	Davy, R	do	22d Mich	C	July 19, 1864.
4792	Davy, H	Corporal	68th Pa	K	Aug. 5, 1864.
840	Davy, F	Private	4th Vt	D	Aug. 25, 1864.
10018	Davy, J. J	do	3d N. Y. cav	A	Sept. 29, 1864.
11554	Davy, H	do	18th U. S	G	Oct. 27, 1864.
4806	Davenbrook, I	do	101st Pa	G	Aug. 3, 1864.
6641	Davenson, I	do	47th N. Y	K	Aug. 23, 1864.
8820	Davene, J	do	49th Ohio	B	Sept. 15, 1864.
8900	Davyson, W	do	7th Mo	C	Sept. 16, 1864.
12750	David, D. P	do	25th Wis	B	Mar. 8, 1865.
3873	Dawes, M. M	do	103d Pa	E	July 24, 1864.
4048	Daws, H	Sergeant	38th Ill	A	July 27, 1864.
5023	Dawin, L	Private	110th Pa	D	Aug. 8, 1864.
5070	Dawson, D	do	17th Mich. cav	H	Aug. 8, 1864.
6568	Dawney, Geo	do	148th Pa	B	Aug. 23, 1864.
4499	Day, Wm	do	97th Pa	A	Aug. 1, 1864.
5338	Day, I. W	do	32d Ohio	D	Aug. 11, 1864.
5740	Day, Andrew Henry	do	2d Pa. cav	H	Aug. 15, 1864.
7013	Day, W, F	do	111th Ill	H	Aug. 27, 1864.
7239	Day, D. B	do	25th Ohio		Aug. 29, 1864.
7282	Day, I	Corporal	13th Pa	A	Aug. 30, 1864.

LIST OF INTERMENTS IN THE

No. of grave.	Name.	Rank.	Regiment.	Co.	Died.
7974	Day, George	Private	11th Vt	H	Sept. 6, 1864.
10458	Day, I. D	do	1st Vt. cav	A	Oct. 7, 1864.
1359	Day'e, Wm	do	6th Me	D	May 24, 1864.
3.44	Daygo, Jebu	do	1st Wis. cav	L	July 13, 1864.
4956	Dayton, C	do	2d N. J	C	Aug. 6, 1864.
347	Dean, Samuel	do	5th Va	H	April 4, 1864.
2365	Dean, John	do	6th N. Y. art	K	June 22, 1864.
3866	Dean, C	do	43d N. Y	E	July 24, 1864.
7792	Dean, Samuel	do	4th U. S. cav	B	Sept. 4, 1864.
9400	Dean, J	do	3d N. Y. cav	G	Sept. 20, 1864.
11389	Dean, R	do	16th Conn	H	Oct. 23, 1864.
315	Deas, Abraham	do	7th Mich	L	April 3, 1864.
20.6	Dearborn, G	do	1st R. I. cav		July 7, 1864.
4910	Deacon, J	do	14th Pa	F	Aug. 6, 1864.
6017	Deal, F	do	63d Pa	A	Aug. 17, 1864.
8887	Dear, R	do	2d Pa. cav	M	Sept. 16, 1864.
12311	Dealuey, L. D	do	2d Ill. art	F	Dec. 19, 1864.
1541	Dearmont, J. K	do	45th Pa	C	June 1, 1864.
24	Deboard, H. A	Corporal	5th Va	G	Mar. 8, 1864.
1768	De Barnes, P. M	Private	11th Ky. cav	C	June 2, 1864.
10523	Debras, J	do	9th N. Y	A	Oct. 8, 1864.
716	Decker, L	do	10th Mich. cav	H	April 24, 1864.
2271	Decker, B. F	do	111th Ohio	B	June 20, 1864.
2390	Decker, C	do	1st Mo	E	June 24, 1864.
4929	Decker, P	do	3:d Ind	K	July 26, 1864.
4605	Decker, J. P	do	119th Ill	C	Aug. 3, 1864.
4600	Decker, G. S	Corporal	5th Mich. cav	K	Aug. 3, 1864.
5634	Decker, I	Private	45th Pa	B	Aug. 14, 1864.
6025	Decker, Jas	do	16th U. S		Aug. 18, 1864.
6043	Decker, I	do	111th Ohio	B	Aug. 18, 1864.
8530	Decker, G	Sergeant	3d Wis. battery		Sept. 11, 1864.
9.73	Decker, C	Private	7th Ill. cav	M	Sept. 17, 1864.
9978	Decker, A	do	82d N. Y	I	Sept. 28, 1864.
2660	Deckman, J. G	do	104th N. Y	B	July 20, 1864.
4432	Deckman, Jno	do	184th Pa	G	July 29, 1864.
7505	Decercy, W. E	do	22d N. Y. cav	F	Sept. 4, 1864.
10555	Dedrick, P	do	9th N. Y	K	Oct. 8, 1864.
772	De-ms, P	do	Ringgold bat'y	E	April 26, 1864.
2620	Deep, Geo		Citizen teamster		June 28, 1864.
2513	Deer, H	Private	7th Tenn	M	July 1, 1864.
7077	Deets, R	do	3d Pa	A	Aug. 28, 1864.
9605	Deeker, S	do	12th Ohio	C	Sept. 23, 1864.
12575	Deeds, J	do	15th Pa. cav	H	Feb. 2, 1865.
632	Defibaugh, W. K	Corporal	1st Va. art	G	April 19, 1864.
4400	Deffer, Louis	Private	4th N. Y	H	July 29, 1864.
6176	Defree, Jas	do	15th Pa	G	Aug. 19, 1864.
3828	Degerd, H	do	15th Pa. cav	N	July 15, 1864.
4904	Degumno, F	do	42th N. Y	E	Aug. 6, 1864.
6045	Degroot, H	Sergeant	13th Pa	A	Aug. 18, 1864.
12074	Degroot, W	Private	7th N.Y. art	I	Nov. 18, 1864.
6283	Degroff, C	do	115th N. Y	H	Aug. 20, 1864.
2716	Deily, Wm	do	5. d Pa	H	July 1, 1864.
76.1	Deinastas, I	do	54th Ohio	B	Sept. 2, 1864.
10074	Deivire, Dennis	do	7th N. Y	E	Sept. 30, 1864.
651	Delanah, E. B	Sergeant	1st R. I. cav	G	April 20, 1864.
1388	Delauey, M	Private	11th Ky. cav	I	May 26, 1864.
3412	Delanev, John	do	94th Ohio	G	July 16, 1864.
4356	Delaney, H	do	4th Ky. cav	H	Aug. 2, 1864.
4626	De suer, Jacob	do	5th U. S. art	F	Aug. 3, 1864.
6955	Delauey, E	do	19th U. S	F	Aug. 26, 1864.

ANDERSONVILLE CEMETERY, GEORGIA. 57

No. of grave.	Name.	Rank.	Regiment.	Co.	Died.
7241	Delaney, J	Private	2d U. S	F	Aug. 29, 1864.
9289	Delaney, E	do	7th Pa	G	Sept. 19, 1864.
11206	Delaney, C	do	52d N. Y	H	Oct. 20, 1864.
5420	Dellup, Z. S	do	13th Ind	D	Aug. 12, 1864.
7488	De.ks, C	do	1st Pa	K	Sept. 1, 1864.
7261	De.ono, M	do	111th N. Y	C	Aug. 30, 1864.
11763	De.ano, E	do	19th Mass	E	Nov. 3, 1864.
8202	De.more, W		Citizen		Sept. 8, 1864.
11248	De.hanta, Wm		Citizen		
12236	De ashwent, F	Private	14th Ind	B	Dec. 6, 1864.
12498	De.f, F	do	8th Tenn	C	Jan. 21, 1865.
5689	Demarest, D	do	5th N. Y	A	Aug. 15, 1864.
10103	Demerest, H. V	do	2d N.Y. cav	M	Sept. 30, 1864.
195	Demay, John	do	6th Mich	C	Mar. 27, 1864.
2090	Demerce, D	do	1st Mich. bat.		June 17, 1864.
7623	Demming, L	Corporal	85th N. Y	D	Sept. 2, 1864.
9592	Demming, F. M	Private	85th N. Y	H	Sept. 23, 1864.
11991	Demming, B. O	do	16th Conn	G	Nov. 13, 1864.
4422	Deuniss, E	Sergeant	79.b Ill	B	July 29, 1864.
1499	Denn's, Thomas	Private	152d N. Y	G	May 31, 1864.
9930	Dennis, A. A	do	106th N. Y	H	Sept. 28, 1864.
11125	Dennis, C	do	1st Mich	H	Oct. 18, 1864.
2683	Dennison, H	do	5th Mich	G	June 30, 1864.
4099	Dennison, J	do	12th N. Y. cav	A	July 27, 1864.
7461	Dennison, W	do	14th N. Y. art	M	Sept. 1, 1864.
12257	Dennison, J	Sergeant	155th N. Y	I	Dec. 10, 1864.
1109	Deusman, H	Private	4th Ky. cav	E	May 15, 1864.
7376	Denning, W	Corporal	111th Ohio	B	Aug. 31, 1864.
7514	Denning, James	Private	31st Ill	D	Sept. 1, 1864.
11431	Dennings, G. A	do	16th Conn	I	Oct. 24, 1864.
2105	Denny, John	do	44th Ind	E	June 19, 1864.
11295	Deny, Ford	do	30th Pa	C	Oct. 22, 1864.
6773	Denman, S	do	5th N. Y	B	Aug. 25, 1864.
12320	Dennan, W	do	66th N. Y	E	Dec. 22, 1864.
1161	Deutler, Henry	Corporal	51st Pa	K	May 17, 1864.
1296	Dent, W. A	Private	5th Mich. cav	E	May 23, 1864.
2497	Denhart, W	do	16th Ill. cav	K	June 26, 1864.
3259	Denorf, F	do	147th N. Y	B	July 13, 1864.
4138	Dennip, Benjamin	do	2d Md	A	July 28, 1864.
4772	Denton, John	do	7th Ohio cav	E	Aug. 5, 1864.
6147	Denton, Phillip	do	81st Ind	D	Aug. 19, 1864.
6401	Denton, G	do	5th Mich	E	Aug. 21, 1864.
12660	Deuton, C	Corporal	15th Ill	B	Feb. 16, 1865.
6708	Dennissen, T	Private	42d Mo	I	Aug. 25, 1864.
6324	Densmore, E	Sergeant	85th N. Y	K	Aug. 21, 1864.
7848	Densmore, William	Private	9th Mass	F	Sept. 4, 1864.
6416	Dennoits, J	do	4th Vt. cav	D	Aug. 22, 1864.
7469	Denver, J. L	do	9th N. J	G	Sept. 1, 1864.
8244	Denn, L. H	do	50th N. Y. eng	E	Sept. 9, 1864.
11098	Denoya, W. H	do	5th Iowa	M	Oct. 18, 1864.
11104	Denham, R	do	14th N. Y. art	G	Oct. 18, 1864.
5165	DePue, J. A	do	16th Ill. cav	E	Aug. 9, 1864.
8527	Depus, A	do	21st Wis	A	Sept. 12, 1864.
8588	Dephard, T	do	15th N. Y	A	Sept. 12, 1864.
12738	Departy, W	do	21st Ohio	H	Mar. 6, 1865.
1627	Dermody, Thomas	do	1st Ky	H	June 6, 1864.
3619	DeRalt, F	do	5th Mich	C	July 20, 1864.
3966	Derringer, H	do	11th Ky. cav	I	July 25, 1864.
6346	Derringer, J	do	2d N. J	G	Aug. 20, 1864.
4087	Deron, Robert P	do	14th Pa	B	July 27, 1864.

No. of grave	Name	Rank	Regiment	Co.	Died
4675	Dermott, L	Private	5th Iowa	G	Aug. 3, 1864.
1158?	Derman, A	do	77th Pa	K	Oct 21, 1864.
12057	Derickson, W. W.	Corporal	8th Iowa cav	M	Feb. 1, 1865.
1629	De Rush, Samuel	Private	94th Ohio	F	June 5, 1864.
11606	Dermett, S	do	4th Mass	D	Oct. 30, 1864.
5020	Desselhm, M	do	1st Ohio	I	Aug. 8, 1864.
5830	Destler, Fred	do	26th Wis	G	Aug. 10, 1864.
6249	Descol, S	do	26th Iowa	I	Aug. 25, 1864.
7669	Dessotell, J	do	98th N. Y	D	Aug. 28, 1864.
12603	Desmond, D	Corporal	82d N. Y	C	Feb. 6, 1865.
3157	Detrich, C	Private	20th Ind	K	July 11, 1864.
5035	Detmer, H	do	20th Mo	A	Aug. 7, 1864.
352	Devan, George W	do	21st Ill	B	April 4, 1864.
1799	Deverney, H	do	16th U. S.	C	June 10, 1864.
4021	Devlin, E	do	35th Ind	B	July 26, 1864.
5542	Devlin, I	do	12th N. Y. cav	F	Aug. 15, 1864.
7398	Develin, A	do	1st N. Y. art	M	Sep. 2, 1864.
7369	Devley, J	do	110th Pa	C	Aug. 31, 1864.
8245	Devits, G	do	15th Va	D	Sept. 9, 1864.
10113	Devim, J	do	135th Ohio	F	Oct. 1, 1864.
12228	Devil, Charles	do	7th N. Y. art	G	Dec. 5, 1864.
2839	DeWitt, S. C	Sergeant	1.0th N. Y	E	July 3, 1864.
10424	Dewitt, Joseph	Private	65th Ohio	G	Oct. 6, 1864.
11394	Dewitt, M	do	1st Pa. cav	E	Oct. 24, 1864.
6883	Dewrey, L. A	do	27th Mass	C	Aug. 23, 1864.
4042	Dexter, J	do	2d Mass. cav	M	July 27, 1864.
10954	Dial, R	do	1st Ind	B	Oct. 15, 1864.
5256	Dibztil, L	do	73d Pa	I	Aug. 10, 1864.
10595	Dibble, F	do	101 Ohio	H	Oct. 10, 1864.
1455	Dickinson, Jacob	Sergeant	1st R. I. cav	K	May 22, 1864.
9855	Dickinson, W	Private	152d N. Y	K	Sept. 2, 1864.
5269	Dickson, D	do	8th Mo		Aug. 10, 1864.
6510	Dickwall, William	do	2d Md	F	Aug. 22, 1864.
6957	Dick, Benjamin	do	36th Wis	G	Aug. 25, 1864.
7427	Dick, Charles	Sergeant	5.3d Ohio	G	Aug. 31, 1864.
10597	Dickerman, W. B	Private	6th N. Y. art	A	Oct. 10, 1864.
11350	Dichel, Espy	do	53th Pa	D	Oct. 23, 1864.
11988	Dickens, Charles	do	2d Pa. art	A	Nov. 13, 1864.
2365	Diereks, Henry	do	59th Ill	C	June 28, 1864.
4501	Diecey, C	do	25th Ohio	G	Aug. 1, 1864.
7663	Diel, S. F	Sergeant	7th Tenn. cav	B	Sept. 2, 1864.
7935	Diet, F	Private	9th N. Y	D	Sept. 5, 1864.
11854	Dilendof, R	do	2d N. Y. art	L	Nov. 6, 1864.
10446	Dignon, S	do	35th Ind	B	Oct. 7, 1864.
1016	Diggs, J. G	do	2d Tenn	C	May 10, 1864.
2449	Diggs, John G	do	2d E. Tenn	C	June 25, 1864.
164	Dimngham, J. M	Seaman	Housatonic		Mar. 26, 1864.
2242	Dillingham, W. O	Corporal	26th Mich	I	June 28, 1864.
4124	Dill, C. P	Private	4.d Ind	F	July 28, 1864.
7069	Dill, Z	do	5-th Mass	A	Aug. 28, 1864.
8199	Diller, F	do	1st Md	E	Sept. 8, 1864.
11613	Diller, O. M	do	5th U. S. cav	I	Oct. 29, 1864.
3802	Dike, Charles	do	23d Ohio	I	July 22, 1864.
7229	Dildine, J	do	33d Ohio	K	Aug. 29, 1864.
7304	Dilun, Edward	do	9th N. J	G	Aug 30, 1864.
12547	Diley, H	do	15th Ill	E	Jan. 25, 1865.
7076	Dimham, L	do	88th N. J	H	Aug. 28, 1864.
10111	D. mond, F	do	146th N. Y	A	Oct. 1, 1864.
10630	Dnum, J	do	2d Mass	G	Oct. 11, 1864.
10994	Dimmick, G. H	do	27th Mass	I	Oct. 15, 1864.

ANDERSONVILLE CEMETERY, GEORGIA. 59

No. of grave.	Name.	Rank.	Regiment.	Co.	Died.
2274	Dinn, John	Private	18th U. S.	H	June 20, 1864.
1033	Dinn, Patrick	....do	149th N. Y.	A	May 11, 1864.
1821	Dingby, C.	....do	4th N. Y. cav.	A	June 10, 1864.
2320	Dinsmore, S. F.	....do	115th N. Y.	G	June 22, 1864.
4490	Dinslow, B. F.	....do	12th U. S.	B	Aug. 1, 1864.
4491	Dinton, M.	....do	9th Pa. cav.	F	Aug. 1, 1864.
9852	Dingman, William	....do	31st Iowa	D	Sept. 27, 1864.
10089	Dingle, O.	Sergeant	122d N. Y.	G	Sept. 30, 1864.
11617	Diper, O.	Private	128th Ohio	I	Oct. 16, 1864.
12084	D.pple, S.	....do	4th Ky.	E	Feb. 21, 1865.
12224	Dirth, C.	....do	33d Ohio	K	Dec. 4, 1864.
5398	Disney, E. W.	Sergeant	11th Tenn. cav.	C	Aug. 12, 1864.
335	Disbrowe, J. P.	Private	14th N. J.	K	April 3, 1864.
9146	Discoil, H. C.	....do	26th Pa.	I	Sept. 18, 1864.
43	Dits, John	....do	6th Mich. cav.	I	Mar. 14, 1864.
7609	Ditto, John	....do	51st Ohio	A	Sept. 2, 1864.
8779	Diver, J.	....do	4th Ohio		Sept. 14, 1864.
9236	Diver, C	....do	19th Ind	F	Sept. 19, 1864.
1217	Dix, George	....do	1st R. I. cav.	M	May 19, 1864.
8211	Dixon, J.	....do	105th Pa.	B	Sept. 8, 1864.
10022	Dixon, John	....do	5th Mich. cav.	L	Oct. 14, 1864.
11181	Dixon, B.	....do	145th Pa.	K	Oct. 19, 1864.
856	Doak, J. V.	....do	2d Tenn.	F	May 3, 1864.
866	Doar, Phineas	....do	119th Pa.	K	May 3, 1864.
8245	Doan, A	....do	85th N. Y.	C	Sept. 9, 1864.
10161	Doap, M	....do	1st Mich. cav.	L	Oct. 1, 1864.
1314	Dobson, J. M.	Sergeant	3d Ill. cav.	H	May 23, 1864.
9702	Dobson, J. R.	Private	99th Ohio	H	Sept. 25, 1864.
8187	Dock, C.	....do	9th Ill. cav.	H	Sept. 8, 1864.
302	Dodd, Benjamin	....do	2d Tenn	D	April 2, 1864.
3834	Dodd, G. W.	....do	21st Ill	F	July 23, 1864.
6226	Dodd, J.	....do	18th Pa.	F	Aug. 23, 1864.
6949	Dodd, S.	Sergeant	9th Va.	F	Aug. 26, 1864.
9383	Dodd, Charles	Citizen	Decatur co., Tenn.		
12119	Dodd, J. A.	Private	1st Tenn. cav.	M	Nov. 22, 1864.
3623	Dodson, E	....do	39th Ky.	H	July 20, 1864.
3703	Dodson, E	....do	7th Ohio cav.	H	July 21, 1864.
3773	Dodson, E	....do	85th N. Y.	C	July 22, 1864.
4207	Dodson, R. B	....do	6th Ind. cav.	B	July 29, 1864.
3669	Dodge, C. F.	Sergeant	7th N. H.	K	July 20, 1864.
4155	Dodge ——	Private	2d Ohio	I	Aug. 1, 1864.
8430	Dodge, Thomas A	....do	1st Mass cav.	A	Sept. 11, 1864.
4481	Dodrick, Louis	....do	50th Pa.	I	Aug. 1, 1865.
2086	Doer, S	....do	7th N. H.	D	June 17, 1864.
5501	Doggett, L.	....do	22d Mass	L	Aug. 12, 1864.
6338	Doging, F. N	....do	1st Vt. art	F	Aug. 21, 1864.
1292	Dolf, Sylvanus	....do	27th Mich	G	May 22, 1864.
5348	Doll, R	....do	14th U. S	C	Aug. 11, 1864.
1959	Dolan, James	....do	48th N. Y.	E	June 14, 1864.
5459	Dolan, P.	....do	19th U. S	L	Aug. 12, 1864.
5658	Dolan P	....do	39th N. Y.	I	Aug. 14, 1864.
9577	Dolan, J	....do	1st Mass.	D	Sept. 23, 1864.
11805	Dolan, M	....do	6th N. Y. cav.	F	Nov. 4, 1864.
5666	Dolph, S	....do	8th Mich	B	Aug. 14, 1864.
8732	Dole, Charles B.	....do	18th Mass	H	Sept. 14, 1864.
12794	Dolz, J	Citizen	Teamster		Mar. 18, 1865.
11884	Domick, E	Private	4th N. Y. art	A	Nov. 6, 1864.
655	Donnelly, James	Sergeant	2d N. Y.	D	April 21, 1864.
8823	Donnelly, J	Private	97th Pa.	H	Sept. 15, 1864.
12399	Donnelly, P	....do	120th Pa	G	Jan. 5, 1865.

LIST OF INTERMENTS IN THE

No. of grave.	Name.	Rank.	Regiment.	Co.	Died.
1255	Doney, J. W.	Sergeant	6th U. S. cav	C	May 21, 1864.
9298	Donney, H.	Private	11th N. Y.	I	Sept. 19, 1864.
2495	Donalou, M.	do	2d U. S. cav	L	June 26, 1864.
2657	Donovan, J.	do	139th Pa	K	June 29, 1864.
3081	Donovan, J.	do	14th N. Y. art	A	July 29, 1864.
6679	Donovan, D.	do	90th Pa	B	Aug. 23, 1861.
4786	Doudle, Robert	do	101st Pa	A	Aug. 5, 1864.
3678	Donlin, J.	do	57th Mass	H	July 20, 1864.
4886	Donaughen, J.	do	16th N. Y.	A	Aug. 6, 1864.
5927	Donohue, P.	do	1st Vt. cav	F	Aug. 17, 1864.
6217	Donahne, H.	do	2d Del	D	Aug. 20, 1864.
12159	Donahue, P.	do	72d Ohio	K	Nov. 25, 1864.
12807	Donahne, S.	do	9th Vt	C	Mar. 21, 1865.
6612	Donnell, F.	do	8th Me	E	Aug. 23, 1864.
12718	Donnell, W.	do	4th N. Y. art	A	Mar. 2, 1865.
6149	Dondall, B.	do	111 N. Y.	G	Aug. 19, 1864.
6676	Dones, S. M.	do	58th Mass	A	Aug. 23, 1864.
8563	Donaway, J.	do	11th Conn	A	Sept. 12, 1864.
11357	Donley, M.	do	10th N. Y.	F	Oct. 23, 1864.
5465	Donley, James	do	1st Ohio cav	F	Aug. 13, 1864.
229	Donley, E. J.	do	3d N. Y. mil	K	Mar. 29, 1864.
8483	Donley, M.	do	59th Ohio	G	Sept. 11, 1864.
1338	Dooner, M.	do	2d Pa	K	May 24, 1864.
2869	Dooly, James	do	16th Ill. cav	L	July 4, 1864.
4927	Doolittle, G. S.	do	2d R. I. art	B	Aug. 6, 1864.
10102	Doolittle, W.	do	76th N. Y.	D	Sept. 30, 1864.
7560	Doram, James	do	60th Ohio	A	Sept. 1, 1864.
1020	Doram, McKuin	do	63d Pa	D	May 11, 1864.
1441	Doran, H. H.	do	78th Ill	I	May 28, 1864.
5746	Doran, P.	do	99th Pa	I	Aug. 15, 1864.
6297	Doran, J. M	do	19th U. S.	E	Aug. 20, 1864.
3533	Dorchester, H. S.	Vet. surgeon	12th N. Y. cav		July 14, 1864.
4711	Dort, C. R.	Private	4th Pa. cav	H	Aug. 4, 1864.
9453	Dort, R.	do	72d Pa	G	Sept. 21, 1864.
5088	Dormity, P.	do	5th Ky	F	
12715	Dormity, M.	Citizen N. Y			Mar. 1, 1865.
1103	Dorwin, C.	Private	16th Ill	I	May 15, 1864.
5148	Dorland, A. N.	do	16th N. J.	I	Aug. 9, 1864.
5268	Dorson, L.	Corporal	12th Ohio	I	Aug. 10, 1864.
6588	Dorsey, A. L.	Private	15th Va	K	Aug. 23, 1864.
7734	Doremus, C.	do	2d N. J. cav	A	Sept. 3, 1864.
399	Doss, J. S.	do	2d Tenn	C	April 5, 1864.
5299	Doty, E. E	do	41st Ohio	H	Aug. 11, 1864.
10320	Dotsey, J	do	139th N. Y	E	Oct. 4, 1864.
12508	Dotty, John	do	6th Va. cav	A	Jan. 22, 1865.
262	Douglas, George	do	8th Va. mil	C	Mar. 28, 1864.
2351	Douglas, W	do	24th Ohio	F	June 23, 1864.
7275	Douglas, M	do	48th N. Y	D	Aug. 30, 1864.
10356	Douglas, P	do	147th N. Y	C	Oct. 4, 1864.
12004	Douglas, D	do	18th Mass	I	Nov. 14, 1864.
1683	Dougherty, D	do	8th Mich	C	June 6, 1864.
2052	Dougherty, O	do	99th N. Y	I	June 16, 1864.
5615	Dougherty, Thomas	do	8th Me	G	Aug. 14, 1864.
3985	Dougherty, J	do	7th Pa. res	E	July 26, 1864.
4650	Dougherty, J	do	9th N. Y	C	Aug. 3, 1864.
5468	Dougherty, ——	do	101st Pa	I	Aug. 12, 1864.
6708	Dougherty, W. H	do	15th Ohio	H	Aug. 21, 1864.
6770	Dougherty, D. B	do	3d U. S. art	C	Aug. 25, 1864.
7828	Dougherty, J	do	184th Pa	D	Sept. 4, 1864.
8334	Dougherty, J	Sergeant	73d Pa	F	Sept. 10, 1864.

ANDERSONVILLE CEMETERY, GEORGIA. 61

No. of grave.	Name.	Rank.	Regiment.	Co.	Died.
8579	Dougherty, F	Private	90th Pa	C	Sept. 12, 1864.
9416	Dougherty, E. L	do	85th N. Y	I	Sept. 21, 1864.
10193	Dougherty, M	Sergeant	51st Pa	C	Oct. 1, 1864.
10992	Dougherty, E. T	Private	48th N. Y	A	Oct. 16, 1864.
2809	Doud, Daniel	do	155th N. Y	I	July 3, 1864.
6832	Doule, J	do	10th U. S	D	Sept. 15, 1864.
25	Dowd, F	do	7th Conn	I	Mar. 8, 1864.
1727	Dowd, J. W	do	38th Ill	G	June 8, 1864.
10143	Dowd, J. W	do	112th Ill	K	Oct. 1, 1864.
1343	Dowder, Joseph	do	16th Ill	K	May 24, 1864.
1370	Downs, E	do	7th N. H	I	May 25, 1864.
10010	Downs, I. R	do	5th Ind	I	Sept. 29, 1864.
1677	Downey, Joel	do	2d Mass. art	M	June 6, 1864.
5705	Downey, I. A	do	85th N. Y	H	Aug. 15, 1864.
6834	Downey, S. M	do	116th Ind	I	Aug. 25, 1864.
930	Downing, George	do	45th Ohio	C	May 7, 1864.
3059	Downing, G	do	14th Mass. bat'y		July 9, 1864.
8214	Downing, M	do	10th U. S	D	Sept. 8, 1864.
6312	Downer, A. P	do	52d Ohio	B	Aug. 20, 1864.
10496	Downer, A	do	24th Ill	H	Oct. 8, 1864.
11889	Downer, S	Sergeant	18th Conn	C	Nov. 7, 1864.
6944	Dowell, W. L	Private	6th Ind	C	Aug. 26, 1864.
9308	Dow, M	do	125th N. Y	H	Sept. 20, 1864.
12849	Dow, H. A	Corporal	1st Mass	E	April 10, 1865.
9024	Downs, J	Private	8th Me	G	Sept. 24, 1864.
2551	Doyle, John	do	5th N. Y. cav	G	June 27, 1864.
4827	Doyle, James	do	120th N. Y	H	Aug. 5, 1864.
5670	Doyle, James	do	5th R. I. art	A	Aug. 14, 1864.
8440	Doyle, H	do	16th N. J	C	Sept. 11, 1864.
9142	Doyle, W	do	7th N. Y. heavy art	I	Sept. 18, 1864.
12436	Doyle, P	do	65th Ill	H	Jan. 11, 1865.
12476	Doyle, J	do	82d N. Y	H	Jan. 18, 1865.
1867	Drake, J. H	do	12th Ky. cav	G	June 12, 1864.
2347	Drake, D. B	do	158th N. Y	B	June 23, 1864.
2676	Drake, E. C	do	57th Mass	E	June 30, 1864.
3929	Drake, D. W	do	2d N. Y. art	H	July 25, 1864.
5453	Drake, R. R	do	34th Ill	H	Aug. 8, 1864.
5567	Drake, Samuel	do	9th Va	B	Aug. 13, 1864.
5597	Drake, Charles C	do	1st N. H. cav	B	Aug. 14, 1864.
7479	Drake, William	do	59th Ohio	D	Sept. 1, 1864.
8498	Drake, John F	do	135th Ohio	C	Sept. 11, 1864.
12574	Drake, C	do	22d Mich	D	Feb. 2, 1865.
12773	Drake, T	do	4th Mass	D	Mar. 14, 1865.
2717	Drackarm, L	do	1st Mass. cav	K	July 1, 1864.
4821	Draan, R. H	do	16th Tenn	I	Aug. 5, 1864.
5856	Drawn, George	do	32d Mass	C	Aug. 16, 1864.
7115	Dransfield, John	do	19th Mass	E	Aug. 28, 1864.
10883	Draper, L	do	14th U. S	F	Oct. 14, 1864.
12375	Dragoon, H	do	1st Vt. cav	G	Jan. 1, 1865.
3068	Drew, F	do	1st Vt. cav	F	July 9, 1864.
3912	Drew, H	do	35th Ind	B	July 24, 1864.
12686	Drew, E	do	53d Ill	D	Feb. 21, 1865.
2882	Drecold, D	do	2d Mich	B	July 4, 1864.
4202	Dreukle, J. A	do	79th Pa	K	July 29, 1864.
10332	Dresser, C	do	24th Ill	G	Oct. 4, 1864.
699	Driscoll, M	do	52d N. Y	B	April 23, 1864.
5431	Drizsdale, F	do	1st Me	M	Aug. 12, 1864.
8453	Dritman, William	do	42d N. Y	C	Sept. 11, 1864.
9357	Drivic, ——	do	15th N. Y	D	Sept. 20, 1864.
11405	Drisguo, F	Sergeant	6th Ky	G	Oct. 24, 1864.

LIST OF INTERMENTS IN THE

No. of grave.	Name.	Rank.	Regiment.	Co.	Died.
8.94	Dromnnett, W	Private	25th Mass	G	Sept. 9, 1864.
9678	Drum, G	....do	89th Ill		Sept. 24, 1864.
2826	Drum. A	....do	155th N. Y	A	July 3, 1864.
6225	Drury, G. W	....do	5th Mich. cav	I	Aug. 20, 1864.
12140	Drummond, J	....do	18th U. S	F	Nov. 23, 1864.
3025	Dryer, H	Sergeant	16th U. S	D	July 7, 1864.
8069	Duane, F	Private	95th N. Y	E	Sept. 13, 1864.
3579	Dubber, S. A	....do	17th Mass	B	July 19, 1864.
6905	Dub'c, Henry	....do	61st N. Y	F	Aug. 26, 1864.
7597	Dubenthal, H	....do	11th Conn	C	Sept. 2, 1864.
12156	Dubrysadle, J. E	....do	145th Pa	K	Nov. 23, 1864.
3105	Duckworth, W. B	....do	14th Va	A	July 10, 1864.
12533	Duckworth, J	....do	88th Ind	F	Jan. 27, 1865.
485	Dud ey, Samuel	Sergeant	12th Ky. cav	I	April 11, 1864.
3123	Dudley, J. W	Corporal	89th Ill	F	July 10, 1864.
3490	Dudley, J. C	Sergeant	10th N. Y	H	July 17, 1864.
181	Duff, Charles	Co. poral	8th Md		Mar. 27, 1864.
1182	Duff, J. W	Private	16th Conn	B	May 18, 1864.
8 69	Duff, I	Sergeant	4th Pa. cav	B	Sept. 12, 1864.
1512	Duffey James	Private	18th Mass	A	May 31, 1864.
1591	Duffey, E	....do	1st Wis	L	June 3, 1864.
4425	Duffey, A	....do	3d Me	G	July 29, 1864.
764	Duffy, W	....do	1st Mich	H	Sept. 3, 1864.
9251	Duffy, J	....do	2d Mass	H	Sept. 19, 1864.
9849	Duffy, O	....do	45th Ohio	H	Sept. 27, 1864.
9191	Duffie, J	....do	52d Pa	F	Sept. 18, 1864.
1267	Dugan, Thomas	....do	1st Ohio cav	B	May 21, 1864.
4670	Dugan, D	....do	21st Mich	I	Aug. 3, 1864.
1414	Dugenn, J. R	Sergeant	12th Ky. cav	K	May 27, 1864.
9701	Duke, William	Private	7th Tenn	E	Sept. 25, 1864.
104 6	D kale, John	....do	1st Pa. cav	F	Oct. 6, 1864.
4510	Dulvebunk, H	....do	11th Ky	E	Aug. 1, 1864.
6187	Dule, Levi	....do	7th N. Y. art	K	Aug. 18, 1864.
12280	Duland, G. W	....do	3d Ky	K	Dec. 13, 1864.
4613	Dull, W	....do	2d Mass. art	K	Aug. 3, 1864.
426	Dumond, J. H	....do	65th Ind	F	April 5, 1864.
1270	Dumond, John	....do	27th Mich	E	May 21, 1864.
5561	Dumond, A	....do	85th N. Y	E	Aug. 10, 1864.
5810	Dumond, C	....do	120th N. Y	A	Aug. 16, 1864.
3063	Dumfry, Denis	....do	100th N. Y	I	July 9, 1864.
7769	Dumont, W	....do	36th Mich	H	Sept. 4, 1864.
9159	Dun, J	....do	2d Va	K	Sept. 18, 1864.
12271	Dumaran, John	....do	108th N. Y	F	Dec. 12, 1864.
2296	Dumas, J. P	....do	2d Ohio	H	June 21, 1864.
10112	Dunbar, J	....do	122d Ohio	B	Oct. 1, 1864.
123	Dunbar, Thomas	....do	2d N. Y	F	Mar. 23, 1864.
144	Dunbar, Alexander	....do	2d N. C	F	Mar. 25, 1864.
759	Duncan, G. W	Corporal	2d Tenn	B	April 27, 1864.
843	Duncan, J. M	Private	5th Va	D	May 2, 1864.
7804	Duncan, H. P	....do	2d N. J	G	Sept. 4, 1864.
10130	Duncan, A	....do	49th Ohio	K	Oct. 1, 1864.
12235	Duncan, W. M	....do	6th Va. cav	C	Dec. 6, 1864.
914	Dunn, John	Musician	6th U. S	A	May 6, 1864.
919	Dunn. Owen	Private	126th N. Y	H	May 6, 1864.
1410	Dunn. John	Corporal	9th Md	H	May 27, 1864.
1695	Dunn, J. V	Private	93d N. Y	I	June 7, 1864.
3234	Dunn, M	....do	99th N. Y	I	July 12, 1864.
4471	Dunn, P	....do	2d Mass. art	H	Aug. 1, 1864.
5732	Dunn, James	....do	88th N. Y	D	Aug. 15, 1864.
6104	Dunn, G. E	Corporal	1st Vt	G	Aug. 18, 1864.

ANDERSONVILLE CEMETERY, GEORGIA. 63

No. of grave.	Name.	Rank.	Regiment.	Co.	Died.
6261	Dunn, R	Private	19th Tenn	I	Aug. 20, 1864.
6778	Dunn, John	do	69th Pa	F	Aug. 25, 1864.
6879	Dann, John	do	184th Pa	A	Aug. 26, 1864.
7621	Dunn, J	do	40th N. Y	G	Sept. 2, 1864.
9947	Dunn, Alexander	do	75th Ill	A	Sept. 28, 1864.
10420	Dunn, W. W	do	1st Vt. cav	G	Oct. 6, 1864.
10533	Dunn, G	do	1st N. J	F	Oct. 8, 1864.
11319	Dunn, J	do	20th Mass	H	Oct. 22, 1864.
12591	Dunn, C	do	15th U. S	C	Feb. 5, 1865.
2630	Dan, R. B	do	101st Pa	B	June 24, 1864.
2646	Dunrand, P	do	35th Ill	E	June 29, 1864.
6438	Dunning, S. P	do	29th Me	G	Aug. 22, 1864.
7092	Dunberger, George	do	9th Va	C	Aug. 22, 1864.
7150	Dunos, B. F	do	75th Ill	F	Aug. 29, 1864.
7651	Dunwell, Samuel	do	50th Pa	G	Sept. 3, 1864.
8761	Dunhart, W	do	111th N. Y	F	Sept. 14, 1864.
9116	Dunlap, C	do	85th N. Y	B	Sept. 18, 1864.
9638	Dunlap, W	do	3rd Ind	A	Sept. 24, 1864.
10190	Dauham, J. S	do	8th Ohio cav	M	Oct. 1, 1864.
10916	Dnnson, L. F	do	29th Ind	I	Oct. 14, 1864.
12124	Dunroe, P. F	do	24th Mich	H	Nov. 22, 1864.
12675	Dunken, T	do	20th Ohio	K	Feb. 19, 1865.
421	Dupon, Francis	do	12th Ky	G	April 5, 1864.
394	Dutlee, James	do	99th N. Y	H	April 5, 1864.
2972	Durham, Ab	do	120th N. Y	C	July 6, 1864.
7632	Durham, R. H	do	9th Minn	K	Sept. 3, 1864.
4742	Durden, Robert	do	1st R. I. cav	F	Aug. 5, 1864.
4832	Durand, James C	do	10th N. Y. cav	E	Aug. 6, 1864.
7554	Durand, H	do	8d N. Y	K	Sept. 2, 1864.
5367	Durban, M	do	36th Ind	E	Aug. 11, 1864.
6223	Durrant, B	do	95th Ohio	D	Aug. 20, 1864.
6419	Dargin, Z	do	32d Me	A	Aug. 22, 1864.
8718	Durhous, B	do	11th Pa. cav	G	Sept. 13, 1864.
9293	Dur, John	do	123d Ohio	H	Sept. 19, 1864.
12245	Durobis. William	do	12th Iowa	H	Dec. 8, 1864.
3267	Dasalt, A	do	17th Mich	H	July 12, 1864.
3419	Dasau, J	do	6th Ind	D	July 16, 1864.
645	Dutrom, Irdell	do	2 Tenn	G	April 20, 1864.
2231	Dutreman, W	Sergeant	44th Ill	E	June 20, 1864.
8740	Dutton, Wm. H	Private	16th Conn	K	Sept. 14, 1864.
11755	Duttin, S	do	6th Iowa cav	C	Nov. 2, 1864.
7240	Duvine, G	do	5th Me	G	Aug. 29, 1864.
9334	Duvitt, J. S	Corporal	48th N. Y	H	Sept. 20, 1864.
10948	Duyer, P	Private	67th N. Y	A	Oct. 15, 1864.
4085	Dyer, John W	do	7th N. Y. heavy art.	D	July 27, 1864.
4957	Dyer, G. W	do	2d Mass. heavy art	H	Aug. 7, 1864.
8329	Dyer, W	do	7th Tenn. cav	K	Sept. 10, 1864.
9037	Dyer, J. C	do	30th Ill	D	Sept. 17, 1864.
9716	Dyer, S	do	7th N. Y. art	K	Sept. 25, 1864.
9935	Dyer, I	do	5th Mich	A	Sept. 29, 1864.
10014	Dyer, H	do	4th Tenn. cav	A	Sept. 29, 1864.
3246	Dye, James	do	10th Vt	I	July 13, 1864.
6357	Dye, I. C	do	1st Me. cav	E	Aug. 21, 1864.
2234	Dykeman, F	do	47th N. Y	C	June 20, 1864.
3574	Dykeman, D	do	22d N. Y. cav	F	July 19, 1864.
5368	Dyke, F	do	5th Ohio cav	V	Aug. 11, 1864.
12379	Dykes, L	do	2d Iowa	K	Jan. 1, 1865.
3314	Dyre, William	do	17th Mich	B	July 14, 1864.
6991	Dyre, W	do	7th Tenn. cav	K	Aug. 27, 1864.

E.

No. of grave.	Name.	Rank.	Regiment.	Co.	Died.
639	Eades, James	Private	1st Ky. cav	F	April 20, 1864.
269	Eadley, Levi	....do	26th Ill	H	Mar. 22, 1864.
2413	Earl, H	....do	174th N. Y	H	June 25, 1864.
4462	Earl, James H	Paymaster's	steward U. S. N	....	Aug. 1, 1864.
8616	Earl, G. W	Sergeant	1st Mass	I	Sept. 13, 1864.
9033	Earl, C	Private	85th N. Y	D	Sept. —, —.
11774	Earl, D	Corporal	2d Ind. cav	B	Nov. 3, 1864.
2221	Earl, William	Private	4th Ohio cav	G	June —, —.
4758	Earnest, H. C	....do	6th Conn	I	Aug. 2, 1864.
8951	Eaulman, J	....do	7th Pa	K	Sept. —, —.
1417	East, I. R	....do	1st Ky. cav	G	May —, —.
8045	Easenbeck, M	....do	7th Ill	D	Sept. 6, 1864.
10969	Easley, William A	Corporal	21st Ill	G	Oct. 14, 1864.
10985	Easton, J	Sergeant	13th Tenn. cav	B	Oct. 16, 1864.
4437	Easterly Thomas	Private	14th Conn	G	July —, 1864.
3303	Eastern, Thomas	....do	5th N. Y. cav	L	July 12, 1864.
3949	Eastman, W	....do	10th N. Y	C	July 25, 1864.
5349	Eastman, J	....do	18th Ohio	C	Aug. —, —.
5992	Eastman, William	....do	36th Ill	F	Aug. 17, 1864.
8157	Eastman, D	....do	— Mass	I	Sept. 8, 1864.
4230	Easton, E. E	....do	52d N. Y	F	July 29, 1864.
4410	Eastwood, E	....do	24th N. Y. bat'y	....	July —, —.
4278	Eaton, Nat	....do	1st Pa. rifles	E	July 30, 1864.
10660	Eaton, F. W	....do	15th Mass	D	Sept. 29, 1864.
10203	Eaton, A	....do	5th R. I. art	A	Oct. 1, 1864.
12442	Eaton, W	....do	6th Conn	F	Jan. 12, 1864.
4675	Eaton, W. H	....do	58th Ind	D	July 27, 1864.
1210	Eaton, R	....do	22d Mich	C	May 19, 1864.
7449	Eber, James	....do	76th N. Y	B	Sept. 1, 1864.
12673	Ebhart, J	Corporal	87th Pa	E	Feb. 18, 1864.
1421	Ebner, Charles	Private	1st N. Y. cav	K	May 28, 1864.
5392	Eby, Van Buren	Sergeant	7th Pa. res	A	Aug. 12, 1864.
6015	Eckhart, J	Private	2d Ohio	B	Aug. 17, 1864.
4953	Ecker, J	....do	30th Ind	I	Aug. 7, 1864.
6872	Eckles, E	....do	77th Pa	E	Aug. 26, 1864.
7224	Edes, W	Corporal	11th Mass	F	Aug. 30, 1864.
11834	Edgar, William H	Sergeant	7th Pa	G	Nov. 5, 1864.
343	Eddington, G. B	Private	20th Mo	A	April 4, 1864.
1174	Edmiston, J. W	....do	11th Ky. cav	A	May 17, 1864.
8555	Edmonds, B	....do	1st Mich. S. S	H	Sept. 9, 1864.
3352	Edmonds, L	....do	5th N. Y. cav	M	July 18, 1864.
7302	Edson, John	....do	64th N. Y	D	Aug. 30, 1864.
7870	Edson, W	....do	105th N. Y	E	Sept. 4, 1864.
203	Edwards, J	....do	5th Tenn	B	April 2, 1864.
673	Edward, C. S	....do	5th Tenn	B	May 4, 1864.
917	Edwards, jr., J	....do	9th Ind. cav	I	May 6, 1864.
1439	Edwards, H. S	Corporal	8th Ky. cav	K	May 28, 1864.
1991	Edwards, J. W	Private	38th Ind	G	June 15, 1864.
4288	Edwards, L	....do	52d N. Y	F	July 30, 1864.
4962	Edwards, C. D	....do	51st Ill	K	Aug. 7, 1864.
6354	Edwards, C. F	....do	2d Mass. art	H	Aug. 21, 1864.
6813	Edwards, Wm. (negro)	....do	8th U. S	A	Aug. 25, 1864.
7212	Edwards, N. S	....do	1st Me. cav	F	Aug. 29, 1864.
7603	Edwards, O. J	Corporal	8th Conn	G	Sept. 2, 1864.
7901	Edwards, S	....do	6th Mich	E	Sept. 5, 1864.
8436	Edwards, John	....do	9th N. H	F	Sept. 11, 1864.
11809	Edwards, C	....do	19th Mass	A	Nov. 4, 1864.
171	Eagan, Charles	....do	17th Mass	K	Mar. 26, 1864.

ANDERSONVILLE CEMETERY, GEORGIA. 65

No. of grave.	Name.	Rank.	Regiment.	Co.	Died.
2728	Eagan, John	Private	125th N. Y	D	July 1, 1864.
5247	Eagan, John	do	7th Wis	A	Aug. 10, 1864.
7657	Eagan, John	do	55th Pa	C	Sept. 3, 1864.
5318	Egglesou, William	do	7th Mich	C	Aug. 5, 1864.
9454	Eggelton, H	do	14th N. Y. art	L	Sept. 21, 1864.
2850	Egsillim, P. H	do	22d Mich	K	July 4, 1864.
7448	Ehman, A	do	28th Ohio	F	Sept. 1, 1864.
10822	Eibers, Henry	do	19th Mass		Oct. 12, 1864.
8543	Eichner, C	do	143d Pa	F	Sept. 11, 1864.
1081	Eisley, John	do	18th Pa. cav	K	May 14, 1864.
2319	Elberson, J	do	10th N. J. cav	E	June 22, 1864.
3597	Eldred, J	do	76th N. Y	F	July 19, 1864.
6507	Eldred, H	do	125th N. Y	K	Aug. 22, 1864.
7402	Elder, P	do	2d Tenn	F	Aug. 31, 1864.
7420	Eldery, B	do	146th N. Y	E	Aug. 31, 1864.
11713	Eldridge, E	do	34th Ind	B	Nov. 1, 1864.
4761	Elenberger, P	do	145th Pa	D	Aug. 5, 1864.
10009	Elfry, B. S	do	7th Pa	K	Sept. 21, 1864.
11452	Elha, D	do	8th Ohio	A	Oct. 25, 1864.
10410	Eli, W	do	7th Md	C	Oct. 6, 1864.
8084	Eliot, E	do	92d Ill	B	Sept. 7, 1864.
8960	Elliot, F. P	do	76th N. Y	B	Sept. 16, 1864.
8163	Elliott, L	do	3d N. Y. cav	I	Sept. 8, 1864.
10316	Elliott, C	do	4th Vt	F	Oct. —. 1864.
12841	Elliott, A	do	7th N. H	I	April 21, 1864.
10560	Elliott, Thomas	do	4th Tenn	A	Oct. 9, 1864.
10694	Elliott, J. H	do	83d Pa	D	Oct. 11, 1864.
2105	Elliott, John	Corporal	13th Pa. cav	F	June 17, 1864.
2794	Elliott, J	Private	69th Pa	D	July 2, 1864.
3295	Elliott, J. P	do	103d Pa	D	July 14, 1864.
3981	Elliott, J	do	24th Mich	G	July 26, 1864.
4504	Elliott, W	Corporal	10th Ohio	F	Aug. 1, 1864.
7917	Elis, D	Private	20th Ind	I	Sept. 1, 1864.
1083	Ellis, H. C	do	6th Ind. cav	D	May 14, 1864.
1107	Ellis, W	do	119th N. Y	F	May 15, 1864.
1240	Ellis, E	do	2d Mich. cav	B	May 20, 1864.
4785	Ellis, C. O	do	13th Tenn	E	Aug. 5, 1864.
3086	Ellis, I. H		U. S. S. Columbine		July 9, 1864.
3376	Ellis, Charles	Private	29th Ohio	B	July 16, 1864.
6607	Ellis, F	do	53d Pa	G	Aug. 23, 1864.
7204	Ellis, R. H	do	76th N. Y	F	Aug. 29, 1864.
7300	Ellis, H. H	do	18th Pa. cav	I	Aug. 30, 1864.
8523	Ellis, C	do	4th Md	D	Sept. 11, 1864.
8538	Ellis, A	do	2d Me. art	H	Sept. 11, 1864.
9703	Ellis, William	do	26th Ill	G	Sept. 25, 1864.
9736	Ellis, C	do	85th N. Y	G	Sept. 25, 1864.
9758	Ellis, A	do	7th Conn	D	Sept. 25, 1864.
10339	Ellis, J	do	2d N. Y.	H	Oct. 4, 1864.
12071	Ellis, P. M	do	2d N. Y	E	Nov. 17, 1864.
12581	Ellis, E	do	11th Pa. cav	I	Feb. 3, 1864.
11639	Ellington, J	do	13th Tenn	B	Oct. 30, 1864.
11687	Ellinger, P	do	21st Wis	K	Oct. 31, 1864.
3761	Ellison, Isaac	do	2d E. Tenn	F	July 22, 1864.
9734	Ellison, W	do	14th Ill. cav	F	Sept. 25, 1864.
8274	Ellison, W	do	95th N. Y	F	Sept. 9, 1864.
8601	Ellenwood, L	Sergeant	10th Wis	C	Sept. 12, 1864.
7616	Eleton, N	Private	16th U. S	D	Sept. 2, 1864.
3526	Ells, Perry	do	106th N. Y	I	July 18, 1864.
12321	Elman, N	Corporal	59th Ohio	K	Sept. 22, 1864.
3823	Elright, Benjamin	Private	9th Pa. cav	A	July 23, 1864.

5

LIST OF INTERMENTS IN THE

No. of grave.	Name.	Rank.	Regiment.	Co.	Died.
2249	Elston, James	Private	112th Ill	E	June 20, 1864.
6343	Elston, James V	....do	7th N. Y. art	E	Aug. 21, 1864.
11320	Elston, F	....do	9th Ind	B	Oct. 22, 1864.
972	Elters, Henry	....do	13th Pa. cav	H	May 9, 1864.
979	Elter, Valentine	Corporal	14th Tenn	D	May 9, 1864.
9564	Elwell, W	Private	47th N. Y	B	Sept. 23, 1864.
2544	Emery, J	....do	10th Ky	G	June 25, 1864.
4502	Emery, J	....do	22d Ill	K	Aug. 1, 1864.
5619	Emery, J	....do	1st Mass. art	F	Aug. 14, 1864.
8152	Emery, C. T	Corporal	4th N. Y	G	Sept. 8, 1864.
6994	Emerson, G. W	Private	57th Mass	H	Aug. 27, 1864.
4979	Emerson, J	....do	16th Ill. cav	L	Aug. 7, 1864.
5559	Emmerson, F, F	....do	1st Mass. art	B	Aug. 13, 1864.
418	Emmerson, W	....do	12th Mass	D	April 5, 1864.
1877	Emmerson, H. H	....do	3d Me	E	June 12, 1864.
6353	Emison, G	....do	11th Vt	A	Aug. 21, 1864.
1886	Emmert, I. C	Sergeant	4th Tenn	G	June 13, 1864.
6677	Emmett, W	Private	1st Del	K	Aug. 24, 1864.
11608	Emmett, W	....do	16th Conn	K	Oct. 28, 1864.
12689	Emmick, L. S	....do	6th U. S	C	Feb. 22, 1864.
3482	Emmonds, A	....do	16th Conn	K	July 17, 1864.
12285	Emmonds, W	....do	5th Ind	D	Sept. 13, 1864.
3300	Empoy, Robert	....do	25th Mass	E	July 14, 1864.
10542	Emrison, D. G	....do	21st Mass	B	Oct. 8, 1864.
5344	Eubanks, J	....do	1st Ky. cav	A	Aug. 11, 1864.
11198	Endermill, John	....do	24th Ohio	K	Oct. 20, 1864.
6096	Fugall, W	....do	39th N. Y	B	Aug. 18, 1864.
2419	Enger, J	....do	15th Wis	K	June 24, 1864.
182	England, Ezekiel	....do			Mar. 27, 1864.
11414	England, G	....do	9th Iowa	F	Oct. 24, 1864.
3963	Engler, John	....do	15th Mo	B	July 25, 1864.
1436	Engle, Peter	....do	14th Pa. cav	K	May 28, 1864.
9086	English, G	....do	7th N. Y. cav	I	Sept. 18, 1864.
9490	English, J. C	....do	100th Pa	K	Sept. 22, 1864.
11065	English, James	....do	17th Mich	B	Oct. 17, 1864.
12286	Enhart, H	....do	36th Wis	G	Dec. 14, 1864.
2788	Ensign, J	....do	11th Mich	A	July 2, 1864.
5687	Ennis, Andrew	....do	145th Pa	K	Aug. 15, 1864.
262	Ennis, William	....do	4th Iowa	B	Mar. 31, 1864.
2454	Eusley, W. H	....do	2d N. Y. cav	H	June 25, 1864.
5887	Ensley, William	....do	135th Ohio	F	Aug. 16, 1864.
6889	Ensley, C	....do	184th Pa	A	Aug. 26, 1864.
7346	Ensworth, John	....do	16th Conn	C	Aug. 30, 1864.
8081	Entulen, B. C	....do	104th Ohio	K	Sept. 17, 1864.
8212	Eoff, N	....do	56th Mass	H	Sept. 8, 1864.
1047	Eppert, S. C	....do	89th Ohio	B	May 12, 1864.
11051	Evans, W	....do	51st Ohio	I	Oct. 17, 1864.
9717	Erb, J	....do	9th Ill	C	Sept. 25, 1864.
11838	Erbedience, J	....do	5th Pa	B	Nov. 5, 1864.
10731	Erdebauch, C	Corporal	5th Pa. cav	B	Oct. 11, 1864.
2211	Errick, William	Private	9th Ill	H	June 20, 1864.
7576	Erick, J	....do	2d U. S	K	Sept. 2, 1864.
6160	Erickson, C	....do	15th Wis	B	Aug. 19, 1864.
214	Erickson, C	....do	16th Ill	M	Mar. 28, 1864.
9337	Erricson, S	....do	50th Wis	D	Sept. 20, 1864.
6424	Errets, James	....do	103d Pa	G	Aug. 21, 1864.
10375	Erst, James	....do	51st N. Y	I	Oct. 5, 1864.
3038	Erwin, C	....do	78th Pa	D	July 8, 1864.
9075	Escue, H	Corporal	6th Tenn. cav		Sept. 17, 1864.
2481	Esenthal, F	Private	5th Ind. cav	D	June 25, 1864.

ANDERSONVILLE CEMETERY, GEORGIA. 67

No. of grave.	Name.	Rank.	Regiment.	Co.	Died.
4303	Esiegh, Jacob	Private	10th N. J	D	July 30, 1864.
1346	Eskridge, Oakley	....do	29th Ind	D	May 24, 1864.
3052	Espy, James	Sergeant	145th Pa	H	July 9, 1864.
11277	Esteff, J	Private	1st Ky. cav	L	Oct. 22, 1864.
11429	Estill, E. W	Sergeant	2d Ind. cav	L	Oct. 24, 1864.
10775	Estuff, John	Private	1st Va. cav	L	Oct. 12, 1864.
7889	Ester, W. A	....do	1st Mass	A	Sept. 5, 1864.
5337	Estey, E. E	....do	4th N. H	K	Aug. 11, 1864.
2731	Ethiar, J	....do	13th N. Y. cav	E	July 1, 1864.
5904	Ethridge, William	....do	13th Tenn	B	Aug. 16, 1864.
12001	Etters, D	....do	145th Pa	D	Nov. 14, 1864.
9961	Eugh, John	....do	7th N. Y. cav	E	Sept. 28, 1864.
827	Eustace, G. C	....do	1st R. I. cav	M	May 1, 1864.
510	Evans, S. D	....do	8th Pa	C	April 12, 1864.
848	Evans, William	Sergeant	7th Tenn	C	May 2, 1864.
1279	Evans, William	Private	75th Ind	I	May 22, 1864.
2785	Evans, James	....do	17th Mass	H	July 2, 1864.
2936	Evans, G. W	....do	103d Ill	C	July 5, 1864.
5304	Evans, Samuel	....do	33d Ohio	C	Aug. 11, 1864.
3923	Evans, M	Citizen			July 25, 1864.
5076	Evans, J	Private	6th Ind. cav	I	Aug. 8, 1864.
11169	Evans, E. M	Sergeant	20th Ohio	I	Oct. 19, 1864.
12365	Evans, L	Private	7th N. Y. art	I	Dec. 31, 1864.
5235	Evans, H	....do	1st Mass. cav	K	Aug. —, 1864.
8368	Evans, N. L	....do	16th Conn	I	Sept. 10, 1864.
9459	Evans, Frank	....do	140th N. Y	D	Sept. 21, 1864.
916	Evens, G. S	Musician	1st Ind. cav	A	May 5, 1864.
977	Evens, J. M	Private	7th Tenn	M	May 9, 1864.
4134	Evens, John		Gunboat Shannon		July 28, 1864.
5095	Evens, C. W	Sergeant	88th Ind	I	Aug. 6, 1864.
5648	Evens, T	Corporal	14th U. S	F	Aug. 14, 1864.
5717	Evens, Charles	Private	1st Ohio art	D	Aug. 15, 1864.
6786	Evers, B	....do	66th N. Y	B	Aug. 25, 1864.
11263	Everly, G	....do	108th N. Y	I	Oct. 21, 1864.
5817	Everett, J	....do	77th Mich	K	Aug. 16, 1864.
6429	Everett, J	....do	5th N. Y	K	Aug. 22, 1864.
360	Everett, A. T	....do	2d Tenn	A	April 4, 1864.
557	Everett, John	....do	2d Tenn	G	April 15, 1864.
4399	Everts, T. P	....do	2d Mass. art	G	July 31, 1864.
10799	Evingfelt, Jacob	....do	189th Pa	D	Oct. 12, 1864.
11654	Eweng, D	....do	135th Ohio	D	Oct. 30, 1864.
8066	Exlene, Jacob	....do	55th Pa	K	Sept. 7, 1864.
1715	Eybert, James	....do	15th N. J	B	June 8, 1864.
3373	Eydroner, R	....do	74th Ill	F	July 15, 1864.
3566	Eychoymer, H	....do	1st N. H	B	July 19, 1864.

F.

8302	Fa, B. F		Gunb't Southfield		Sept. 10, 1864.
636	Facer, Wm	Private	111th Ohio	K	April 20, 1864.
2343	Face, W. H	....do	6th Mich	K	June 23, 1864.
7415	Face, J	....do	115th N. Y	E	Aug. 31, 1864.
8250	Face, C	....do	1st Mich. S. S	B	Sept. 9, 1864.
3849	Facker, L	....do	2d Md	I	July 23, 1864.
2594	Fagontus, T	....do	9th Pa	D	June 27, 1864.
6261	Fagan, O	....do	23d Ill	G	Aug. 20, 1864.
8630	Fagan, R	....do	118th Pa	F	Sept. 13, 1864.
10234	Fagam, M	....do	15th Wis	G	Oct. 2, 1864.
12188	Fageu, T. D	....do	11th Conn	A	Nov. 28, 1864.
11362	Fagerty, F	....do	2d N. Y. cav	C	Oct. 23, 1864.
7579	Fahy, John	....do	13th Pa. cav	B	Sept. 2, 1864.
176	Fairbanks, Alex	....do	45th Ohio	H	Mar. 26, 1864.

LIST OF INTERMENTS IN THE

No. of grave.	Name.	Rank.	Regiment.	Co.	Died.
1321	Fairbanks, John	Private	9th Md	C	May 23, 1864.
2252	Fairbanks, J	do	15th Mich. cav	G	June 20, 1864.
11962	Fairbanks, E	do	140th Pa	E	Nov. 11, 1864.
353	Fairchilds, Jesse	do	2d Tenn	B	April 4, 1864.
12065	Fairchilds, G. L	do	1st Vt. art	A	Nov. 17, 1864.
5946	Fairman, H. B	do	6th N. Y. art	M	Aug. 17, 1864.
7666	Fairfax, Charles	do	111th N. Y	A	Sept. 3, 1864.
9972	Fairbrother, H	do	19th Maine	A	Sept. 28, 1864.
6092	Fairo, A	do	145th Pa	E	Aug. 18, 1864.
12605	Faite, W. D	do	20th Pa. cav	A	Feb. 7, 1861.
9869	Faith, Alex	do	183d Pa	C	Sept. 27, 1864.
384	Falconburg, J. R	do	1st Ky. cav	A	April 5, 1864.
5626	Falk, W	do	82d Ohio	D	Aug. 14, 1864.
12012	Falkerson, J	Sergeant	93d Ind	B	Nov. —, 1864.
12214	Falkinstein, F	Private	148th Pa	C	Dec. 8, 1864.
1622	Fallen, Patrick	do	3d N. Y. art	K	June 4, 1864.
11576	Famile, E	do	43d N. Y	D	Oct. 28, 1864.
2439	Fandisle, S	do	1st Ill. art	A	June 25, 1864.
6180	Fantlinger, F	do	53d Pa. cav	K	Aug. 19, 1864.
8536	Fannton, H	do	14th U. S	F	Sept. —, 1864.
1116	Fannon, A	Citizen	Tennessee		May 15, 1864.
1445	Fannou, G. K	Private	Tenn. State gu'ds		April 28, 1864.
10057	Fareclough, R	do	2d N. Y	F	Sept. 3, 1864.
8556	Farmer, G. S	Sergeant	1st Mass. art	H	Sept. 12, 1864.
821	Farmer, E. L	Private	14th N. Y	H	May 1, 1864.
2230	Farmer, F	do	21st Ill	A	June 20, 1864.
5081	Farmer, W	do	22d Md	D	Aug. 8, 1864.
9443	Farisder, H	do	1st Mass. art	G	Sept. —, 1864.
890	Farce, F	do	27th Mich	D	May 5, 1864.
2155	Farley, Joseph	do	54th Pa	F	June 18, 1864.
11247	Farley, W	do	14th N. Y. art	F	Oct. 21, 1864.
5851	FarnLam, L. B	do	1st Vt. art	A	Aug. 16, 1864.
4991	Farnham, C	do	51st Ill	D	Aug. 7, 1864.
6224	Farnham, L. D	Sergeant	11th Vt	A	Aug. 20, 1864.
8460	Farnham, M. B	Private	4th Wis	K	Sept. 11, 1864.
6135	Farnham, A	do	5th Mich	A	Aug. 19, 1864.
6134	Farnum, E	do	57th Pa	E	Aug. 19, 1864.
5840	Farn, C	do	169th N. Y	G	Aug. 16, 1864.
2628	Farewell, E	do	21st Maine	E	June 28, 1864.
4503	Farnsworth, S	do	2d Iowa	H	Aug. —, 1864.
4077	Farnsworth, W	do	1st Vt	B	July 27, 1864.
11908	Furole, G	do	19th Mass	K	Nov. 7, 1864.
12091	Farland, T	do	6th N. Y. cav	I	Nov. 18, 1864.
12108	Fargrave, M. B	do	135th Ohio	F	Nov. 21, 1864.
12609	Farline, C	do	9th Ind. cav	A	Feb. —, 1864.
10509	Farmingham, W	do	14th Ill	E	Oct. 8, 1864.
10259	Farrell, James	do	100th N. Y	C	Oct. —, 1864.
1522	Farrell, J. H	do	5th N. J	G	June 1, 1864.
2435	Farrell, M	Citizen			June 25, 1864.
4538	Farrell, James F	Private	1st R. I. art	A	Aug. 1, 1864.
11180	Farrell, C	do	1st D. C. cav	E	Oct. 19, 1864.
11314	Farrell, J. H	do	4t Vt	D	Oct. 22, 1864.
2824	Farras, James	do	7th Md	G	July 3, 1864.
9609	Farris, C	do	100th N. Y	E	Sept. —, 1864.
6236	Farrow, W	do	1st Wis	A	Aug. 20, 1864.
6365	Farren, James F	do	7th Pa. res	G	Aug. 21, 1864.
7285	Farrer, James	do	3d N. J		Aug. 30, 1864.
11311	Farriu, F	do	6th Ind. cav	I	Oct. 22, 1864.
10219	Fasnabet, Charles	Sergeant	30th Ind	E	Oct. 2, 1864.
10471	Fattman, B	Private	153d Ohio	C	Oct. 7, 1864.
5240	Faucett, I	do	7th N. H	C	Aug. 10, 1864.

ANDERSONVILLE CEMETERY, GEORGIA. 69

No. of grave.	Name.	Rank.	Regiment.	Co.	Died.
12502	Faushire, ——	Private	8th Tenn	K	Dec. 21, 1864.
5765	Fawks, Wm	do	14th Vt	D	Aug. 15, 1864.
2385	Fay, T	do	1st Wis	K	June 24, 1864.
4672	Fay, John	do	2d R. I	G	Aug. 3, 1864.
11265	Fay, J. W	do	6th Mich	G	Oct. —, 1864.
3926	Fearing, J. J	do	1st Mass. art	F	July 25, 1864.
4983	Fearnley, W	do	25th Mass	E	Aug. 7, 1864.
6763	Featherstone, J	Corporal	6th Ky	C	Aug. 23, 1864.
7911	Feather, J. B	Private	14th Va	B	Sept. —, 1864.
8407	Feasel, H	do	7th N. Y. art	F	Sept. 11, 1864.
8698	Feasley, Levi	do	1st West Va. art		Sept. 9, 1864.
10784	Feast, George	do	1st Vt. art	K	Oct. —, 1864.
3007	Fead, G	do	6th U. S. cav	D	July 2, 1864.
5873	Fee, George W	do	103d Pa	G	Aug. 16, 1864.
6450	Fegan, John	do	2d Mass. art	H	Aug. 23, 1864.
8028	Feiley, M	do	7th Conn	I	Sept. —, 1864.
6804	Felps, Daniel. (negro)	do	8th U. S. colored	H	Aug. 25, 1864.
7412	Felton, George	do	164th N. Y	C	Aug. 31, 1864.
9324	Felbrick, E. L	do	1st Del. cav	L	Sept. 20, 1864.
12727	Felwick, H	do	10th Ind	F	Mar. 4, 1864.
6155	Felthousen, H. H	do	145th Pa	G	Aug. 19, 1864.
12819	Fellows, J. C	do	15th Mass	E	Mar. 29, 1864.
453	Fenley, R	Citizen			April 9, 1864.
2479	Fenton, J. W	Sergeant	35th Ohio	I	June 25, 1864.
8547	Fenton, J	Private	72d Ind	D	Sept. —, 1864.
10665	Feuall, J	do	14th U. S	G	Oct. 11, 1864.
2600	Feogo, H	do	2d Md	H	June 28, 1864.
42	Ferguson, Joseph	do	6th U. S. cav	E	Mar. 13, 1864.
7260	Ferguson, H. C	do	14th N. Y	C	Aug. 30, 1864.
10740	Ferguson, Lewis	Corporal	115th Ill	K	Oct. —, 1864.
12711	Ferguson, H. W	Private	15th Iowa	A	Feb. 25, 1864.
5249	Ferce, R. S	do	2d Ohio	C	Aug. 10, 1864.
2809	Ferwilleger, E	Sergeant	103d Pa	H	July 5, 1864.
5668	Ferailleger, W	Private	12th Ohio	C	Aug. 14, 1864.
12323	Fernitt, J	do	1st Vt	K	Dec. 25, 1864.
12628	Fernon, J	do	14th Ill	M	Feb. 10, 1864.
7154	Fernold, C. G	do	23d Mass	G	Aug. 29, 1864.
12317	Ferand, A	do	1st Vt. art	B	Dec. 21, 1864.
246	Ferris, Joseph	do	28th Ohio cav	H	Mar. 3, 1864.
1660	Ferris, J. W	do	20th N. Y. S. M	A	May 6, 1864.
3452	Ferris, John	do	5th N. Y	E	July 17, 1864.
7611	Ferris, John	do	1st Mass. cav	C	Sept. 2, 1864.
8439	Ferris, Robert	do	14th N. Y. art	I	Sept. 11, 1864.
770	Ferrel, Christopher	do	27th Me	E	April —, 1864.
1509	Ferrell, J	do	12th U. S	A	May 31, 1864.
5788	Ferry, W	do	79th Pa	A	Aug. 15, 1864.
8401	Ferree, C	do	6th Maine	H	Sept. 11, 1864.
13315	Ferrell, M. C	Teamster			Oct. —, 1864.
10176	Fessenden, N. E	Private	149th Pa	F	Oct. —, 1864.
4760	Fetler, F	do	69th N. Y	C	Aug. 5, 1864.
8006	Fetler, H. M	Sergeant	13th Pa. cav	K	Sept. 6, 1864.
8586	Fethtou, A	Private	1st Mich cav	G	Sept. —, 1864.
8175	Fetterman, J	do	48th Pa	H	Sept. —, 1864.
247	Fich, John	do	8th N. Y	M	Mar. 30, 1864.
511	Fich, John	do	83d Pa	B	April 12, 1864.
12427	Ficke, W. P	do	95th Ohio	H	July 10, 1864.
2091	Field, S	do	2d Del	D	June 17, 1864.
3705	Field, Jacob	do	5th Iowa	K	July 21, 1864.
5795	Fields, E	do	37th Mass	F	Aug. —, 1864.
6192	Fields, F	do	2d N. Y cav	L	Aug. 19, 1864.

LIST OF INTERMENTS IN THE

No. of grave.	Name.	Rank.	Regiment.	Co.	Died.
8379	Fields, N.	Private	6th Ind. cav.	F	Sept. —, 1864.
3543	Fielding, —	do	17th U. S.	E	July 18, 1864.
4654	Fife, J.	do	33d Ohio.	E	Aug. 3, 1864.
109*	Fifer, Charles	Corporal	22d Pa.	I	May 14, 1864.
2855	Fitley, H.	Private	18th U. S.	E	June 23, 1864.
2143	Fike, Tobias	do	30th Ind.	D	June 18, 1864.
4668	File, C.	do	145th Pa.	D	July 3, 1864.
2512	File, R.	do	11th Ill.	K	June 26, 1864.
4430	Filer, J. H.	do	53d Pa.	E	July 31, 1864.
7782	Fiids, R. G.	do	1st Tenn.	...	Sept. 4, 1864.
12440	Filch, G. P.	do	7th N. H.	H	July 12, 1864.
9069	Filby, A.	do	14th Conn.	C	Sept. 18, 1864.
7803	Filyer, Wm.	do	20th Mass.	E	Sept. —, 1864.
3733	Finch, H.	Sergeant	7th Tenn.	C	July 21, 1864.
3854	Finch, F. W.	Private	21st Ill.	G	July 23, 1864.
6656	Finch, Hy.	do	22d N. Y. cav.	L	Aug. 24, 1864.
8555	Finch, A.	do	7th Tenn. cav.	L	Sept. 12, 1864.
8680	Finch, James	do	22d N. Y. cav.	L	Sept. —, 1864.
9557	Finch, C.	do	— Ohio.	B	Sept. 23, 1864.
10133	Finch, J. B.	do	7th Tenn.	B	Oct. 1, 1864.
3869	Fineneau, John	do	96th N. Y.	E	July 24, 1864.
10072	Findley, Andrew	do	1st —	D	Sept. 30, 1864.
1263	Findlater, H.	do	7th Mich. cav.	C	Feb. 22, 1864.
6727	Finegin, P.	do	19th Mass.	...	Aug. 24, 1864.
2761	Finlan, James	do	18th Ohio.	K	July 2, 1864.
1142	Finley, A.	do	7th N. Y. art	D	Oct. 26, 1864.
3879	Fingley, John	do	14th Pa. cav.	D	July —, 1864.
10408	Fingley, S.	do	14th Pa. cav.	B	Oct. 6, 1864.
6694	Finton, Thomas	do	143d Pa.	G	Aug. 24, 1864.
1728	Fink, Peter	do	73d Pa.	C	June 8, 1864.
7404	Fink, L.	do	2d Md.	H	Aug. 31, 1864.
10097	Fink, J. P.	do	53d Ill.	F	Sept. —, 1864.
4344	Finkstine, W.	do	1st Ky.	D	July 30, 1864.
12507	Finnerly, P.	do	155th N. Y.	C	Jan. 22, 1864.
5320	Firestone, —	do	1st Tenn. cav.	M	Aug. 11, 1864.
12445	Firk, I.	do	67th Pa.	H	Jan. 13, 1864.
9155	Firman, V.	do	— Ohio cav.	...	Sept. —, 1864.
3453	Fischer, D.	do	32d Ind.	C	July 17, 1864.
6097	Fischner, D.	Sergeant	36th Wis.	H	Aug. 18, 1864.
279	Fish, William	Private	17th N. Y.	H	April 1, 1864.
2147	Fish, Charles W.	do	101st Pa.	B	June 18, 1864.
4765	Fish, W.	do	7th Me.	A	Aug. 5, 1864.
5062	Fish, J.	do	85th Pa.	...	Aug. 8, 1864.
5752	Fish, —	do	57th N. Y.	K	Aug. 15, 1864.
6215	Fish, L. V.	do	7th N. Y. art.	B	Aug. 20, 1864.
9723	Fish, W.	do	12th N. Y. cav.	C	Sept. 25, 1864.
441	Fisher, John	do	2d Mass. cav.	E	April 9, 1864.
830	Fisher, Charles	do	3d N. Y. cav.	C	May 1, 1864.
2389	Fisher, D.	do	125th N. Y.	K	June 24, 1864.
2408	Fisher, C. V.	do	2d Pa.	K	June 24, 1864.
3258	Fisher, B. M.	Corporal	101st Pa.	H	July 13, 1864.
3974	Fisher, C. B.	Private	2d Mass.	G	July —, 1864.
4465	Fisher, H.	do	1st Conn.	E	Aug. 1, 1864.
5104	Fisher, Daniel	do	45th N. Y.	F	Aug. 9, 1864.
636*	Fisher, D.	do	89th Ohio.	I	Aug. 20, 1864.
6737	Fisher, W.	do	9th N. J.	C	Aug. 24, 1864.
7169	Fisher, W.	do	54th Pa.	I	Aug. 29, 1864.
7338	Fisher, M. P.	Sergeant	1st N. J.	I	Aug. 30, 1864.
9062	Fisher, C.	Private	4th Pa. cav.	D	Sept. 17, 1864.
9845	Fisher, J. F.	do	123d Ill.	F	Sept. 27, 1864.

ANDERSONVILLE CEMETERY, GEORGIA. 71

No. of grave.	Name.	Rank.	Regiment.	Co.	Died.
10049	Fisher, Conrad	Private	1st N. Y. cav		Sept. —, 1864.
10629	Fisher, W	do	110th Pa	E	Oct. —, 1864.
10906	Fisher, L	do	39th N. Y	D	Oct. 15, 1864.
11651	Fisher, C. P	do	124th N. Y	C	Oct. 30, 1864.
12542	Fisher, H	do	69th N. Y	K	Jan. 22, 1864.
11541	Fisk, J	do	65th Ill	G	Oct. 27, 1864.
4412	Fisk, H	do	199th N. Y	A	July 30, 1864.
5211	Fisk, I. B	Sergeant	1st Wis	H	Aug. 16, 1864.
11526	Fist, C	Private	2d Ind. cav	H	Oct. —, 1864.
10969	Fist, W. P	do	4th Vt	K	Oct. 15, 1864.
4194	Fister, F	do	23d Mich	G	July 29, 1864.
4819	Fitch, C	do	24th N. Y. bat'y		Aug. 5, 1864.
4693	Fitch, F	Sergeant	35th N. J	F	Aug. 4, 1864.
4317	Fitch, C. P	Private	40th Ohio	G	July 30, 1864.
8517	Fitch, W. F	do	9th Minn	F	Sept. 11, 1864.
10171	Fitch, A	do	3d N. Y	F	Oct. —, 1864.
8619	Fither, C	do	184th Pa	A	Sept. 13, 1864.
2197	Fitse, ——	do	1st Mich. cav	C	June 19, 1864.
2219	Fitz, ——	Sergeant	38th Ill	C	June 20, 1864.
2129	Fitzgerald, H	do	16th Ill. cav	I	June 12, 1864.
3014	Fitzgerald, I	Private	30th Ind	D	July 7, 1864.
3569	Fitzgerald, N	do	111th N. Y	C	July 19, 1864.
4208	Fitzgerald, ——	do			Aug. 5, 1864.
6453	Fitzgerald, Thomas	do	24th N. Y bat'y		Aug. 23, 1864.
7575	Fitzgerald, M	do	145th Pa	K	Sept. 2, 1864.
10957	Fitzgerald, James	do	8th Mo	E	Oct. 15, 1864.
1243	Fitzgibbon, Thomas	do	2d U. S	C	May 20, 1864.
1064	Fitzpatrick, M	do	1st Mich	B	May —, 1864.
6961	Fitzpatrick, O	do	100th N. Y	E	Aug. 27, 1864.
6983	Fitzpatrick, M	do	8th Mich	E	Aug. 27, 1864.
12400	Fitzpatrick, James	do	10th N. Y. cav	G	Jan. 5, 1865.
5506	Flag, C	Sergeant	7th Conn	K	Aug. 17, 1864.
2477	Flag, L	Private	26th Pa	G	June 25, 1864.
5243	Flag, I. P	do	5th Me	K	Aug. 10, 1864.
6500	Flagler, William	do	7th N. Y. cav	M	Aug. —, 1864.
3451	Flanders, Charles L	do	1st Mass	E	July 17, 1864.
69	Flanders, L. G	do	20th Me	E	Mar. 19, 1864.
6678	Flanders, O	do	9th N. H	F	Aug. 25, 1864.
5172	Flaning, W	do	97th Pa	E	Aug. —, 1864.
9992	Flanagan, J	do	42d Ill	H	Sept. —, 1864.
5558	Flannagan, P	do	40th N. Y	D	Aug. 13, 1864.
5861	Flaunigan, John	do	5th Mich	D	Aug. 16, 1864.
7167	Flanigan, M	do	2d U. S	I	Aug. 29, 1864.
10839	Flanigan, P	do	4th U. S. cav	D	Oct. —, 1864.
7452	Flanigan, Edward	do	7th N. Y. art	C	Sept. 1, 1864.
11112	Flanning, I	do	106th Pa	K	Oct. 18, 1864.
4521	Flashouse B	do	12th Pa. cav	H	Aug. 1, 1864.
9983	Flarerty, O	do	16th U. S		Sept. 29, 1864.
12537	Flatoff, T	do	102d N. Y	E	Jan. 20, 1865.
5586	Fleckinger, J	do	50th Pa	B	Aug. 13, 1864.
10478	Fleckison, J	do			Oct. 7, 1864.
9154	Flemery, M	do	1st U. S. cav	H	Sept. —, 1864.
8583	Fleming, P	do	22d N. Y. cav	E	Sept. —, 1864.
286	Fleming, Mnutry	do	17th Mass	E	April 1, 1864.
2540	Flemming, R	do	4th Ky. cav	D	June 27, 1864.
190	Fletcher, William	Corporal	10th N. Y. cav	G	Mar. 27, 1864.
11720	Fletcher, J	Private	17th Ky	E	Nov. 1, 1864.
200	Fleehr, ——	do	73d Pa	D	Mar. 28, 1864.
4307	Flick, L	do	184th Pa	G	July 30, 1864.
5457	Fliestine, L	do	16th U. S	C	Aug. —, 1864.

LIST OF INTERMENTS IN THE

No. of grave.	Name.	Rank.	Regiment.	Co.	Died.
10275	Flifin, H	Private	27th Mich	F	Oct. —, 1864.
4568	Fling, T. J	do	27th Ohio	A	Aug. 6, 1864.
11022	Fleming, W. W	do	6th Va. cav	A	Oct. 16, 1864.
11026	Fliming, J	do	97th Pa	E	Oct. —, 1864.
186	Flint, C. W	do	14th Conn	G	Mar. 27, 1864.
11351	Flint, C. B	do	4th Vt	D	Oct. 23, 1864.
10776	Flinn, J	do	87th Pa	C	Oct. 12, 1864.
774	Florence, B	do	99th N. Y	H	April 24, 1864.
5123	Florence, J. J	Corporal	16th Conn	C	Aug. —, 1864.
6299	Flowers, William P	Sergeant	13th Tenn. cav	B	Aug. 20, 1864.
11819	Flowers, W. F	Private	116th Ohio	D	Nov. 5, 1864.
2476	Floyd, G. E	do	2d Mass	H	June 25, 1864.
6972	Floyd, A	do	7th Ill	A	Aug. 27, 1864.
9699	Floyd, B	do	67th Pa	K	Sept. —, 1864.
7696	Fluke, J	do	76th N. Y	K	Sept. 3, 1864.
5559	Fluno, Oscar	do	1st Wis. cav	H	Aug. 15, 1864.
4586	Flynn, M	do	13th Pa. cav	D	Aug. —, 1864.
8378	Flynn, I	do	24th N. Y bat'y		Sept. —, 1864.
9242	Flynn, W	do	71st N. Y	E	Sept. —, 1864.
10667	Flynn, S	Corporal	76th Pa	C	Oct. —, 1864.
11958	Flynn, J	Private	13th N. Y	K	Nov. 11, 1864.
7445	Fobin, Michael	do	U. S. navy		Sept. 1, 1864.
1589	Fogel, G. H	Corporal	85th N. Y	K	June 3, 1864.
12000	Fogley, C	do	14th Pa. cav	I	Nov. 14, 1864.
6987	Fogg, B. F	Sergeant	1st Mo. cav	A	Aug. 27, 1864.
9283	Fohnsbelly, C	Private	169th N. Y	A	Dec. —, 1864.
8633	Fo:k, L	Corporal	18th Mo	C	Sept.—, 1864.
161	Folk, A. P		112th Ill	G	Mar. 26, 1864.
1367	Folk, C	Private	14th Mich	E	May 25, 1864.
11736	Foley, F	do	77th N. Y	B	Nov. 2, 1864.
5419	Foley, Daniel		Gnub't Southfield		Aug. 12, 1864.
8042	Foldin, H	Private	7th N. Y. art	B	Sept. —, 1864.
10841	Folard, James	do	1st N. Y. cav	I	Oct. —, 1864.
3958	Foliand, W	Corporal	1st N.Y. cav	K	July 25, 1864.
3987	Folet, D	Private	1st N. Y. cav	A	July 26, 1864.
9084	Fonckx, H. P	do	Ky. ind. co		Sept. 17, 1864.
175	Ford, E. V	do	132d N. Y	K	Mar. 26, 1864.
3088	Ford, William	do	53d Pa	K	July 9, 1864.
7643	Ford, P	Teamster			Aug. 3, 1864.
10881	Ford, N	Sergeant	17th Ill	I	Oct. —, 1864.
11584	Ford, A	Private	7th N. J	K	Oct. —, 1864.
6892	Ford, Thomas	do	7th Pa	F	Aug. 26, 1864.
36	Fordney, G. W	do	7th Wis	C	Mar. 12, 1864.
2564	Fornay, D	do	93d Ill	G	June 27, 1864.
2855	Forney, George	do	13th Pa. cav	F	July 4, 1864.
4187	Forbs, B. S	do	1st Mass	B	July 28, 1864.
7171	Forbs, C	do	1st Mich. cav	B	Aug. 29, 1864.
4452	Foreman, G. S	Corporal	1st Pa. cav	B	Aug. 1, 1864.
4951	Foreman, W. R	Private	13th Ohio	E	Aug. 7, 1864.
6212	Foreman, A	do	64th Ohio	E	Aug. 19, 1864.
12752	Foreacre, W	do	8th Md		Mar. 10, 1864.
3742	Forsyth, J	do	18th Pa. cav	H	July 21, 1864.
7060	Forsyth, H	do	5th Mich	F	Aug. 28, 1864.
5007	Forslay, William K	do	8th Wis	K	Aug. 8, 1864.
9847	Forshma, W	do	25th Ind	H	Sept. 27, 1864.
10045	Forshay, A	do	116th Ohio	F	Sept. —, 1864.
3640	Fortuer, John	do	8th Ky	A	July 20, 1864.
2537	Forthham, —	do	56th Pa	D	June 26, 1864.
10314	Fo:th, R	do	5th Va	D	Oct. —, 1864.

ANDERSONVILLE CEMETERY, GEORGIA. 73

No. of grave.	Name.	Rank.	Regiment.	Co.	Died.
10048	Forttilson, Neil	Private	16th Iowa	H	Sept. —, 1864.
11509	For, W.	...do	22d Mich	E	Oct. —, 1864.
9232	Forr, J. C.	...do	107th Pa.	H	Sept. —, 1864.
7344	Forcber, A	...do	12th N. Y. cav	F	Aug. 30, 1864.
2361	Forrest, Thomas	...do	1st Mc. cav	E	June 23, 1864.
11914	Forrest, W	...do	21st Ohio	K	Nov. 8, 1864.
7165	Forrest, S	...do	3d Vt	I	Aug. 29, 1864.
7976	Forrey, W	...do	123d Ohio	D	Sept. —, 1864.
8766	Forward, S	...do	8th Ind. cav	I	Sept. 14, 1864.
70	Fosgate, Henry	Sergeant	17th Mass	K	Mar. 19, 1864.
311	Foster, Robert M	Private	100th Ohio	A	April 3, 1864.
408	Foster, James	...do	2d N. Y. cav	D	April 5, 1864.
613	Foster, Charles R	...do	9th Va	H	April 18, 1864.
757	Foster, J	...do	5th N. Y. cav	G	April 27, 1864.
2332	Foster, W	Citizen	Telegraph operator	....	June 22, 1864.
2470	Foster, H	Private	1st N. J. cav	B	June 25, 1864.
2482	Foster, A	Corporal	6th Me	K	June 25, 1864.
5914	Foster, A	Private	17th Ohio	K	Aug. 17, 1864.
7073	Foster, Samuel C	...do	16th Me	K	Aug. 28, 1864.
7097	Foster, John	...do	103d Pa	B	Aug. 28, 1864.
7203	Foster, S	...do	8th Vt	A	Aug. 29, 1864.
7720	Foster, B. B	...do	112th Ill	G	Sept. 3, 1864.
8145	Foster, E. R	...do	16th Me	C	Sept. 8, 1864.
8201	Foster, H. B	...do	11th Vt	L	Sept. —, 1864.
8230	Foster, A. J	...do	16th Ill. cav	M	Sept. 9, 1864.
11458	Foster, H. C	...do	1st Vt. art	D	Oct. 25, 1864.
12207	Foster, C. W	...do	76th Pa	B	Dec. 1, 1864.
12312	Foster, J	...do	4th U. S.	H	Dec. 19, 1864.
12473	Foster, E. S	Corporal	9th Ill	H	Jan. 17, 1865.
2283	Fountain, W. H	Private	10th Wis	A	June 20, 1864.
4807	Foulke, Peter	...do	100th N. J	F	Aug. 1, 1864.
12025	Foust, S. L	Sergeant	149th Pa	I	Nov. 15, 1864.
12465	Fourney, P	Private	99th N. Y	B	Jan. 16, 1864.
12781	Foults, M	...do	183d Ohio	D	Mar. 15, 1864.
2021	Fourlough, A	...do	23d Ill	B	June 16, 1864.
531	Fowler, John	...do	14th Ill	D	April 13, 1864.
3006	Fowler, J	...do	4th Tenn	E	July 7, 1864.
5649	Fowler, Samuel	...do	1st Mass. art	H	Aug. 14, 1864.
2261	Fox, George	...do	78th Pa	E	June 20, 1864.
2830	Fox, M	...do	15th N. Y. H. art	K	July 3, 1864.
2835	Fox, E	...do	Tenn. home guard	....	July 3, 1864.
5609	Fox, H	Citizen	Teamster	....	Aug. 14, 1864.
6115	Fox, A	Private	49th N. Y	K	Aug. 19, 1864.
6363	Fox, James	...do	3d Mich	H	Aug. 21, 1864.
6649	Fox, R	...do	155th Pa	H	Aug. —, 1864.
7027	Fox, C	...do	1st Mich	B	Aug. 27, 1864.
8096	Fox, W	...do	11th Vt. art	K	Sept. 7, 1864.
11173	Fox, B	...do	152d N. Y	A	Oct. —, 1864.
11367	Fox, M	...do	8th Pa. cav	H	Oct. —, 1864.
955	Fox, H. C	Corporal	1st Va	D	May 8, 1864.
10601	Frahar, P	Private	2d Mass. art	D	Oct. 10, 1864.
9432	Frahworth, F	...do	57th N. Y	I	Sept. 21, 1864.
547	Frailer, Van Buren	...do	16th Ill. cav	I	April 14, 1864.
8393	Frake, —	Sergeant	11th N. Y	....	Sept. —, 1864.
1277	Francell, Oto	...do	6th Conn	C	May 21, 1864.
2862	Francil, P. L	Private	2d N. Y. cav	H	July 4, 1864.
2559	Francis, J	Corporal	2d Md	K	June —, 1864.
8321	Francis, H	Private	69th Pa	G	Sept. —, 1864.
12144	Francis, F	Musician	93d Ind	....	Nov. 24, 1864.
12637	Francis, J. F	Private	12th Ill	I	April 19, 1864.

LIST OF INTERMENTS IN THE

No. of grave.	Name.	Rank.	Regiment.	Co.	Died.
2506	Francisco, K	Private	7th Tenn. cav	B	June 26, 1864.
5078	Frank, F. W	do	Wilders's battery	....	Aug. 8, 1864.
7244	Frank, W. W	do	2d Tenn	E	Aug. 29, 1864.
7873	Frank, R. L	do	122d Ohio	E	Sept. 5, 1864.
4227	Franklin, John	do	22d N. Y. cav	L	July 29, 1864.
5933	Franklin, K	do	81st Ill	F	Aug. 17, 1864.
9917	Franklin, J	do	39th N. Y.	I	Sept. 28, 1864.
9976	Franklinburg, C	do	72d Ohio	G	Sept. —, 1864.
6016	Frantz, F. J	do	2d Md	H	Aug. 17, 1864.
3236	Frantz, Jac	do	2d Pa. cav	I	July 12, 1864.
12275	Frame, W	do	120th Ill	E	Dec. 13, 1864.
10484	Fraser, J. H	do	73d N. Y.	C	Oct. —, 1864.
1780	Frasier, James	Sergeant	2d Ohio	E	June —, 1864.
432	Frass, Lewis	Private	16th Ill. cav	E	April 8, 1864.
11135	Fraver, L	do	20th Mass	C	Oct. —, 1864.
572	Frayer, Daniel	do	99th Ohio	I	April 15, 1864.
3848	Fraypat, ——	do	17th Mass	C	July 23, 1864.
5997	Frazier, John	do	8th Tenn	H	Aug. 17, 1864.
11549	Frazur, C. R	do	23d Ky	H	Oct. —, 1864.
6995	Freary, John	do	2d N. Y. art	C	Aug. 27, 1864.
6914	Freck, S	Corporal	2d Mo	E	Aug. 26, 1864.
7878	Fredericks, Q. A	Private	16th Iowa	C	Sept. —, 1864.
9290	Frederick, ——	do	9th Md	I	Sept. —, 1864.
10255	Frederick, John	do	7th Conn	A	Oct. 3, 1864.
12845	Frederick, G	do	9th Mich	G	April 23, 1865.
6884	Frederick, L	do	148th Pa	B	Aug. 26, 1864.
4267	Frederick, C	do	20th Mass	A	July 29, 1864.
11709	Fredenburg, F	do	7th Mich	E	Nov. 1, 1864.
6619	Fedinberg, ——	do	85th N. Y.	G	Aug. 23, 1864.
4716	Fredridge, A	do	13th U. S.	....	Aug. 4, 1864.
1381	Fredough, George	do	3d Ind'pt. Ohio	C	May 26, 1864.
1395	Freise, John	do	111th N. Y.	K	May 26, 1864.
1482	Freks, F	do	35th Ind	D	May 30, 1864.
2080	French, J	Sergeant	120th Ill	B	June 17, 1864.
2888	French, George	1st Lieut.	37th U. S. colored	....	July 4, 1864.
3582	French, A	Private	2d Pa. H. art	G	July 19, 1864.
6890	French, James	do	101st Pa	H	Aug. 26, 1864.
6989	French, John C	do	5th N. Y. cav	H	Aug. 27, 1864.
10968	Freuck, Joseph	do	22d N. Y. cav	G	Oct. 15, 1864.
11363	French, J	do	2d N. Y. cav	H	Oct. —, 1864.
6668	Free, C	do	30th N. Y.	B	Aug. 24, 1864.
10688	Free, J	do	145th Pa	H	Oct. —, 1864.
1054	Free, M	do	22d Ohio battery	....	May 13, 1864.
7715	Freet, J	do	10th Iowa	....	Sept. 3, 1864.
9507	Freeman, W	do	2d N. Y. H. art	D	Sept. —, 1864.
10836	Freeman, R. M	do	10th Wis	C	Oct. 13, 1864.
11580	Freeman, B	do	1st Mich. S. S.	C	Oct. 26, 1864.
157	Freeman, John	do			
1614	Freeman, F. J	Sergeant	8th Ky	F	June 4, 1864.
1957	Freeman, W. M	do	3d Pa. art	A	June 14, 1864.
3464	Freeman, C. R	Private	9th Vt	H	July —, 1864.
4031	Freeman, D	do	16th Ill. cav	L	July 26, 1864.
11353	Freedlander, C	do	2d N. Y. cav	B	Oct. —, 1864.
939	Freelove, H	do	1st R. I. cav	H	May 7, 1864.
1055	Freemont, J	do	7th Ill. cav	B	May 13, 1864.
6680	Fretcher, M	do	22d Mich	G	Aug. 24, 1864.
10140	Fricks, A	do	62d N. Y.	L	Oct. —, 1864.
11916	Fried, S	do	53d Pa	B	Nov. 8, 1864.
11378	Friel, D	do	55th Pa	C	Oct. 24, 1864.
2099	Friday, S. T	do	101st Pa	H	June 17, 1864.

ANDERSONVILLE CEMETERY, GEORGIA. 75

No. of grave.	Name.	Rank.	Regiment.	Co.	Died.
5125	Frisby, William L	Corporal	111th N. Y	B	Aug. —, 1864.
5913	Frisby, Levi	Private	1st Conn. cav	K	Aug. 17, 1864.
6191	Frisbie, Z	do	9th Minn	C	Aug. 19, 1864.
8186	Frisby, A	do	12th Mass	G	Sept. —, 1864.
11602	Frisbee, H	do	115th Pa	E	Nov. 4, 1864.
7068	Fritz, J	do	4th Ky	G	Aug. 28, 1864.
7776	Fritz, D	Corporal	18th Pa. cav	K	Sept. 4, 1864.
11402	Fritz, A	Sergeant	19th U. S	A	Oct. 24, 1864.
6675	Fritzman, J. W	do	18th Vt	K	Aug. 24, 1864.
1989	Froley, John	Private	19th Me	E	June 15, 1864.
9502	Frost, D	do	16th Mass	H	Sept. 22, 1861.
10205	Frost, B	do	16th Mass	H	Oct. 16, 1864.
12618	Frost, A	do	7th Wis	B	Feb. 8, 1865.
11421	Froule, F	do	16th N. Y. cav	L	Oct. 24, 1864.
12330	Fross, J	Sergeant	5th Ind. cav	D	Dec. 24, 1864.
8380	Frusell, G. W	Private	6th Iowa	D	Sept. —, 1864.
9905	Fruschley, F	do	9th Minn	H	Sept. 27, 1864.
10015	Fruly, P	do	10th Ohio	G	Oct. 14, 1864.
1431	Fry, Alexander	Corporal	4th Pa. cav	B	May 28, 1864.
2457	Fry, William L	Private	123d Ohio	H	June 25, 1864.
2612	Fry, S	do	7th Conn	D	June 28, 1864.
4231	Fry, Jacob	do	99th Ohio	I	July 29, 1864.
5327	Fry, John	do	9th N. J	G	Aug. —, 1864.
5869	Fry, Henry	do	4th Pa. cav	B	Aug. 16, 1864.
7198	Fry, S	do	101 Pa	E	Aug. 29, 1864.
7356	Fry, A	do	5th R. I. art	A	Aug. 31, 1864.
12895	Fry, M	Corporal	12th Mo. cav	L	Mar. 21, 1864.
683	Fryer, W. L	Sergeant	2d Tenn	H	April 23, 1864.
12656	Fucks, H	Private	9th Minn	D	Feb. —, 1864.
10604	Fuil, E	do	29th N. Y	C	Oct. —, 1864.
3637	Fugett, W	do	3d Md. cav	C	July 20, 1864.
4337	Fulkison, —	Corporal	2d Ohio	I	July —, 1864.
5864	Fulkerson, W	do	18th Ohio	K	Aug. 16, 1864.
2078	Fulton, Thomas A	Private	103d Pa	A	June 17, 1864.
117	Fuller, Irvin	do	West Va. Militia		Mar. 23, 1864.
497	Fuller, Ira B	do	123d Ill	D	April 11, 1864.
1010	Fuller, H	do	13th Pa. cav	H	May 10, 1864.
1260	Fuller, C. W	Corporal	7th Wis	E	May 21, 1864.
1396	Fuller, George	Private	7th N. H	B	May 21, 1864.
3713	Fuller, J. B	do	85th N. Y	F	July 21, 1864.
3806	Fuller, A	do	49th N. Y	K	July 22, 1864.
5382	Fuller, H. C	do	21th Conn	H	Aug. 12, 1864.
5467	Fuller, S	do	27th Mass	D	Aug. 13, 1864.
6758	Fuller, W	do	1st Vt. cav	G	Aug. 24, 1864.
6881	Fuller, G	do	2d Pa. cav	A	Aug. 26, 1864.
7170	Fuller, A	do	2d Mass. cav	G	Aug. 29, 1864.
7392	Fuller, G. A	do	2d Mass. art	G	Aug. 31, 1864.
10295	Fuller, W	do	122d N. Y	A	Oct. 4, 1864.
10050	Fuller, N	do	1st N. Y	C	Oct. 17, 1864.
11638	Fuller, C	do	52d N. Y	H	Oct. 29, 1864.
12681	Fuller, H	do	15th Mass	E	Feb. —, 1864.
7011	Fullerton, E	do	99th Pa	E	Aug. 27, 1864.
8149	Fullerton, J	do	118th Pa	I	Sept. —, 1864.
12730	Furman, D	do	44th Mo	B	Mar. 1, 1864.
2530	Funkhouser, John	do	101st Pa	E	June 26, 1864.
8114	Funks, William	do	26th Ill	F	Sept. —, 1864.
10280	Funk, L	do	1st Ky. cav	I	Oct. 3, 1864.
10328	Fundy, F	do	39th N. Y	B	Oct. —, 1864.
7498	Furgeson, W	do	39th N. J	G	Sept. 1, 1864.
9225	Furguson, H	do	3d Ohio cav	D	Sept. 19, 1864.

No. of grave.	Name.	Rank.	Regiment.	Co.	Died.
9664	Furguson, T.	Sergeant	15th Wis.	G	Sept. 24, 1864.
9779	Furguson, J. M.	Private	15th N. Y. cav	G	Sept. —, 1864.
11164	Furguson, J. K.	do	11th Pa. cav	D	Oct. 19, 1864.
11601	Furguson, John	do	134th Pa.	A	Oct. —, 1864.
12653	Furguson, W. R.	do	24th Wis.	D	Feb. 14, 1864.
6396	Furlough, S.	do	14th Pa. cav.	G	Aug. 21, 1864.
12161	Furth, F.	do	20th Mass.	F	Nov. 25, 1864.
10709	Furr, E.	do	10th Va.	K	Oct. —, 1864.
8723	Fusner, J. E.	do	6th Va. cav.	D	Sept. 14, 1864.
12637	Fussleman, J.	do	20th Ohio	H	Feb. 11, 1864.
6642	Fuver, E.	do	87th Pa.	H	Aug. —, 1864.

G

12197	Gabulison, J.	Private	5th Mich cav	F	Nov. 30, 1864.
9504	Gadkin, G. H.	do	2d Mass.	H	Sept. 22, 1864.
9271	Gaff, R.	do	1st Tenn. cav	K	Sept. 19, 1864.
4333	Gaffering, John	do	11th Mass.	F	July 30, 1864.
2472	Gagan, Thomas	do	85th N. Y.	C	June 25, 1864.
8781	Gaghan, William	do	35th Ind.	K	Sept. 14, 1864.
7476	Gaines, A.	do	22d Mich	F	Sept. 1, 1864.
9926	Gaines, C.	do	20th Ill.	B	Sept. 28, 1864.
11205	Gaier, G.	do	7th N. J.	D	Oct. 20, 1864
1148	Gallagher, G.	do	5th N. Y. cav.	D	May 16, 1864.
1347	Gallagher, P.	do	21st Ill	C	May 24, 1864.
2060	Gallagher, F.	do	13th Pa. cav.	B	June 16, 1864.
6328	Gallagher, I.	Corporal	101st Pa.	A	Aug. 21, 1864.
8448	Gallagher, William	Private	5th Pa. cav.	F	Sept. 11, 1864.
6329	Galagher, E.	do	42th Pa.	A	Aug. 21, 1864.
6075	Gallaher, James	do	30th Ohio	F	Aug. 18, 1864.
6106	Gallaher, P.	do	47th N. Y.	D	Aug. 18, 1864.
7057	Gallager, P.	do	16th Conn.	D	Aug. 28, 1864.
3725	Galliger, F.	do	2d Mo.	D	July 21, 1864.
4347	Galliger, W.	do	7th Ind.	B	July 30, 1864.
8546	Galligher, P.	do	5th Ind.	C	Sept. 11, 1864.
9227	Galligher, F.	do	18th Mass.	B	Sept. 19, 1864.
4699	Gallavin, J.	do	20th N. Y. art	F	Aug. 4, 1864.
5716	Galvin, W.	do	23d Mich.	I	Aug. 15, 1864.
5773	Gale, George	Corporal	2d N. Y.	A	Aug. 15, 1864.
5900	Gale, B.	do	9th N. J.	D	Aug. 16, 1864.
6182	Gale, Walter	Private	11th U. S.	F	Aug. 19, 1864.
7039	Galloway, F. C.	do	12th N. J.	K	Aug. 27, 1864.
8009	Galbraith, C.	do	11th Pa.	K	Sept. 6, 1864.
9927	Galbraith, I. S.	Sergeant	6th Ohio cav	M	Sept. 28, 1864.
11063	Galbraith, G. W.	Private	7th Tenn. cav.	E	Oct. 17, 1864.
10489	Galush, W.	do	5th N. Y.	F	Oct. 7, 1864.
10671	Gallett, L.	do	22d Mich.	F	Oct. 11, 1864.
11175	Gallahan, J.	do	11th Conn	I	Oct. 19, 1864.
6384	Gamble, A. J.	Corporal	77th Pa.	A	Aug. 21, 1864.
8952	Gammon, J.	Private	126th N. Y.	H	Sept. 17, 1864.
9238	Gamer, J. A.	do	7th Tenn. cav	A	Sept. 19, 1864.
6158	Gann, J. W.	do	101st Pa.	H	Aug. 19, 1864.
6449	Gant, J. R.	do	9th N. Y.	D	Aug. 22, 1864.
6731	Gannon, J. W.	do	2d Md.	K	Aug. 24, 1864.
6993	Gannon, S.	do	7th N. Y. art	E	Aug. 27, 1864.
8353	Ganey, C.	do	40th N. Y.	A	Sept. 10, 1864.
9989	Gannett, F.	do	139th Pa.	G	Sept. 29, 1864.
11573	Ganse, R.	do	22d Pa.	B	Oct. 27, 1864.
245	Gardner, Abraham	do	100th Ohio	H	Mar. 30, 1864.
982	Gardner, H.	do	132d N. Y.	E	May 9, 1864.

ANDERSONVILLE CEMETERY, GEORGIA. 77

No. of grave.	Name.	Rank.	Regiment.	Co.	Died.
1323	Gardner, O	Private	104th N. Y	C	May 23, 1864.
1639	Gardner, C	do	U. S. marine corps		June 5, 1864.
1793	Gardner, —— (col'd)	do	118th Pa	A	June 10, 1864.
5251	Gardner, R	do	155th N. Y	K	Aug. 10, 1864.
5907	Gardner, W. H	Serg't major	4th Mo		Aug. 16, 1864.
7569	Gardner, D	Private	25th Mass	E	Sept. 2, 1864.
9206	Gardner, William	do	9th N. Y. cav	I	Sept. 18, 1864.
9671	Gardner, A	do	4th N. H	C	Sept. 24, 1864.
10334	Gardner, H	do	14th Tenn. cav	D	Oct. 4, 1864.
11153	Gardner, H	Sergeant	52d N. Y	A	Oct. 19, 1864.
11850	Gardner, G	Private	1st Ohio	K	Nov. 5, 1864.
579	Garvin, John	Hosp. st'd	57th Ill		April 15, 1864.
7033	Garvey, James	Private	95th N. Y	C	Aug. 27, 1864.
750	Garn, L	do	6th Iowa	C	April 26, 1864.
2926	Garner, C	do	1st Ohio cav	K	July 5, 1864.
5561	Garney, William	do	5th R. I. art	A	Aug. 13, 1864.
7518	Garly, H	do	1st Mich	A	Sept. 1, 1864.
7926	Garlock, John	do	46th N. Y	B	Sept. 5, 1864.
10581	Garlon, William	Corporal	2d Va	I	Oct. 10, 1864.
12630	Garland, W	Private	1st Mass	M	Feb. 10, 1865.
968	Garmon, B	do	18th Pa. cav	E	May 9, 1864.
8882	Garman, E	do	2d Mass		Sept. 16, 1864.
1234	Garrett, S. H	do	2d Mich. cav	G	May 20, 1864.
5374	Garrett, M. J	do	7th Tenn. cav	L	Aug. 11, 1864.
6140	Garrett, James	do	51st Pa	K	Aug. 19, 1864.
12398	Garrett, T	do	6th Ind	E	Jan. 5, 1865.
5270	Garotte, C	do	134th N. Y	G	Aug. 10, 1864.
6111	Garrig, J	do	78th Ill	F	Aug. 18, 1864.
8367	Garrall, L	do	60th Ohio	A	Sept. 10, 1864.
12402	Garrou, I	do	4th Tenn. cav	I	Jan. 6, 1865.
2192	Garrigan, J	do	9th Mich	L	June 19, 1864.
2688	Garrison, J	do	65th N. Y	H	June 30, 1864.
10590	Garrison, A	Corporal	7th Tenn	E	Oct. 10, 1864.
8311	Garrison, W	Private	8th Pa	K	Sept. 10, 1864.
7044	Gartland, ——	do	169th N. Y	D	Aug. 27, 1864.
7216	Gartell, H	do	22d N. Y. cav	L	Aug. 29, 1864.
1215	Garver, John	do	20th Ind	C	May 19, 1864.
4944	Gast, W. H	do	5th Pa. cav	K	Aug. 7, 1864.
11207	Gask, I	do	8th Mich. cav	C	Oct. 20, 1864.
12842	Gassler, P	do	64th Ohio	A	April 22, 1865.
4438	Gather, M	do	4th Ky. cav	F	July 31, 1864.
6486	Gates, H	do	13th Ohio	G	Aug. 22, 1864.
12411	Gates, I	do	11th Pa. cav	E	Jan. 7, 1865.
10539	Gatliff, H	do	82d N. Y	D	Oct. 8, 1864.
385	Gausey, B	do	94th N. Y	B	April 5, 1864.
3251	Gauut, William	Corporal	14th Ohio	I	July 12, 1864.
94	Gawey, John	Private	32d N. Y	K	Mar. 22, 1864.
12377	Gawdy, Thomas	do	106th Pa	C	Jan. 2, 1865.
8049	Gay, J	do	4th Ky	H	Sept. 6, 1864.
11470	Gay, C. R	do	1st Mass	K	Oct. 26, 1864.
6868	Geary, James	do	142d N. Y	A	Aug. 26, 1864.
7340	Geary, D	do	184th Pa	G	Aug. 30, 1864.
9005	Gearbau, S	do	142d Pa	C	Sept. 17, 1864.
4485	Gechurn, J	Sergeant	16th Ill. cav	G	Aug. 1, 1864.
7930	Geiser, Charles	Private	39th N. Y	D	Sept. 5, 1864.
1730	Gelo, B	do	3d N. Y	B	June 8, 1864.
10127	Gemperling, William	do	79th Pa	A	Oct. 1, 1864.
1484	Gender, Jacob	do	5th Iowa	I	May 30, 1864.
1911	Gensle, John	do	19th Pa. cav	F	June 13, 1864.
1935	Geusardi, Thomas	do	8th Kansas	A	June 14, 1864.

78   LIST OF INTERMENTS IN THE

No. of grave.	Name.	Rank.	Regiment.	Co.	Died.
8878	Gennings, I	Private	6th N. Y. art	...	Sept 16, 1864.
2992	George, A	do	149th Pa	G	July 6, 1864.
12237	George, F	Sergeant	18th Pa. cav	D	Dec. 6, 1864.
6006	Geourd, C	Corporal	4th Pa. cav	M	Aug. 17, 1864.
1131	German, E	do	13th Mich	H	May 16, 1864.
1340	German, P	Private	24th Ill	G	May 24, 1864.
1831	German, P	do	2d Tenn	C	June 11, 1864.
2138	Gerard, Frederick	do	1st Md. cav	B	June 17, 1864.
4901	Gerard, H	do	35th Ind	G	Aug. 6, 1864.
4747	Gerhart, J	do		...	Aug. 5, 1864.
7699	Gerber, J. J	do	30th Ind	C	Sept. 3, 1864.
10831	Gerluck, J	Sergeant	4th Ky	K	Oct. 13, 1864.
12801	Gerlock, D	Private	30th Ill	C	Mar. 20, 1865.
12531	Gerry, E. P	Corporal	4th Vt	H	Jan. 26, 1865.
7650	Gesler, James	Private	65th N. Y	E	Sept. 3, 1864.
1528	Getts, B	do	84th Pa	G	June 1, 1864.
12006	Getts, F	do	19th Mass	E	Nov. 17, 1864.
9318	Gett, John	Sergeant	40th Ky	G	Sept. 20, 1864.
2587	Gettings, J. H	Private	1st Pa. res	C	June 28, 1864.
5883	Gettenher, D. M	do	103d Pa	I	Aug. 16, 1864.
12568	Geulford, J	do	1st Mass. art	I	Feb. 1, 1865.
7624	Gevan, G. D	do	8th Mich	1	Sept. 2, 1864.
6728	Gian, Benjamin	do	11th N. Y	H	Aug. 24, 1864.
906	Gibson, Collin	do	40th Ohio	H	May 5, 1864.
1416	Gibson, H. D	do	93d Ill	K	May 27, 1864.
2583	Gibson, John	do	6th Ky. cav	L	June 27, 1864.
3327	Gibson, R	do	40th Ohio	H	July 14, 1864.
3887	Gibson, C. G	do	1st Tenn	B	July 24, 1864.
4201	Gibson, S. F	do	78th Ill	I	July 29, 1864.
7223	Gibson, D	do	56th Pa	A	Aug. 29, 1864.
7741	Gibson, J	do	1st Mich	K	Sept. 3, 1864.
8312	Gibson, D. E	do	33d Mass	F	Sept. 10, 1864.
8364	Gibson, H. H	do	25th Mass	B	Sept. 10, 1864.
9776	Gibson, J	do	11th Pa	D	Sept. 26, 1864.
9875	Gibson, James	do	13th Tenn. cav	...	Sept. 27, 1864.
10051	Gibson, D. G	Sergeant	16th Conn	A	Sept. 30, 1864.
10650	Gibson, A	Private	8th Ky	G	Oct. 11, 1864.
11864	Gibson, A	do	1st Va	A	Nov. 6, 1864.
12017	Gibson, N	do	82d N. Y	I	Nov. 15, 1864.
3218	Gibeson, J	do	170th N. Y	A	July 12, 1864.
2928	Gibbons, M	do	6th Mich	C	July 5, 1864.
5118	Gibbons, William	do	11th Pa	H	Aug. 9, 1864.
3573	Gibbins, W. I	do	128th Ind	I	July 19, 1864.
6259	Gibbs, M. H	do	22d N. Y. cav	E	Aug. 20, 1864.
8012	Gibbs, I. A	do	7th Tenn. cav	L	Sept. 6, 1864.
10726	Gibbs, Joseph	Corporal	7th Mich	B	Oct. 11, 1864.
10967	Gibbs, Charles	Private	4th N. Y. art	B	Oct. 15, 1864.
12515	Gibbs, R	do	19th Me	K	Jan. 23, 1865.
6942	Giddings, I	do	115th N. Y	H	Aug. 26, 1864.
131	Giese, Christian	do	54th N. Y	F	Mar. 23, 1864.
7120	Gies, A	do	95th N. Y	I	Aug. 28, 1864.
3287	Gier, O	do	9th Minn	F	July 14, 1864.
11215	Gierther, I	do	60th Ohio	B	Oct. 20, 1864.
2042	Gifford, H. N	do	111th N. Y	K	June 16, 1864.
4464	Gifford, I	do	40th Mass	A	Aug. 1, 1864.
12181	Giher, P	do	73d Pa	H	Nov. 27, 1864.
159	Gilchrist, I. R	Corporal	17th Mass	A	Mar. 25, 1864.
11823	Gilchrist, G	Private	31st Me	E	Nov. 5, 1864.
272	Gilligan, Matthew	Corporal	1st U. S	I	Mar. 31, 1864.
611	Gillingham, B	Private	7th Ohio cav	L	April 18, 1864.

ANDERSONVILLE CEMETERY, GEORGIA. 79

No. of grave.	Name.	Rank.	Regiment.	Co.	Died.
1373	Gilbert, John	Private	29th Pa	G	May 25, 1864.
1529	Gilbert, C	Sergeant	10th Wis	K	June 1, 1864.
1834	Gilbert, J	Private	111th N. Y	K	June 11, 1864.
2862	Gilbert, F	....do	12th Mich	K	July 4, 1864.
4185	Gilbert, E	Sergeant	43d N. Y	D	July 28, 1864.
4242	Gilbert, J	Private	19th Ohio	B	July 29, 1864.
4250	Gilbert, S	....do	2d Mass. art	H	July 29, 1864.
4273	Gilbert, H. A	Sergeant	2d Ind. cav	K	July 29, 1864.
9326	Gilbert, H	Private	53d Pa	F	Sept. 20, 1864.
9851	Gilbert, A	....do	5th U. S	K	Sept. 27, 1864.
9906	Gilbert, D	....do	138th Pa	B	Sept. 28, 1864.
10925	Gilbert, E	....do	22d N. Y	B	Oct. 14, 1864.
11199	Gilbert, A. F	....do	14th Pa. cav	F	Oct. 20, 1864.
12438	Gilbert, William	....do	7th Tenn. cav	C	Jan. 12, 1865.
1399	Gilroy, Barney	....do	7:3d Pa	F	May 26, 1864.
1499	Giltgrease, J	....do	16th Ill. cav	I	May 31, 1864.
1652	Giles, J. V	....do	89th Ill	H	June 5, 1864.
7773	Giles, C	....do	7th Pa	K	Sept. 4, 1864.
7988	Giles, S. P	....do	112th Ill	A	Sept. 6, 1864.
11925	Giles, M. C	Corporal	7th Tenn	I	Nov. 8, 1864.
1863	Gilmore, James	Private	16th Ill. cav	I	June 12, 1864.
2084	Gilmore, James	....do	110th Pa	E	June 17, 1864.
5173	Gilmore, J	....do	16th Conn	C	Aug. 9, 1864.
12345	Gillmore, M	Corporal	17th N. Y	B	Dec. 26, 1864.
2413	Gills, James	Private	111th N. Y	K	June 24, 1864.
2418	Gillard, W	....do	120th Ind	C	June 24, 1864.
7111	Gilland, P	....do	27th Ohio	F	Aug. 24, 1864.
9114	Gillan, I	....do	29th Ind	F	Sept. 18, 1864.
2542	Gillanin, J	....do	35th Ohio	K	June 27, 1864.
2749	Gilden, D	Citizen			July 1, 1864.
2906	Gilgan, W	Private	7th Mo	C	July 5, 1864.
3037	Gilliland, William	....do	14th Pa. cav	B	July 8, 1864.
11157	Gilliland, I	....do	7th Mass	H	Oct. 19, 1864.
3349	Gillen, M	....do	107th N. Y	E	July 14, 1864.
3599	Gilbs. D	....do	18th Pa. cav	K	July 19, 1864.
4037	Gillett, G. W	....do	6th Ohio	G	July 26, 1864.
7898	Gillett, William	....do	85th N. Y	F	Sept. 5, 1864.
4413	Gill, N	....do	7th N. H	A	July 31, 1864.
8946	Gill, G. W	....do	1st Tenn	I	Sept. 16, 1864.
9950	Gill, W. I	....do	11th Ky. cav		Sept. 28, 1864.
10160	Gill, J. F	....do	1st N. Y. cav	B	Oct. 1, 1864.
5144	Gillespie, J. W	....do	84th Ill	H	Aug. 9, 1864.
5843	Gillespie, J	....do	11th Pa	A	Aug. 16, 1864.
6072	Gilson, John E	Sergeant	1st Md. cav	C	Aug. 18, 1864.
6866	Gilliss, John	Private	4th Mich. cav	F	Aug. 26, 1864.
11270	Gillis, G	....do	85th N. Y	G	Oct. 21, 1864.
7110	Gilsby, P	....do	36th Mass	G	Aug. 28, 1864.
9799	Gillman, S. A	....do	4th Vt	G	Sept. 26, 1864.
10672	Gillmann, John	....do		D	Oct. 11, 1864.
12064	Gillenback, J	....do	77th Ohio	E	Nov. 17, 1864.
10706	Gimberling, J	....do	184th Pa	F	Oct. 11, 1864.
11449	Giman, I	....do	78th Ill	F	Oct. 25, 1864.
3103	Ginnick, Peter	....do	2d N. Y. cav	K	July 10, 1864.
3962	Gingery, P. L	Corporal	21st Ohio	E	July 25, 1864.
2996	Gists, H	Private	103d Pa	H	July 7, 1864.
2838	Giungoclott, H	....do	1st N. H	E	July 3, 1864.
5182	Givens, J. A	....do	9th Tenn	I	Aug. 9, 1864.
12328	Given, Charles	....do	69th N. Y	H	Dec. 24, 1864.
5288	Gladen, A	....do	21st Pa	C	Aug. 11, 1864.
322	Gladmon H	....do	110th Ind	B	April 3, 1864.

80   LIST OF INTERMENTS IN THE

No. of grave.	Name.	Rank.	Regiment.	Co.	Died.
10397	Gladstone, William...	Private	6th Conn.........	K	Oct. 6, 1864.
10018	Glaucey, P............	....do.......	59th Mass........	A	Oct 14, 1864.
7352	Glass, William.......	....do.......	55th Pa..........	C	Aug. 31, 1864.
3663	Glassman, P..........	....do.......	4th Ky. cav......	B	July 20, 1864.
3946	Gleason, Thomas.....	....do.......	97th N. Y........	D	July 25, 1864.
8572	Gleason, C. W........	....do.......	1st Vt. art.......	H	Sept. 12, 1864.
12731	Gleason, G. M........	....do.......	14th Ill. cav.....	A	Mar. 4, 1865.
1678	Gleitch, William......	Sergeant...	1st N. Y. cav.....	A	June 6, 1864.
9792	Glenn, William	Private	101st Pa.........	C	Sept. 26, 1864.
11165	Glenn, C. H..........	....do.......	4th N. J	I	Oct. 19, 1864.
1850	Glidwell, F..........	Corporal...	73d Ill...........	K	June 11, 1864.
12033	Glossin, A...........	Sergeant ..	2d Ohio cav......	M	Nov. 15, 1864.
11574	Gluck, A. E..........	Private	10th Va..........	D	Oct. 28, 1864.
9471	Goamy, G...........	....do.......	2d Mass. art......	G	Sept. 21, 1864.
10336	Gonnine, J...........	....do.......	16th N. Y........	K	Oct. 4, 1864.
578	Goddard, John.......	....do.......	2d Tenn..........	B	April 15, 1864.
10307	Goddard, H..........	....do.......	89th Ill..........	G	Oct. 4, 1864.
681	Godfrey, Amos.......	....do.......	45th Ohio........	C	April 23, 1864.
1049	Godbold, William....	....do.......	2d Mich..........	L	May 12, 1864.
2414	Godbold, F. A........	....do.......	29th Mass........	K	June 24, 1864.
12529	Godell, F............	Corporal ...	122d N. Y........	K	Jan. 26, 1865.
2001	Goffunt, P...........	Private	51st Ill..........	D	June 15, 1864.
2553	Goffney, J...........	....do.......	104th N. Y.......	D	June 27, 1864.
3130	Goff, P. E............	....do.......	19th Ohio........	K	July 10, 1864.
12735	Goff, John...........	....do.......	1st Md...........	I	Mar. 6, 1865.
4445	Gofly, P.............	....do.......	113th Ohio.......	G	Aug. 1, 1864.
2711	Golden, J............	....do.......	2d Va. cav........	G	July 1, 1864.
12464	Golden, J. H.........	....do.......	7th Tenn. cav.....	C	Jan. 16, 1865.
2801	Golterman, L........	Sergeant...	16th U. S.........	A	July 2, 1864.
8639	Goldsmith, William...	Private	2d N. Y..........	F	Sept. 13, 1864.
12344	Gonier, D............	....do.......	4th Mass.........	D	April 23, 1865.
71	Goodman, Robert	....do.......	13th Pa. cav......	M	April 19, 1864.
1063	Goodman, H. Z.......	....do.......	27th Pa..........	1	May 13, 1864.
3863	Goodman, W.........	....do.......	5th Mich.........	I	July 24, 1864.
5983	Goodman, S..........	....do.......	2d Mass..........	B	Aug. 17, 1864.
7343	Goodman, J. A.......	....do.......	154th N. Y.......	A	Aug. 30, 1864.
9202	Goodman, John......	....do.......	25th Mass........		Sept. 18, 1864.
9503	Goodman, F.........	....do.......	55th Pa..........	H	Sept. 22, 1864.
9747	Goodman, J. A.......	....do.......	....		Sept. 25, 1864.
145	Goodenough, G. M....	....do.......	23d Mich.........	K	Mar. 25, 1864.
4145	Goodenough, James..	Corporal ...	140th N. Y.......	D	July 28, 1864.
1048	Goodwin, William....	Private ...	2d Ind. cav.......	M	May 12, 1864.
5580	Goodwin, M. T.......	....do.......	8th Me...........	F	Aug. 14, 1864.
6189	Goodwin, J..........	....do.......	20th Ind.........	F	Aug. 19, 1864.
10579	Goodwin, George.....	....do.......	9th Minn.........	A	Oct. 9, 1864.
11905	Goodwin, A..........	....do.......	1st N. H..........	I	Nov. 7, 1864.
2891	Gooding, James......	....do.......	2d Tenn	D	July 4, 1864.
3585	Goodin, N...........	....do.......	54th Mass........	C	July 19, 1864.
3042	Goodrich, F..........	....do.......	154th N. Y.......	B	July 8, 1864.
4561	Goodrich, George.....	Corporal ...	2d N. Y. cav......	D	Aug. 2, 1864.
7592	Goodrich, J. W.......	Private	16th Pa..........	C	Sept. 2, 1864.
8330	Goodrich, J. S........	....do.......	9th Ohio.........	A	Sept. 10, 1864.
6493	Goodridge, E........	Corporal ...	94th Ind.........	H	Aug. 22, 1864.
3528	Goosuch, M. A.......	Private	110th Pa.........	B	July 18, 1864.
4203	Gooles, H. F.........	Sergeant ...	47th Ill..........	B	July 29, 1864.
4087	Gooley, J............	Corporal ...	7th N. H..........	G	Aug. 4, 1864.
6107	Goodroad, A.........	Private	1st Me. art........	I	Aug. 18, 1864.
7088	Goodbrind, J. F......	....do.......	142d N. Y........	B	Aug. 28, 1864.
8228	Goodnon. J..........	....do.......	64th N. Y........	I	Sept. 9, 1864.
9817	Goodpick, G. I.......	....do.......	1st Mass	F	Sept. 26, 1864.

ANDERSONVILLE CEMETERY, GEORGIA. 81

No. of grave.	Name.	Rank.	Regiment.	Co.	Died.
10401	Goodfellow, E. C.	Private	9th Minn.	D	Oct. 6, 1864.
11862	Goodyear, F.	Citizen			Nov. 6, 1864
12109	Goodbrath, C.	Private	28th Ohio	G	Nov. 21, 1864
6614	Goon, John E.	do	36th Wis.		Aug. 23, 1864.
12573	Goodel. M.	do	5th Mich.	C	Feb. 2, 1865.
179	Gordon, Charles	Sergeant	17th Mass.	H	Mar. 26, 1864.
1271	Gordon, A. B.	Private	9th Md.	E	May 21, 1864.
2614	Gordon, James	do	6th Mich.	D	June 28, 1864.
3028	Gordon, John	do	14th Conn.	G	July 7, 1864.
3486	Gordon, W. L.	Sergeant	2d Mass. heavy art.	H	July 17, 1864.
4130	Gordon, W. C.	Private	17th Me.	I	July 28, 1864.
4738	Gordon, S.	do	2d Va.	G	Aug. 4, 1864.
6023	Gordon, William	do	45th Ohio	B	Aug. 17, 1864.
6346	Gordon, W.	do	1st Ohio.	G	Aug. 21, 1864.
6398	Gordon, W. N.	do	74th Ind	G	Aug. 21, 1864.
11409	Gordon, J. W.	do	13th Ind	D	Oct. 24, 1864.
11806	Gordon, R.	do	69th Pa	G	Nov. 4, 1864.
12847	Gordon, J.	do	114th Ill.	B	April 25, 1865.
2043	Gorman, James	do	6th Tenn.	D	June 16, 1864.
2115	Gorman, G	do	3d N. Y. art.	K	June 17, 1864.
3291	Gorman, F.	do	6th N. Y. art.	B	July 14, 1864.
10813	Gorman, William	do	8th N. Y. cav	D	Oct. 12, 1864.
7761	Gore, N.	do	15th Ill	C	Sept. 4, 1864.
7953	Gore, F.	do	36th Ill	I	Sept. 6, 1864.
7854	Gorh, S.	do			Sept. 5, 1864.
9437	Gorbey, F. I.	Corporal	19th Pa. cav.	M	Sept. 21, 1864.
10277	Goreen, J. H.	Private	109th N. Y.	K	Oct. 3, 1864.
10501	Gorcke, Henry	do	2d Mass.	G	Oct. 8, 1864.
11496	Gorett, J.	do	6th Pa.	E	Oct. 26, 1864.
2203	Goss, James	do	132d N. Y.	G	June 19, 1864.
7079	Goslin, E. H.	do	4th Pa.	G	Sept. 3, 1864.
2955	Gotwalt, H.	Corporal	55th Pa	D	July 6, 1864.
7335	Gotton, R.	Private	16th U. S.	B	Aug. 30, 1864.
7337	Gott, G.	Musician	18th Conn.		Aug. 30, 1864.
12461	Gott, H.	Private	39th Ill	C	Jan. 15, 1865.
12604	Gott, C.	do	49th N. Y.	D	Feb. 7, 1865.
10366	Gothard, J.	do	8th Iowa	G	Oct. 5, 1864.
893	Gould, William	do	17th Mass.	G	May —, 1864
2962	Gould, E	do	104th N. Y.	C	July 6, 1864.
3322	Gould, Richard	do	61st N. Y.	D	July 14, 1864.
4179	Gould, William	do	66th Ind	E	July 28, 1864.
9566	Gould, J. M.	do	124th Ohio	A	Sept. 23, 1864.
1220	Gouchy, M.	do	47th N. Y.	E	May 19, 1864.
1866	Goudy, John.	do	5th R. I. art	A	June 12, 1864.
8871	Goundy, Thomas.		U. S. Navy		Sept. 15, 1864.
1939	Goul, M. E.	Private	73d Pa	H	June 14, 1864.
3588	Gount, J. M.	do	4th Ky.	H	July 24, 1864.
11985	Gough, H.	do	146th N. Y.	B	Nov. 13, 1864.
8092	Gove, J.	do	2d Mass	G	Sept. 7, 1864.
3765	Gower. J	do	147th N. Y.	B	July 22, 1864.
10053	Gower, J. C.	do	13th Ky.	A	Sept. 30, 1864.
8339	Gowen, J.	do	11th Mass	C	Sept. 10, 1864.
12443	Gowell, N.	do	19th Mich	F	Jan. 12, 1865.
98	Graham, Wm	do	6th Ind	G	Mar. 22, 1864.
956	Graham, Geo. W	do	5th Mich.	C	May 5, 1864.
1008	Graham, W. I.	do	5th Pa. cav.	K	May 10, 1864.
4383	Graham, J. W.	do	31st Ohio	C	July 31, 1864.
5737	Graham, Wm	do	103d Pa	F	Aug. 15, 1864.
5803	Graham, D.	Corporal	4th Pa. cav	K	Aug. 16, 1864.
6139	Graham, E.	Citizen			Aug. 19, 1864.

6

LIST OF INTERMENTS IN THE

No. of grave.	Name.	Rank.	Regiment.	Co.	Died.
6617	Graham, M. J.	Private	41st Ill.	E	Aug. 23, 1864.
7089	Graham, W.	do	12th N. Y. cav	F	Aug. 28, 1864.
7320	Graham, J.	do	56th Pa.	D	Aug. 30, 1864.
9347	Graham, J.	do	15th N. Y. cav	L	Sept. 20, 1864.
314	Grafell, Wm.	do	73d Pa.	B	April 3, 1864.
6408	Graff, A. I.	do	13th Ohio	E	Aug. 22, 1864.
10499	Graff, F.	do	14th N. Y. cav	M	Oct. 8, 1864.
9813	Graft, P.	do	20th Ohio bat.		Sept. 26, 1864.
10898	Gravel, J.	do	51st Ill.	C	Oct. 16, 1864.
433	Graves, Jas.	do	2d Tenn.	E	April 8, 1864.
1618	Graves, G.	do	8th Ky	C	June 4, 1864.
4787	Graves, W. F.	do	2d N. Y.	H	Aug. 5, 1864.
6490	Graves, J. C.	do	2d Tenn	E	Aug. 22, 1864.
10717	Graves, W. E.	do			Oct. 11, 1864.
11598	Graves, J.	do	11th Vt.	E	Oct. 28, 1864.
1302	Gray, M.	do	6th Pa. res.	B	May 23, 1864.
2337	Gray, D. L.	do	22d Ind	I	June 22, 1864.
4977	Gray, Wm.	do	18th U. S.	C	Aug. 8, 1864.
5354	Gray, Jno.	do	6th N. Y. art.	H	Aug. 11, 1864.
5736	Gray, G. S.	do	1st D. C. cav	K	Aug. 15, 1864.
7321	Gray, H. F.	do	2d Ind. cav	H	Aug. 30, 1864.
8628	Gray, Geo.	do	1st Mich. cav	E	Sept. 13, 1864.
8898	Gray, C.	do	28th Mass	D	Sept. 16, 1864.
8903	Gray, C. D.	do	20th Ky	G	Sept. 16, 1864.
10511	Gray, J.	do	11th Iowa	C	Oct. 8, 1864.
11392	Gray, Jas.	do	6th Mich. cav	B	Oct. 23, 1864.
2164	Grace, W.	do	21st Ill.	D	June 19, 1864.
8257	Grace, Thos.	do	1st U. S.	D	Sept. 15, 1864.
2393	Grash, Fred.	do	10th Wis.	I	June 24, 1864.
2501	Gragan, Wm.	do	66th Ill.	B	June 26, 1864.
4655	Grager, H.	do	125th Ohio	H	Aug. 3, 1864.
3638	Granger, A.	do	93d N. Y.	I	July 20, 1864.
5798	Granger, Jno.	do	107th N. Y.	I	Aug. 15, 1864.
7589	Granger, E. H.	do	55th Pa.	C	Sept. 2, 1864.
2571	Gratam, John	do	7th Tenn. cav	D	June 27, 1864.
2640	Grandine, D. S.	do	111th N. Y.	E	June 29, 1864.
3212	Grant, C.	do	96th N. Y.	B	July 12, 1864.
3875	Grant, J. A.	Sergeant	125th N. Y.	K	July 24, 1864.
4148	Grant, G.	Private	1st Maine cav	F	July 28, 1864.
7391	Grant, Frank	do	16th Maine	F	Aug. 31, 1864.
7885	Grant, Geo. W.	do	1st Mass.	E	Sept. 5, 1864.
7968	Grant, A. H.	do	7th Mich.	D	Sept. 6, 1864.
8277	Grant, J.	do	15th Mass.	E	Sept. 9, 1864.
10468	Grant, M.	do	18th Pa. cav	I	Oct. 7, 1864.
10491	Grant, Wm.	do	15th Mass.	E	Oct. 7, 1864.
12216	Grant, H. G.	do	5th Ind.	G	Dec. 3, 1864.
4131	Grammett, H.	do	62d N. Y.	I	July 28, 1864.
4902	Grambaugh, ——.	do	85th Ohio.	E	Aug. 6, 1864.
11647	Grabaugh, J.	do	5th Mich	G	Oct. 30, 1864.
4391	Grafton, D.	do	118th Ohio.	D	July 30, 1864.
4511	Grasman, E.	do	23d Mich.	I	Aug. 1, 1864.
7298	Grass, C.	do	32d Ind.	H	Aug. 29, 1864.
7659	Grass, J.	do	17th Mich.	H	Sept. 3, 1864.
7839	Gras, G. W.	Corporal	79th Pa.	A	Sept. 4, 1864.
4974	Grammons, Jas.	Private	1st Conn. cav	K	Aug. 7, 1864.
7646	Graigg, W.	do	16th Conn.	B	Sept. 3, 1864.
7817	Grabool, B.	do	1st Ky.	F	Sept. 4, 1864.
9312	Graber, J. T.	do	81st Ill.	D	Sept. 20, 1864.
9403	Graber, I.	do	24th Ill.	H	Sept. 20, 1864.
9511	Grapps, H.	do	42d N. Y.	G	Sept. 22, 1864.

ANDERSONVILLE CEMETERY, GEORGIA. 83

No. of grave.	Name.	Rank.	Regiment.	Co.	Died.
10093	Grampy, N. I	Private	52d N. Y	B	Sept. 30, 1864.
10300	Grady, M	do	11th Conn	B	Oct. 4, 1864.
12583	Grarisloff, F	do	89th Pa	B	Feb. 4, 1865.
197	Grerling, Daniel	do	13th Ohio	A	Mar. 27, 1864.
693	Greek, Sam'l	do	100th Ohio	C	April 23, 1864.
6482	Greek, C. H	do	1st Mich. cav	K	Aug. 26, 1864.
783	Greaves, Geo	do	16th Ill	K	April 28, 1864.
1000	Grey, Thos	Corporal	11th Tenn	E	May 10, 1864.
2485	Grey, P	Private	3d Va	A	June 25, 1864.
4096	Grey, Pat	do	9th Conn	H	July 27, 1864.
5971	Grey, L	Sergeant	163d Pa	D	Aug. 17, 1864.
6516	Grey, G. H	Private	4th N. H	E	Aug. 22, 1864.
3357	Greys, L	do	11th Tenn	F	July 15, 1864.
1001	Greer, J. A	do	13th Pa. cav	E	May 10, 1864.
1465	Greer, R. J	do	6th Ohio cav	C	May 29, 1864.
3719	Greer, J. O	Corporal	7th Tenn	B	July 21, 1864.
4802	Greer, G. G	Private	49th Ohio	D	Aug. 5, 1864.
6363	Greer, Jno	do	76th N. Y	B	Aug. 26, 1864.
11778	Greer, George	Corporal	120th Ill	D	Nov. 3, 1864.
9811	Grear, R	Private	73d Pa	H	Sept. 26, 1864.
1235	Gregory, H	do	12th Ky. cav	D	May 20, 1864.
4322	Gregory, John	do	61st N. Y	E	July 30, 1864.
7492	Gregory, L	do	7th N. Y. art	M	Sept. 1, 1864.
7634	Gregory, D. D. L	do	120th N. Y	E	Sept. 2, 1864.
1342	Green, E	do	85th N. Y	C	May 24, 1864.
2013	Green, John	do	18th Mass	A	June 16, 1864.
3230	Green, M	do	26th Pa	E	July 12, 1864.
4225	Green, E	do	11th Mich	H	July 29, 1864.
4605	Green, J		Gunb't Southfield		Aug. 3, 1864.
5202	Green, O	Private	154th N. Y	G	Aug. 10, 1864.
5273	Green, E	do	2d Vt. bat'y		Aug. 10, 1864.
5388	Green, J. G	do	7th Tenn. cav	I	Aug. 12, 1864.
6207	Green, E	do	4th Ohio cav	D	Aug. 19, 1864.
6897	Green, J. C	do	13th Pa. cav	D	Aug. 26, 1864.
7197	Green, J. B	Sergeant	11th Ky	I	Aug. 29, 1864.
7221	Green, J. C	Private	7th Tenn	E	Aug. 29, 1864.
7836	Green, M	do	9th Ill	C	Sept. 4, 1864.
9112	Green, S	do	72d Ind	E	Sept. 18, 1864.
11155	Green, Jno	do	23d Ill	H	Oct. 19, 1864.
11901	Green, W. S	do	12th Pa	I	Nov. 7, 1864.
12116	Green, C	do	79th Ill	A	Nov. 22, 1864.
12522	Green, H. W	do	146th N. Y	E	Jan. 26, 1865.
2164	Greenman, J. S	Sergeant	2d N. Y. cav	D	Jan. 19, 1864.
3390	Greenman, D	do	21st Wis	K	July 16, 1864.
2356	Greenwalt, G	do	22d Pa	H	June 23, 1864.
5557	Greenwalt, M	Private	1st Wis. cav	C	Aug. 13, 1864.
3111	Greenwall, B	do	16th Ill. cav	L	July 10, 1864.
3013	Greene, Thos	do	2d Md	D	July 7, 1864.
3620	Greenlee, Alex	do	4th Tenn	D	July 20, 1864.
11581	Greenwood, W	do	3d Ind	C	Oct. 28, 1864.
2649	Grehoe, M	do	11th Va	C	June 29, 1864.
2942	Greadley, H	do	24th Ill	A	July 5, 1864.
3792	Gregg, F	do	139th Pa	K	July 22, 1864.
5422	Gregg, J	do	139th Pa	K	Aug. 12, 1864.
5735	Greggs, D	do	142d Pa	A	Aug. 15, 1864.
4541	Grewett, S. P	do	7th Tenn. cav	B	Aug. 2, 1864.
4560	Grenthouse, J	do	6th Ill	I	Aug. 2, 1864.
11060	Greathouse, T	do	14th Pa	B	Oct. 17, 1864.
781	Grippman, J	do	5th Mich	M	April 28, 1864.
1163	Grimes, T. O	do	66th Ind	I	May 17, 1864.

No. of grave.	Name.	Rank.	Regiment.	Co.	Died.
6376	Grims, Wm	Private	2d Tenn	A	Aug. 21, 1864.
12483	Grim, Wm	....do	39th Ind	E	Jan. 19, 1865.
9978	Grimm, Daniel	....do	2d R. I	H	Sept. 28, 1864.
1594	Griffin, William	....do	6th Ind. cav	I	June 3, 1864.
1649	Griffin, G. W	....do	13th Pa. cav	L	June 5, 1864.
2988	Griffin, J	....do	103d Pa	I	July 6, 1864.
3630	Griffin, B	....do	11th Ky	E	July 20, 1864.
3816	Griffin, John	....do	40th N. Y	H	July 23, 1864.
4092	Griffin, G	....do	11th Mich	H	July 27, 1864.
5766	Griffin, W	....do	52d N. Y	F	Aug. 15, 1864.
8093	Griffin, W. A	....do	2d Tenn. cav	C	Sept. 7, 1864.
8735	Griffin, J. C	....do	5th Pa. cav	D	Sept. 14, 1864.
9210	Griffin, D	....do	11th Pa	E	Sept. 19, 1864.
10615	Griffin, J	....do	56th Pa	A	Oct. 10, 1864.
11502	Griffin, J. B	....do	2d N. Y. cav	D	Oct. 26, 1864.
12022	Griffin, R	....do	11th Ky	E	Nov. 15, 1864.
1612	Gritton, G	....do	11th Ky. cav	D	June 4, 1864.
1841	Gritton, M	....do	11th Ky. cav	B	June 11, 1864.
3101	Griffith, A	....do	24th N. Y. bat		July 10, 1864.
7527	Griffith, A	....do	54th Pa	F	Sept. 1, 1864.
8057	Griffith, S	....do	11th U. S	F	Sept. 7, 1864.
11185	Griffith, E. P	....do	85th N. Y	D	Oct. 19, 1864.
12560	Griffith, J. H	....do	5eth Ohio	C	Jan. 31, 1865.
8392	Griffeth, S	....do	8th Me	G	Sept. 10, 1864.
12164	Grifford, L	....do	6th Mich	I	Nov. 26, 1864.
3815	Griswold, B. F	Corporal	169th N. Y	F	July 23, 1864.
4083	Griswold, Z. P	Private	19th Ill	E	July 27, 1864.
10782	Griswold, Thomas	....do	2d Ind	F	Oct. 12, 1864.
5146	Griswell, Thomas J	....do	7th Tenn. cav	H	Aug. 9, 1864.
7908	Griswell, W. H	....do	7th Tenn. cav	K	Sept. 5, 1864.
6498	Grison, C	....do	8th Tenn	B	Aug. 22, 1864.
8351	Grilmartin, A	....do	69th N. Y		Sept. 10, 1864.
11632	Grier, J	....do	19th U. S	C	Oct. 29, 1864.
11910	Grinstead, F. R	....do	1st Ky	E	Nov. 8, 1864.
12432	Grinnell, John	....do	26th Pa	H	Jan. 11, 1865.
386	Groseaust, S	Corporal	6th Ohio cav	G	April 5, 1864.
2944	Gross, Samuel	Private	50th Pa	E	July 5, 1864.
5655	Gross, John	....do	62d Pa	K	Aug. 14, 1864.
9653	Gross, J	....do	140th N. Y	I	Sept. 24, 1864.
9981	Gross, Joseph	....do	151st N. Y	B	Sept. 29, 1864.
10594	Gross, J	....do	29th Ill	B	Oct. 10, 1864.
10944	Gross, C	....do	6th N. Y	E	Oct. 14, 1864.
12200	Gross, S	....do	2d N. Y. cav	I	Dec. 1, 1864.
566	Grover, James	....do	16th Mich	H	April 15, 1864.
3092	Groven, James	....do	49th N. Y	F	July 9, 1864.
6821	Groves, L	....do	12th Ohio	C	Aug. 25, 1864.
7357	Groves, A. T	....do	45th Pa	A	Aug. 31, 1864.
4115	Grogau, D	....do			July 28, 1864.
5836	Gronshaw, C	....do	26th Iowa		Aug. 16, 1864.
5881	Grouse, G	....do	145th Pa	C	Aug. 16, 1864.
8326	Groupe, D	....do	4th Wis	H	Sept. 10, 1864.
10466	Groner, H	....do	42d Ill	K	Oct. 7, 1864.
11352	Groucher, J	....do	6th Mich. cav	B	Oct. 23, 1864.
573	Grum, William	....do	3d Pa. cav	A	April 15, 1864.
8308	Grun, R	....do	2d R. I	B	Sept. 10, 1864.
9372	Grunnell, John	....do	2d N. Y. cav	D	Sept. 20, 1864.
1927	Grunley, James	....do	22d Mich	D	June 14, 1864.
5005	Grutte, G	....do	4th Iowa	G	Aug. 8, 1864.
5961	Gruder, F	....do	16th Ill. cav	B	Aug. 17, 1864.
7355	Grunds, L	....do	15th Wis	I	Aug. 31, 1864.

ANDERSONVILLE CEMETERY, GEORGIA. 85

No. of grave.	Name.	Rank.	Regiment.	Co.	Died.
10997	Grundy, R. G.	Private	73d N. Y.	G	Oct. 16, 1864.
9764	Grubbs, J.	do	103d Pa.	F	Sept. 25, 1864.
11197	Grubb, M. P.	do	83d Pa.	H	Oct. 20, 1864.
6348	Guant, A.	do	2d Va.	I	Aug. 21, 1864.
2770	Guffey, R.	do	18th Mo.	E	July 2, 1864.
1761	Guist, J. W.	do	57th Pa.	I	June 9, 1864.
5166	Guild, C.	do	2d Mass. art.	C	Aug. 9, 1864.
6756	Guinby, L. C.	do	76th Pa.	E	Aug. 24, 1864.
8317	Guile, A. L.	Sergeant	154th N. Y.	A	Sept. 10, 1864.
529	Gulz, ———	Private	145th Pa.	G	April 13, 1864.
1312	Gullson, William	do	7th Ind. cav.	L	May 23, 1864.
2787	Gulse, T. E.	Corporal	27th Mass.	B	July 2, 1864.
3730	Gulk, P.	Private	79th Ill.	B	July 21, 1864.
5779	Gullett, A.	do	45th Ky.	K	Aug. 15, 1864.
7220	Gulvere, David	do	4th U. S.	C	Aug. 29, 1864.
2533	Gumbert, A.	Corporal	103d Pa.	B	June 26, 1864.
1459	Gunn, Calvin	Private	12th N. Y. cav.	G	May 29, 1864.
2297	Gunn, Alexander	do	4th Pa. cav.	D	June 21, 1864.
5867	Gundalock, F.	do	95th N. Y.	A	Aug. 16, 1864.
6651	Gunahan, ———	do	85th N. Y.	G	Aug. 23, 1864.
7454	Gunter, R. C.	Sergeant	13th Tenn.	A	Sept. 1, 1864.
8671	Gunter, John	Private	4th U. S. cav.		Sept. 13, 1864.
7678	Gundly, J.	do	3d N. Y. cav.	F	Sept. 3, 1864.
9190	Ganery, C.	do	31st Me.	A	Sept. 18, 1864.
10691	Gunderson, H.	Sergeant	15th Wis.	I	Oct. 11, 1864.
5818	Gurmaine, B. S.	do	79th Mich.	K	Aug. 16, 1864.
10031	Gurney, J. F.	do	1st Me.	I	Sept. 29, 1864.
11399	Gurerson, G. W.	Private	6th N. J.	A	Oct. 24, 1864.
2386	Guthrie, W. B.	do	80th Ind.	C	June 24, 1864.
8147	Guthrie, J.	do	1st Ala.	I	Sept. 8, 1864.
3164	Guth, H.	do	1st Wis.	D	July 10, 1864.
4015	Gutterman, J.	Musician	1st Conn.	E	July 26, 1864.
10108	Gutterson, G.	Private	1st Mass.	B	Sept. 30, 1864.
5025	Guyer, William	do	72d Ill.	E	Aug. 8, 1864.
12145	Guyer, F.	do	15th N. Y. art.		Nov. 24, 1864.

H.

4767	Haake, Thomas	Private	1st Md. battery	D	Aug. 5, 1864.
7301	Habbard, A.	do	76th N. Y.	B	Aug. 30, 1864.
8148	Habbard, B.	do	16th Conn.	A	Sept. 8, 1864.
9083	Habbner, F.	do	4th Ind. cav.	E	Sept. 18, 1864.
9797	Habs, D.	do	1st Tenn. cav.	D	Sept. 26, 1864.
6495	Hack, J.	do	12th N. Y.	K	Sept. 22, 1864.
6711	Hack, J.	do	103d Pa.	K	Sept. 24, 1864.
11643	Hacket, J.	do	30th Pa.	D	Oct. 30, 1864.
10194	Hackett, C.	do	13d N. Y.	C	Oct. 1, 1864.
2623	Hackett, J.	do	3d Ind. cav.	C	June 8, 1864.
7113	Hackuty, J.	do	7th N. Y. art.	D	Aug. 28, 1864.
8275	Hadden, C.	do	26th N. Y.		Sept. 9, 1864.
7721	Haddesoll, C.	do	2d N. Y. art.	L	Sept. 3, 1864.
473	Haddish, J.	do	14th N. Y.	A	April 10, 1864.
8541	Haff, M.	do	4th Ind. bat.		Sept. 11, 1864.
4790	Haffingle, J.	do	91st Pa.	C	Aug. 5, 1864.
6876	Hagale, Jacob	do	10th N. Y. cav.	H	Aug. 26, 1864.
4159	Hagaman, J.	do	11th N. J.	K	July 23, 1864.
3646	Hagen, A.	do	59th N. Y.	B	July 20, 1864.
6907	Hagen, Patrick	do	2d Mass. art.	G	Aug. 26, 1864.
4679	Hager, ———	do	52d N. Y.	H	Aug. 3, 1864.
5074	Hagerman, James	do	16th Ill. cav.	E	Aug. 8, 1864.

86 LIST OF INTERMENTS IN THE

No. of grave.	Name.	Rank.	Regiment.	Co.	Died.
12542	Hagerman, R........	Private	32d Ohio........	B	Jan. 23, 1865.
12611	Hagerty, D. G	....do......	72d Ohio........	E	Feb. 7, 1865.
6869	Hagerty, William	....do......	147th N. Y......	E	Aug. 26, 1864.
11799	Hagerty, W. R	....do......	7th Pa...........	G	Nov. 4, 1864.
4094	Haggard, E	....do......	16th Ill. cav.....	K	July 27, 1864.
8056	Haggett, P.........	Corporal ...	2d Mass. cav.....	M	Sept. 7, 1864.
7064	Haginey, F........	Private	2d Mo...........	K	Aug. 28, 1864.
11959	Haginnis, W	....do......	89th Ill.........	G	Nov. 11, 1864.
5045	Hahn, C	....do......	14th Pa. cav.....	B	Aug. 8, 1864.
8724	Haight, J. E........	....do......	8th N. Y. art....	H	Sept. 15, 1864.
6752	Hailare, R..........	....do......	119th Pa.........	A	Aug. 24, 1864.
170	Hailen, Gotfried.....	....do......	12th N. Y. cav...	K	Mar. 26, 1864.
6393	Haines, G	....do......	13th Tenn. cav ...	A	Aug. 21, 1864.
5412	Haines, H..........	....do......	5th N. Y. cav	I	Aug. 13, 1864.
5059	Haines, J	....do......	12th Ky. cav.....	D	Aug. 8, 1864.
3012	Haines, J. A........	....do......	13th Tenn........	E	July 7, 1864.
1813	Haines, R..........	....do......	9th Mich. cav....	G	June 10, 1864.
12371	Haines, N. S........	Corporal ...	72d Ohio........	E	Jan. 1, 1865.
2825	Haines, Theo	Private	14th Ill. cav.....	M	July 3, 1864.
12276	Hair, F	....do......	27th Mass.......	H	Dec. 13, 1864.
2887	Hair, G	....do......	89th N. Y........	A	July 4, 1864.
11109	Hakaion, F	....do......	2d Md...........	K	Oct. 18, 1864.
63	Hake, William......	....do......	16th Ill	E	Mar. 19, 1864.
533	Halbert, F	....do......	2d U. S..........	H	April 13, 1864.
11036	Hulbert, A. H.......	Corporal ...	85th N. Y........	D	Oct. 18, 1864.
3342	Halbert, L	Private	1st N. Y.........	D	July 15, 1864.
6468	Hale, A. W.........	....do......	21st Wis	I	Aug. 22, 1864.
710	Hale, H. C..........	....do......	21st Wis	I	April 24, 1864.
8486	Hale, Ira	....do......	7th Tenn. cav	C	Sept. 11, 1864.
4674	Hale, S. B..........	....do......	7th Mich. cav....	B	Aug. 3, 1864.
4911	Haleman, M........	....do......	1st N. J. cav.....	A	Aug. 6, 1864.
10865	Halenbeck, S	....do......	145th N. Y.......	B	Oct. 13, 1864.
10061	Haley, C. H........	....do......	22d Ill..........	H	Sept. 30, 1864.
7903	Halfrer, J. A........	....do......	32d Ind..........	A	Sept. 5, 1864.
10906	Hall, A	....do......	18th Pa..........	E	Oct. 14, 1864.
7821	Hall, Alexander.....	....do......	7th N. J.........	C	Sept. 4, 1864.
3474	Hall, B	....do......	105th Pa.........	F	July 17, 1864.
5218	Hall, Benjamin	....do......	11th Vt..........	A	Aug. 10, 1864.
2851	Hall, B. A..........	....do......	2d Tenn	A	July 4, 1864.
11310	Hall, C	....do......	1st N. Y. cav....	H	Oct. 22, 1864.
2214	Hall, Charles	....do......	12th N. Y........	K	June 20, 1864.
5003	Hall, Charles	....do......	109th N. Y.......	....	Aug. 8, 1864.
12060	Hall, C. A..........	....do......	1st Vt...........	A	Nov. 17, 1864.
9129	Hall, D	....do......	8th Conn........	F	Sept. 18, 1864.
870	Hall, Edwin........	....do......	111th N. Y.......	C	May 3, 1864.
10070	Hall, Edward	....do......	77th Pa..........	G	Oct. 11, 1864.
10634	Hall, F	....do......	15th Ill	D	Oct. 10, 1864.
11095	Hall, F	....do......	1st Ky. cav......	F	Oct. 18, 1864.
11572	Hall, G. H	....do......	7th Ill	B	Oct. 27, 1864.
12370	Hall, G. W.........	....do......	40th N. Y........	I	Jan. 1, 1865.
5647	Hall, Henry........	....do......	10th Va..........	F	Oct. 14, 1864.
3920	Hall, Henry........	....do......	53d Pa...........	H	July 25, 1864.
5080	Hall, H	....do......	149th Pa.........	I	Aug. 8, 1864.
12314	Hall, H. C	Corporal ...	41st Ill	D	Dec. 20, 1864.
12536	Hall, H. H.........	Private	2d Ind...........	E	Jan. 24, 1865.
711	Hall, Irvin, (col'd)...	....do......	8th Pa...........	C	April 24, 1864.
8398	Hall, J	....do......	7th Md	D	Sept. 10, 1864.
2846	Hall, James	....do......	9th N. Y. cav....	E	July 3, 1864.
1124	Hall, John	....do......	2d Tenn	B	May 15, 1864.
4459	Hall, John	....do......	109th N. Y.......	E	Aug. 1, 1864.

ANDERSONVILLE CEMETERY, GEORGIA. 87

No. of grave.	Name.	Rank.	Regiment.	Co.	Died.
7194	Hall, J. F	Private	91st Ill	A	Aug. 29, 1864.
4855	Hall, J. J	do	3d Tenn. cav	E	Aug. 6, 1864.
12223	Hall, J. L	do	89th Ill	G	Dec. 4, 1864.
12146	Hall, J. M	do	7th Tenn	A	Nov. 24, 1864.
35	Hall, J. W	do	4th Ohio	A	Mar. 11, 1864.
9661	Hall, L	do	14th N. Y. cav	L	Sept. 24, 1864.
9297	Hall, M		A. A. S		Sept. 19, 1864.
7022	Hall, O	Private	89th Ohio	B	Aug. 27, 1864.
11833	Hall, Peter,	Corporal	103d Ill	D	Nov. 5, 1864.
2642	Hall, R. H	Private	3d Tenn	B	June 29, 1864.
9338	Hall, S		126th Ohio	F	Sept. 20, 1864.
11086	Hall, S. H	Private	1st N. Y. S. S	E	Oct. 18, 1864.
1953	Hall, S. L	do	117th Ind	C	June 14, 1864.
3185	Hall, T	Sergeant	2d Ohio	H	July 11, 1864.
5931	Hall, W	Private	26th Mich	I	Aug. 15, 1864.
6	Hall, W	do	2d Mich. cav	M	Mar. 5, 1864.
7819	Hall, William	do	2d N. Y	K	Sept. 4, 1864.
7731	Hall, William C	do	8th N. Y. cav	K	Sept. 3, 1864.
3443	Hall, W. G	do	1st Conn	K	July 17, 1864.
10003	Hall, W. R	do	2d Tenn	D	Sept. 29, 1864.
630	Hallar, John	do	5th Ind. cav	A	April 19, 1864.
1241	Hallar, William	do	83d Ill	H	May 20, 1864.
9333	Haller, D	Corporal	22d Wis	D	Sept. 20, 1864.
3953	Haller, H	Private	73d Pa	A	July 25, 1864.
3795	Haller, Peter	do	103d Pa	D	July 22, 1864.
8004	Halley, J	do	13th U. S.	B	Sept. 6, 1864.
10646	Halley, T	do	76th N. Y	E	Oct. 11, 1864.
11629	Halley, W	do	2d N. Y. cav	D	Oct. 29, 1864.
8094	Hallford, J. A	do	13th Tenn cav	A	Sept. 7, 1864.
11054	Halligan, J	do	4th Ky. art	A	Oct. 17, 1864.
7491	Halliger, C	do	63d Pa	D	Sept. 1, 1864.
10145	Hallmark, —	do	7th Tenn	E	Oct. 1, 1864.
4175	Halloway, J	do	146th N. Y	D	July 28, 1864.
839	Halpin, John	do	2d Va	D	May 2, 1864.
9253	Halpin, P	do	68th N. Y		Sept. 19, 1864.
1547	Halpin, P	do	5th U. S. art	H	June 1, 1864.
8281	Halshutt, A	do	12th Ohio	C	Sept. 9, 1864.
151	Halstead, J. W	Corporal	2d Mass. cav	M	Mar. 25, 1864.
10761	Halter, W	Private	3d N. J	I	Oct. 12, 1864.
10683	Halton, F. M	do	2d Ky	K	Oct. 11, 1864.
4570	Halts, L	do	26th Wis	C	Aug. 2, 1864.
7408	Haly, William	do	16th Mass	F	Aug. 31, 1864.
7642	Haly, W	do	16th Conn	D	Sept. 3, 1864.
8273	Ham, J. H	do	1st Mass. art	I	Sept. 9, 1864.
10227	Haman, J	do	118th Pa	E	Oct. 2, 1864.
10022	Hamilton, D	do	183d Pa		Sept. 29, 1864.
12249	Hamilton, D	do	13th Ind	B	Dec. 9, 1864.
8213	Hamilton, H	do	132d N. Y	D	Sept. 8, 1864.
9510	Hamilton, I	do	13th Ohio	A	Sept. 22, 1864.
12405	Hamilton, J	do	111th N. Y	G	Jan. 6, 1865.
10032	Hamilton, John	do	6th N. Y. art	L	Sept. 29, 1864.
2974	Hamilton, J	do	7th Ind	K	July 6, 1864.
654	Hamilton, J. G	Corporal	4th Pa. cav	L	April 21, 1864.
7971	Hamilton, P. S	Private	7th Ind	E	Sept. 6, 1864.
11136	Hamilton, S	do	2d U. S	D	Oct. 19, 1864.
6601	Hamilton, Thomas	do	6th N. Y. art	L	Aug. 23, 1864.
9042	Hamilton, William	Corporal	31st Mo	A	Sept. 17, 1864.
6901	Hamlier, John	Private	3d Pa. art	B	Aug. 26, 1864.
1742	Hamlin, H. P	do	2d Mass	M	June 8, 1864.
11260	Hamlin J. H	do	1st Mich. S. S	K	Oct. 21, 1864.

No. of grave.	Name.	Rank.	Regiment.	Co.	Died.
6058	Hamm, J	Corporal	90th Ohio	K	Aug. 18, 1864.
348	Hammack, J. W	Private	1st Ky. cav	G	April 4, 1864.
10322	Hammon, W. H	do	15th U. S.	A	Oct. 4, 1864.
1990	Hammer, A	do	9th Ky	D	June 15, 1864.
2551	Hammer, John	Sergeant	73d Pa	I	June 26, 1864.
5061	Hammer, S	Private	3d Va. cav	G	Aug. 8, 1864.
988	Hammes, J	do	3d Pa. art	A	May 10, 1864.
4189	Hammide, A	do	1st N. J. cav		July 2, 1864.
9342	Hammond, George	Corporal	77th Mass	G	Sept. 20, 1864.
7837	Hammond, G. W	do	65th Ind	D	Sept. 4, 1864.
2370	Hammond, J	Citizen	Teamster		June 23, 1864.
8306	Hammond, J	Private	19th Me	G	Sept. 10, 1864.
10349	Hammond, J	do	10th Tenn	D	Oct. 5, 1864.
264	Hammond, S	Teamster			
5634	Hammond, W	Private	66th N. Y	G	Aug. 14, 1864.
12306	Hammond, W	do	20th Pa	K	Dec. 18, 1864.
4420	Hammoutrer, P	do	6th Ky. cav	L	July 31, 1864.
3904	Hamstead, J	do	5th R. I. art	F	July 24, 1864.
53	Hampton, J. A	do	3d Tenn	D	Mar. 16, 1864.
12791	Hanach, L	do	15th Ill	D	Feb. 18, 1865.
11200	Hanard, J. B	do	123d Ohio	C	Oct. 20, 1864.
6009	Hancock, R	do	2d N. Y. cav	D	Aug. 17, 1864.
12117	Hancock, W	do	14th Conn	G	Nov. 22, 1864.
12468	Hand, G	do	10th Wis	D	Jan. 16, 1865.
10538	Hand, J	do	55th Pa	H	Oct. 8, 1864.
11076	Hand, H. S	do	169th N. Y	A	Oct. 17, 1864.
1104	Hand, L	do	5th N. Y. cav	C	May 15, 1864.
11156	Handin, G. W	do	1st N. H. cav	I	Oct. 19, 1864.
9784	Handland, H	do	1st Va	H	Sept. 26, 1864.
10640	Hands, J	do	106th Pa	A	Oct. 10, 1864.
7374	Handy, George	do	1st Mass. art	K	Aug. 31, 1864.
6605	Handy, Joel	Musician	9th Me	I	Aug. 23, 1864.
10426	Handy, Moses	Private	59th Mass	A	Oct. 1, 1864.
1585	Haney, H	do	16th U. S.	D	June 3, 1864.
9805	Haney, H	do	7th Tenn. cav	A	Sept. 26, 1864.
9918	Haney, J	do	12th U. S.	C	Sept. 28, 1864.
5162	Haney, Thomas	do	16th Conn	F	Aug. 9, 1864.
9060	Haughman, A	do	140th N. Y	G	Sept. 17, 1864.
4487	Hunger, L. S	do	56th Ind	K	Aug. 1, 1864.
11593	Hank, C. L	Corporal	24th Mich	I	Oct. 28, 1864.
1132	Hauk, George D	Private	7th Ohio cav	L	May 16, 1864.
9431	Hankell, J	do	5th Pa. cav	A	Sept. 21, 1864.
9376	Hanker, R	do	18th Ky	F	Sept. 20, 1864.
3927	Haukins, George	do	12th Mich	H	July 25, 1864.
9892	Hanks, A	Sergeant	101st Pa	D	Sept. 27, 1864.
3589	Hanks, J	Private	1st N. Y. cav	L	July 19, 1864.
8804	Hanks, Nelson	do	95th Mass	D	Sept. 15, 1864.
3857	Hanley, D	do	22d N. Y	B	July 24, 1864.
7681	Hanley, F	do	3d Wis. art	D	Aug. 28, 1864.
12016	Hanley, T	Sergeant	5th R. I. art		Nov. 15, 1864.
12212	Hanley, T	Private	2d Tenn	E	Dec. 2, 1864.
6582	Hanley, W	do	1st Mass	L	Aug. 23, 1864.
12448	Hanley, William	do	29th Ill	D	Jan. 13, 1865.
9862	Hanlon, Thomas	do	180th N. Y	F	Sept. 27, 1864.
1452	Hanna, John	do	22d Mich	C	May 29, 1864.
2605	Hanna, P	do	21st Ill	C	June 28, 1864.
420	Hanna, W. F	do	45th Ohio	A	April 5, 1864.
187	Hannah, H	Corporal	107th Ill	C	Mar. 27, 1864.
2011	Hannah, Thomas	Sergeant	4th Pa. cav	D	June 15, 1864.
11941	Hannahan, A	Private	29th Mo	B	Nov. 9, 1864.

ANDERSONVILLE CEMETERY, GEORGIA. 89

No. of grave.	Name.	Rank.	Regiment.	Co.	Died.
738	Hannig, Mark	Private	7th Ohio cav	I	April 26, 1864.
9004	Hanning, H	Drummer	2d Del	F	Sept. 15, 1864.
10903	Hannosay, A	Private	55th Pa	I	Oct. 14, 1864.
6070	Hanny, D	Citizen	Teamster		
1207	Hanor, Frank	Private	12th N. Y	A	May 19, 1864.
4474	Hans, John	....do	116th Pa	K	Aug. 1, 1864.
4030	Hansberry, E. A	....do	73d Ohio	E	July 26, 1864.
9088	Hansey, G	....do	98th Pa	C	Sept. 18, 1864.
6432	Hanson, C	....do	67th N. Y	F	Aug. 22, 1864.
11188	Hanson, D	....do	39th Ill	E	Oct. 19, 1864.
5352	Hanson, F. A	....do	15th Conn	I	Aug. 11, 1864.
423	Hanson, Frank	....do	119th Pa	E	April 5, 1864.
2394	Hanson, J	....do	15th Mass	K	June 23, 1864.
5289	Hanson, J	....do	76th Ohio	B	Aug. 11, 1864.
7649	Hanson, L	....do	15th Wis	B	Sept. 3, 1864.
12848	Hanson, R	....do	1st Wis	F	Feb. 22, 1865.
11927	Hanson, W	....do	1st Wis	B	Nov. 8, 1864.
9166	Hanstan, B	....do	6th Va. cav	...	Sept. 18, 1864.
12349	Hapes, H	....do	19th Me	B	Dec. 27, 1864.
5607	Harborough, J. H	....do	13th Tenn. cav	E	Aug. 14, 1864.
6875	Hard, William	....do	6th N. H	I	Aug. 26, 1864.
2607	Harda, L. C	Corporal	92d Ohio	E	June 28, 1864.
5486	Harden, —	Private	184th Pa	C	Aug. 13, 1864.
5178	Harden, M	....do	Pa. Reserves	F	Aug. 9, 1864.
8341	Hardin, G. W	....do	6th Va. cav	A	Sept. 10, 1864.
8697	Harding, C	....do	58th Mass	G	Sept. 13, 1864.
7791	Harding, W. H	Sergeant	21st Wis	C	Sept. 4, 1864.
4379	Hardinger, W	Private	147th Pa	B	July 31, 1864.
11495	Hardinorick, J	....do	21st Pa	C	Oct. 26, 1864.
6801	Hardison, G	....do	11th Conn	D	Aug. 25, 1864.
8262	Hardway, D. B	....do	9th Va	G	Sept. 9, 1864.
12586	Hardy, E. S	....do	6th Wis	E	Feb. 4, 1865.
9363	Hardy, J	Sergeant	5th N. Y cav	I	Sept. 20, 1864.
11149	Hardy, J	Private	95th N. Y	C	Oct. 19, 1864.
3015	Hardy, John	....do	14th Mich	H	July 7, 1864.
10101	Hardy, W	....do	95th N. Y	E	Sept. 30, 1864.
8756	Harkins, D. S	Corporal	M. M. B	G	Sept. 14, 1864.
1854	Harkins, H	Private	2d Va	F	June 11, 1864.
10225	Harkins, M	....do	60th Ohio	D	Oct. 2, 1864.
6684	Harlan, J. C	....do	7th Ill	L	Aug. 24, 1864.
318	Harler, John	....do	65th Ill	E	April 3, 1864.
6923	Harlet, M	....do	34th Mass	I	Aug. 26, 1864.
289	Harley, Alfred	....do	40th Ky	K	April 1, 1864.
1910	Harley, J. S	....do	16th Mich	F	June 13, 1864.
6845	Harling, A	....do	57th Pa	C	Aug. 25, 1864.
402	Harlow, Harvey	....do	13th Ky	I	April 5, 1864.
1846	Harman, A. P	....do	4th Tenn	A	June 11, 1864.
10857	Harman, J	....do	15th U. S	E	Oct. 13, 1864.
7571	Harman, John				Sept. 1, 1864.
3736	Harman, L	....do	9th Ohio	F	July 21, 1864.
7929	Harmon, John	Corporal	164th N. Y	I	Sept. 5, 1864.
9579	Harmony, J	Private	168 Pa	H	Sept. 23, 1864.
1633	Harper, D	....do	7th Iowa cav	K	June 5, 1864.
9718	Harper, D	....do	3d Mich	E	Sept. 25, 1864.
8323	Harper, J	....do	125th N. Y	G	Sept. 10, 1864.
376	Harper, J	....do	1st Ky. cav	C	April 5, 1864.
8067	Harper, J. H	....do	60th Ohio	I	Sept. 7, 1864.
10109	Harper, R	....do	103d Pa	B	Sept. 30, 1864.
6538	Harper, W	....do	8th Va	H	Aug. 23, 1864.
6113	Harrell, G	....do	120th Ill	K	Aug. 19, 1864.

No. of grave.	Name.	Rank.	Regiment.	Co.	Died.
10115	Harren, F. J.	Private	52d N. Y.	C	Oct. 1, 1864.
1411	Harries, Phil	do	85th N. Y.	I	May 27, 1864.
5091	Harrington, C	do	15th Ky	K	Aug. 8, 1864.
8624	Harrington, G	do	6th Mich	D	Sept. 13, 1864.
3201	Harrington, John	do	55th Pa	C	July 11, 1864.
12456	Harrington, J. G.	Sergeant	5th Del	H	Jan. 15, 1865.
3785	Harrington, J. W.	Private	3d Pa. cav	A	July 22, 1864.
1378	Harrington, Pat	do	71st N. Y.	D	May 26, 1864.
2597	Harrington, S. J.	do	103d Ohio	I	June 28, 1864.
2635	Harrington, S. M.	do	112th Ill.	A	June 29, 1864.
3901	Harrington, T	do	12th Mass	H	July 24, 1864.
7588	Harris, A	do	2d Pa. cav	K	Sept. 2, 1864.
6648	Harris, A. G.	do	5th Tenn	E	Aug. 23, 1864.
4056	Harris, B. S.	do	8th N. Y. cav	M	July 27, 1864.
5550	Harris, C	do	63d N. Y.	E	Aug. 13, 1864.
1979	Harris, E. D.	Sergeant	99th Ohio	I	June 15, 1864.
11725	Harris, E. K	Private	79th Ill	C	Nov. 1, 1864.
10447	Harris, G. W.	do	9th Ill	G	Oct. 6, 1864.
4411	Harris, J	do	1st Ohio	E	July 31, 1864.
5461	Harris, J	do	8th Iowa cav.	H	Aug. 13, 1864.
6504	Harris, J. E.	do	1st Md	A	Aug. 22, 1864.
12343	Harris, J. S	do	1st Me	F	Dec. 26, 1864.
10613	Harris, M. C	do	38th Ind	D	Oct. 10, 1864.
6784	Harris, Thomas	do	85th N. Y.	C	Aug. 25, 1864.
12167	Harris, U	do	12th Wis	D	Nov. 26, 1864.
1766	Harris, William	do	8th Tenn	I	June 9, 1864.
294	Harrison, D	do	10th Va	I	April 2, 1864.
10384	Harrison, Henry	do	76th N. Y.	K	Oct. 5, 1864.
1524	Harrison, J	do	21st Ohio	I	June 1, 1864.
10207	Harrison, J	do	2d Ohio cav	A	Oct. 1, 1864.
4599	Harrison, J. W.	do	105th Ohio	M	Aug. 3, 1864.
8362	Harrison, O	do	14th N. Y.	K	Sept. 10, 1864.
2526	Harry, A	do	143d N. Y.	K	June 26, 1864.
5636	Harry, B. F.	do	89th Ohio	C	Aug. 14, 1864.
5606	Harry, D	do	16th Mass	H	Aug. 14, 1864.
3836	Harry, P. D.	do	57th Pa	B	July 23, 1864.
7405	Harshman, J. K.	do	15th U. S.	G	Aug. 31, 1864.
8715	Harshman, Peter	do	84th Ill	H	
8347	Hart, A	do	7th Ind	A	Sept. 10, 1864.
4705	Hart, D. R.	do	109th N. Y.	B	Aug. 4, 1864.
9213	Hart, E	do	10th Ohio	H	Sept. 19, 1864.
2677	Hart, Geo	do	16th Ill. cav.	K	June 30, 1864.
12569	Hart, H. C	do	2d Ohio	C	Feb. 1, 1865.
5748	Hart, J	do	12th N. Y. cav.	F	Aug. 14, 1864.
11481	Hart, J	do	7th Pa	I	Oct. 26, 1864.
766	Hart, Jno	do	2d Mass. cav	M	April 27, 1864.
11524	Hart, J	do	7th N. Y. art	K	Oct. 26, 1864.
947	Hart, J. R	Corporal	6th Mich. cav	E	May 7, 1864.
5362	Hart, J. R	Private	88th Ind	H	Aug. 11, 1864.
11897	Hart, M	do	11th Pa	K	Nov. 7, 1864.
8287	Hart, S	Corporal	146th N. Y.	B	Sept. 9, 1864.
8337	Hart, S	Private	22d N. Y. cav	M	Sept. 10, 1864.
10843	Hart, S. L	do	2d Vt	...	Oct. 13, 1864.
7957	Hart, H	do	15th Mass	G	Sept. 6, 1864.
2202	Hart, Wm	do	16th Ill. cav	K	June 19, 1864.
11251	Harter, F	do	12th Ky	M	Oct. 21, 1864.
7879	Hartford, H	do	4th N. H.	A	Sept. 5, 1864.
5412	Hartley, Isaac	do	2d Va	I	Aug. 12, 1864.
4105	Hartlick, C	do	99th Pa	E	July 27, 1864.

No. of grave.	Name.	Rank.	Regiment.	Co.	Died.
4506	Hartman, H	Private	13th Ohio	K	Aug. 1, 1864.
9686	Hartman, H	....do	29th Mich	A	Sept. 24, 1864.
6647	Hartman, I	....do	2d Ohio	K	Aug. 23, 1864.
7432	Hartman, M	....do	40th N. Y	H	Aug. 31, 1864.
4568	Hartman, V	Corporal	29th Mo	A	Aug. 2, 1864.
1980	Hartney, E	....do	39th Ill	B	June 15, 1864.
2189	Harts, Jno	Private	51st Pa	H	June 19, 1864.
409	Hurtsell, Geo	....do	7th Mich	B	April 5, 1864.
12299	Hartshorn, L. E	....do	56th Mass	A	Dec. 16, 1864.
7031	Hartsock, ——	....do	30th Ind	A	Aug. 27, 1864.
11092	Hartz, Jas	....do	143d Pa	I	Oct. 18, 1864.
9425	Hartz, Jas		Citizen teamster		Sept. 21, 1864.
12014	Hartzell, S	Private	1st Vt	D	Nov. 15, 1864.
9433	Hartzer, F	....do	7th Pa	I	Sept. 21, 1864.
748	Harvey, Chas	....do	76th Ohio	E	April 26, 1864.
1673	Harvey, D. M	....do	1st Wis	I	June 6, 1864.
5326	Harvey, Morgan	....do	2d Tenn	F	Aug. 11, 1864.
3505	Harvey, S. J	....do	2d Mass. art	G	July 17, 1864.
9933	Harwington, O	....do	30th Ind	I	Sept. 28, 1864.
4937	Hurwood, G	....do	15th Conn	A	Aug. 7, 1864.
11243	Hasfle, J	Musician	1st Ind	F	Oct. 21, 1864.
11231	Haskins, H	Private	99th Ind	A	Oct. 20, 1864.
1002	Haskins, J	....do	1st Wis	E	May 10, 1864.
3033	Haskins, Jas	....do	16th Conn	D	July 7, 1864.
1274	Haskins, Jno		Teamster		
10812	Haskitt, A	Private	39th N. Y	I	Oct. 12, 1864.
10054	Hasler, C	....do	13th U. S	M	Sept. 30, 1864.
8758	Hasler, M	....do	119th N. Y	C	Sept. 14, 1864.
11947	Hass, J. F	....do	49th N. Y	F	Nov. 10, 1864.
8026	Hasse, Jno	....do	14th Mo. cav	L	Sept. 6, 1864.
3506	Hassen, H	....do	7th Me	G	July 18, 1864.
10024	Haste, Wm	....do	1st Mass	H	Sept. 29, 1864.
8218	Hastin, G	....do	141st N. Y	H	Sept. 8, 1864.
12518	Hastings, A	....do	4th Ky	H	Jan. 24, 1865.
2800	Hastings, J	....do	118th Pa	D	July 2, 1864.
8106	Hastings, J	Sergeant	11th Iowa	B	
397	Hatch, J. C	Private	11th U. S	A	April 5, 1864.
3274	Hatch, J. F	....do	3d Me	G	July 13, 1864.
6112	Hatch, S	Sergeant	8th Me	F	Aug. 19, 1864.
1113	Hates, Chas	Private	2d Pa. cav	H	May 15, 1864.
11938	Hatfield, A. G	....do	114th Ohio	E	Nov. 9, 1864.
5296	Hatfield, Geo. W	....do	126th Ohio	K	Aug. 11, 1864.
1421	Hatfield, J	....do	1st Va	B	May 28, 1864
5793	Hatfield, L	....do	1st Ky	F	Aug. 15, 1864.
1891	Hathaway, Chas	....do	24th N. Y		June 12, 1864.
10606	Hathaway, S	....do	15th Ill. cav	B	Oct. 10, 1864.
3889	Hauce, J	Bugler	7th Mich	D	July 24, 1864.
1904	Haugh, M	Private	22d Mich	D	June 13, 1864.
9904	Haughey, Jno	....do	69th Pa	D	Sept. 27, 1864.
10878	Hause, Jno	....do	1st N. Y. cav	L	Oct. 13, 1864.
7102	Hausman, G	....do	118th Pa	I	Aug. 28, 1864.
6657	Havens, E. N	....do	9th Vt	H	Aug. 24, 1864.
11461	Havens, Geo	....do	22d N. Y	G	Oct. 25, 1864.
3826	Havens, H	....do	141st N. Y	A	July 23, 1864.
81	Havens, J. B	....do	12th Ky	K	Mar. 20, 1864.
4814	Havens, S	Sergeant	104th N. Y	A	Aug. 5, 1864.
3523	Haverslight, H	Private	68th N. Y	E	July 18, 1864.
2262	Haviland, H	....do	6th N. Y. art	E	June 20, 1864.
11843	Hawkins, D. F	....do	5th R. I	A	Nov. 5, 1864.
11027	Hawkins, E	....do	5th Mich	E	Oct. 16, 1864.

LIST OF INTERMENTS IN THE

No. of grave.	Name.	Rank.	Regiment.	Co.	Died.
8608	Hawkins, J. W.	Private	79th Ill.	I	Sept. 13, 1864.
949	Hawkins, N. W.	Corporal	103d Ohio	G	May 8, 1864.
3098	Hawkins, S. D.	Private	3d Tenn	E	July 10, 1864.
9233	Hawley, C.	....do	4th Mich	F	Sept. 19, 1864.
9991	Hawley, R. A.	....do	16th Conn	I	Sept. 29, 1864.
2491	Hawn, E. A.	....do	2d Tenn	B	June 26, 1864.
4836	Hawsen, Wm.	....do	13th Tenn. cav	B	Aug. 6, 1864.
3242	Hay, Wm.	....do	2d Mass. art	H	July 13, 1864.
5355	Hayatt, L. P.	Corporal	1st N. Y. cav	A	Aug. 11, 1864.
805	Hayes, J.	Private	7th Tenn	E	April 29, 1864.
9080	Hayes, J.	....do	6th N. Y. cav	A	Sept. 18, 1864.
10574	Hayes, J.	Sergeant	15th Pa. cav	G	Oct. 9, 1864.
3807	Hayes, J. C.	Private	7th Tenn. cav	C	July 22, 1864.
10904	Hayes, Jas.	....do	39th N. Y.	E	Oct. 14, 1864.
11057	Hayes, Jas.	....do	1st Mich	E	Oct. 17, 1864.
11264	Hayes, P.	....do	35th N. Y.	H	Oct. 21, 1864.
2421	Hayford, A. E.	....do	125th Ohio	C	June 24, 1864.
3554	Haylett, J.	....do	4th Pa. cav	G	July 18, 1864.
5789	Haymonth, W.	....do	2d Mass. cav	M	Aug. 15, 1864.
11856	Hayner, B.	....do	135th Ohio	A	Nov. 6, 1864.
4209	Haynes, C. E.	....do	2d Mass. art	H	July 29, 1864.
4970	Haynes, E.	....do	1st Ky. cav	D	Aug. 7, 1864.
10284	Haynes, Jno.	....do	184th Pa	E	Oct. 4, 1864.
5370	Haynes, P.	....do	1st Mich. cav	H	Aug. 11, 1864.
8778	Haynes, W.	....do	30th Ind	G	Sept. 14, 1864.
3394	Haynes, W. C.	....do	6th N. Y. h'y art	G	July 16, 1864.
10220	Haynor, L.	....do	125th N. Y.	H	Oct. 2, 1864.
11786	Hays, C.	Corporal	2d N. Y.	F	Nov. 4, 1864.
2860	Hays, C.	Private	6th Mich	H	June 29, 1864.
8022	Hays, Edward	....do	69th N. Y.	G	Sept. 6, 1864.
12293	Hays, J. F.	....do	5th Ky	A	Dec. 15, 1864.
9604	Hays, P.	....do	37th Mass	A	Sept. 23, 1864.
4129	Hays, W. M.	....do	8th Tenn	D	July 24, 1864.
7422	Hayvert, B.	....do	5th Pa	I	Aug. 31, 1864.
2926	Hayward, W. G.	Corporal	16th Ill. cav	I	June 22, 1864.
8403	Haywood, ——	Private	18th Conn	E	Sept. 11, 1864.
8529	Haywood, A. J.	Sergeant	7th Tenn	I	Sept. 11, 1864.
11070	Haywood, J. B.	Private	1st Mich cav	H	Oct. 17, 1864.
4805	Haywood, S. G.	....do	7th Tenn	I	Aug. 5, 1864.
5192	Hayworth, F.	....do	7th Ill. cav	I	Aug. 10, 1864.
7990	Hazel, Geo.	....do	2d Pa. cav	D	Sept. 6, 1864.
7434	Hazel, J.	....do	9th Md	C	Sept. 1, 1864.
7394	Hazen, A.	....do	9th Vt	H	Aug. 31, 1864.
7020	Hazen, M. J.	....do	101st Pa	H	Aug. 27, 1864.
6635	Hazeuflincy, I.	....do	26th Pa. bat	....	Aug. 23, 1864.
11132	Hazer, Jno.	....do	11th Ky	I	Oct. 18, 1864.
1666	Hazlett, Wm.	....do	2d Ohio	K	June 6, 1864.
1956	Hazlewood, J. H.	....do	18th Ky	G	June 14, 1864.
12028	Hazzer, W.	....do	7th Tenn	C	Nov. 15, 1864.
10662	Heac, R.	Sergeant	65th N. Y	H	Oct. 11, 1864.
600	Head, Daniel	Private	12th Tenn. cav	B	April 21, 1864.
1552	Head, R. J.	....do	26th Mo	B	June 2, 1864.
9137	Head, Thomas	....do	6th N. Y. art	A	Sept. 18, 1864.
990	Heagan, J.	....do	2d Pa	B	May 10, 1864.
5872	Healy, Jacob	....do	20th Ind	G	Aug. 16, 1864.
12260	Healy, J. B.	....do	100th Pa	M	Dec. 11, 1864.
8537	Healey, H.	....do	7th N. H	C	Sept. 11, 1864.
5875	Heald, H. H.				
1087	Heald, Wm.	Seaman	St'r Canandaigua	....	May 14, 1864.
6076	Hearne, John	Private	5th Ind. cav	F	Aug. 18, 1864.

ANDERSONVILLE CEMETERY, GEORGIA. 93

No. of grave.	Name.	Rank.	Regiment.	Co.	Died.
3508	Heart, John	Private	28th Mass	G	July 18, 1864.
219	Heartless, S				Mar. 29, 1864.
9144	Hearvey, J. E.	do	9th Minn	K	Sept. 18, 1864.
9311	Heath, B.	do	3d Maine	F	Sept. 20, 1864.
8613	Heath, J	Sergeant	16th Conn	K	Sept. 13, 1864.
4426	Heath, W	Private	21st Mich	C	July 31, 1864.
1159	Heatherby, John	do	1st Tenn	C	May 17, 1864.
4922	Heck, G.	do	12th Pa	G	Aug. 6, 1864.
3819	Hecke, James	do	9th N. J	G	July 23, 1864.
8254	Hecker, G.	do	6th Pa. res	C	Sept. 9, 1864.
1311	Heckey, M	Sergeant	4th Pa. cav	M	May 23, 1864.
11934	Heckinbridge, ——	Private			Oct. 24, 1864.
8481	Heckler, John	do	36th Ohio	G	Sept. 11, 1864.
3994	Heckworth, J.	do	45th Ky	D	July 26, 1864.
7238	Heddington, W	do	15th U. S	F	Aug. 29, 1864.
6181	Heddle, Wm	do	5th N. Y. cav	M	Aug. 19, 1864.
5741	Heeds, C.	do	24th Ill	F	Aug. 15, 1864.
3525	Heeman, John	do	14th Pa. cav	F	July 18, 1864.
6891	Heeters, J. H	do	82d Ohio	F	Aug. 26, 1864.
4136	Heffefinger, V.	do	14th Pa. cav	K	July 28, 1864.
1854	Hegenburg, Wm	do	24th Ill	F	June 11, 1864.
8181	Hegglin, C.	do	4th Ky. cav	I	Sept. 8, 1864.
5688	Heinback, S.	do	116th Pa	H	Aug. 14, 1864.
8165	Heinick, ——	do	1st Md. cav	E	Sept. 8, 1864.
9843	Heinshott, W	do	149th Pa	E	Sept. 27, 1864.
9155	Heir, J	do	14th U. S	H	Sept. 18, 1864.
4583	Heistand, B. F.	Sergeant	97th Ill	D	Aug. 2, 1864.
862	Heller, A.	Private	5th Iowa	B	May 3, 1864.
568	Heller, Wm	Corporal	3d Va	D	April 15, 1864.
303	Help, Carl	Private	26th Wis	E	April 2, 1864.
4428	Helson, George	do	2d Pa. res	F	Aug. 1, 1864.
5695	Helvie, N. C	do	20th Ind	F	Aug. 15, 1864.
11996	Hemance, J	do	100th N. Y	C	Nov. 13, 1864.
6999	Hemt, L	do	2d Mich	C	Aug. 27, 1864.
2723	Henderson, A	do	53th Pa	F	July 1, 1864.
9044	Henderson, A. G	do	13th Tenn	C	Sept. 17, 1864.
11335	Henderson, D	do	122d Ohio	H	Oct. 23, 1864.
3239	Henderson, J	do	18th Ky	B	July 12, 1864.
3712	Henderson, J. K	do	6th Tenn	B	July 21, 1864.
3720	Henderson, P	do	15th Wis	F	July 21, 1864.
714	Henderson, Robert	do	2d Tenn	B	April 26, 1864.
1225	Henderson, Robert	do	18th Pa. cav	D	May 20, 1864.
2300	Henderson, S. W	Sergeant	40th Ohio	U	June 22, 1864.
7370	Henderson, W. J	Private	65th N. Y	K	Aug. 30, 1864.
4408	Hendershot, John	do	45th Ohio	D	July 31, 1864.
11396	Hendershott, F. F	do	7th Va	C	Oct. 24, 1864.
10206	Hendfist, J. B	do	100th N. Y	K	Oct. 1, 1864.
3729	Hendley, J	do	9th Tenn	A	July 21, 1864.
643	Hendren, A	Sergeant	11th Ky. cav	F	April 20, 1864.
6193	Hendren, Wm	Private	11th Ky. cav	F	Aug. 19, 1864.
2768	Hendricks, J	do	2d Ind. cav	C	July 2, 1864.
2906	Hendricks, J	do	16th U. S	D	June 17, 1864.
6431	Hendricks, J	do	129th Ind	A	July 22, 1864.
1650	Hendricks, N	do	4th Pa. cav	D	June 5, 1864.
10804	Henesey, P.	do	49th Pa	H	Oct. 12, 1864.
2263	Henley, C.	do	15th Ohio	F	June 20, 1864.
12302	Hennes, E. M	do	2d N. J	M	Dec. 17, 1864.
1760	Hennessey, J.	do	28th Ky	D	June 9, 1864.
8336	Hennesey, M	do	3d N. Y	A	Sept. 10, 1864.
85	Henniger, Peter	do	11th Tenn	B	Mar. 21, 1864.

LIST OF INTERMENTS IN THE

No. of grave.	Name.	Rank.	Regiment.	Co.	Died.
6627	Henning, C	Private	140th N. Y	I	Aug. 23, 1864.
3072	Hennis, Daniel	do	1st N. Y. cav	B	July 9, 1864.
6639	Henricks, E	do	34th Ohio	H	Aug. 23, 1864.
4993	Henrickson, O	do	19th Ohio	F	Aug. 7, 1864.
3168	Henrie, E. W	do	17th Mass	H	July 11, 1864.
6992	Henry, A	do	27th Mich	B	Aug. 27, 1864.
7537	Henry, A. B	do	103d Pa	E	Sept. 1, 1864.
1075	Henry, E	do	1st R. I. cav	F	May 13, 1864.
875	Henry, G. W	do	95th Ohio	E	May 4, 1864.
4604	Henry, J	do	2d Mass. art	K	Aug. 3, 1864.
367	Henry, James	do	8th Mich. cav	A	April 4, 1864.
437	Henry, Joseph	do	7th Ohio cav	L	April 8, 1864.
2514	Henry, P	do	1st Ala. cav	F	June 26, 1864.
8402	Henry, P. H	do	2d Pa. cav	D	Sept. 11, 1864.
6302	Henry, R. W	do	4th Pa	H	Aug. 20, 1864.
2706	Henry, Wm	do	2d U. S	B	June 30, 1864.
4535	Henry, Wm	do	7th Tenn	C	Aug. 2, 1864.
1102	Henry, W. P	do	3d Ill	A	May 17, 1864.
5535	Henseley, J. M	do	3d Tenn	C	Aug. 13, 1864.
4174	Hensinger, —	do	19th Me	....	July 28, 1864.
6489	Henson, G. W	do	31st Ill	C	Aug. 22, 1864.
9414	Henson, M	do	16th Iowa	B	Sept. 21, 1864.
4727	Hentsley, A	Sergeant	22d Mo	H	Aug. 4, 1864.
7496	Henyen, W	Private	88th N. Y	H	Aug. 29, 1864.
11194	Hepsey, A	do	73d Pa	K	Oct. 20, 1864.
10870	Heratage, Thos	do	6th N. Y	C	Oct. 13, 1864.
4862	Herbert, J. S	do	2d U. S. cav	I	Aug. 6, 1864.
470	Herbert, Otto	do	73d Pa	A	April 10, 1864.
10518	Herbert, Wm	do	4th Ohio	L	Oct. 8, 1864.
8060	Herbott, Daniel	do	115th Ohio	F	Sept. 17, 1864.
8428	Herell, W	do	14th Ill. cav	K	Sept. 11, 1864.
196	Hergitt, Jno	do	11th N. Y	A	Mar. 27, 1864.
8055	Herilage, J	Teamster		....	Sept. 6, 1864.
6793	Hering, N	Private	7th Ohio cav	D	Aug. 25, 1864.
3364	Hering, P	Sergeant	2d Md	C	July 24, 1864.
11337	Herman, H	Corporal	4th Tenn	K	Oct. 24, 1864.
1656	Herman, P	Private	22 Mich	D	June 6, 1864.
3119	Hermance, F. C	Corporal	20th N. Y	A	July 10, 1864.
1095	Hermans, John	Private	11th Mass	G	May 14, 1864.
10647	Hermon, R	do	135th Ohio	F	Oct. 11, 1864.
4286	Heron, John	Corporal	5th Mich	F	July 30, 1864.
4495	Herrick, C	Private	39th Ind	C	Aug. 1, 1864.
879	Herrick, Wm	do	30th Ind	F	May 4, 1864.
1562	Herron, Pat	do	145th Pa	E	June 2, 1864.
6198	Hershian, A	do	4th Ind	M	Aug. 19, 1864.
7297	Hervey, G. W	Corporal	33d Mass	I	Aug. 30, 1864.
11183	Hess, G	Private	114th Pa	D	Oct. 19, 1864.
2565	Hess, H	do	84th Ill	G	June 26, 1864.
1013	Hess, J	do	11th Va	C	May 10, 1864.
614	Hess, W. F	do	12th Ky. cav	M	April 18, 1864.
8526	Hesselpot, J. F	do	65th Pa	G	Sept. 11, 1864.
769	Hessimer Philip	do	73d Pa	....	April 27, 1864.
1906	Hester, John	do	38th Ill	C	June 11, 1864.
3563	Hester, J. P	do	7th Pa. res	H	July 18, 1864.
10556	Hestulate, John	do	69th N. Y	....	Oct. 9, 1864.
3626	Heth, R	do	2d Pa	A	July 20, 1864.
11380	Heurtes, B	do	15th N. Y. cav	I	Oct. 24, 1864.
12104	Hewes, J	do	1st N. Y. cav	A	Nov. 20, 1864.
11193	Hewes, R	Corporal	100th N. Y	C	Oct. 20, 1864.
4542	Hewick, Nelson	Private	10th Wis	B	Aug. 2, 1864.

ANDERSONVILLE CEMETERY, GEORGIA. 95

No. of grave.	Name.	Rank.	Regiment.	Co.	Died.
5853	Hibbet, Wm	Private	21st Ohio	D	Aug. 16, 1864.
11588	Hibbitz, B	....do	1st Ohio	B	Oct. 28, 1864.
9884	Hibbons, J	....do	99th Pa	H	Sept. 27, 1864.
7416	Hibborn, Thomas	....do	2d Mass	B	Aug. 31, 1864.
6581	Hibbrath, M. H	....do	7th Tenn	I	Aug. 23, 1864.
6276	Hibler, A	Corporal	9th Mich. cav	D	Aug. 20, 1864.
9424	Hice, Isaac		11th Pa	L	Sept. 21, 1864.
527	Hickcox, M. R	Private	2d Ohio cav	B	April 13, 1864.
3581	Hicker, C	....do	47th N. Y	C	July 19, 1864.
5284	Hickey, D. C	....do	3d Pa. cav	C	Aug. 10, 1864.
958	Hickey, Thomas	....do	2d Tenn	K	May 8, 1864.
826	Hickley, John	....do	9th Md	G	May 1, 1864.
2357	Hickley, J. S	....do	2d Md	H	June 22, 1864.
11791	Hickman, D	....do	2d Tenn	I	Nov. 4, 1864.
12153	Hickman, E	....do	11th Va	B	Nov. 24, 1864.
1950	Hickman, T	....do	9th Tenn	B	June 14, 1864.
3672	Hickman, Wm	Corporal	3d Tenn	G	July 30, 1864.
12612	Hicks, C	Private	3d Mich	B	Feb. 8, 1865.
8115	Hicks, E	....do	9th Tenn	F	Sept. 8, 1864.
5813	Hicks, F	Sergeant	40th Ohio	H	Aug. 16, 1864.
7869	Hicks, G. W	Private	65th Ill	F	Sept. 5, 1864.
8303	Hicks, H	....do	11th Ill	G	Sept. 10, 1864.
6522	Hicks, J	....do	11th Ohio	D	Aug. 22, 1864.
10239	Hicks, J. F	....do	14th Pa. cav		Oct. 2, 1864.
5604	Hicks, J. M	....do	2d Tenn	I	Aug. 14, 1864.
8111	Hicks, P	....do	11th Ky. cav	F	
1102	Hicks, W	....do	85th Ill	D	May 14, 1864.
7605	Hicks, W. H	....do	99th N. Y	I	Sept. 2, 1864.
1491	Hickson, Daniel	....do	2d Tenn	F	May 31, 1864.
467	Hickson, George	Private	11th Tenn	E	April 10, 1864.
1036	Hickson, Henry	....do	2d Tenn	I	May 11, 1864.
2494	Hiddrick, H	....do	1st Md	I	June 26, 1864.
1608	Hierman, J. H	....do	4th U. S. cav	E	June 4, 1864.
99	Hietziel, C	....do	52d N. Y	B	Mar. 22, 1864.
12086	Hifford, A	....do	18th Conn	D	Nov. 18, 1864.
8725	Hifner, G	....do	86th Ohio	G	Sept. 13, 1864.
6242	Higgins, A	....do	23d Mass	B	Aug. 20, 1864.
9937	Higgins, J	....do	43d N. Y	G	Sept. 28, 1864.
6123	Higgins, J. W	....do	35th Ohio	D	Aug. 19, 1864.
8836	Higgins, J. W	....do	3d Ind. cav	C	Sept. 15, 1864.
2772	Higgins, M. P	....do	3d Ind. cav	C	July 2, 1864.
888	Higgins, W	....do	99th N. Y	B	May 5, 1864.
9429	Higgins, W. E	....do	53d Ind	H	Sept. 21, 1864.
11861	Higgs, L	....do	7th Tenn	D	Nov. 6, 1864.
8584	High, M	....do	25th Wis	E	Sept. 12, 1864.
12070	Highland, C	....do	14th Ill. cav	C	Nov. 17, 1864.
3579	Hight, S. C	....do	55th Pa	H	July 16, 1864.
4058	Higley, George	....do	85th N. Y	F	July 27, 1864.
6033	Higley, M. F	....do	9th Minn	G	Aug. 18, 1864.
11733	Hilbert, G	....do	5th N. Y	E	Nov. 6, 1864.
725	Hildebrand, N	....do	24th Ill	G	April 25, 1864.
7652	Hildreth, H	....do	85th N. Y	K	Sept. 3, 1864.
9665	Hildreth, J. A	....do	123d N. Y		Sept. 24, 1864.
3696	Hildreth, S. C	....do	88th N. Y	D	July 21, 1864.
777	Hill, A. A	....do	44th N. Y	G	April 25, 1864.
8830	Hill, Aaron	....do	115th Ill	C	Sept. 16, 1864.
8643	Hill, A. J	Corporal	20th N. Y. cav	M	Sept 13, 1864.
6064	Hill, C. J	Private	9th Minn	K	Aug. 18, 1864.
67	Hill, David	Corporal	36th Ill	A	Mar. 19, 1864.
4429	Hill, D. L	Private	16th U. S		July 31, 1864.

No. of grave.	Name.	Rank.	Regiment.	Co.	Died.
7531	Hill, E............	Private....	110th Pa.........	....	Sept. 1, 1864.
12446	Hill, E. P.........	....do......	89th Ohio.......	G	Jan. 13, 1865.
4906	Hill, F............	....do......	9th Mass........	I	Aug. 6, 1864.
3970	Hill, Frank.......	....do......	2d N Y, cav......	K	July 25, 1864.
3753	Hill, George......	....do......	17th U. S........	H	July 22, 1864.
8721	Hill, Henry.......	....do......	11th Ind.........	....	Sept. 13, 1864.
1420	Hill, H. C........	Sergeant...	1st Pa...........	K	May 28, 1864.
424	Hill, J............	....do......	7th Ohio cav.....	L	April 5, 1864.
6367	Hill, J. E.........	Private....	2d Pa............	L	Aug. 21, 1864.
4313	Hill, J. H.........	....do......	1st Ky. cav......	G	July 30, 1864.
4489	Hill, J. H.........	....do......	9th Ill. cav......	G	Aug. 1, 1864.
11998	Hill, L............	....do......	22d N. Y........	B	Nov. 13, 1864.
12369	Hill, M. A........	....do......	2d U. S..........	G	Jan. 1, 1865.
4154	Hill, P............	Corporal...	101st Pa.........	B	July 28, 1864.
11790	Hill, R............	Private....	14th Ind.........	D	Nov. 4, 1864.
10385	Hill, S. N.........	....do......	141st Pa.........	D	Oct. 5, 1864.
4431	Hill, Thomas......	....do......	18th Pa.........	L	July 31, 1864.
11412	Hill, W...........	....do......	1st Mich. S. S....	....	Oct. 24, 1864.
11912	Hill, W...........	....do......	24th N. Y. cav...	E	Nov. 8, 1864.
12404	Hill, W. L........	....do......	54th Ohio........	A	Jan. 6, 1865.
2705	Hil'ard, S.........	....do......	1st Ky..........	I	June 30, 1864.
1350	Hillenthal, James..	....do......	14th Conn.......	A	May 24, 1864.
6828	Hiller, D..........	....do......	14th N. Y. art....	....	Aug. 25, 1864.
10448	Hiller, S..........	....do......	64th Pa..........	D	Oct. 7, 1864.
1023	Hilliard, George...	....do......	11th Ky.........	D	May 1, 1864.
2118	Hilliard, J........	....do......	116th Ind........	D	June 17, 1864.
5292	Hilligar, ——......	....do......	1st Md..........	E	Aug. 11, 1864.
8346	Hillis, W..........	....do......	2d Del..........	K	Sept. 10, 1864.
1740	Hills, J. B........	....do......	2d Mass.........	G	June 8, 1864.
2450	Hilm, H...........	....do......	50th Pa..........	C	June 25, 1864.
3316	Hilman, G........	....do......	95th N. Y.......	B	July 14, 1864.
11762	Hilman, G........	....do......	16th Mass.......	H	Nov. 3, 1864.
1508	Hilman, H........	....do......	6th N. Y........	C	May 31, 1864.
2-12	Hilman, H........	....do......	65th Ind........	G	July 3, 1864.
11835	Hilmer, C.........	....do......	6th Mich. cav....	M	Nov. 5, 1864
4370	Hilt, John.........	....do......	73d Pa..........	I	July 31, 1864
2276	Hilton, A. F.......	Sergeant...	2d Tenn.........	H	June 20, 1864.
2215	Hilton, John......	Seaman....	"Tohoma".......	....	June 20, 1864
11029	Hilyard, J.........	Private....	98th Ohio.......	F	Oct. 16, 1864.
7900	Hilyard, P. F......	Corporal...	10th N. J........	A	Sept. 5, 1864.
2898	Himmill, J........	Private....	100th N. Y......	A	July 5, 1864.
12683	Hinchcliff, J......	....do......	81st Ill.........	B	Feb. 20, 1865.
1354	Hinds, George.....	....do......	103d Ohio.......	H	May 24, 1864.
6802	Hine, F. E........	....do......	2d Ohio cav.....	D	Aug. 25, 1864.
3289	Hine, S...........	....do......	68th Ind........	A	July 13, 1864.
4739	Hine, William.....	....do......	2d Va...........	A	Aug. 5, 1864.
12610	Hineman, E. L....	....do......	5th Pa..........	C	Feb. 7, 1865.
10262	Hines, D..........	....do......	....	....	Oct. 3, 1864.
4454	Hines, J...........	....do......	126th N. Y......	G	Aug. 1, 1864.
10033	Hines, J...........	....do......	6th Conn........	K	Sept. 29, 1864.
10824	Hines, L..........	....do......	11th Vt.........	A	Oct. 13, 1864.
6056	Hines, S..........	....do......	59th Mass.......	C	Aug. 18, 1864.
31	Hinkley, B........	....do......	9th N. Y........	B	Mar. 9, 1864.
6255	Hinkley, D........	....do......	1st N. Y. cav....	E	Aug. 20, 1864.
9968	Hinkley, G. C.....	....do......	23d Mich........	F	Sept. 28, 1864.
5556	Hinricks, J........	....do......	3d Mich.........	C	Aug. 13, 1864.
3484	Husky, E. B.......	....do......	1st Me..........	L	July 17, 1864.
7808	Hinson, John......	....do......	7th Tenn. cav...	H	Sept. 4, 1864.
2490	Hinson, J. W......	Sergeant...	9th Ky..........	B	June 26, 1864.
5331	Hinton, J.........	Private....	14th N. Y. art....	D	Aug. 11, 1864.

ANDERSONVILLE CEMETERY, GEORGIA. 97

No. of grave.	Name.	Rank.	Regiment.	Co.	Died.
2967	Hinton, Thomas	Corporal	12th N. Y. cav	E	July 6, 1864.
10390	Hinton, William	Private	72d Ohio	A	Oct. 5, 1864.
9372	Hird, D	Corporal	3d Iowa	G	Sept. 20, 1864.
10449	Hirschfeld, S	Private	U. S. marine corps		Oct. 7, 1864.
8032	Hise, P	do	4th Ky	I	Sept. 6, 1864.
8798	Hitch, S	do	77th Ill	K	Sept. 15, 1864.
8696	Hitchcock, G	do	34th Ohio	G	Sept. 13, 1864.
9223	Hitchcock, J. C	do	27th Mass	C	Sept. 19, 1864.
3195	Hitchcock, W. A	do	16th Conn	C	July 11, 1864.
2798	Hite, J. E	do	2d Md	I	July 6, 1864.
5678	Hittle, B	do	6th Ind. cav	L	Aug. 14, 1864.
682	Hixton, John	do	2d Tenn	F	April 23, 1864.
7613	Howiker, J	do	109th Pa	H	Sept. 2, 1864.
7192	Hoag, J	do	109th N. Y	A	Aug. 29, 1864.
10348	Hoag, J. M	do	20th Mich	H	Oct. 4, 1864.
11336	Hoag, J. M	do	20th Mich	H	Oct. 23, 1864.
2656	Hoaly, A	do	1st R. I. cav	D	June 29, 1864.
11670	Hoar, H. J	do	126th N. Y	I	Oct. 30, 1864.
4147	Hobbs, A	do	141st Pa	H	July 28, 1864.
2085	Hobbs, J	do	8th N. Y	H	June 17, 1864.
7568	Hobson, B. F	do	7th Pa	G	Sept. 2, 1864.
5504	Hobson, W	do	1st Del. cav	E	Aug. 13, 1864.
2934	Hobson, William	do	14th N. Y. cav	F	July 6, 1864.
10862	Hobug, A. J	do	2d Pa. cav	M	Oct. 13, 1864.
7661	Hockenbrock, J	do	2d Pa. art	F	Sept. 3, 1864.
295	Hockenbury, N	do	45th Ohio	C	April 2, 1864.
10820	Hoctaw, E	do	13th Ind	D	Oct. 12, 1864.
12423	Hodge, E. F	do	7th Tenn	E	Jan. 10, 1865.
6556	Hodge, John	do	22d N. Y. cav	A	Aug. 23, 1864.
3121	Hodgen, ——	do	7th Tenn	K	July 10, 1864.
3507	Hodgen, J. W	do	16th Ind	G	July 18, 1864.
6695	Hodges, George	do	1st Conn. cav	H	Aug. 24, 1864.
2130	Hodges, J	do	7th Ind	C	June 18, 1864.
12300	Hodges, J	do	1st Vt. cav	H	Nov. 17, 1864.
9788	Hodges, John	do	13th Tenn	E	Sept. 25, 1864.
1774	Hodges, J. M	do	2d Tenn	F	June 9, 1864.
3438	Hodges, L		Sch. Norman		July 17, 1864.
11757	Hodges, M	Sergeant	22d Mich	I	Nov. 3, 1864.
2793	Hodges, M. J	Corporal	5th Ind	F	July 2, 1864.
2392	Hodges, S	Private	9th Ind	F	June 24, 1864.
12766	Hoery, F	do	3d Vt	C	Mar. 13, 1864.
1027	Hoffard, John	do	132d N. Y	E	May 11, 1864.
1655	Hoffland, H. H	Sergeant	15th Wis	K	June 5, 1864.
1127	Hoffman, C	Private	11th Ky. cav	C	May 15, 1864.
606	Hoffman, Charles	Citizen	Teamster		April 18, 1864.
3155	Hoffman, D	Private	182d N. Y	C	July 11, 1864.
5010	Hoffman, Fred	do	48th N. Y	B	Aug. 8, 1864.
997	Hoffman, G. W	do	8th Va	E	May 10, 1864.
3811	Hoffman, H	do	47th N. Y	E	July 23, 1864.
4932	Hoffman, H	Corporal	7th N. Y. art	L	Aug. 7, 1864.
6248	Hoffman, H	Private	5th N. Y. cav	F	Aug. 20, 1864.
3828	Hoffman, J	do	7th Ill. cav	I	July 23, 1864.
10123	Hoffman, J	do	80th Ind	C	Oct. 1, 1864.
11847	Hoffman, R	do	35th Ill	C	Nov. 5, 1864.
10962	Hoffman, S	do	64th Pa	C	Oct. 15, 1864.
6597	Hofmaster, L	do	73d Pa	I	Aug. 23, 1864.
5575	Hoffmaster, G	Sergeant	20th Pa	F	Aug. 14, 1864.
555	Hoffmaster, L	Private	16th Pa	H	April 14, 1864.
7716	Hofgermerk, F	do	21st N. Y. cav	I	Sept. 3, 1864.
11317	Hogan, J	do	63d N. Y	F	Oct. 22, 1864.

LIST OF INTERMENTS IN THE

No. of grave.	Name.	Rank.	Regiment.	Co.	Died.
5489	Hogan, John J	Private	6th U. S.	M	Aug. 13, 1864.
6067	Hogan, S	do	19th Mass	E	Aug. 18, 1864.
6792	Hogan, Thomas	do	103d Pa	K	Aug. 25, 1864.
2209	Hogen, U	do	16th U. S.	A	June 20, 1864.
395	Hogue, J. A	do	21st N. Y. cav	L	April 5, 1864.
10624	Hohmen, J	do	50th N. Y.	C	Oct. 10, 1864.
6117	Hoin, P	do	112th Ill	H	Aug. 19, 1864.
162	Hoisencon, E. L	do	94th N. Y.	B	Mar. 26, 1864.
9260	Hoit, D	do	19th Mass	B	Sept. 19, 1864.
12601	Hoit, E., (colored)	do	35th U. S.	H	Feb. 6, 1865.
4811	Hoitt, G. F	do	2d Mass	D	Aug. 5, 1864.
9284	Holan, Thomas	Seaman	"Waterwitch"		
6228	Holbrook, Charles	Private	2d Mass. art	H	Aug. 20, 1864.
6465	Holbrook, G	do	76th N. Y.	K	Aug. 22, 1864.
6327	Holbrook, J. E	do	85th N. Y.	E	Aug. 21, 1864.
7380	Holcomb, A	do	16th Conn	E	Aug. 31, 1864.
3559	Holcomb, D	do	14th Conn	D	July 18, 1864.
10208	Holcomb, L	do	7th Ohio	L	Oct. 1, 1864.
5013	Holcomb, M. D	do	95th N. Y.	F	Aug. 8, 1864.
2204	Holcomb, Theo	do	44th N. Y.	K	June 19, 1864.
8100	Holcombs, J	do	6th Mich. cav	K	Sept. 7, 1864.
10070	Holden, Isaac	do	7th Pa	G	Sept. 30, 1864.
9932	Holden, J. R	do	9th Md	C	Sept. 28, 1864.
6826	Holden, P	do	2d Mass. art	G	Aug. 25, 1864.
10571	Holden, P.	do	12th Pa. cav	B	Oct. 9, 1864.
9123	Holdhaus, C	do	63d Pa	E	Sept. 18, 1864.
11443	Holenbeck, C	do	13th N. Y.	A	Oct. 25, 1864.
11662	Holfer, J	do	48th N. Y.	E	Oct. 30, 1864.
5293	Holibaugh, A. J	do	23d Ohio	E	Aug. 11, 1864.
6475	Holiday, S	do	85th N. Y.	E	Aug. 22, 1864.
1986	Holland, E	do	17th Mass	I	June 15, 1864.
4332	Holland, J	do	143d Pa	I	July 30, 1864.
905	Holland, Pat	do	11th Mass	C	May 5, 1864.
2510	Hollands, H	do	115th N. Y.	E	June 26, 1864.
5332	Hollen, George	do	1st Mich. cav	L	Aug. 11, 1864.
10840	Hollen, W	do	6th Tenn. cav	E	Oct. 12, 1864.
5954	Hollenback, D	do	101st Pa	C	Aug. 17, 1864.
5628	Hollenback, A	do	25th Wis	B	Aug. 14, 1864.
2573	Hollenback, H. J	do	120th N. Y.	G	June 27, 1864.
10990	Hollenbeck, W. H	Corporal	1st Va. cav	G	Oct. 16, 1864.
7218	Holler, M	Private	152d N. Y.	L	Aug. 29, 1864.
2786	Hollibaugh, W	do	57th Pa	C	July 2, 1864.
7051	Holliday, S	do	85th N. Y.	K	Aug. 28, 1864.
3853	Hollinback, J. A	do	55th Pa	B	July 23, 1864.
84	Hollingshead, S	do	1st Va	D	Mar. 21, 1864.
6481	Hollingworth, J. (col.)	do	8th Pa	A	Aug. 22, 1864.
5029	Hollister, A	do	1st Conn. cav	L	Aug. 8, 1864.
7286	Hollomau, William	do	102d Pa	G	Aug. 30, 1864.
1390	Holloway, G. W	do	1st Ohio	C	May 26, 1864.
10956	Holloway, H. B	do	2d Tenn	G	Oct. 15, 1864.
8967	Holloway, J	do	5th Ind. cav	M	Sept. 15, 1864.
237	Holloway, R	do	4th Ky. cav	I	Mar. 29, 1864.
3020	Holly, E. F	Corporal	57th Pa	A	July 7, 1864.
7825	Holly, V. H	Sergeant	100th Ohio	B	Sept. 4, 1864.
580	Holman, F	Private	1st Ohio bat	D	April 15, 1864.
7952	Holmes, C	do	85th N. Y.	A	Sept. 6, 1864.
7104	Holmes, E	do	7th N. Y. art	K	Aug. 28, 1864.
6110	Holmes, F. J	do	42d Mich	H	Aug. 18, 1864.
5531	Holmes, H	do	99th N. Y.	H	Aug. 13, 1864.
11468	Holmes, J	Corporal	7th N. H.		Oct. 26, 1864.

ANDERSONVILLE CEMETERY, GEORGIA. 99

No. of grave.	Name.	Rank.	Regiment.	Co.	Died.
12467	Holmes, J	Private	7th N. Y. art	K	Jan. 16, 1865.
11730	Holmes, James	do	1st Vt. art	K	Nov. 2, 1864.
5917	Holmes, L	do	2d Md	H	Aug. 17, 1864.
1768	Holmes, R	do	12th Pa. cav	H	June 9, 1864.
4816	Holmes, S	do	12th Mass	I	Aug. 5, 1864.
7881	Holmes, S	Corporal	140th Pa	B	Sept. 5, 1864.
10094	Holmes, Wesley	Private	135th Ohio	F	Sept. 30, 1864.
8712	Holt, E. K	do	1st Mass		Sept. 13, 1864.
6716	Holt, F. E	do	22d Mass	H	Aug. 24, 1864.
49	Holt, Thomas	do	1st Conn. cav	A	Mar. 15, 1864.
2832	Holt, William	do	6th Pa. res	F	July 3, 1864.
12298	Holtcamp, B	do	90th N. Y	F	Nov. 16, 1864.
2655	Holtgen, J	do	12th Mo	A	June 29, 1864.
337	Holton, S. W	do	1st Mich	B	April 4, 1864.
4176	Holtz, A	do	9th Me	F	July 28, 1864.
12743	Holtz, W	do	101st Ohio	I	Mar. 7, 1865.
11439	Holuns, J	Corporal	7th N. H		Oct. 24, 1864.
7626	Homesoth, F	Private	27th Mass	A	Sept. 3, 1864.
7826	Homoighausen, F	do	140th N. Y	B	Sept. 4, 1864.
8040	Homstead, —	do	22d N. Y	A	Sept. 6, 1864.
6175	Honegar, C	do	55th Pa	C	Aug. 19, 1864.
5554	Honnell, F. R	do	9th Ohio	C	Aug. 13, 1864.
3483	Honsigner, W. L	Corporal	7th Mich	C	July 17, 1864.
9415	Hood, F	Private	13th Ohio	F	Sept. 21, 1864.
292	Hood, G	do	5th Ky. cav	F	April 2, 1864.
5408	Hood, John	do	8th Md	C	Aug. 12, 1864.
860	Hood, J. D	do	22d Mich	H	May 3, 1864.
2098	Hook, James J	Sergeant	98th Ill	E	June 17, 1864.
12416	Hook, J. M	Private	2d N. J	D	Jan. 8, 1865.
9104	Hook, N	do	19th U. S	F	Sept. 18, 1864
7032	Hooker, A	do	1st R. I. cav	G	Aug. 17, 1864
7117	Hooker, T	do	111th N. Y	B	Aug. 28, 1864.
9118	Hooker, William	do	1st Mass. art	B	Sept. 18, 1864.
10329	Hooks, J. L	do	7th Tenn. cav	A	Oct. 4, 1864.
2387	Hooks, T	do	103d Pa	D	June 24, 1864.
1720	Hoop, H	do	2d Md	I	June 8, 1864.
3944	Hooper, J	do	1st Ky. cav	D	July 25, 1864.
5369	Hoover, A	do	1st Mich. cav	H	Aug. 11, 1864.
163	Hoover, Daniel	do	2d Tenn	B	Mar. 26, 1864.
11702	Hoover, J	do	90th Pa	A	Oct. 31, 1864.
12422	Hoover, R	do	2d Md. cav	C	Jan. 9, 1865.
10952	Hoover, S	do	79th Pa	G	Oct. 15, 1864.
7682	Hoover, S. P	do	7th Pa	H	Sept. 3, 1864.
2702	Hoover, W. H	do	3d Va	A	June 30, 1864.
7328	Hopes, W	do	9th Pa. art	A	Aug. 30, 1864.
1551	Hopkins, A	do	1st Tenn. art	A	June 2, 1864.
8532	Hopkins, G. R	do	50th Pa	K	Sept. 11, 1864.
10831	Hopkins, John	do			
3206	Hopkins, N	do	6th Mich. cav	E	July 12, 1864.
3893	Hopkins, W	do	17th U. S	C	July 24, 1864.
11053	Hoppey, G	do	101st Pa	K	Oct 16, 1864.
514	Hoppock, A	do	8th N. Y	H	April 12, 1864.
3255	Hoppock, G	do	112th Ill	F	July 13, 1864.
3248	Hopson, Thomas	do	13th Tenn. cav	E	July 13, 1864.
3930	Horant, E. A	do	3d Va	C	July 25, 1864.
6114	Hore, R	Corporal	16th N. Y	L	Aug. 19, 1864.
10524	Hormick, C	Private	110th Ohio	D	Oct. 8, 1864.
12090	Horn, F	do	86th Ill	A	Nov. 18, 1864.
12693	Hornback, J	do	7th Tenn	K	Feb. 22, 1865.
2916	Horner, D	Corporal	13th Pa. cav	F	July 5, 1864.

LIST OF INTERMENTS IN THE

No. of grave.	Name.	Rank.	Regiment.	Co.	Died.
9214	Horner, J	Private	3ᵈth Ill	F	Sept. 19, 1864.
464	Horner, Jacob	....do	45th Ohio	D	April 10, 1864.
9582	Horrer, J	....do	18th Ohio	K	Sept. 23, 1864.
89	Horseman, Wm	....do	16th Ill. cav	I	Mar. 21, 1864.
6681	Hortin, W. C	....do	7th Tenn. cav	H	Aug. 24, 1864.
10625	Horton, F. H	....do	7th N. Y. art	L	Oct. 10, 1864.
11113	Horton, S	....do	11th Pa	I	Oct. 18, 1864.
2445	Hosford, W. F	....do	24th N. Y. bat.	....	June 25, 1864.
6977	Hotchkiss, A	....do	8th N. Y. cav	M	Aug. 27, 1864.
1483	Hottenstein, G. H	....do	18th Pa. cav	I	May 30, 1864.
1504	Hottenstein, H	....do	4ᵗth N. Y	E	May 31, 1864.
767	Houck, Joseph	Corporal	2d Md	H	April 27, 1864.
2556	Hough, D. F	....do	10th Wis	K	June 26, 1864.
9404	Houbough, J	Private	143d Pa	D	Sept. 21, 1864.
6094	Houghtalinger M	....do	120th N. Y	D	Aug. 18, 1864.
10817	Houghteling, C	....do	5th N. Y. art	A	Oct. 12, 1864.
10522	Houghlar, A. C	....do	39th Ind	E	Oct. 8, 1864.
5652	Hour, James	....do	119th N. Y	E	Aug. 14, 1864.
6174	Houser, W. R	....do	89th Ohio	K	Aug. 19, 1864.
9532	Houston, D	....do	98th N. Y	G	Oct. 18, 1864.
11099	Houston, E	....do			
556	Houston, H	....do	12th Mass	I	April 15, 1864.
236	Houston, W. E	....do	18th Mo	E	Mar. 29, 1864.
10492	Hoverlin, B	....do	32d Ohio	....	Oct. 7, 1864.
11801	Howard, ——	....do	16th Tenn	....	Nov. 4, 1864.
3421	Howard, A	....do	2d Tenn	F	July 16, 1864.
11693	Howard, A	....do	2d N. Y. art	M	Oct. 31, 1864.
8575	Howard, C	....do	24th Mass	C	Sept. 11, 1864.
7474	Howard, D. H	....do	17th Me	D	Sept. 1, 1864.
5812	Howard, D. M	Sergeant	79th Ill	E	Aug. 16, 1864.
5312	Howard, F. B	Private	10th Wis	K	Aug. 10, 1864.
11480	Howard, F. S	Sergeant	8th Mich	E	Oct. 26, 1864.
11782	Howard, G. S	Corporal	127th Ill	K	Nov. 3, 1864.
8477	Howard, J	Private	12th N. Y. cav	F	Sept. 11, 1864.
2369	Howard, J	Musician	70th Ohio	....	June 23, 1864.
11442	Howard, J	Private	1st Vt. cav	K	Oct. 25, 1864.
11814	Howard, J	....do	11th Vt	A	Nov. 4, 1864.
2707	Howard, James	....do	83d Pa	I	June 30, 1864.
10864	Howard, James	....do	59th Mass	D	Oct. 13, 1864.
4387	Howard, William	....do	39th N. Y	A	July 31, 1864.
7457	Howe, A. R	....do	96th N. Y	C	Sept. 1, 1864.
7025	Howe, C. H	....do	36th Mass	G	Aug. 27, 1864.
222	Howe, E. H	....do	36th Mass	K	Mar. 29, 1864.
10114	Howe, G	....do	16th N. Y. cav	M	Oct. 1, 1864.
12067	Howe, J	....do	7th Mich. cav	F	Nov. 17, 1864.
3871	Howe, J. W	....do	24th Mass	B	July 24, 1864.
10474	Howe, M. A	....do	12th Pa. cav	D	Oct. 7, 1864.
2957	Howe, S	....do	2d Va	I	July 5, 1864.
12292	Howe, S	....do	59th N. Y	C	Nov. 15, 1864.
3844	Howe, S. W	....do	1st Me	K	July 23, 1864.
2902	Howell, A	....do	14th Va	E	July 5, 1864.
11064	Howell, C. R	....do	2d N. Y	C	Oct. 17, 1864.
7870	Howell, J	....do	1st N. J	K	Sept. 5, 1864.
3211	Howell, J. W	....do	78th Ill	F	July 12, 1864.
1625	Howell, L. H	....do	1st Md. cav	M	June 5, 1864.
6484	Howes, M	....do	8th Ill	E	Aug. 22, 1864.
9881	Howson, A. F	....do	34th Ill	F	Sept. 27, 1864.
7000	Hoy, J	....do	101st Pa	F	Aug. 27, 1864.
6622	Hoye, I	....do	9th N. Y. art	I	Aug. 23, 1864.
11506	Hoye, J	....do	100th Ill	A	Oct. 26, 1864.

No. of grave.	Name.	Rank.	Regiment.	Co.	Died.
7186	Hoyt, A. D	Private	3d Me	K	Aug. 29, 1864.
6964	Hoyt, E. S	do	17th Conn	B	Aug. 27, 1864.
5858	Hoyt, R	do	116th Ohio	B	Aug. 16, 1864.
9189	Hoyt, R	do	7th Ohio	K	Sept. 18, 1864
11228	Hoyt, W. D	do	29th Ohio	A	Oct. 20, 1864.
12747	Hubanks, C	Sergeant	17th Iowa	H	Mar. 7, 1865.
5973	Hubbard, E	Private	34th Mass	B	Aug. 17, 1864.
2175	Hubbard, F	do	2d Vt. bat		June 19, 1864.
7757	Hubbard, H. D	do	16th Conn	D	Sept. 4, 1864.
7388	Hubbell, W. N	do	23d Ohio	A	Aug. 31, 1864.
11032	Hubber, D	do	5th Ohio	A	Oct. 16, 1864.
11045	Hubbert, G. W	Sergeant	27th Mass	I	Oct. 17, 1864.
4744	Huber, C	Private	9th N. J	G	Aug. 5, 1864.
11019	Huckinson, M	Corporal	52d N. Y	G	Oct. 16, 1864.
357	Huckleby, T	Private	2d Tenn	K	April 3, 1864.
9537	Hudgins, J	do	14th Va	B	Sept. 22, 1864.
12638	Hudson, B. T	do	4th Ky	A	Feb. 11, 1865.
12163	Hudson, Charles	do	11th Conn	C	Nov. 26, 1864.
3227	Hudson, G. W	Citizen	Teamster		July 12, 1864.
9839	Hudson, G. W	Sergeant	2d Del		Sept. 27, 1864.
2842	Hudson, J	Corporal	111th Ohio	B	July 3, 1864.
2949	Hudson, J. A	Private	8th Conn	F	July 5, 1864.
10666	Hudson, J. A	do	148th N. Y	A	Oct. 11, 1864.
10910	Hudson, J. B	do	11th Vt	A	Oct. 14, 1864.
10996	Hudson, J. M	do	11th Vt	A	Oct. 16, 1864.
5278	Hudson, John	do	55th Tenn	I	Aug. 10, 1864.
1925	Hudson, J. S	do	2d Tenn	K	June 14, 1864.
9562	Hudson, S. R	do	15th N. Y. cav	L	Sept. 23, 1864.
3237	Hudson, W	do	17th Me	E	July 12, 1864.
3388	Hudson, W	do	74th Ohio	G	July 16, 1864.
6035	Hudson, W. H	do	107th Ill	C	Aug. 18, 1864.
1129	Hudsonpillar, R. L	Corporal	7th Ohio cav	L	May 15, 1864.
1090	Huff, Arthur	Private	54th Pa	F	May 14, 1864.
316	Huff, Benjamin	do	2d Tenn	K	April 3, 1864.
1462	Huff, E	do	140th N. Y	C	May 29, 1864.
11322	Huff, J. C	do	1st N. Y. cav	G	Oct. 24, 1864.
12655	Huffaker, J	do	2d Tenn	K	Feb. 14, 1865.
5281	Huffman, Charles	do	7th Pa. cav	K	Aug. 10, 1864.
2168	Huffman, R. J	do	5th Iowa	H	June 19, 1864.
7931	Huguner, A	Sergeant	85th N. Y	K	Sept. 16, 1864.
2029	Hugel, John	Private	1st Ohio cav	C	June 16, 1864.
16	Hugener, D. M	do	64th N. Y	F	Mar. 6, 1864.
3796	Hughes, Benjamin		U. S. Ship Wabash		July 22, 1864.
9902	Hughes, D. L	Private	125th Ill		
844	Hughes, E	do	2d Tenn	I	May 2, 1864.
2336	Hughes, E	do	14th Conn	D	June 22, 1864.
6625	Hughes, Henry	do	33d Ohio	A	Aug. 23, 1864.
3439	Hughes, John	do	118th Pa	A	June 17, 1864.
7665	Hughes, J	do	11th Pa. cav	B	Sept. 3, 1864.
7805	Hughes, John	do	93d N Y	K	Sept. 4, 1864.
7946	Hughes, J	do	12th Ohio	E	Sept. 5, 1864.
11191	Hughes, M	Sergeant	82d N. Y	K	Oct. 20, 1864.
4214	Hughes, P	Private			July 29, 1864.
1584	Hughes, Thomas	Sergeant	9th Ky	G	June 3, 1864.
7287	Hughes, Thomas	Private	61st N. Y	G	Aug. 30, 1864.
6553	Hughes, William	do	2d Tenn	F	Aug. 23, 1864.
8797	Hughes, William	do	1st Md	K	Sept. 15, 1864.
8091	Hughes, W. H	Corporal	81st Ind	D	Sept. 7, 1864.
3041	Hughey, James	Private	17th Mich	B	July 8, 1864.
9500	Hughs, A	do	22d N. Y. cav	E	Sept. 22, 1864.

102   LIST OF INTERMENTS IN THE

No. of grave.	Name.	Rank.	Regiment.	Co.	Died.
9911	Hughton, J.	Private	2d Ind	D	Sept. 28, 1864.
2375	Hugley, C. W.	do	13th Tenn. cav.	D	June 23, 1864.
2775	Hulbert, C.	do	14th Ohio	H	July 2, 1864.
9051	Hulbert, J. H. S.	do	22d N. Y.	K	Sept. 17, 1864.
2562	Hulet, W.	do	22d N. Y. cav	L	June 26, 1864.
2987	Hulet, William	do	16th U. S.	D	July 6, 1864.
11049	Hultpen, John	do	134th N. Y.	F	Oct. 17, 1864.
9387	Hull, J. E.	do	24th N. Y. cav	E	Sept. 20, 1864.
7012	Hull, M.	do	16th Conn	E	Aug. 27, 1864.
1822	Hull, S.	Sergeant	21st Ohio	E	June 10, 1864.
12755	Hulse, A. B.	Private	14th Ill	D	Mar. 12, 1865.
1474	Hulse, W. S.	do	47th N. Y.	G	May 30, 1864.
7584	Hulsay, G.	do	99th N. Y.	I	Sept. 2, 1864.
118	Hult, George A.	do	5th Ind. cav	M	Mar. 23, 1864.
12353	Hume, J. A.	Corporal	32d Ohio	F	Nov. 29, 1864.
2153	Hummer, P. C.	Private	18th Pa. cav	D	June 18, 1864.
9652	Humphrey, ——	do	3d Me. cav	L	Sept. 24, 1864.
7153	Humphreys, H	Corporal	85th N. Y.	F	Aug. 29, 1864.
2618	Humphreys, J	Private	155th N. Y.	I	June 28, 1864.
2629	Humphreys, J	do	3d Ind. cav	C	June 28, 1864.
3851	Humphreys, J	do	1st Vt. cav	A	July 23, 1864.
2185	Humphreys, William	do	45th Ohio	C	June 19, 1864.
10514	Huuback, J	do	116th Pa	I	Oct. 12, 1864.
1878	Hundley, G. A	do	4th Ky. cav	C	June 12, 1864.
6895	Hungerford, C	Sergeant	20th Mich	E	Aug. 27, 1864.
11140	Hungerford, M	Private	19-th Ill	I	Oct. 19, 1864.
12614	Hunnell, J	do	10th N. Y. cav	E	Feb. 8, 1865.
12719	Hunnell, Pa	do	87th Pa	B	Mar. 2, 1865.
2746	Hunt, C. W	do	1st R. I. cav	A	July 1, 1864.
1554	Hunt, J	do	2d Tenn	B	June 2, 1864.
11960	Hunt, J	do	84th Mass	D	Nov. 11, 1864.
476	Hunt, T. J	do	46th N. Y.	D	April 10, 1864.
3420	Hunt, W. H	do	113th Ohio	D	July 16, 1864.
6143	Hunter, C	do	4th N. H.	K	Aug. 19, 1864.
7687	Hunter, C	do	3d Pa	A	Sept. 3, 1864.
3365	Hunter, E	Sergeant	24th N. Y. bat		July 15, 1864.
398	Hunter, G. W	Private	8th Va. cav	A	April 5, 1864.
8651	Hunter, H	do	42d Ind	F	Sept. 13, 1864.
1469	Hunter, J	Seaman			May 30, 1864.
10978	Hunter, J	Private	115th N. Y.		Oct. 15, 1864.
11219	Hunter, J	do	14th Pa cav	M	Oct. 20, 1864.
7790	Hunter, J. M	do	42d Ind	F	Sept. 4, 1864.
5682	Hunter, L	do	63d Pa	L	Aug. 8, 1864.
4166	Hunter, M. W	Corporal	22d Mich	D	July 28, 1864.
11383	Hunter, T	Private	5th Pa. cav	M	Oct. 24, 1864.
1519	Hunter, T. A	do	22d Mich	F	June 1, 1864.
4505	Hunter, W	do	1st Me. cav	H	Aug. 1, 1864.
4323	Hunting, J. N	do	25th Mass	I	July 30, 1864.
6085	Huntley, R	do	29th Ill	F	Aug. 18, 1864.
1738	Huntley, William	do	5th Mich	E	June 8, 1864.
10296	Huntsler, W. H	Sergeant	38th Ind	E	Oct. 4, 1864.
5841	Huntsmore, G	Private	60th N. Y.	E	Aug. 16, 1864.
1136	Hurbert, D	do	84th Ill	C	May 16, 1864.
11316	Hurbert, W. C	do	12th Va	G	Oct. 22, 1864.
7446	Hurdnell, ——	do	72d Ohio	C	Sept. 1, 1864.
616	Hurl, William	do	2d Tenn	D	April 18, 1864.
5497	Hurlbert, S. B	do	100th N. Y.	C	Aug. 13, 1864.
2730	Hurley, D	do	U. S. marine corps		July 1, 1864.
4703	Hurley, D	do	8th Me	G	Aug. 4, 1864.
1616	Hurley, J	do	8th Iowa	H	June 10, 1864.

ANDERSONVILLE CEMETERY, GEORGIA.   103

No. of grave.	Name.	Rank.	Regiment.	Co.	Died.
4430	Hurley, J	Private	52d N. Y	A	July 31, 1864.
9622	Hurley, J. C	do	124th Ohio	C	Sept. 23, 1864.
2671	Hurlis, J	do	126th Ohio	C	June 30, 1864.
11739	Hurn, R	do	8th Va	E	Nov. 2, 1864.
9329	Hurst, R. V	Corporal	30th Ind	B	Sept. 20, 1864.
9369	Hurt, W	Private	11th Conn	F	Sept. 20, 1864.
8061	Hushman, A	do	10th Va	I	Sept. 7, 1864.
10269	Huss, W	Corporal	11th N. H	H	Oct. 3, 1864.
11634	Hussey, J. R	Private	145th Pa	K	Oct. 29, 1864.
5376	Husted, J	do	10th Mich	C	Aug. 11, 1864.
2379	Huston, James	do	74th Ind	B	June 23, 1864.
7149	Hutchings, B	do	1st Wis. cav	E	Aug. 29, 1864.
11851	Hutchings, H. W	do	1st N. Y. cav	D	Nov. 5, 1864.
3112	Hutchings, S. A	do	5th N Y. cav	B	July 10, 1864.
11592	Hutchins, G. W	do	135th Ohio	A	Oct. 28, 1864.
11696	Hutchins, J. W	do	153d Ohio	A	Oct. 31, 1864.
5019	Hutchins, S	do	104th Ill	A	Aug. 8, 1864.
5624	Hutchins, William	do	6th N. Y. art	G	Aug. 8, 1864.
898	Hutchinson, F	do	13th N. Y. cav	B	May 5, 1864.
8585	Hutchinson, J	do	82d N. Y	A	Sept. 12, 1864.
9173	Huteson, W. E	do	2d N. Y. art	B	Sept. 18, 1864.
8344	Hutson, John	do	14th Va	A	Sept. 10, 1864.
7905	Hutton, John	do	118th Pa	I	Sept. 6, 1864.
818	Hutton, S	do	9th Mich. cav	G	April 30, 1864.
9006	Hyatt, J	Drummer	118th Pa	E	Sept. 15, 1864.
12215	Hyatt, J	Private	118th Pa	H	Dec. 3, 1864.
4091	Hyber, John	do	6th Ill. cav	A	June 27, 1864.
6161	Hyde, A. L	do	2d Mass cav	D	Aug. 19, 1864.
8955	Hyde, C	do	14th N. Y	F	Sept. 15, 1864.
6145	Hyde, E	Corporal	11th Vt	L	Aug. 19, 1864.
11083	Hyde, G	Private	42d N. Y	C	Oct. 18, 1864.
8770	Hyde, J. F	do	76th N. Y	B	Sept. 14, 1864.
5470	Hyde, Richard	Sergeant	39th Mass	E	Aug. 13, 1864.
12528	Hyers, E	Private	52d Ky	A	Jan. 26, 1865.
6036	Hyes, J. C	do	2d Mass. art	G	Aug. 18, 1864.
7625	Hyland, O	do	5th N. Y	D	Sept. 2, 1864.
2106	Hyman, D	do	45th N. Y	E	June 17, 1864.
11053	Hymers, B	do	2d Ohio	G	Oct. 17, 1864.
9599	Hyronemus, James	do	11th Ky. cav	D	Sept. 23, 1864.
	I.				
11781	Ibelbeck, W	Private	15th N. Y. art	E	Nov. 3, 1864.
1962	Ide, S R	do	1st R. I. cav	H	June 14, 1864.
10700	Idold, A	Sergeant	7th Ohio cav	C	Oct. 11, 1864.
8963	Igo, T	Corporal	4th Ind	E	Sept. 16, 1864.
1401	Ily, Tobias	Private	27th Pa	C	May 27, 1864.
6444	Ilur, C	do	129th Ind	B	Aug. 22, 1864.
7489	Imboden, J	do	44th Ohio	E	Sept. 1, 1864.
3428	Imer, J	do	1st N. Y. cav	H	July 16, 1864.
8722	Imhoff. —	do			Sept. 14, 1864.
5532	Imhoff, J	do	15th U. S	E	Aug. 15, 1864.
2187	Imhoff, R	do	2d N. Y. cav	G	June 19, 1864.
4019	Imlay, E	Sergeant	95th N. Y	A	July 26, 1864.
831	Ingersoll, Samuel	Private	3d Pa	D	May 1, 1864.
10549	Ingerson, S	do	14th N. Y. art	G	Oct. 9, 1864.
8614	Ingham, J	do	10th Wis	K	Sept. 13, 1864.
1967	Ingler, William	do	31st Ohio	C	June 14, 1864.
5358	Ingolls, L	do	10th Me	H	Aug. 11, 1864.
4685	Ingraham, C. B	do	85th N. Y	B	Aug. 4, 1864.

LIST OF INTERMENTS IN THE

No. of grave.	Name.	Rank.	Regiment.	Co.	Died.
5141	Ingraham, W. L.	Private	5th Mich. cav	B	Aug. 9, 1864.
9388	Ingnson, P.		7th Me	I	Sept. 20, 1864.
5734	Inman, John	Private	24th Ky	A	Aug. 15, 1864.
4359	Inman, J. P.	....do	1st N. Y. cav	A	July 30, 1864.
11392	Innman, W.	Corporal	11th Ky. cav	D	Oct. 24, 1864.
7647	Ireland, George	Private	14th U. S.	E	Sept. 3, 1864.
10360	Ireland, J. S.	....do	5th Iowa cav	H	Oct. 4, 1864.
10742	Ireson, J	....do	4th U. S. cav	A	Oct. 11, 1864.
10616	Ireton, T. R.	....do	138th Pa.	I	Oct. 10, 1864.
4587	Irish, G.	....do	85th N. Y.	C	Aug. 2, 1864.
9340	Irlay, H.		4th Conn	...	Sept. 20, 1864.
6659	Iron, H.	Private	17th Vt	B	Aug. 24, 1864.
9515	Irvin, P. P.		49th Tenn	F	Sept. 22, 1864.
11560	Irvine, W	Private	184th Pa	A	Oct. 27, 1864.
1280	Irving, Ester	....do	114th Ohio	H	May 22, 1864.
8744	Irwin, A	....do	1st Ohio	I	Sept. 14, 1864.
9808	Irwin, A	....do	25th Wis	C	Sept. 26, 1864.
2895	Isaacs, Henry	....do	2d Md	H	July 4, 1864.
12203	Isabell, A	....do	1st Ky	A	Dec. 1, 1864.
9757	Isabett, J. M	....do	3d Ky	M	Sept. 25, 1864.
4440	Isenhower, J	....do	9th Mo	I	July 31, 1864.
12579	Isham, D.	....do	89th Ohio	G	Feb. 3, 1865.
124	Ishart, N	....do	16th Pa. cav	G	Mar. 23, 1864.
1941	Israel, S	....do	2d Tenn	B	June 14, 1864.
3312	Iverson, J. S	....do	16th Ill. cav	I	July 14, 1864.

J.

4132	Jaccards, S. A.	Sergeant	29th Ill	E	July 22, 1864.
584	Jack, Benjamin S	Private	2d Tenn	B	April 17, 1864.
12331	Jack, J. P.	....do	7th Pa	E	Dec. 24, 1864.
7596	Jack, J. W.	....do	95th N. Y	A	Sept. 2, 1864.
9746	Jackland, C	....do	8th Mich cav	E	Sept. 25, 1864.
5733	Jackquens, C	....do	57th Mass	D	Aug. 15, 1864.
6558	Jackson, A	....do	5th N. Y.	E	Aug. 23, 1864.
11489	Jackson, A. J	....do	17th Me	I	Oct. 26, 1864.
3621	Jackson, George G	....do	22d Mich	F	July 20, 1864.
2658	Jackson, H	....do	51st Ill	C	June 29, 1864.
6417	Jackson, J		Gunb. Shawshence	...	Aug. 22, 1864.
9048	Jackson, J	Private	43d N. Y.	K	Sept. 17, 1864.
5402	Jackson, J. S	....do	109th N. Y.	F	Aug. 12, 1864.
1817	Jackson, James	....do	7th Mich cav	I	June 10, 1864.
649	Jackson, John	....do	45th Ky	D	April 20, 1864.
2212	Jackson, John	....do	22d Ind	C	June 20, 1864.
10287	Jackson, N	....do	123d Ill	F	Oct. 3, 1864.
10619	Jackson, R	....do	7th Me	B	Oct. 10, 1864.
10710	Jackson, R. W	....do	7th Me	D	Oct. 11, 1864.
12428	Jackson, S	....do	72d Ohio	E	Jan. 10, 1865.
3969	Jackson, S. E	....do	2d Va	E	July 25, 1864.
3281	Jackson, T	....do	14th Conn	B	July 13, 1864.
11391	Jackson, T. A	....do	122d N. Y	E	Oct. 24, 1864.
3487	Jackson, U. S	....do	1st Mass. h. art.	K	July 17, 1864.
3501	Jackson, U. S	....do	17th Mass	K	July 18, 1864.
7253	Jackson, William	....do	85th N. Y.	E	Aug. 30, 1864.
8429	Jackson, W. R	....do	2d Mass. cav	D	Sept. 11, 1864.
5516	Jacobs, B. G	....do	150th Pa	F	Aug. 13, 1864.
7947	Jacobs, H	Corporal	26th Ohio	F	Sept. 6, 1864.
976	Jacobs, Jacob	Private	2d Pa. cav	M	May 9, 1864.
9378	Jacobs, J. L	....do	6th Va. cav	F	Sept. 20, 1864.
5229	Jacobs, Jno. W	Corporal	4th Ky. cav	I	Aug. 10, 1864.

ANDERSONVILLE CEMETERY, GEORGIA. 105

No. of grave.	Name.	Rank.	Regiment.	Co.	Died.
3590	Jacobs, P. O	Private	45th Ohio	E	July 19, 1864.
6854	Jacobs, W. C	Citizen			Aug. 25, 1864.
2003	Jacobson, O	Corporal	15th Wis	D	June 15, 1864.
2308	Jaques, H	Private	59th Mass	G	June 22, 1864.
3045	Jake, A. R	....do	8th Va	I	July 8, 1864.
8858	James, Frederick A	U. S. Navy			Sept. 15, 1864.
7754	James, W	Private	5th Ky	K	Sept. 4, 1864.
737	Jameson, Chas	....do	7th Conn	D	April 26, 1864.
4590	Jameson, Wm	....do	103d Pa	H	Aug. 2, 1864.
7365	Jamieson, J. S	Q. M. Sergt.	1st Conn		Aug. 31, 1864.
6966	Jamine, Jas	Private	115th N. Y	I	Aug. 27, 1864.
4795	Jamison, A	....do	51st N. Y	A	Aug. 5, 1864.
12010	Jamison, H	....do	5th Mich. cav	H	Nov. 14, 1864.
12797	Janks, J. P	....do	3d Ill. cav	A	Mar. 18, 1865.
8159	Jaquays, R	....do	9th N. Y. art	L	Sept. 8, 1864.
6931	Jarmier, C	....do	7th Pa	A	Aug. 26, 1864.
12126	Jarvett, W	Sergeant	15th Ohio	A	Nov. 22, 1864.
3645	Jarvis, E	Private	106th N. Y	H	July 20, 1864.
3686	Jarvis, F	....do	2d Tenn	H	July 21, 1864.
9654	Jarvis, W. D	....do	12th Ky	B	Sept. 24, 1864.
3311	Jasper, Wm	....do	38th Ind	I	July 14, 1864.
10243	Jay, G. F	....do	8th Mo	F	Oct. 2, 1864.
11117	Jay, H	Corporal	5th N. J	K	Oct. 18, 1864.
6671	Jay, Jno	Private	8th N. Y. art	I	Aug. 24, 1864.
9389	Jay, Jno	....do	2d Mass. heavy art	G	Sept. 20, 1864.
10561	Jeff, M	....do	16th Mass	I	Oct. 9, 1864.
358	Jeffers, J	....do	2d Tenn	C	April 4, 1864.
2679	Jeffers, Wm	....do	1st Ky. cav	A	June 30, 1864.
5915	Jeffrey, A	....do	58th Mass	B	Aug. 17, 1864.
3984	Jeffrey, B	....do	4th N. Y. art	B	July 26, 1864.
9982	Jeffries, C	....do	4th Pa	B	Sept. 29, 1864.
6265	Jeffries, H	....do	36th Ohio	I	Aug. 20, 1864.
1120	Jelly, Jno	....do	99th N. Y	H	May 15, 1864.
9417	Jenison, C. W	....do	25th Mass	I	Sept. 21, 1864.
669	Jenkins, M	....do	2d Md	A	April 22, 1864.
7371	Jenkins, S	....do	6th Ky. cav	A	Aug. 31, 1864.
8371	Jenkins, W	....do	1st Va. art	D	Sept. 10, 1864.
8647	Jenkins, Wm	....do	3d Ohio bat		Sept. 13, 1864.
8656	Jenks, Geo	Sergeant	8th Iowa	C	Sept. 13, 1864.
11539	Jenks, J. C	Private	115th Pa	H	Oct. 29, 1864.
6733	Jennigan, G. B	....do	30th Ill	E	Aug. 24, 1864.
1931	Jennings, C	Corporal	6th Ind. cav	I	June 14, 1864.
10757	Jennings, C	Private	149th N. Y	K	Oct. 12, 1864.
5252	Jennings, G. H	....do	2d N. J. cav	A	Aug. 10, 1864.
3510	Jennings, H	....do	45th Pa	G	July 18, 1864.
11203	Jennings, Jno	Corporal	24th Ohio	K	Oct. 20, 1864.
6938	Jennings, J. R	....do	45th Wis	G	Aug. 26, 1864.
11923	Jerald, W. H	Sergeant	18th U. S	F	Nov. 8, 1864.
2914	Jerdan, D. W	Private	103d Pa	B	July 5, 1864.
12602	Jerdan, I	....do	19th Me	F	Feb. 6, 1865.
1972	Jetterson, J	....do	76th Iowa	E	June 15, 1864.
4321	Jewell, J	....do	99th Ohio	F	July 31, 1864.
744	Jewell, J. R	....do	3d N. Y. art	K	April 26, 1864.
5624	Jewell, W. A	....do	126th Ohio	G	Aug. 14, 1864.
9951	Jewett, E	....do	27th Mass	I	Sept. 28, 1864.
2135	Jewett, F	....do	14th Ill	A	June 18, 1864.
12830	Jewett, G	....do	4th Mass	A	April 11, 1864.
10504	Jewire, T	Sergeant	15th Pa. cav	M	Oct. 8, 1864.
3478	Jillett, J	Private	7th Wis	H	July 17, 1864.
1845	Jimmy, E. H	Corporal	79th Ill	F	June 11, 1864.

LIST OF INTERMENTS IN THE

No. of grave.	Name.	Rank.	Regiment.	Co.	Died.
6817	Jobes, J	Private	77th Pa	B	Aug. 25, 1864.
5871	Jobes, Robt	do	100th Pa	A	Aug. 16, 1864.
12007	Jobson, L	do	118th Pa	C	Nov. 14, 1864.
8938	John, —	do		C	Sept. 16, 1864.
4057	John, Thomas	do	54th Pa	E	July 27, 1864.
312	Johns, E. K	do	8th Va	C	April 3, 1864.
4817	Johns, Robt	do	101st Pa	I	Aug. 5, 1864.
3980	Johnson, A	do	10th Tenn	C	July 26, 1864.
7294	Johnson, A	do	16th Ky	H	Aug. 30, 1864.
9934	Johnson, A	do	74th N. Y	C	Sept. 28, 1864.
11182	Johnson, A	do	7th N. Y. art	A	Oct. 19, 1864.
12463	Johnson, A	do	5th Mich	C	Jan. 16, 1865.
12344	Johnson, A. F	do	9th N. J	D	Dec. 26, 1864.
2889	Johnson, A. G. C	do	103d Pa	I	July 4, 1864.
9198	Johnson, A. O	do	5th N. H	F	Sept. 18, 1864.
12231	Johnson, A. S	do	45th Ohio	I	Dec. 6, 1864.
7385	Johnson, B	do	7th Me	K	Aug. 31, 1864.
12121	Johnson, B	do	63d N. Y	B	Nov. 22, 1864.
12477	Johnson, B. F	do	82d N. Y	H	Jan. 18, 1865.
463	Johnson, C	do	90th Pa	C	April 10, 1864.
7566	Johnson, C	do	53d Pa	G	Sept. 2, 1864.
11970	Johnson, C. C	do	16th Conn	E	Nov. 12, 1864.
5517	Johnson, C. J	do	7th Tenn	K	Aug. 13, 1864.
8764	Johnson, C. M	do	7th Tenn	K	Sept. 14, 1864.
10118	Johnson, C. S	do	85th N. Y	D	Oct. 1, 1864.
1996	Johnson, C. W	do	7th Ill. cav	F	June 15, 1864.
3499	Johnson, D	do	45th Pa	I	July 18, 1864.
8737	Johnson, D	do	43d Ohio	D	Sept. 14, 1864.
4690	Johnson, D. W	do	11th Vt	H	Aug. 4, 1864.
7308	Johnson, E	do	124th Ohio	I	Aug. 30, 1864.
9050	Johnson, E	do			Sept. 17, 1864.
1181	Johnson, E. A	Sergeant	2d Tenn	A	May 18, 1864.
12319	Johnson, E. N	Private	7th Tenn. cav	C	Dec. 22, 1864.
8502	Johnson, F	do	1st Conn. cav	D	Sept. 11, 1864.
8291	Johnson, G. P		U. S. Navy		Sept. 9, 1864.
7083	Johnson, G. W	Private	11th Conn	G	Aug. 28, 1864.
5295	Johnson, H	do	2d Pa. art	I	Aug. 11, 1864.
5916	Johnson, H	do	115th N. Y	I	Aug. 17, 1864.
6232	Johnson, H	do	10th N. Y	C	Aug. 20, 1864.
7753	Johnson, H	do	9th Mich	L	Sept. 3, 1864.
12799	Johnson, H	do	14th Ind	C	Mar. 19, 1865.
670	Johnson, Isaac	do	5th Ind	C	April 22, 1864.
565	Johnson, J	do	2d Pa. cav	G	April 15, 1864.
4713	Johnson, J	do	3d Pa. art	A	Aug. 4, 1864.
5221	Johnson, J	do	11th Conn	C	Aug. 10, 1864.
6578	Johnson, J	do	24th Mich	I	Aug. 23, 1864.
7712	Johnson, J	do	89th N. Y	I	Sept. 3, 1864.
8318	Johnson, J	do	45th Pa	I	Sept. 10, 1864.
8560	Johnson, J	do	3d Tenn		Sept. 12, 1864.
9458	Johnson, J	do	125th Ill	H	Sept. 21, 1864.
9948	Johnson, J	do	7th Ind. cav	A	Oct. 28, 1864.
10183	Johnson, J	do	1st Vt. art	K	Oct. 1, 1864.
12546	Johnson, J	do	146th N. Y	A	Jan. 28, 1865.
12714	Johnson, J	Cit. Canada			Mar. 1, 1865.
9744	Johnson, J. B	Private	2d Ohio	E	Sept. 25, 1864.
1637	Johnson, J. H	do	98th Ohio	D	June 9, 1864.
4736	Johnson, J. H	do	7th Mich	G	Aug. 4, 1864.
233	Johnson, J. J	do	45th Ohio	I	Mar. 29, 1864.
1412	Johnson, J. S	do	7th Ill	C	May 27, 1864.
4540	Johnson, J. W	do	50th Pa	G	Aug. 2, 1864.

ANDERSONVILLE CEMETERY, GEORGIA. 107

No. of grave.	Name.	Rank.	Regiment.	Co.	Died.
10043	Johnson, L. W.	Private	14th N. Y. art.	C	Sept. 29, 1864.
5508	Johnson, M	do	126th Ohio	C	Aug. 13, 1864.
5935	Johnson, M	do	96th N. Y.	H	Aug. 17, 1864.
9302	Johnson, M	Seaman			Sept. 20, 1864.
10479	Johnson, M	Private	13th Tenn. cav.	G	Oct. 7, 1864.
7800	Johnson, N	do	9th Minn.	H	Sept. 4, 1864.
8886	Johnson, O. B.	do	15th Minn.	F	Sept. 16, 1864.
1111	Johnson, P	do	6th U. S.	C	May 15, 1864.
8125	Johnson, P	do	2d U. S. art		Sept. 8, 1864.
9303	Johnson, P	do	103d Pa.	F	Sept. 20, 1864.
11758	Johnson, P	do	9th N. H.	E	Nov. 3, 1864.
9495	Johnson, P. B.	Corporal	24th N. Y. bat.		Sept. 22, 1864.
3427	Johnson, R	Private	120th N. Y.	I	July 16, 1864.
8054	Johnson, R	do	111th N. Y.	A	Sept. 7, 1864.
5395	Johnson, S	do	100th Ill	B	Aug. 12, 1864.
1227	Johnson, S. L	do	2d Tenn.	A	May 20, 1864.
3684	Johnson, William	do	2d Mass.	H	July 21, 1864.
11158	Johnson, W	do	184th Pa.	D	Oct. 17, 1864.
12340	Johnson, W	do	16th Conn.	E	Dec. 26, 1864.
12702	Johnson, W	do	13th Tenn	D	Feb. 20, 1865.
11284	Johnson, W. H.	do	6th Mich.	H	Oct. 22, 1864.
3049	Johnston, A G	do	5th R. I. art.	A	July 8, 1864.
8760	Johnston, J	do	51st Ohio	A	Sept. 14, 1864.
7687	Johnston, J. A.	do	1st Vt. cav	D	Sept. 3, 1864.
5120	Johnston, J. W.	do	89th Ohio	H	Aug. 9, 1864.
5473	Johnston, M	do	34th Mass	G	Aug. 13, 1864.
5850	Johnston, R. A	do	19th Mass	G	Aug. 16, 1864.
2312	Johnston, William	do	3d Pa. art	A	June 22, 1864.
4047	Joice, Thomas	do	22d N. Y.	C	July 27, 1864.
8013	Joiner, J. M	do	7th Tenn. cav.	B	Sept. 6, 1864.
7413	Jolley, F	do	93d N. Y.	E	Aug. 31, 1864.
5839	Jolley, G	do	21st Ohio	K	Aug. 16, 1864.
8853	Jolley, J	do	101st Pa	H	Sept. 15, 1864.
9401	Jonas, J	do	5th Iowa.	C	Sept. 21, 1864.
9519	Jones, A	do	1st N. J. cav	A	Sept. 22, 1864.
10987	Jones, A	do	27th Pa.	B	Oct. 16, 1864.
7100	Jones, A	do	88th Iowa.	I	Aug. 28, 1864.
2576	Jones, A	do	6th Mich. art	E	June 27, 1864.
7447	Jones, A	Sergeant	13th Tenn. cav.	B	Sept. 1, 1864.
4461	Jones, C	Private	4th Iowa.	B	Aug. 1, 1864.
4794	Jones, Charles	Teamster			Aug. 5, 1864.
10319	Jones, C. B	Private	1st U. S. cav	H	Oct. 4, 1864.
5980	Jones, C. W	do	10th N. Y. cav.	C	Aug. 17, 1864.
4571	Jones, D	do	6th Tenn	C	Aug. 2, 1864.
93	Jones, D	do	1st Md bat.	A	Mar. 22, 1864.
9552	Jones, D	do	11th Tenn	E	Sept. 23, 1864.
11143	Jones, D	do	1st Ky. cav.	L	Oct. 19, 1864.
6898	Jones, D	do	85th N. Y.	H	Aug. 26, 1864.
9801	Jones, E	do	145th Pa.	F	Sept. 26, 1864.
3650	Jones, E	do	134th N. Y.	F	July 20, 1864.
10769	Jones, E. C	do	147th N. Y.	E	Oct. 12, 1864.
6078	Jones, G	do	2d Va. cav	D	Aug. 18, 1864.
4373	Jones, G. C	do	20th N. Y.		July 31, 1864.
11942	Jones, G. L	do	105th Ohio	G	Nov. 9, 1864.
9827	Jones, G. W	do	27th Ill	E	Sept. 27, 1864.
3282	Jones, G. W	do	47th N. Y.	F	July 13, 1864.
5753	Jones, H	do	10th N. Y. cav.	I	Aug. 15, 1864.
3805	Jones, H	do	2d Tenn	H	July 22, 1864.
5346	Jones, H	do	2d Del	B	Aug. 11, 1864.
5583	Jones, H	do	45th Ohio	G	Aug. 14, 1864.

108 LIST OF INTERMENTS IN THE

No. of grave.	Name.	Rank.	Regiment.	Co.	Died.
668	Jones, H. B	Private	4th Tenn	F	April 22, 1864.
6311	Jones, H. C	...do	5th Ind	C	Aug. 20, 1864.
3509	Jones, H. S	...do	6th Vt	B	July 14, 1864.
12547	Jones, J	...do	120th Ind	C	Jan. 24, 1865.
12541	Jones, J	...do	16th Ky	E	Jan. 28, 1865.
8503	Jones, J	Sergeant	13th Tenn. cav	B	Sept. 11, 1864.
8971	Jones, J	Private	117th Ill	E	Sept. 16, 1864.
10702	Jones, J	...do	59th Mass	E	Oct. 11, 1864.
11855	Jones, J	...do	6th N. Y. cav	A	Nov. 6, 1864.
603	Jones, J	...do	2d Mass	M	April 18, 1864.
1595	Jones, J	...do	147th Pa	C	June 3, 1864.
4093	Jones, J	...do	79th Pa	A	July 27, 1864.
6810	Jones, J	Corporal	40th Ohio	G	Aug. 25, 1864.
5582	Jones, J	Private	76th N. Y	K	Aug. 14, 1864.
8771	Jones, J. B	...do	22d N. Y	F	Sept. 14, 1864.
9700	Jones, J. B	...do	30th Ohio	M	Sept. 25, 1864.
7733	Jones, J. B	...do	9th N. H	K	Sept. 3, 1864.
491	Jones, J. E	...do	2d Tenn	G	April 11, 1864.
996	Jones, J. F	...do	1st Ala. cav	K	May 10, 1864.
5921	Jones, J. M	...do	2d Tenn	K	Aug. 17, 1864.
7961	Jones, J. R	...do	6th Conn	G	Sept. 6, 1864.
1536	Jones, J. T	...do	13th Tenn. cav	C	June 1, 1864.
2108	Jones, O	...do	4th Pa. cav	D	June 17, 1864.
4889	Jones, P	...do	41st Ill	G	Aug. 6, 1864.
52	Jones, R	...do	2d Tenn	I	Mar. 16, 1864.
2847	Jones, R	...do	99th N. Y	B	June 26, 1864.
2593	Jones, R	...do	103d Pa	I	July 4, 1864.
3754	Jones, R	...do	45th Ohio	C	July 22, 1864.
7861	Jones, R. W	...do	118th Ohio	F	Sept. 5, 1864.
3903	Jones, S	...do	111th Ohio	B	July 24, 1864.
6517	Jones, S	...do	49th Pa	G	Aug. 22, 1864.
11114	Jones, S. D	...do	135th Ohio	F	Oct. 16, 1864.
6054	Jones, Thomas	...do	11th Mass	F	Aug. 18, 1864.
6197	Jones, T	...do	101st Pa	I	Aug. 19, 1864.
9999	Jones, T	...do	101st Pa	B	Sept. 29, 1864.
644	Jones, T	...do	112th Ill	E	April 20, 1864.
2178	Jones, T		St'r Underwriter	...	June 19, 1864.
2567	Jones, Thomas	Private	16th Ill. cav	I	June 27, 1864.
4403	Jones, T	...do	116th N. Y	B	July 31, 1864.
5849	Jones, Wm	...do	19th Me	E	Aug. 16, 1864.
8867	Jones, Wm	Farrier	5th N. Y. cav	C	Sept. 15, 1864.
9850	Jones, Wm	Corporal	84th Ohio	B	Sept. 27, 1864.
1363	Jones, W	Private	145th Pa	A	May 23, 1864.
1432	Jones, W		St'r Underwriter	...	May 28, 1864.
1840	Jones, Wm	Private	26th Pa	C	June 11, 1864.
2990	Jones, Wm	...do	27th Ill	D	July 6, 1864.
3885	Jones, Wm	...do	55th Pa	C	July 24, 1864.
8366	Jones, Wm	...do	1st U. S. art	K	Sept. 10, 1864.
5042	Jones, Wm	...do	52d N. Y	B	Aug. 8, 1864.
6200	Jones, W. E	...do	27th Pa	B	Aug. 19, 1864.
9618	Jones, W. F	Corporal	11th Tenn. cav	...	Sept. 23, 1864.
1335	Jones, W. H	Private	2d Ohio	C	Dec. 26, 1864.
2353	Jones, W. M	...do	63d Ind	D	June 23, 1864.
8875	Jones, W. P	...do	32d Mass	F	Sept. 16, 1864.
291	Jones, W. T	...do	11th Tenn	C	April 1, 1864.
4774	Jonney, L	...do	100th N. Y	D	Aug. 5, 1864.
9306	Jordan, A	...do	103d Ohio	G	Sept. 20, 1864.
12787	Jordan, A	Sergeant	10th Ind. cav	F	Mar. 16, 1865.
3886	Jordan, A. E	Private	17th Vt	A	July 24, 1864.
1764	Jordan, B. W	...do	84th Ill	D	June 9, 1864.

ANDERSONVILLE CEMETERY, GEORGIA. 109

No. of grave.	Name.	Rank.	Regiment.	Co.	Died.
11000	Jordan, J	Private	5th Ky. cav	B	Oct. 16, 1864.
9351	Jordan, J. M	....do	149th Pa	B	Sept. 20, 1864.
11430	Jordan, Thomas	....do	148th Pa		Oct. 24, 1864.
10218	Joseph, F		U. S. Navy		Oct. 2, 1864.
790	Joseph, W. C	Corporal	1st Del	E	April 28, 1864.
6760	Joslin, J	Private	145th Pa	I	Aug. 25, 1864.
3858	Joslyn, F	....do	1st Vt	B	July 24, 1864.
12396	Jourdron, M	....do	1st Mich	K	Jan. 5, 1865.
2206	Journey, John	Fireman	U. S. Navy		
9153	Jourdan, M	Private	38th Ill	C	Sept. 18, 1864.
9528	Jourdan, B	....do	7th N. Y. art	E	Sept. 22, 1864
2961	Joy, D. V	....do	16th Ill	I	July 6, 1864.
2241	Joyce, A	....do	90th Ill	D	June 20, 1864.
5245	Judd, Henry	Sergeant	2d Ind	D	Aug. 10, 1864.
4188	Jude, H	Private	51st N. Y	E	July 28, 1864.
3561	Jugnet, A. B	....do	7th Mich. cav	B	July 18, 1864.
6172	Julerso, H	....do	2d Ind. cav	D	Aug. 19, 1864.
7520	Jump, D. P	....do	1st Mich	A	Sept. 1, 1864.
9007	Jump, O	....do	8th N. Y. cav		Sept. 18, 1864.
11216	Juntplate, F	....do	12th N. H	E	Oct. 20, 1864.
11704	Juper, C	....do	7th N. Y. art	D	Oct. 31, 1864.
364	Justice, George W	....do	45th Ohio	B	April 4, 1864.
10513	Justice, H	....do	7th Ill. cav	H	Oct. 8, 1864.
7594	Justice, J	....do	39th Ky	F	Sept. 2, 1864.
7570	Juves, Jno. J	....do	16th Conn	B	Sept. 2, 1864.

K.

5198	Kaulbanm, E	Private	12th N. Y. cav	F	Aug. 10, 1864.
706	Kail, William	....do	2d Mich	A	April 24, 1864.
11268	Kain, Pat	....do	15th U. S	A	Oct. 21, 1864.
5551	Kaleir, R	....do	90th Pa	K	Aug. 13, 1864.
12746	Kaler, J	....do	72d Ohio	B	Mar. 8, 1864.
6010	Kaley, G	....do	89th Ohio	A	Aug. 17, 1864.
4266	Kalkrath, C	....do	3d U. S	I	July 29, 1864.
7749	Kalty, J	....do	1st Conn	L	Sept. 3, 1864.
2527	Kanaga, J	....do	74th Ind	E	June 26, 1864.
10536	Kane, F	Corporal	26th Wis	E	Oct. 8, 1864.
12170	Kane, F	Private	82d N. Y	A	Nov. 26, 1864.
12052	Kane, H	....do	95th Ill	A	Nov. 16, 1864.
323	Kane, Joseph	....do	4th Va. cav	L	April 3, 1864.
792	Kane, Peter	Sergeant	20th N. Y. cav	M	April 28, 1864.
4245	Kane, William	Private	18th U. S	H	July 28, 1864.
8868	Kanopo, C	....do	49th N. Y		Sept. 15, 1864.
10546	Kanust, H	....do	18th Mo	G	Oct. 9, 1864.
9194	Kapp, D	....do	100th N. Y	F	Sept. 18, 1864.
4308	Kappel, H	Sergeant	29th Ill	H	July 30, 1864.
12802	Karch, J	Private	183d Ohio	B	Mar. 20, 1865.
8734	Karltord, John C	Sergt Maj.	5th Pa. cav		Sept. 14, 1865.
7085	Karnes, J	Private	128th Ind	F	Aug. 28, 1864.
9272	Karns, J. J	Corporal	149th Pa	K	Sept. 19, 1864.
2383	Karps, M	Private	95th N. Y	I	June 23, 1864.
12490	Karr, William	Sergeant	56th Mass	D	Jan. 20, 1865.
5444	Karson, H. B	Corporal	2d N. H	C	Aug. 12, 1864.
4545	Kauf, J	Private	2d Pa. art	F	Aug. 2, 1864.
8999	Kaufman, J	....do	45th Pa	E	Sept. 17, 1864.
6028	Kauffman, B. F	....do	45th Pa	K	Aug. 18, 1864.
6183	Kavanagh, James	....do	32d Mass	K	Aug. 19, 1864.
5145	Kawell, James H	....do	18th Pa. cav	E	Aug. 9, 1864.
5640	Kay, Robert	....do	4th U. S	F	Aug. 14, 1864.

No. of grave.	Name.	Rank.	Regiment.	Co.	Died.
10853	Keanskoff, L	Private	28th Ohio	I	Oct. 13, 1864.
10233	Kearn, T	do	16th Conn	A	Oct. 2, 1864.
9630	Kearney, L	do	50th Pa	F	Sept. 24, 1864.
10222	Kearny, W	do	16th N. Y. cav	A	Oct. 2, 1864.
4484	Keating, Charles	do	83d N. Y.	L	Aug. 1, 1864.
8452	Keating, M	do	146th N. Y.	A	Sept. 11, 1864.
5709	Kedgan, M	do	2d Mo	D	Aug. 15, 1864.
11075	Keean, A	do	47th N. Y.	I	Oct. 17, 1864.
12587	Keef, T	Corporal	10th Ind. cav	C	Feb. 4, 1865.
4743	Keefe, James A	Private	2d Ill. art	M	Aug. 5, 1864
662	Keefe, John	Seaman	"Housatonic"		April 18, 1864.
544	Keefer, Louis	Private	7th Md	F	April 14, 1864.
4162	Keegman, J. F	do	45th Pa	B	July 28, 1864.
7713	Keehn, Jacob	do	15th Mo	E	Sept. 3, 1864.
10341	Keeley, W	do	2d N. Y. art	L	Oct. 4, 1864.
1173	Keeling, M	do	11th Ky. cav	D	May 17, 1864.
5744	Keely, William	do	13th Pa. cav	A	Aug. 15, 1864.
3749	Keen, Hoza	do	7th Tenn. cav	C	July 22, 1864.
7367	Keen, J. S	do	7th Tenn. cav	C	Aug. 31, 1864.
1157	Keener, E. B	do	3d Tenn	E	May 17, 1864.
11119	Keephart, H	do	2d Mass	E	Oct. 18, 1864.
396	Keger, John	do	22d Ill	E	April 5, 1864.
2635	Kehoe, Moses	do	8th Pa. cav	H	June 22, 1864.
11756	Kehoe, T	do	155th N. Y.	A	Nov. 3, 1864.
488	Keintzler, R	do	5th Mich. cav	F	April 11, 1864.
5718	Keister, John H	do	103d Pa	A	Aug. 15, 1864.
18	Kell, M. R	Corporal	49th Ill	D	Mar. 7, 1864.
11586	Kellar, J	Private	19th Me	I	Oct. 28, 1864.
12821	Kellar, J	do	40th Mo	H	April 1, 1865.
7372	Keller, A	do	9th Pa	M	Aug. 31, 1864.
10139	Keller, J	do	15th Ohio	D	Oct. 1, 1864.
10689	Keller, J	do	49th Ind	B	Oct. 11, 1864.
10649	Keller, John	do	140th N. Y.	E	Oct. 11, 1864.
7503	Keller, M	do	105th Pa	G	Sept 2, 1864.
4133	Kellett, John B	Corporal	21st Wis	B	July 28, 1864.
5384	Kelley, E	Private	21st Ohio	D	Aug. 12, 1864.
5576	Kelley, H	do	1st Ohio	I	Aug. 14, 1864.
6579	Kelley, Henry	do	20th Mass	E	Aug. 23, 1864.
7424	Kelley, J	do	15th Ohio	E	Aug. 31, 1864.
10675	Kelley, James	do	146th N. Y.	K	Oct. 11, 1864.
912	Kelley, John	Corporal	16th U. S	C	May 6, 1864.
2031	Kelley, John	Sergeant	5th N. Y. cav	L	June 16, 1864.
6596	Kelley, John	Private	32d Ind	C	Aug. 23, 1864.
836	Kelley, Josiah	do	45th Ohio	C	May 1, 1864.
4895	Kelley, O. F	do	148th Pa	D	Aug. 6, 1864.
1875	Kelley, Peter	do	73d Pa	F	June 12, 1864.
10677	Kelley, Peter	do	14th Conn	C	Oct. 11, 1864.
5443	Kelley, T	do	13th Pa. cav	H	Aug. 12, 1864.
6577	Kelcy, William	do	9th U. S	I	Aug. 23, 1864.
9467	Kellogg, E. L		Springfield, Mass		Sept. 21, 1864.
8658	Kelly, Charles	Private	3d Mass. art	C	Sept. 13, 1864.
2	Kelly, Charles H	do	71st Pa	H	Mar. 1, 1864.
4271	Kelly, D	do	4th U. S	H	July 29, 1864.
6739	Kelly, D	Corporal	45th N. Y.	C	Aug. 24, 1864.
11384	Kelly, E	Private	7th Pa	F	Oct. 24, 1864.
6748	Kelly, F	do	14th Conn	I	Aug. 24, 1864.
238	Kelly, H. S	Sergeant	13th Pa. cav	H	Mar. 30, 1864.
5643	Kelly, J		U. S marine corps		Aug. 14, 1864.
11100	Kelly, J	Private	4th N. J	K	Oct. 18, 1864.
1546	Kelly, James	Seaman			June 1, 1864.

ANDERSONVILLE CEMETERY, GEORGIA 111

No. of grave.	Name.	Rank.	Regiment.	Co.	Died.
6997	Kelly, James	Private	40th N. Y	F	Aug. 27, 1864.
7183	Kelly, John	...do	75th Ill	F	Aug. 29, 1864.
11767	Kelly, J. S	...do	2d U. S. S. S	D	Nov. 3, 1864.
9407	Kelly, J. W	Sergeant	2d Tenn	E	Sept. 21, 1864.
8237	Kelly, L	Private	11th Me	D	Sept. 9, 1864.
8983	Kelly, M	...do	2d Mass. art	H	Sept. 17, 1864.
10388	Kelly, M	...do	63d N. Y	...	Oct. 5, 1864.
9676	Kelly, P	...do	106th N. Y	D	Sept. 24, 1864.
12209	Kelly, T	Sergeant	82d N. Y	F	Dec. 2, 1864.
6795	Kelly, William	Private	94th Ill	I	Aug. 25, 1864.
9377	Kelly, William	...do	46th Ohio	C	Sept. 20, 1864.
6275	Kelsey, E	...do	27th Mass	D	Aug. 20, 1864.
595	Kelsey, John	Sergeant	2d Tenn	A	April 17, 1864.
6195	Kelsey, John	Corporal	3d Ohio	I	Aug. 19, 1864.
6968	Kelsey, L. C	Private	1st Vt. art	F	Aug. 27, 1864.
1908	Kelso, E. S	...do	3d Ind. cav	C	June 13, 1864.
6768	Kemball, James	...do	2d La. cav	A	Aug. 25, 1864.
12026	Kemball, S	...do	7th N Y. art	F	Nov. 15, 1864.
3256	Kemly, D	...do	2d U. S	F	July 13, 1864.
5114	Kemp, C. H	...do	7th N. H	A	Aug. 9, 1864.
3471	Kemp, E	...do	113th Pa	A	July 17, 1864.
12532	Kemp, J. W	...do	2d U. S. art	K	Jan. 27, 1865.
6084	Kemper, J	...do	73d Pa	D	Aug. 18, 1864.
6374	Kempston, B. F	...do	8th Conn	G	Aug. 21, 1864.
6712	Kempton, E	...do	2d Mass. art	G	Aug. 24, 1864.
10960	Kenam, A	...do	70th N. Y	K	Oct. 15, 1864.
4728	Kendall, W	...do	6th Mich	D	Aug. 4, 1864.
8562	Kendall, W	...do	32d Wis	...	Sept. 12, 1864.
11244	Kenion, F	...do	8th N. Y	H	Oct. 21, 1864.
4921	Kennedy, A	Corporal	1st Ky. cav	A	Aug. 6, 1864.
2407	Kennedy, Amos	Private	2d Ind	H	June 24, 1864.
5378	Kennedy, B	...do	16th Iowa	I	Aug. 11, 1864.
4397	Kennedy, H	...do	27th Mich	H	July 31, 1864.
10502	Kennedy, J	...do	152d Pa	A	Oct. 8, 1864.
11949	Kennedy, J	...do	12th U. S	A	Nov. 10, 1864.
12661	Kennedy, J	...do	70th Ohio	K	Feb. 16, 1865.
87	Kennedy, James	...do	11th Ky. cav	E	Mar. 21, 1864.
9067	Kennedy, J. P	...do	101st Pa	I	Sept. 17, 1864.
3047	Kennedy, J. W	Corporal	3d Ind	I	July 8, 1864.
1045	Kennedy, L. B	Private	39th Ky	B	May 11, 1864.
5518	Kennedy, M	...do	38th Ill	C	Aug. 13, 1864.
11425	Kennedy, M. E	...do	82d N. Y	K	Oct. 24, 1864.
7177	Kennedy, S. J. B	...do	45th Ohio	E	Aug. 29, 1864.
3313	Kennedy, W	...do	17th Me	G	July 14, 1864.
5708	Kennedy, William	...do	59th Mass	F	Aug. 15, 1864.
9863	Kennedy, W	...do	132d N. Y	D	Sept. 27, 1864.
3572	Kenney, A. W	...do	88th N. Y	B	July 18, 1864.
765	Kenney, John	Corporal	67th Ohio	E	April 27, 1864.
3671	Kenny, T	Private	2d N. Y	F	July 20, 1864.
1024	Kenny, William	...do	12th Pa. cav	B	May 11, 1864.
2639	Kensan, N. A	...do	14th Pa. cav	L	June 29, 1864.
8714	Kensor, James	...do	2d E. Tenn	...	Sept. 14, 1864.
4398	Kent, E. L	...do	85th N. Y	I	July 31, 1864.
12488	Kent, J	...do	14th Ill	F	Jan. 9, 1865.
8252	Kent, S	...do	27th Mass	H	Sept. 9, 1864.
6497	Kenter, A. W	...do	67th Pa	B	Aug. 22, 1864.
660	Kentzler, Henry	...do	2d Tenn	G	April 17, 1864.
7403	Kenwell, R	...do	5th N. Y. cav	D	Aug. 31, 1864.
1079	Keogh, Peter	...do	132d N. Y	C	May 14, 1864.
460	Keplinger, J	...do	2d Md	H	April 10, 1864.

No. of grave.	Name.	Rank.	Regiment.	Co.	Died.
5701	Kerby, John	Private	96th Ill	H	Aug. 14, 1864.
5952	Kereib, Jacob	do	132d N. Y	D	Aug. 17, 1864.
5300	Kern, C. L	do	85th N. Y	D	Aug. 11, 1864.
5722	Kern, W	do	25th Ind	H	Aug. 15, 1864.
11055	Kerr, A	do	15th Ohio	I	Oct. 17, 1864.
10335	Kerr, B	do	149th Pa	B	Oct. 4, 1864.
3515	Kerr, E	Citizen	Teamster		July 15, 1864.
2484	Kerr, H	Private	2d N. Y. cav	L	June 25, 1864.
9436	Kerr, J. H	do	122d Ohio	C	Sept. 21, 1864.
1211	Kerrick, Samuel	do	4th Me	G	May 19, 1864.
9063	Kerriger, William	do	36th Wis	G	Sept. 17, 1864.
6705	Kershoff, B	do	6th Conn	H	Aug. 24, 1864.
3915	Kersler, F	do	178th N. Y	K	July 25, 1864.
3560	Kesler, F	do	4th Iowa	B	July 18, 1864.
4694	Kesler, J	do	15th U. S	F	Aug. 4, 1864.
926	Kessimer, John	do	12th Ky. cav	I	May 7, 1864.
8289	Kessler, J	do	11th Mich	G	Sept. 9, 1864.
2797	Kester, Charles	Sergeant	141st N. Y	G	July 2, 1864.
5208	Kester, L	Private	149th Pa	F	Aug. 10, 1864.
417	Kestner, George	do	42d Ind	D	April 5, 1864.
858	Ketchum, G. W	Sergeant	5th Ind. cav	I	May 3, 1864.
11622	Kette, L	Private	4th N. Y. art	K	Oct. 29, 1864.
2968	Kettell, James	do	1st R. I. cav	B	July 6, 1864.
5589	Kettle, E. H	Corporal	125th N. Y	E	Aug. 14, 1864.
3676	Kever, H. H	Private	63d Pa	E	July 20, 1864.
7387	Kevis, W	do	49th N. Y	H	Aug. 31, 1864.
650	Keyes, O. S	Sergeant	5th N. Y. cav	E	April 20, 1864.
5154	Keyo, Alexander	Corporal	16th Pa. cav	H	Aug. 9, 1864.
4314	Keys, C	Private	1st N. H. cav	K	July 30, 1864.
9015	Keys, R	do	95th N. Y	C	Sept. 17, 1864.
4024	Keys, William	do	72d Ind	E	July 26, 1864.
3928	Keystone, C	do	6th Ky	E	July 25, 1864.
1932	Kidd, Owen	do	126th N. Y	K	June 14, 1864.
12570	Kidwell, J	do	4th Tenn	C	Feb. 1, 1865.
7414	Kieler, A	do	20th Mo	H	Aug. 31, 1864.
6459	Kiger, Wm	do	3d Pa. cav	C	Aug. 22, 1864.
3685	Kilbride, J	do	15th U. S	F	July 21, 1864.
10520	Killbreth, J	do	42d Ill	A	Oct. 8, 1864.
10460	Killer, George	do	4th Ky	H	Oct. 7, 1864.
4606	Killner, Sanford	do	125th N. Y	F	Aug. 3, 1864.
1864	Kilmer, J	do	85th N. Y	I	June 12, 1864.
296	Kilorne, M	Sergeant	17th Mass	I	April 2, 1864.
6169	Kilpatrick, C	Private	3d Me	C	Aug. 19, 1864.
10613	Kilson, J	do	115th N. Y	E	Oct. 10, 1864.
4544	Kimball, A	do	1st Mass. art	B	Aug. 1, 1864.
8065	Kimball, H. H	do	7th Conn	H	Sept. 7, 1864.
82	Kimball, Jas	do	25th Ill. art	L	Mar. 20, 1864.
5822	Kimball, John	do	14th Vt	K	Aug. 16, 1864.
3262	Kimberly, O	do	76th N. Y	B	July 13, 1864.
4615	Kimble, S	do	9th Ohio	A	Aug. 3, 1864.
696	Kinderman, G	do	82d Ill	D	April 23, 1864.
8299	Kines, M. O	do	21st Wis	A	Sept. 9, 1864.
7999	King, ———	do	99th N. Y	I	Sept. 6, 1864.
12023	King, C	do	5th N. J	G	Nov. 15, 1864.
3048	King, C	do	6th Pa	C	July 8, 1864.
8621	King, D	do	81st Ind	A	Sept. 13, 1864.
6464	King, E	do	2d Iowa cav	C	Aug. 22, 1864.
6764	King, E	do	7th U. S	K	Aug. 25, 1864.
11332	King, J. K	do	55th Pa	K	Oct. 23, 1864.
368	King, Leander	do	8th Mich. cav	G	April 4, 1864.

ANDERSONVILLE CEMETERY, GEORGIA. 113

No. of grave.	Name.	Rank.	Regiment.	Co.	Died.
7005	King, M	Private	3d Pa. cav	A	Aug. 27, 1864.
10698	King, M	do	11th Pa	K	Oct. 11, 1864.
9816	King, N	do	21st N. Y. cav	G	Sept. 26, 1864.
3787	King, Richard	Sergeant	99th N. Y	H	July 22, 1864.
11463	King, R	Private	6th Pa	E	Oct. 26, 1864.
8738	King, S	do	24th N. Y. bat		Sept. 14, 1864.
495	Kingery, J	do	1st U. S	K	April 11, 1864.
7807	Kingham, ——	do	3sth Ill	G	Sept. 4, 1864.
11732	Kingkade, S	do	1sth Ohio	C	Nov. 2, 1864.
158	Kinkle, John	do	16th Ill. cav	G	Mar. 21, 1864.
618	Kinman, A	do	56th Ind	G	April 18, 1864.
8183	Kingsoley, S	do	2d Tenn	D	Sept. 8, 1864.
3095	Kingsley, J	do	12th N. Y. cav	H	July 10, 1864.
9098	Kingsley, J	do	5th N. Y. cav		Sept. 24, 1864.
1590	Kingsbury, C	do	14th Conn	K	June 3, 1864.
5151	Kingsbury, H. P	do	9th N. H	K	Aug. 9, 1864.
11994	Kingsbury, J. H	Sergeant	1st N. H. cav	A	Nov. 13, 1864.
2208	Kingsland, W. H	Citizen			June 20, 1864.
1754	Kinnely, T	Sergeant	17th Mass	E	June 9, 1864.
8400	Kinnee, J	Private	76th N. Y	F	Sept. 10, 1864.
12431	Kinney, C	do	5th Mich. cav	H	Jan. 11, 1865.
6539	Kinney, J	do	3d Mass. cav	D	Aug. 23, 1864.
3850	Kinney, J		St'r Waterwitch		July 23, 1864.
4424	Kinney, J	Private	17th Mich	H	July 31, 1864.
3096	Kinney, J	do	2d R. I	B	July 10, 1864.
7465	Kinney, J. W	do	1st U. S. bat	D	Sept. 1, 1864.
239	Kinney, Lucas	do	99th N. Y	H	Mar. 30, 1864.
11410	Kinney, M	do	1st Del	D	Oct. 24, 1864.
11558	Kinney, M	do	42d N. Y	C	Oct. 27, 1864.
6273	Kins, W. H	Teamster			Aug. 20, 1864.
10789	Kinsell, George	Private	5th Mich. cav	B	Oct. 12, 1864.
564	Kinsey, B. B	Sergeant	132d N. Y	K	April 15, 1864.
7762	Kinsley, S	Private	1st Vt	D	Sept. 3, 1864.
8210	Kinsman, F. P	do	184th Pa	F	Sept. 8, 1864.
7977	Kinsman, J. E	do	14th N. Y. art	I	Sept. 6, 1864.
12839	Kinsman, W. S	do	86th N. Y	I	April 20, 1865.
9193	Kipp, W	do	12th Pa. cav	D	Sept. 18, 1864.
10607	Kirby, A	do	4th Ohio cav	A	Oct. 10, 1864.
4297	Kirby, Charles	do	2d N. Y. cav	F	July 30, 1864.
32	Kirby, J	do	—— Tenn		Mar. 11, 1864.
7242	Kirby, J	do	9th Md	F	Aug. 29, 1864.
10367	Kirby, J. A	do	101st Pa	E	Oct. 5, 1864.
3187	Kirch, H	Corporal	54th Pa	A	July 11, 1864.
3702	Kirk, B. J	Private	7th Tenn. cav	A	July 21, 1864.
7641	Kirk, P	do	3d Tenn	D	Sept. 2, 1864.
10908	Kirkham, H. C	do	5th Mich. cav	E	Oct. 13, 1864.
7087	Kirkland, James	do	2d N. Y. art	D	Aug. 28, 1864.
3341	Kirkney, F	do	18th U. S	F	July 15, 1864.
431	Kirkpatrick, R	do	2d Tenn	D	April 8, 1864.
12742	Kirkpatrick, S	do	12th N. Y. cav	D	Mar. 6, 1865.
10747	Kirkwood, H	do	101st Pa	C	Oct. 12, 1864.
11241	Kissinger, E	do	7th Tenn	I	Oct. 21, 1864.
8649	Kitchell, S	do	7th N. J	K	Sept. 13, 1864.
8873	Kizer, G. W	do	76th N. Y	B	Sept. 15, 1864.
834					
8348	Klage, E	do	20th Ill	G	Sept. 20, 1864.
10439	Klim, Ross	do	184th Pa	F	Oct. 6, 1864.
8178	Kline, C. T	Sergeant	2d Mo	F	Sept. 8, 1864.
685	Klinehaus, David	Private	65th Ill	G	April 23, 1864.
5186	Klinelund, L	do	11th Conn	C	Aug. 9, 1864.

8

114 LIST OF INTERMENTS IN THE

No. of grave.	Name.	Rank.	Regiment.	Co.	Died.
3265	Klink, A.	Private	101st Pa.	C	July 13, 1864.
11877	Klinsmith, J	Corporal	11th N. H.	I	Nov. 6, 1864.
8261	Klintz, H	Private	1st U. S. art	K	Sept. 9, 1864.
4614	Klipp, H	....do	1st Wis. cav	E	Aug. 3, 1864.
9127	Kloss, L	....do	9th Minn	H	Sept. 18, 1864.
4140	Klunder, Charles	....do	5th Mich. cav	F	July 28, 1864.
12813	Klusner, F	....do	27th Mass.	A	Mar. 25, 1865.
9082	Knapp, C	....do	11th U. S	A	Sept. 18, 1864.
554	Knapp, David	....do	2d Mass.	M	April 14, 1864.
4525	Knapp, Henry	....do	24th N. Y. cav	A	Aug. 1, 1864.
9680	Knapp, J	....do	54th Ohio	E	Sept. 24, 1864.
12265	Knapp, J	....do	5th Ky. cav	B	Dec. 12, 1864.
4067	Knapp, L	....do	1st Vt	G	July 26, 1864.
5233	Knapp, Philip	....do	10th N. Y. cav	C	Aug. 10, 1864.
5553	Knapp, Thomas	....do	6th Ky. cav	M	Aug. 13, 1864.
5448	Knider, J. W	....do	33d Ohio	H	Aug. 12, 1864.
4766	Kniggs, A	....do	113th Ill	C	Aug. 5, 1864.
3842	Knight, —	....do	28th Mass.	A	July 23, 1864.
6239	Knight, Charles	....do	1st Vt. art	K	Aug. 20, 1864.
4715	Knight, J	....do	20th Ohio	E	Aug. 4, 1864.
4908	Knight, J	....do	9th Ill.	H	Aug. 6, 1864.
2076	Knight, John	....do	7th Pa. cav	K	June 17, 1864.
7864	Kuight, J. B	Citizen	Teamster	...	Sept. 5, 1864.
11281	Knight, J. F	Sergeant	9th Iowa	I	Oct. 22, 1864.
7949	Knight, Wm	Private	142d N. Y.	C	Sept. 6, 1864.
8527	Kuipp, T	....do	16th U. S	D	Sept. 11, 1864.
5037	Knippy, H	....do	1st Mass.	K	Aug. 8, 1864.
11891	Knoble, P	....do	108th Ill.	E	Nov. 7, 1864.
191	Knolte, Fred	....do	11th Ky. cav	E	Mar. 27, 1864.
12318	Kuowl, H	....do	62d N. Y.	C	Dec. 21, 1864.
8000	Knowles, C. W	....do	4th Vt	H	Sept. 16, 1864.
10692	Knowles, H	....do	21st Wis.	D	Oct. 11, 1864.
2406	Knowlton, E	....do	6th Ohio cav	B	June 24, 1864.
12695	Knox, J	Sergeant	184th Pa.	A	Feb. 23, 1865.
4700	Koabl, John	Private	16th Ill. cav	H	Aug. 4, 1864.
6271	Kochell, J	Corporal	19th U. S.	G	Aug. 20, 1864.
5253	Kocher, F	Private	29th Ind	I	Aug. 10, 1864.
5058	Koch, H	....do	21st Pa	H	Aug. 8, 1864.
12205	Kohl, C	....do	— U. S	M	Dec. 1, 1864.
8866	Kohlenburg, C	....do	7th Conn	D	Sept. 15, 1864.
3204	Kolenbrander, H	....do	17th Iowa	H	July 11, 1864.
11976	Kossouth, W	....do	54th N. Y.	F	Nov. 3, 1864.
6965	Kraeger, W. O	....do	55th Pa.	H	Aug. 27, 1864.
2754	Kraill, J	....do	16th Ill	I	July 1, 1864.
11645	Kraner, George	Corporal	116th Pa.	G	Oct. 30, 1864.
9211	Krantz, H.	....do	4th N. Y.	E	Sept. 19, 1864.
8860	Krassipass, K	Private	65th N. Y.	L	Sept. 15, 1864.
7397	Kreauer, M	....do	4th N. H.	I	Aug. 31, 1864.
652	Krebs, John	....do	16th Ill.	K	April 20, 1864.
12685	Kreiger, J	....do	14th Ill.	E	Feb. 21, 1865.
6638	Kreigle, H	....do	11th Pa.	K	Aug. 23, 1864.
11948	Krelan, A	....do	13th N. Y. bat	...	Nov. 10, 1864.
5925	Kressle, P.	....do	4th Ky. cav	K	Aug. 17, 1864.
2604	Kriaba, E.	....do	4th N. Y.	C	June 28, 1864.
8490	Krick, T	....do	14th U. S	C	Sept. 11, 1864.
10926	Krissiper, C.	....do	89th Pa.	F	Oct. 14, 1864.
3892	Kroon, C. E	....do	164th N. Y	G	July 24, 1864.
8648	Krote, Henry	....do	25th Mass.	G	Sept. 13, 1864.
3762	Krouk, Peter	....do	2d N. J. cav	H	July 22, 1864.
1208	Krowser, G. R	....do	17th N. Y.	H	May 19, 1864.

ANDERSONVILLE CEMETERY, GEORGIA. 115

No. of grave.	Name.	Rank.	Regiment.	Co.	Died.
12115	Krute, J. K.	Sergeant	1st N. Y. cav	L	Nov. 21, 1864.
6514	Kueer, S	Private	184th Pa.	F	Aug. 23, 1864.
4293	Kuffman, S. D	do	45th Pa.	E	July 30, 1864.
5085	Kuhn, R	do	9th N. J.	A	Aug. 8, 1864.
4415	Kull, I.	do	24th Wis	C	July 31, 1864.
698	Kultz, A	Seaman	U. S. Navy		April 23, 1864.
1165	Kummett, J	Private	1st Wis	H	May 17, 1864.
2498	Kundson, J	do	15th Wis	E	June 26, 1864.
1250	Kuney, George W	do	24th N. Y. bat		May 21, 1864.
9563	Kunmick, T	Corporal	145th Pa.	K	Sept. 23, 1864.
266	Kuntzleman, John	Private	63d Pa	E	Mar. 31, 1864.
11238	Kurtz, J	do	55th Pa	K	Oct. 21, 1864.
3634	Kuston, E	do	103d Pa.	I	July 20, 1864.
7781	Kyle, A	do	118th Pa.	F	Sept. 4, 1864.
1824	Kyle, Wm	do	5th Pa	H	June 10, 1864.
1809	Kyser, John	do	32d Ill.	I	June 10, 1864.
	L.				
10580	Labarre, R	Private	7th Pa	F	Oct. 10, 1864.
7145	La Bolt, J	do	21st Pa	F	Aug. 29, 1864.
4597	La Bonney, H	do	1st Vt	H	Aug. 2, 1864.
6151	Labriuch, George	do	2d Pa. art	F	Aug. 19, 1864.
3999	Luchey, J	do	16th U. S	B	July 26, 1864.
3009	Lack, Peter	do	7th Wis	A	July 7, 1864.
11074	Lacker, H.	do	11th Vt	A	Oct. 17, 1864.
2250	Luckey, James	do	183d Pa.	D	June 20, 1864.
10736	Lackey, P. T.	do	7th N. Y. cav		Oct. 11, 1864.
10879	Lacks, Lee	do	22d N. Y. cav	G	Oct. 13, 1864.
5314	Lacock, Hugh	do	116th Pa	E	Aug. 11, 1864.
7927	Lacost, J. M	do	89th Ill	E	Sept. 5, 1864.
8372	Lacoste, H	do	85th N. Y		Sept. 10, 1864.
8447	Lacoy, P	do	12th N. Y. cav	F	Sept. 11, 1864.
3601	Lacy, W	Corporal	85th N. Y	K	July 19, 1864.
3734	Ludbeater, James	Private	7th Pa. reserves	K	July 21, 1864.
11907	Ladd, A	do	53d Pa	M	Nov. 7, 1864.
5366	Ladd, C	do	6th Me	I	Aug. 11, 1864.
7891	Laddenbush, J	do	17th Vt	A	Sept. 5, 1864.
11527	Lader, A	do	9th N. Y	E	Oct. 26, 1864.
7299	Ladiew, J	do	100th Ill	H	Aug. 30, 1864.
4992	La Duc, J	do	17th Mich	G	Aug. 7, 1864.
4885	Lady, A	do	101st Pa	K	Aug. 6, 1864.
1772	Lafferty, William	do	Ringgold battery		June 9, 1864.
1949	Lagger, J	do	3d Va. cav	B	June 14, 1864.
7156	Lagoy, Frank	do	118th N. Y	B	June 29, 1864.
8956	Lahey, P	do	1st N. Y	D	Sept. 16, 1864.
12775	Lahiff, D	do	42d N. Y	K	Mar. 14, 1865.
10038	Lahley, —	do	28th Ohio		Sept. 29, 1864.
8944	Laich, F	do	26th Wis	K	Sept. 16, 1864.
6735	Lain, S	do	12th Mass	I	Aug. 24, 1864.
1019	Laird, C	do	1st Md. cav	F	May 11, 1864.
12162	Lairnine, C	do	15th N. J	C	Nov. 20, 1864.
5711	Lake, Horace	do	4th U. S. cav	K	Aug. 15, 1864.
12110	Lake, William	do	146th N. Y	D	Nov. 21, 1864.
4907	Lakeman, C	do	73d Pa	C	Aug. 6, 1864.
41	Lakey, Daniel	do	82d N. Y	I	Mar. 13, 1864.
11715	Lakin, A	do	7th Ind. cav	G	Nov. 1, 1864.
6487	Laman, C	do	30th N. Y	H	Aug. 22, 1864.
6071	Lamb, C	do	71st Pa	B	Aug. 18, 1864.
2678	Lamb, G. W	do	85th N. Y	C	June 30, 1864.

No. of grave.	Name.	Rank.	Regiment.	Co.	Died.
4434	Lambert, A	Private	4th Pa. cav	K	July 31, 1864.
310	Lambert, B	....do	11th Ky. cav	F	April 3, 1864.
892	Lambert, Charles	Corporal	39th Iowa	H	May 5, 1864.
7155	Lambert, C	Private	38th Ill	D	Aug. 29, 1864.
3776	Lambert, J	....do	6th Ky. cav	G	July 22, 1864.
8016	Lambert, Joseph	....do	89th Ohio	A	Sept. 6, 1864.
8350	Lambert, W	....do	17th Me	K	Sept. 10, 1864.
12667	Lambert, W	....do	1st Md	I	Feb. 17, 1865.
11599	Lambley, J	....do	1st N. Y	I	Oct. 28, 1864.
11893	Lambright, A	Corporal	7th N. Y. art	K	Nov. 7, 1864.
1286	Lame, Charles	Private	45th Ohio	K	May 22, 1864.
3369	Lamigan, M	Sergeant	13th Pa. cav	L	July 15, 1864.
9465	Lamlitt, T. V		1st Mass. art	A	Sept. 21, 1864.
11213	Lampert, R	Private	98th N. Y	D	Oct. 20, 1864.
3697	Lampley, J	....do	7th Tenn. cav	C	July 21, 1864.
11318	Lumpman, W. S	....do	6th N. Y. art	M	Oct. 22, 1864.
10548	Lancaster, C	....do	119th Pa	A	Oct. 9, 1864.
243	Lancaster, E	....do	14th Pa. cav	F	Mar. 30, 1864.
7132	Lauder, —	Corporal	36th Ky	I	Aug. 28, 1864.
3283	Landers, C	Private	7th N. Y. art	D	July 13, 1864.
10877	Landham, G	....do	1st Mich	D	Oct. 13, 1864.
6082	Lane, Arnos	....do	6th Pa. cav	E	Aug. 18, 1864.
12214	Lane, C	....do	146th N. Y	E	Dec. 3, 1864.
7462	Lane, Charles	....do	3d N. Y cav	E	Sept. 1, 1864.
11816	Lane, D	....do	91st Ohio	D	Nov. 4, 1864.
10885	Lane, J. H	Sergeant	23d Mass	...	Oct. 14, 1864.
11499	Lane, J. W	Private	15th N. Y. cav	M	Oct. 26, 1864.
688	Lane, L. E	....do	2d Tenn	I	April 23, 1864.
12044	Lane, V	....do	59th Ill	D	Nov. 16, 1864.
2288	Lang, A	Corporal	85th N. Y	F	June 21, 1864.
7035	Lang, C	Private	10th Mo. cav	B	Aug. 27, 1864.
10873	Lang, J	....do	110th Pa	C	Oct. 13, 1864.
13	Lang, William W	....do	1st N. Y. dragoons	...	Mar. 6, 1864.
9732	Langdell, William	Sergeant	14th U. S	A	Sept. 25, 1864.
8238	Langdon, A. M	Private	85th N. Y	B	Sept. 9, 1864.
4107	Langha, W	....do	1st U. S. art	M	July 27, 1864.
8833	Laughinais, J. L	....do	1st Pa	H	Sept. 15, 1864.
10096	Langin, A	....do	39th N. Y	I	Sept. 30, 1864.
1252	Langley, E. G	....do	11th Tenn	B	May 11, 1864.
12270	Langley, G	....do	14th Ill	K	Dec. 12, 1864.
12549	Langley, L. F	Sergeant	28th Mass	B	Jan. 29, 1865.
4453	Langsaff, R	Private	10th U. S	F	Aug. 1, 1864.
1592	Lanham, Henry	....do	6th Vt	C	June 3, 1864.
4696	Lanison, Wallace	....do	14th Pa. cav	C	Aug. 4, 1864.
8263	Lanning, A	....do	13th Iowa	I	Sept. 9, 1864.
3303	Lanning, H. B	....do	22d Mich	H	July 14, 1864.
5065	Lamphare, G. W	....do	125th Ohio	K	Aug. 14, 1864.
3767	Lation, J. L	....do	128th Ind	F	July 22, 1864.
6924	Lansbury, William	Sergeant	15th Va	E	Aug. 26, 1864.
10419	Lansdon, W. H	Private	78th Ill	A	Oct. 6, 1864.
6642	Lansing, G	....do	10th Wis	A	Aug. 23, 1864.
4375	Lansing, William	....do	12th N. Y. cav	B	July 31, 1864.
4262	Lanson, J	Corporal	2d Ohio	E	July 29, 1864.
3791	Lansop, J	Private	6th Ind. cav	C	July 22, 1864.
7653	Lapeam, A	....do	1st Vt. cav	...	Sept. 3, 1864.
10179	Lape, J	....do	125th Ill	A	Oct. 1, 1864.
12192	Lape, J	....do	18th Pa	K	Nov. 28, 1864.
4871	Lappan, L. H	....do	24th N. Y. bat	...	Aug. 6, 1864.
11827	Laprirret, J	....do	11th Tenn	K	Nov. 5, 1864.
8087	Larcks, G	....do	85th N. Y	F	Sept. 7, 1864.

ANDERSONVILLE CEMETERY, GEORGIA. 117

No. of grave.	Name.	Rank.	Regiment.	Co.	Died.
9655	Lard, H. O	Private	22d Mich	D	Sept. 24, 1864.
7795	Large, Michael	do	9th Minn	G	Sept. 4, 1864.
1802	Larger, William	do	1st Ky. cav	L	June 10, 1864.
5776	Laribbe, L	do	8th Mich	H	Aug. 15, 1864.
3091	Larimer, J	do	11th Pa	E	July 9, 1864.
5676	Larison, A	do	63d Ohio	D	Aug. 14, 1864.
5142	Larke, J. A	do	23d Mich	F	Aug. 9, 1864.
1364	Larkin, James	do	1st Ohio art	L	May 25, 1864.
5906	Larmer, W. A.	do	9th Ill. cav	E	Aug. 16, 1864.
12616	Larnsdon, C. E.	do	4th Vt	D	Feb. 8, 1865.
9836	Larrabee, E	Corporal	15th N. Y	D	Sept. 27, 1864.
4664	Larray, H.	Private	5th Vt	A	Aug. 3, 1864.
2282	Larreby, G	do	16th U. S	D	June 20, 1864.
11152	Lash, J	do	101st Ind	D	Oct. 19, 1864.
6631	Laskius, M. C.	do	100th N. Y	A	Aug. 23, 1864.
14	Lason, Benjamin	do	6th N. Y. cav	F	Mar. 6, 1864.
2668	Laspe, Otto	do	15th Ky	H	June 29, 1864.
5893	Lasty, J	do	10th Conn	D	Aug. 16, 1864.
12770	Lasure, W	do	9th Ind	E	Mar. 13, 1865.
7084	Latchaw, David	do	4th Pa. cav	K	Aug. 28, 1864.
9738	Latham, W	do	25th Mass	K	Sept. 25, 1864.
8835	Lathrop, V	do	58th Mass	C	Sept. 15, 1864.
851	Latourette, J	Corporal	1st N. Y. cav	A	May 2, 1864.
5246	Latta, W. H	Private	89th Ohio	H	Aug. 10, 1864.
12510	Lattimore, W. H	do	9th Minn	D	Jan. 23, 1865.
6116	Lattin, E	do	12th U. S	A	Aug. 19, 1864.
11624	Laughlin, D	Corporal	9th Va	E	Oct. 29, 1864.
4857	Laughlin, J	Sergeant	101st Pa	E	Aug. 6, 1864.
11440	Laughlin, M. W	Private	1st Ohio	I	Oct. 24, 1864.
8292	Laughlin, R. M	do	1st Del	C	Sept. 9, 1864.
11255	Lautz, William	do	7th Pa	C	Oct. 21, 1864.
1233	Law, Henry	do	93d Ill	G	May 20, 1864.
4354	Law, S. S	do	124th Ohio	I	July 30, 1864.
6144	Lawrence, A	do	1st N. H. cav	C	Aug. 19, 1864.
12250	Lawrence, B. F	do	42d Ind	D	Dec. 9, 1864.
6300	Lawrence, C	do	11th U. S	E	Aug. 20, 1864.
3890	Lawrence, D	do	80th Ind	A	July 24, 1864.
10095	Lawrence, J	do	7th N. Y. art	G	Sept. 30, 1864.
2175	Lawrence, John	do	23d Mass	E	June 19, 1864.
4114	Lawrence, J. C	do	13th Tenn. cav	I	July 28, 1864.
9635	Lawrence, L. G	do	89th Ill	G	Sept. 24, 1864.
1239	Lawrence, R. J	do	30th Ind	G	May 19, 1864.
8926	Lawson, H. G	do	6th Tenn	I	Sept. 16, 1864.
4101	Lawson, J	do	2d N. Y. cav	D	July 27, 1864.
8640	Lawson, M	do	6th Tenn	H	Sept. 13, 1864.
5585	Lawson, William	do	75th Ind	A	Aug. 14, 1864.
7522	Lawson, William	do	15th Mo	B	Sept. 1, 1864.
8162	Lawton, J	do	69th N. Y	E	Sept. 8, 1864.
4291	Lawton, James		Steamer Ladona		July 30, 1864.
5616	Lawyer, James	Private	80th Ind	D	Aug. 14, 1864.
9361	Lawyer, J. B	do	89th Ohio	L	Sept. 20, 1864.
12097	Lay, John	Private	123d Ohio	K	Nov. 18, 1864.
1135	Lay, William	do	11th Ky. cav	D	May 16, 1864.
6434	Layman, C	do	120th N. Y	K	Aug. 22, 1864.
8754	Layman, F	do	49th Pa	B	Sept. 14, 1864.
11325	Laymon, W. F	do	14th Va	C	Oct. 23, 1864.
10066	Layton, P	do	110th Pa	D	Sept. 30, 1864.
6053	Layton, Samuel	do	184th Pa	A	Aug. 18, 1864.
795	Layton, Stephen	do	11th N. J	A	April 29, 1864.
9621	Leach, C. H	do	20th Mass	I	Sept. 23, 1864.

LIST OF INTERMENTS IN THE

No. of grave.	Name.	Rank.	Regiment.	Co.	Died.
2378	Leach, J	Private	3d Pa. cav	D	June 23, 1864.
665.6	Leach, James	do	49th Pa	E	Aug. 23, 1864.
7849	Lench, L. D	do	1st R. I. cav	F	Sept. 4, 1864.
2119	Leach, S	do	10th N. Y. cav	E	June 17, 1864.
8464	Leacock, William	do	115th Ill	B	Sept. 11, 1864.
8085	Leamon, G	do	6th Mich. cav	H	Sept. 7, 1864.
7707	Leaony, W. H	do	12th Mass	A	Sept. 3, 1864.
6238	Lears, Thomas	do	2d Ill. cav	L	Aug. 20, 1864.
9291	Leary, C	do	83d Pa	K	Sept. 19, 1864.
2781	Leary, D	do	2d Mass. cav	A	July 2, 1864.
6344	Leasiere, Isaac	do	122d Ohio	K	Aug. 21, 1864.
7123	Leasure, F	do	45th Ohio	K	Aug. 23, 1864.
10896	Leatherman, M	do	9-th Ill	E	Oct. 14, 1864.
12361	Lebudd, J	do	1st Md. cav	D	Dec. 30, 1864.
7210	Lecraw, W. P	do	1st Mass. art	G	Aug. 29, 1864.
7142	Ledderer, William	do	132d N. Y	G	Aug. 29, 1864.
1912	Ledford, J. A	do	16th Ky	B	June 13, 1864.
12175	Ledwick, C	do	7th Ky. cav	C	Nov. 26, 1864.
5699	Ledwick, T. M	do	139th Pa	C	Aug. 15, 1864.
10228	Lee, ——	Farrier	1st Conn. cav	F	Oct. 2, 1864.
1944	Lee, A	Private	24th N. Y. ind. bat		June 14, 1864.
6798	Lee, Cornelius	do	5th R. I. art	A	Aug. 25, 1864.
2169	Lee, F	do	15th N. Y	F	June 19, 1864.
4325	Lee, Henry	do	11th N. Y	K	July 30, 1864.
546	Lee, James	Teamster			April 14, 1864.
3545	Lee, James	Private	18th Pa. cav	B	July 18, 1864.
5014	Lee, John	do	3d Ind. cav	C	Aug. 8, 1864.
2572	Lee, P	do	2d N. Y. art	A	June 25, 1864.
8524	Lee, P	Corporal	16th Ill	A	Sept. 11, 1864.
3398	Lee, S	Private	1st Ky. cav	A	July 16, 1864.
963	Lee, Thomas	do	6th Ill	E	May 8, 1864.
9696	Lee, William	do	6th N. Y	L	Sept. 24, 1864.
1297	Lee, W. E	do	16th Ill. cav	I	May 23, 1864.
10091	Leeboss, C	do	116th Pa	D	Sept. 30, 1864.
12761	Leeds, J	do	87th Ind	D	Mar. 12, 1865.
1056	Lees, W. H	do	2d Md	C	May 13, 1864.
9419	Lefurre, W. E	Citizen	Garden, Akius Co., Ohio		Sept. 21, 1864.
11869	Legro, George	Private	12th Pa	I	Nov. 6, 1864.
4628	Legrou, D	do	111th Ohio	B	Aug. 3, 1864.
5449	Lehigh, W	do	22d Ohio	B	Aug. 12, 1864.
6399	Leichinger, J	do	3d N. Y. cav	D	Aug. 21, 1864.
9256	Leiggett, J	do	52d Ind	G	Sept. 19, 1864.
5944	Leighton, William	do	35th N. J	H	Aug. 17, 1864.
3956	Leitk, A	do	144th Pa	D	July 25, 1864.
11968	Leitz, William	do	6th Mich. cav	F	Nov. 12, 1864.
2374	Lebrook, John	do	157th N. Y	B	June 23, 1864.
6381	Lemarux, Joseph	do	76th N. Y	K	Aug. 21, 1864.
7938	Lemon, John E	do	76th Pa	E	Sept. 5, 1864.
10273	Lemon, W	do	140th Pa		Oct. 3, 1864.
2426	Lemons, M	do	89th Ohio	E	June 24, 1864.
11004	Leuchlin, J	do	5th Pa		Oct. 16, 1864.
11697	Lenet, V	do	47th N. Y	I	Oct. 31, 1864.
6767	Leurx, D	do	9th N. H	K	Aug. 25, 1864.
2686	Lent, A	do	24th N. Y. bat		June 30, 1864.
11707	Lent, H	do	19th Me	A	Nov. 1, 1864.
7312	Lenyer, Minn	do	9th Minn	G	Aug. 30, 1864.
7499	Leonard, A	do	52d N. Y	B	Sept. 1, 1864.
12076	Leonard, C. H	do	7th N. Y. art	A	Nov. 18, 1864.
9336	Leonard, F. M	do	12th Ohio	H	Sept. 20, 1864.
3448	Leonard, George	do	49th Pa	G	July 17, 1864.

ANDERSONVILLE CEMETERY, GEORGIA.   119

No. of grave.	Name.	Rank.	Regiment.	Co.	Died.
11979	Leonard, J	Private	7th Tenn	C	Nov. 12, 1864.
1828	Leonard, John	do	21st Ohio	A	June 10, 1864.
7725	Leonard, J. G	do	1st Mass. art	K	Sept. 3, 1864.
8987	Leonard, J. W	do	85th N. Y	K	Sept. 16, 1864.
752	Leonard, W	do	13th Pa. cav	D	April 26, 1864.
6124	Leonard, W	do	14th Conn	H	Aug. 19, 1864.
7548	Leonard, W. E	do	59th Mass	H	Sept. 2, 1864.
8355	Leopont, C	do	11th Vt	L	Sept. 10, 1864.
11161	Lepe, A	do	7th Ohio	K	Oct. 19, 1864.
8405	Lepley, Charles	Sergeant	103d Pa	E	Sept. 11, 1864.
11415	Le Pont, J	Private	3d N. H. cav	L	Oct. 24, 1864.
3340	Lerelle, Thomas	do	4th Ky	D	July 15, 1864.
8895	Lestar, W. H	do	7th Pa. cav	I	Sept. 16, 1864.
9594	Lester, James	do	7th Tenn. cav		Sept. 23, 1864.
10065	Lestruff, C	do	7th N. Y. art	A	Sept. 30, 1864.
9997	Letgen, E	do	15th Wis	A	Sept. 29, 1864.
2837	Leubbett, M. S	do	13th Ky	E	July 3, 1864.
3401	Leudon, H	do	16th Conn	D	July 16, 1864.
8774	Le Valley, C	do	140th N. Y	A	Sept. 14, 1864.
7912	Levaughee, W. O	Sergeant	16th Conn	C	Sept. 5, 1864.
2173	Lever, H. B	Private	2d Ohio	C	June 19, 1864.
3797	Lever, H. H	do	2d Ohio	C	July 22, 1864.
1403	Levy, Frank	do	13th Pa. cav	H	May 27, 1864.
4803	Lewilly, William	do	29th Mo	K	Aug. 5, 1864.
4818	Lewis, A	do	3d Pa. cav	D	Aug. — 1864.
9045	Lewis, C	do	85th N. Y	F	Sept. 17, 1864.
11258	Lewis, Charles	do	79th Ill	A	Oct. 21, 1864.
3727	Lewis, C. F	do	52d N. Y	E	July 21, 1864.
12698	Lewis, D	do	7th Ohio	A	Feb. 24, 1865.
12210	Lewis, D. S	do	53d Pa	K	Dec. 2, 1864.
3403	Lewis, E	do	107th Pa	I	July 16, 1864.
4215	Lewis, E	do	5th R. I. art	A	July 29, 1864.
2448	Lewis, F	do	2d Mass. art	G	June 25, 1864.
935	Lewis, Franklin	do	103d Ohio	D	May 7, 1864.
1329	Lewis, F. A	do	9th N. Y	G	May 23, 1864.
1882	Lewis, F. L	Vet. surg	9th Mich. cav		June 12, 1864.
10068	Lewis, G. G	Private	2d Mass. art	G	Sept. 30, 1864.
9219	Lewis, G. H	do	7th Conn	G	Sept. 19, 1864.
11915	Lewis, G. W	do	146th N. Y	G	Nov. 8, 1864.
1041	Lewis, J	do	6th Ind	H	May 12, 1864.
3029	Lewis, J	do	3d Ind. cav	C	July 7, 1864
5499	Lewis, J	do	8th Conn	E	Aug. 13, 1864.
6024	Lewis, J	do	4th Ky. cav	C	Aug. 18, 1864.
8297	Lewis, J	do	1st N. Y. art	E	Sept. 9, 1864.
9641	Lewis, J	do	3d Tenn	G	Sept. 24, 1864.
11465	Lewis, J	do	14th Pa. cav	L	Oct. 26, 1864.
2615	Lewis, James	do	65th Ind	F	June 28, 1864.
4082	Lewis, L	do	5th Mass. cav	L	July 27, 1864.
10750	Lewis, L	do	1st Mass	A	Oct. 12, 1864.
12165	Lewis, L	do	9th Me	E	Nov. 26, 1864.
1187	Lewis, P	do	5th Mich. cav	D	May 18, 1864.
1771	Lewis, Peter	do	22d Mich	D	June 9, 1864.
5115	Lewis, P. A	do	85th N. Y	B	Aug. 9, 1864.
4292	Lewis, R	do	1st Tenn. bat	B	July 30, 1864.
10508	Lewis, R	do	7th Ill. cav	C	Oct. 8, 1864.
3622	Lewis, S	do	3d N. J. cav	G	July 20, 1864.
11973	Lewis, W. P	do	8th U. S	B	Nov. 12, 1864.
8048	Libbey, A. G	do	4th N. H	H	Sept. 6, 1864.
8739	Lickliter, Henry	do	135th Ohio	B	Sept. 14, 1864.
10148	Lickly, J. B	Sergeant	96th Ill	F	Oct. 1, 1864.

No. of grave.	Name.	Rank.	Regiment.	Co.	Died.
10365	Lickly, P	Private	1st N. Y. cav	E	Oct. 5, 1864.
8295	Lidey, J	do	113th Ill	I	Sept. 9, 1864.
68	Lieser, Lewis	do	13th Pa. cav	A	Mar. 21, 1864.
1429	Liesner, William	Corporal	13th Pa	E	May 28, 1864.
6783	Light, S	do	143d Pa	H	Aug. 25, 1864.
5195	Lightfoot, William	do	9th Ohio. cav	G	Aug. 10, 1864.
8514	Ligrist, W	Private	11th N. Y	E	Sept. 11, 1864.
6295	Likers, John	Sergeant	112th Ill	I	Aug. 20, 1864.
5827	Lillebridge, W. H.	Corporal	5th R. I. art	A	Aug. 16, 1864.
3305	Limp, P	Private	98th Pa	H	July 14, 1864.
1818	Linburger, J	Corporal	16th Ill	F	June 10, 1864.
5845	Linchien, F	Private	1st N. Y. cav	E	Aug. 16, 1864.
7967	Lincoln, A	do	16th Me	I	Sept. 6, 1864.
1685	Linday, V	do	57th Ill	H	June 7, 1864.
2843	Lindensmith, E		St'r Montgomery		July 3, 1864.
7768	Linderman, H. A	Private	99th Ill	D	Sept. 4, 1864.
10559	Lindlay, D	do	147th N. Y	E	Oct. 9, 1864.
5079	Lindley, C	do	9th Minn	B	Aug. 8, 1864.
5401	Lindsay, J	do	18th Mo	A	Aug. 12, 1864.
1769	Lindsay, S	do	10th N. J	H	June 9, 1864.
6414	Lindsey, A	do	113th Ill	D	Aug. 22, 1864.
8574	Lindsey, A. R	do	99th Ohio	K	Sept. 16, 1864.
11870	Lindusky, G	do	11th Ky	G	Nov. 6, 1864.
7815	Linehan, Thomas	do	125th N. Y	C	Sept. 4, 1864.
3565	Liner, A	do	39th N. Y	B	July 19, 1864.
6750	Ling, John	do	4th N. Y. art	F	Aug. 25, 1864.
38	Link, Gotlieb	do	54th N. Y	K	Mar. 12, 1864.
7956	Linker, Conn	do	8th Conn	G	Sept. 6, 1864.
48	Linnert, L	do	1st Ky	K	Mar. 15, 1864.
12489	Linsay, D	do	77th Pa	D	Jan. 19, 1865.
3649	Linsay, J	do	21st Ohio	I	July 20, 1864.
10353	Linton, E	do	Ringgold bat	B	Oct. 4, 1864.
7744	Linway, J	do	2d Ohio	H	Sept. 3, 1864.
8904	Lippith, J	do	5th Pa	E	Sept. 16, 1864.
11490	Lips, F	Corporal	2d Ohio	H	Oct. 26, 1864.
12358	Lipsey, D	do	2d Ill. cav	D	Dec. 30, 1864.
10564	Liston, David	Private	6th Va	C	Oct. 9, 1864.
2372	Lisure, Samuel	do	7th Ohio	A	June 23, 1864.
12413	Liswell, S	do	27th Mass	F	Jan. 8, 1865.
12232	Litch, J	Sergeant	4th Mo	A	Dec. 6, 1864.
11385	Little, B	Private	2d Md. cav	H	Oct. 24, 1864.
10073	Little, C	do	76th N. Y	F	Sept. 30, 1864.
3760	Little, E. D	do	7th Tenn	A	July 22, 1864.
2774	Little, J	do	19th U. S	E	July 2, 1864.
8634	Little, J. F	do	12th Ky. cav	D	Sept. 13, 1864.
1588	Little, M	do	106th Pa	F	June 3, 1864.
6561	Little, R	do	19th U. S	F	Aug. 23, 1864.
12826	Little, William	do	175th Ohio	D	April 7, 1865.
10931	Littlefield, C	do	1st Me. cav	I	Oct. 14, 1864.
11134	Littlejohn, H. S	do	13th Ind	E	Oct. 18, 1864.
12629	Littlejohn, L. J	do	4th Iowa cav	B	Feb. 10, 1865.
2045	Littleton, T	do	5th Iowa	C	June 16, 1864.
12297	Livinghard, C. B	Corporal	35th Ohio	G	Dec. 16, 1864.
10933	Livingston, A	Private	1st N. Y. cav	C	Oct. 14, 1864.
11688	Livingston, John	Musician	5th R. I. art	A	Oct. 31, 1864.
5397	Livingston, J. H	Private	3d Wis. art	E	Aug. 12, 1864.
4929	Livingston, J. K	do	2d Pa	B	Aug. 6, 1864.
8748	Livingston, R	do	39th Mass	S	Sept. 14, 1864.
1737	Loar, H. H	do	21st N. Y. cav	C	June 8, 1864.
11344	Lochner, M	do	72d Ohio	E	Oct. 23, 1864.

ANDERSONVILLE CEMETERY, GEORGIA. 121

No. of grave.	Name.	Rank.	Regiment.	Co.	Died.
7307	Lochrey, A	Private	14th Pa. cav	E	Aug. 30, 1864.
4543	Locker, Conrad	...do	15th N. Y. art		Aug. 2, 1864.
7950	Lockhard, J	...do	45th Pa	B	Sept. 6, 1864.
1156	Locklan, Joel	...do	1st Mass. cav	E	May 17, 1864.
10379	Lockwood, H	...do	— U. S. cav	D	Oct. 5, 1864.
7375	Lode, John		U. S. navy		Aug. 31, 1864.
2142	Lodge, T	Private	12th N. Y	A	June 18, 1864.
6252	Lodiss, H	...do	90th Pa	A	Aug. 20, 1864.
5923	Loller, E. E	...do	17th Mich	H	Aug. 17, 1864.
8246	Lofters, H	...do	12th N. Y. cav	F	Sept. 9, 1864.
9722	Lofters, M	...do	11th N. Y. cav	E	Sept. 25, 1864.
713	Lofty, Richard J	...do	2d Tenn	I	April 24, 1864.
3489	Logan, B	...do	90th Pa	B	July 17, 1864.
1470	Logan, Frank	...do	89th Ohio	F	May 30, 1864.
1615	Logan, H	...do	6th Ohio cav	E	June 4, 1864.
5985	Logan, W	...do	97th Pa	A	Aug. 17, 1864.
9085	Logue, S	...do	26th Pa	A	Sept. 18, 1864.
12201	Lohmayer, —	...do	35th Ohio	K	Dec. 1, 1864.
460	Loker, E	...do	18th Mass	H	April 11, 1864.
9647	Loler, J	...do	4th Pa. cav	C	Sept. 24, 1864.
3163	Lombard, B. K	...do	58th Mass	A	July 11, 1864.
9438	Londendeck, N	...do	5th Iowa	B	Sept. 21, 1864.
5225	Loudin, H. W	...do	14th Pa	H	Aug. 10, 1864.
2268	Loudon, L	...do	65th Ill	F	June 20, 1864.
7010	Lones, R	...do	2d N. Y. art	A	Aug. 27, 1864.
3306	Long, A	...do	118th Pa	H	July 14, 1864.
5199	Long, Augustus	...do	55th Pa	H	Aug. 10, 1864.
1352	Long, C. C	...do	2d Tenn	C	May 24, 1864.
11591	Long, J	...do	75th N. Y	A	Oct. 28, 1864.
1597	Long, John	...do	2d Tenn. cav	C	June 3, 1864.
4575	Long, John	...do	13th Tenn	H	Aug. 2, 1864.
4692	Long, John	...do	45th Ohio	H	Aug. 4, 1864.
627	Long, Jonathan	...do	2d Tenn	C	April 18, 1864.
7924	Long, L	...do	40th N. Y	I	Sept. 5, 1864.
10372	Long, P	Corporal	11th Pa. cav	C	Oct. 5, 1864.
10298	Long, W	Private	67th Pa	G	Oct. 4, 1864.
4514	Longle, William	...do	4th N. Y. art	B	Aug. 1, 1864.
4090	Longley, G	...do	2d Mass. art	G	July 27, 1864.
12525	Longstreet, W. F	...do	31st Ohio	A	Jan. 26, 1865.
4243	Lonsey, L	...do	1st Mich. cav	L	July 29, 1864.
5434	Looms, John	...do	14th N. Y. art	M	Aug. 12, 1864.
2193	Looper, E	...do	2d Tenn	D	June 19, 1864.
9712	Loovy, C	...do	40th N. Y	A	Sept. 25, 1864.
6340	Lord, George H	...do	3d Me	B	Aug. 21, 1864.
761	Lord, G. W	...do	141st Pa	E	April 27, 1864.
7959	Lord, L	...do	13th Iowa	G	Sept. 6, 1864.
6667	Lord, M	Sergeant	3d Mich	M	Aug. 24, 1864.
10105	Lord, S. R	Corporal	112th Ill	B	Oct. 6, 1864.
4312	Lorg, D. F. B	Private	101st Pa	I	July 30, 1864.
12256	Loring, G	...do	20th Mass	A	Dec. 10, 1864.
960	Loring, John	...do	27th Mich	E	May 8, 1864.
2352	Lorony, B	...do	1st Ky. cav	K	June 23, 1864.
11222	Lorsan, C	...do	89th Ill	C	Oct. 20, 1864.
9988	Lorzbran, J	...do	64th N. Y	E	Sept. 29, 1864.
223	Lossing, Jonathan	...do	8th Mich. cav	B	Mar. 29, 1864.
1726	Lossman, A	...do	4th Ky. cav	E	June 8, 1864.
10317	Louby, O	...do	4th U. S. cav	H	Oct. 4, 1864.
2739	Loud, George	...do	9th Va	D	July 1, 1864.
871	Louden, Samuel	Corporal	2d Pa	F	May 4, 1864.
7237	Lough, H	Private	1st Va. cav	L	Aug. 29, 1864.

LIST OF INTERMENTS IN THE

No. of grave.	Name.	Rank.	Regiment.	Co.	Died.
11906	Louis, C	Private	16th N. Y. cav	C	Nov. 7, 1864.
9663	Louis, H	....do	25th N. Y. cav	E	Sept. 24, 1864.
3919	Louis, J	Sergeant	2d Ind	B	July 24, 1864.
12329	Love, J	Private	125th N. Y	A	Dec. 24, 1864.
3497	Love, John	....do			
55	Love, William	Sergeant	6th U. S	F	Mar. 17, 1864.
7146	Lovejoy, C	Private	1st N. Y. cav	I	Aug. 29, 1864.
8437	Lovely, Francis	....do	25th Mass	I	Sept. 11, 1864.
9358	Lovely, John		100th Ohio	D	Sept. 20, 1864.
10248	Lovery, F	Private	14th N. Y. art	I	Oct. 3, 1864.
5565	Lovett, A	....do	9sth N. Y	B	Aug. 13, 1864.
3217	Lovett, W	....do	39th Mass	E	July 12, 1864.
1223	Lovett, W. T	....do	13th Tenn. cav	A	May 19, 1864.
10744	Lowden, Ed	....do	22d Mass	G	Oct. 11, 1864.
10224	Lowdenback, D. R	....do	5th Iowa	B	Oct. 2, 1864.
7235	Lowe, F	....do	16th Wis	G	Aug. 29, 1864.
6066	Lowe, G. H	....do	72d Ohio	C	Aug. 18, 1864.
10569	Lowe, J	....do	9th Va	C	Oct. 9, 1864.
3249	Lowe, John	....do	18th Mo	E	July 13, 1864.
11021	Lowe, W. G	....do	13th Va	G	Oct. 16, 1864.
490	Lowell, Bedford	....do	4th Me	G	April 11, 1864.
3175	Lowell, George	....do	22d Mass	E	July 11, 1864.
5216	Lowell, Joseph	....do	7th Mich. cav	E	Aug. 10, 1864.
1261	Lower, N. G	....do	116th Ind	I	May 21, 1864.
7162	Lowery, D	....do	2d Ind. cav	G	Aug. 29, 1864.
2568	Lowery, James T	....do	140th N. Y	A	June 27, 1864.
1017	Lowey, Francis	....do	35th Ill	E	May 11, 1864.
12262	Lowring, J	....do	1st Vt. art	D	Dec. 12, 1864.
12313	Lowry, G	....do	7th N Y	A	Dec. 20, 1864.
834	Lowry, James	....do	49th Ohio	I	May 1, 1864.
3830	Lowry, James W	....do	12th Ky. cav	G	July 23, 1864.
3658	Loy, W. B	....do	8th Ky. cav	L	July 20, 1864.
8395	Loyd, S	....do	47th N. Y	B	Sept. 10, 1864.
6150	Lucah, John	....do	5th N. Y. cav	C	Aug. 19, 1864.
4641	Lucas, J	....do	89th Ohio	H	Aug. 3, 1864.
11989	Lucas, J	....do	9th Va	D	Nov. 13, 1864.
4913	Luce, F	....do	1st Mich. art	A	Aug. 6, 1864.
9354	Luce, V		114th N. Y	D	Sept. 20, 1864.
8419	Luch, J. H	Private	76th N. Y	I	Sept. 11, 1864.
10687	Luchford, R	....do	143d Pa	F	Oct. 11, 1864.
10311	Lucia, A	....do	95th N. Y	H	Oct. 3, 1864.
9957	Lucier, J	....do	2d Mass	G	Sept. 28, 1864.
297	Luck, W	....do	11th Pa. cav	H	April 2, 1864.
11288	Lucus, B	....do	32d Mass	E	Oct. 22, 1864.
589	Ludiking, W	....do	2d Va	A	April 17, 1864.
5549	Ludovice, F	....do	13th Me	F	Aug. 13, 1864.
2745	Luff, C	....do	58th Ind	I	July 1, 1864.
1621	Lukens, Milton	....do	145th Pa	A	June 4, 1864.
3830	Lummon, J. E	Sergeant	13th Tenn. cav	A	July 23, 1864.
483	Lumpkins, J. H	Private	12th Tenn. cav	B	April 11, 1864.
11551	Lumbach, S	....do	7th N. Y	B	Oct. 27, 1864.
9760	Lund, James	....do	6th Mich. cav	K	Sept. 25, 1864.
6157	Luney, Ed	....do	8th N. J	G	Aug. 19, 1864.
8007	Lunger, A	....do	7th Ind. cav	M	Sept. 12, 1864.
10180	Lungershaw, Wm. C	....do	1st Vt. cav	F	Oct. 1, 1864.
11196	Luntz, A. W	....do	45th Ohio	A	Oct. 20, 1864.
7268	Lurcock, E	....do	14th N. Y. art	M	Aug. 30, 1864.
2342	Lusk, John	....do	29th Ill	B	June 23, 1864.
7934	Luster, W	....do	1st Ky. cav	B	Sept. 5, 1864.
6833	Lutgen, F	....do	16th U. S	C	Aug. 25, 1864.

ANDERSONVILLE CEMETERY, GEORGIA. 123

No. of grave.	Name.	Rank.	Regiment.	Co.	Died.
11728	Luther, J............	Private....	4th Pa...........	L	Nov. 1, 1864.
11752	Luther, J............	Corporal...	9th Iowa.........	B	Nov. 2, 1864.
2654	Lutherland, H......	Private....	32d Ky...........	G	June 29, 1864.
2109	Luttle, J............	....do......	1st Ky...........	D	June 17, 1864.
1456	Lutz, John..........	....do......	23d Ill...........	H	May 29, 1864.
3495	Lutz, M.............	Corporal...	14th Ohio........	C	July 18, 1864.
10086	Lutz, P. M..........	Private....	21st Pa. cav......	G	Sept. 30, 1864.
7098	Luvin, Charles......	....do......	19th Mass........	I	Aug. 28, 1864.
8196	Lyman, J............	....do......	100th Ill.........	D	Sept. 8, 1864.
11543	Lyman, O. S........	....do......	18th U. S........	A	Oct. 27, 1864.
549	Lynch, Andrew......	....do......	6th Pa. cav......	L	April 14, 1864.
5891	Lynch, B	....do......	18th U. S........	E	Aug. 16, 1864.
5772	Lynch, D	....do......	164th N. Y.......	A	Aug. 15, 1864.
6895	Lynch, F	Corporal ...	43d N. Y.........	K	Aug. 26, 1864.
3683	Lynch, James	Private....	56th Mass........	K	July 21, 1864.
10572	Lynch, N. J.........	....do......	3d Pa. cav.......	F	Oct. 9, 1864.
931	Lynch, Pat..........	Corporal...	99th N. Y........	H	May 7, 1864.
11467	Lynch, V	....do......	38th Ill..........	C	Oct. 26, 1864.
3700	Lyon, A. D	....do......	5th Mich. cav	G	July 21, 1864.
12633	Lyon, Charles	Private....	2d N. Y. cav	M	Feb. 10, 1865.
8342	Lyon, J. H..........	....do......	5th N. Y. art.....	...	Sept. 10, 1864.
4097	Lyon, L. L..........	....do......	1st Ohio art......	E	July 27, 1864.
1985	Lyons, D	....do......	1st N. J. cav......	K	June 15, 1864.
6352	Lyons, E	....do......	U. S. Sig. corps ..	...	Aug. 21, 1864.
8593	Lyons, E	....do......	27th Mass........	I	Sept. 12, 1864.
1427	Lyons, Michael	....do......	99th N. Y........	E	May 28, 1864.
11038	Lyons, R	....do......	1st U. S. cav.....	E	Oct. 17, 1864.
6156	Lyons, Thomas	....do......	6th N. Y. art.....	G	Aug. 19, 1864.
7913	Lyons, W...........	Corporal...	47th N. Y........	A	Sept. 5, 1864.
4548	Lyons, William......	Private....	35th Ind.........	A	Aug. 2, 1864.
6775	Lyons, William......	....do......	1st Ind	E	Aug. 25, 1864.
2734	Lyshon, William.....	....do......	2d Va	I	July 1, 1864.

M.

37	Mace, Jefferson......	Private....	124th N. Y.......	L	Mar. 12, 1864.
562	Macklin, John.......	....do......	2d Tenn	H	April 15, 1864.
3429	Machter, C. S.......	....do......	1st Md. bat......	A	July 16, 1864.
4264	Macomber, John	....do......	1st Md. cav......	B	Aug. 6, 1864.
5016	Mackim, William....	....do......	103d Pa..........	E	Aug. 8, 1864.
6570	MacDavid, James....	....do......	1st Conn.........	K	Aug. 23, 1864.
7521	Macey, Charles......	....do......	18th Mass........	I	Sept. 1, 1864.
12561	Macey, C. S.........	....do......	8th Iowa.........	C	Jan. 31, 1865.
8838	Mackril, R	....do......	2d U. S. cav......	B	Sept. 15, 1864.
8954	Mackey, C	Sergeant ...	7th Tenn	D	Sept. 16, 1864.
9426	Macer, L	Private....	8th Maine	I	Sept. 21, 1864.
9498	Macarg, C	....do......	11th Ky. cav.....	M	Sept. 22, 1864.
10850	Mack, J.............	....do......	39th N. Y	D	Oct. 13, 1864.
11511	Mackswasor, ——....	....do......	1st Mich. S. S....	K	Oct. 26, 1864.
3172	Madden, Samuel	....do......	149th N. Y	G	July 11, 1864.
4822	Madden, C	....do......	1st N. Y. cav.....	D	Aug. 5, 1864.
5390	Madden, L	....do......	96th Ill	D	Aug. 12, 1864.
10506	Madden, F	Sergeant...	122d N. Y........	E	Oct. 8, 1864.
3933	Madder, P...........	Private....	155th N. Y	E	July 25, 1864.
10892	Madrall, A	....do......	12th Ill	A	Oct. 15, 1864.
11257	Madzegan, Joseph ...	....do......	125th N. Y	B	Oct. 21, 1864.
11358	Maddock, J. W......	Sergeant...	79th N. Y	B	Oct. 23, 1864.
9798	Madison, D..........	Private....	75th N. Y	C	Nov. 1, 1864.
12548	Madliner, L	....do......	12th Ind.........	K	Jan. 28, 1865.
387	Magaha, Joseph	Corporal...	3d Va. cav	A	April 5, 1865.

No. of grave.	Name.	Rank.	Regiment.	Co.	Died.
5619	Mageson, J.	Private	7th Ind. cav	A	Aug. 14, 1864.
5932	Maginnis, J. M.	do	15th Conn	E	Aug. 17, 1864.
8469	Magill, H. P	do	103d Pa	I	Sept. 11, 1864.
11714	Magrath, G. H.	do	61st N. Y	C	Nov. 1, 1864.
12093	Magram, J	do	1st Mich. S. S.		Nov. 18, 1864.
122	Mahon, Thomas	Sergeant	132d N. Y	K	Mar. 23, 1864.
1422	Mahon, Thomas	Private	120th N. Y	C	May 28, 1864.
4028	Mahon, C	do	17th N. Y	G	July 26, 1864.
3290	Mahin, B.	do	51st Ohio	I	July 14, 1864.
12088	Mahin, D	do	116th Pa	E	Nov. 18, 1864.
4634	Mahan, E	do	55th Mass	G	July 26, 1864.
5956	Maham, James	do	2d Del	C	Aug. 17, 1864.
4657	Maher, P.	do	7th Ohio	E	Aug. 3, 1864.
8994	Maher, S. L	do	7th Mich. cav	I	Sept. 17, 1864.
5832	Mahler, John	do	35th N. J	I	Aug. 16, 1864.
722	Maines, William	do	1st Tenn	D	April 25, 1864.
5739	Main, Henry	do	30th Wis	F	Aug. 14, 1864.
11679	Main, F. O	do	85th N. Y	A	Oct. 31, 1864.
3583	Maintin, G. H	do	18th Mass	I	July 10, 1864.
11580	Mainhart, F	do	39th Wis	B	Oct. 28, 1864.
12624	Maintold, W.	do	6th Ind. cav	I	Feb. 9, 1865.
5842	Mailer, J. R	Sergeant	134th N. Y	B	Aug. 16, 1864.
2500	Makin, W	Private	7th Tenn. cav	K	June 26, 1864.
96	Malsbray, Asa	do	4th Ohio cav	A	Mar. 22, 1864.
575	Malone, R. J	Corporal	40th Ohio	H	April 15, 1864.
3104	Malone, S. B	Private	7th Ohio	L	July 10, 1864.
6342	Malone, John	do	16th Conn	B	Aug. 31, 1864.
9457	Malon, Pat	do	123d N. Y	F	Sept. 21, 1864.
583	Malcolm, S. A	do	4th Tenn	B	April 15, 1864.
709	Malcolm, W. A	do	16th Maine	A	April 24, 1864.
3935	Malcolm, J. R.	do	38th Ill	K	July 25, 1864.
2139	Maloney, A	do	4th Ohio	H	June 18, 1864.
3083	Maloney, B	do	19th U. S.	D	July 9, 1864.
3284	Maloney, O	do	6th N. Y	C	July 14, 1864.
11447	Maloney, J	do	73d N. Y	G	Oct. 25, 1864.
2255	Maley, Edward	do	8th Mich. cav	K	June 20, 1864.
2834	Malkey, D	do	89th Ill	D	July 3, 1864.
3128	Malaly, P		U.S.S. M'tgomery		July 10, 1864.
438	Malsby, F.	Private	6th Ind. cav	A	July 31, 1864.
6555	Muldriss, John	do	2d Tenn	C	Aug. 23, 1864.
7942	Malleck, M	Corporal	6th N. Y. cav	D	Sept. 5, 1864.
12595	Maloy, James	do	184th Ind.	D	Feb. 5, 1865.
12760	Maloy, J	Private	11th Ind. cav	G	Feb. 28, 1865.
2304	Mamon, P	do	9th Vt		June 24, 1864.
5562	Maniham, J	do	38th Ind	D	Aug. 13, 1864.
953	Mantz, P	Sergeant	16th Ind. cav	E	May 8, 1864.
1031	Mann, Wm	Private	7th Pa. cav	L	May 11, 1864.
5988	Mann, Jos	Corporal	119th Pa	G	Aug. 17, 1864.
9585	Mann, J	Private	16th Iowa	A	Sept. 23, 1864.
9940	Mann, N. C	Saddler	11th Mass	F	Sept. 28, 1864.
1752	Mangen, James	Corporal	24th Wis	H	June 9, 1864.
2862	Mangein, W	Private	7th N. Y. h. art	I	July 3, 1864.
2432	Manning, B. F.	Cit. teams'r			June 24, 1864.
2868	Manning, A	Private	25th Ill. cav		July 4, 1864.
7139	Manning, W	do	6th N. Y. art	D	Aug. 28, 1864.
10135	Manning, J	do	15th N. Y	A	Oct. 1, 1864.
10540	Manning, Thos	do	125th N. Y	B	Oct. 8, 1864.
10623	Manning, —	do	33d N. Y		Oct. 9, 1864.
11035	Manning, S. H	Sergeant	30th Mo	A	Oct. 17, 1864.
2828	Manwaring, Wm	Private	22d Mich	D	July 3, 1864.

ANDERSONVILLE CEMETERY, GEORGIA. 125

No. of grave.	Name.	Rank.	Regiment.	Co.	Died.
3387	Mank, E	Private	80th Ind	E	July 16, 1864.
2952	Manwilly, J	do	74th N. Y	C	July 5, 1864.
5777	Manson, W	do	7th Ohio	G	Aug. 15, 1864.
6313	Manson, C	do	12th U. S.	D	Aug. 20, 1864.
6026	Monahan, Thos	do	21st Ohio	D	Aug. 17, 1864.
6220	Mansfield, D. R	do	58th Mass	G	Aug. 17, 1864.
8216	Mansfield, J	do	101st Pa	G	Sept. 8, 1864.
11142	Mansfield, Geo	do	101st Pa	I	Oct. 19, 1864.
6515	Mantly, J. M	Corporal	15th U. S.	F	Aug. 22, 1864.
6689	Manner, M	Private	73d Pa	K	Aug. 24, 1864.
9943	Manner, C	do	2d Del	K	Sept. 28, 1864.
7600	Mandeville, Wm	do	85th N. Y	F	Sept. 2, 1864.
8885	Manlig, S	do	60th Ohio	A	Sept. 16, 1864.
8965	Manchester, J. M	do	1st Vt. cav	I	Sept. 16, 1864.
9659	Manley, J	do	7th Ohio	M	Sept. 24, 1864.
6962	Mapo, Geo	do	14th Conn	B	Aug. 26, 1864.
10394	Mapes, H	do	29th Ind	H	Oct. 6, 1864.
361	Martin, J. F	do	14th Pa. cav	K	April 4, 1864.
435	Martin, C	do	10th N. Y. cav	A	April 8, 1864.
1073	Martin, Wm	do	13th N. Y. cav	E	May 13, 1864.
1256	Martin, Peter	do	40th N. Y	I	May 21, 1864.
1402	Martin, M. A	do	2d Tenn	A	May 27, 1864.
1444	Martin, A	do	16th Ill. cav	L	May 28, 1864.
1516	Martin, George	Sergeant	3d Ind. cav	C	May 31, 1864.
1930	Martin, G	Private	105th Ohio	F	June 14, 1864.
2503	Martin, A. J	Corporal	4th Pa. cav	E	June 26, 1864.
3939	Martin, W. B	Private	12th N. Y	I	July 25, 1864.
3971	Martin, G	do	45th Pa	I	July 25, 1864.
4071	Martin, J	do	9th Ill	K	July 27, 1864.
4789	Martin, D	do	3d Ohio cav	F	Aug. 5, 1864.
4863	Martin, M		U. S marine corps		Aug. 6, 1864.
5069	Martin, Jas	Private	103d Pa	E	Aug. 8, 1864.
5073	Martin, Jas	do	1st Vt	M	Aug. 8, 1864.
5086	Martin, H. C	do	24th N. Y. bat		Aug. 8, 1864.
5159	Martin, C	do	5th Pa	A	Aug. 9, 1864.
5303	Martin, J	do	1st U. S. cav	K	Aug. 11, 1864.
6293	Martin, Jno	Corporal	16th N. Y. cav	L	Aug. 20, 1864.
6430	Martin, Jno	Private	103d Pa	D	Aug. 22, 1864.
6543	Martin, Chas	do	42d N. Y	G	Aug. 23, 1864.
7263	Martin, Jno	do	77th Pa	D	Aug. 30, 1864.
7336	Martin, F. P	do	12th Ky	D	Aug. 30, 1864.
7918	Martin, Peter	do	17th Mich	H	Sept. 5, 1864.
7948	Martin, J	do	4th N. H	C	Sept. 6, 1864.
8003	Martin, W	do	142d N. Y	F	Sept. 8, 1864.
8174	Martin, J. L	do	7th Tenn. cav	H	Sept. 8, 1864.
8450	Martin, C. M	do	2d Mass. art	H	Sept. 11, 1864.
8746	Martin, W. H	do	24th N. Y. art	M	Sept. 14, 1864.
9274	Martin, S. S	do	11th Iowa	G	Sept. 19, 1864.
9580	Martin, J	do	1st Del	G	Sept. 23, 1864.
9598	Martin, J	do	17th Pa. cav	C	Sept. 23, 1864.
10678	Martin, J. B	do	7th Pa	I	Oct. 11, 1864.
10938	Martin, T	do	10th Ohio cav	A	Oct. 14, 1864.
11200	Martin, W	do	15th Ohio	A	Oct. 20, 1864.
11600	Martin, E. A	do	5th N. Y. cav	C	Oct. 28, 1864.
11735	Martin, M	do	11th Vt. art	A	Nov. 1, 1864.
12208	Martin, J	do	39th N. Y	G	Dec. 2, 1864.
12706	Martin, J	do	44th Mo	H	Feb. 27, 1865.
12785	Martin, M	Corporal	135th Ohio	B	Mar. 6, 1865.
566	Marden, G. C	Private	17th Mass	I	April 12, 1864.
7288	Marden, G. W	do	9th Me	A	Aug. 30, 1864.

No. of grave.	Name.	Rank.	Regiment.	Co.	Died.
542	Markham, D	Private	5th Mich. cav	B	April 14, 1864.
586	Marple, S L	do	14th Pa	A	April 17, 1864.
676	Marooney, Jos	do	132d N. Y	G	April 22, 1864.
1123	Marron, J	do	99th N. Y	I	May 15, 1864.
1222	Marshall, Wm	do	5th Ky. cav	I	May 19, 1864.
1722	Marshall, M. M	do	75th Pa	E	June 6, 1864.
2762	Marshall, A	Corporal	96th Ill	A	July 2, 1864.
3090	Marshall, H. E	Private	27th Mich	B	July 9, 1864.
4040	Marshall, S	Corporal	21st Ohio	G	July 26, 1864.
4595	Marshall, B	Private	8th Conn	H	Aug. 1, 1864.
6240	Marshall, L	do	8th Conn	H	Aug. 20, 1864.
6355	Marshall, N. B		U. S. S. Leipzig		Aug. 21, 1864.
6606	Marshall, E F	Private	1st Maine	H	Aug. 23, 1864.
10170	Marshall, L	do	1st Ky. cav	I	Oct. 1, 1864.
11326	Marshall, L	do	184th Pa	A	Oct. 23, 1864.
12674	Marshall, G	do	4th Mich	M	Feb. 19, 1865.
2051	Martman, Wm	do	16th Ill. cav	K	June 16, 1864.
2079	Marts, G. H	do	2d Md	H	June 16, 1864.
2608	Marsh, J	do	88th Ind	D	June 28, 1864.
2792	Marsh, D	do	50th Pa	D	July 2, 1864.
3824	Marsh, Ira	do	6th N.Y. art	M	July 23, 1864.
5407	Marsh, J	do	104th N. Y	D	Aug. 12, 1864.
9315	Marsh, W	do	149th Pa	K	Aug. 20, 1864.
2856	Marsh, J	do	22d N. Y. cav	C	July 4, 1864.
2976	Marr, Thos. G	do	5th Mich	A	July 6, 1864.
3537	Marvey, And	do	17th Mich	G	July 18, 1864.
3548	Marks, Chas	do	2d N. J. cav	G	July 18, 1864.
7026	Marks, P	do	143d Pa	B	Aug. 27, 1864.
11400	Mark, J	do	135th Ohio	B	Oct. 24, 1864.
4000	Marley, John	Musician	53d N. Y	E	July 26, 1864.
4341	Margut, M	Private	6th Pa	M	July 30, 1864.
5134	Mardis, J. L	do	11th Pa. res	A	Aug. 9, 1864.
6333	Mariett, H	do	16th Ill. cav	L	Aug. 21, 1864.
6537	Maren, E	do	22d N. Y. cav	L	Aug. 23, 1864.
6851	Marston, B		U.S. sharpshooters	G	Aug. 25, 1864.
7407	Marston, Wm	Private	50th Pa	E	Aug. 31, 1864.
11997	Marston, A	do	65th N. Y	C	Nov. 13, 1864.
8043	Markell, S	do	2d Md	H	Sept. 6, 1864.
8972	Marnathy, Geo	do	2d Del	D	Sept. 16, 1864.
9185	Marine, Wm	do	22d Mich	E	Sept. 18, 1864.
10641	Marker, W. H	do	118th Pa	D	Oct. 10, 1864.
10705	Mary, Henry	do	7th N. C		Oct. 11, 1864.
10861	Markin, W	do	1st Md	F	Oct. 13, 1864.
11764	Marhaugh, J	do	6th N. Y. cav	A	Nov. 3, 1864.
12434	Marlain, J. B	do	5th Iowa	B	Dec. 19, 1864.
280	Mason, Peter	do	10th Va	G	April 1, 1864.
863	Mason, Thos. B	do	93d Ill	B	May 3, 1864.
4925	Mason, J. G	do	35th Ind	G	Aug. 7, 1864.
7133	Mason, J	do	45th Ohio	D	Aug. 28, 1864.
9513	Mason, F	do	7th Mich. cav	L	Sept. 1, 1864.
9871	Mason, James	do	112th Pa	A	Sept. 27, 1864.
10483	Mason, J	Corporal	14th N. Y. art	I	Oct. 7, 1864.
746	Masters, Wm	Private	65th Ind	G	April 26, 1864.
1849	Masters, Samuel	do	17th Ohio	I	June 11, 1864.
4513	Masters, J	do	11th Ky. cav	A	Aug. 1, 1864.
1428	Massey, W. F	do	111th Ill	D	May 28, 1864.
2290	Massie, J. C	do	33d Ohio	A	June 21, 1864.
2315	Maston, Samuel	do	85th N. Y	I	June 22, 1864.
11863	Maston, J		Gunboat Rattler		Nov. 6, 1864.
12122	Maston, A	Private	19th Me	G	Nov. 22, 1864.

ANDERSONVILLE CEMETERY, GEORGIA. 127

No. of grave.	Name.	Rank.	Regiment.	Co.	Died.
3491	Masler, J............	Private	13th Ohio.........	A	July 17, 1864.
10306	Mase, J.............	....do......	48th Pa..........	A	Oct. 4, 1864.
11290	Masterson, E........	....do......	2d N. Y..........	D	Oct. 22, 1864.
11296	Massen, H. L........	....do......	85th N. Y........	C	Oct. 22, 1864.
429	Mattheney, A. D.....	Sergeant...	79th Ill..........	I	April 5, 1864.
2171	Matheney, D. C......	Private	7th Tenn.........	D	June 19, 1864.
7233	Matheney, N........	Sergeant ..	42d Ind..........	A	Aug. 29, 1864.
2058	Matchell, J. J.......	Private	101st Pa.........	K	June 16, 1864.
2100	Mattice, H. C.......	....do......	134th N. Y.......	E	June 17, 1864.
3151	Mattison, B.........	....do......	57th Pa..........	F	July 11, 1864.
5651	Mattison, R.........	....do......	85th N. Y........	D	Aug. 15, 1864.
3804	Matthias, James.....	....	U.S.S. Underw't'r	....	July 22, 1864.
4146	Matthias, F.........	Private	8th Md..........	G	July 29, 1864.
4710	Matthias, C. W......	Corporal ...	145th Pa.........	B	Aug. 3, 1864.
4472	Matthews, H........	Private	12th N. Y. cav....	M	Aug. 1, 1864.
6566	Mathews, M........	....do......	42d Ind..........	K	Aug. 23, 1864.
6825	Mathews, W. C......	....	U. S. navy.......	....	Aug. 25, 1864.
8446	Mathews, S. J.......	Private	16th Conn........	K	Sept. 11, 1864.
10032	Matthews, Jno......	....do......	32d Me..........	F	Oct. 14, 1864.
11547	Mathews, S. J.......	....do......	8th Md..........	G	Oct. 27, 1864.
11788	Matthews, W.......	....do......	155th N. Y.......	I	Nov. 4, 1864.
12554	Matthew, J.........	....do......	6th Pa. cav......	F	Jan. 29, 1865.
12744	Matthews, F. M.....	....do......	32d Ill..........	G	Mar. 7, 1865.
4925	Matheson, E. H.....	....do......	2d Wis..........	E	Aug. 6, 1864.
9921	Matherson, F........	....do......	7th N. H.........	B	Sept. 28, 1864.
10803	Mattis, Aaron.......	....	138th Pa.........	....	Oct. 12, 1864.
12099	Matt, Horatio.......	....do......	12th Va..........	E	Nov. 18, 1864.
11892	Mause, M...........	....do......	53d Pa..........	H	Nov. 13, 1864.
1061	Maxem, H. C........	....do......	19th Ill..........	H	May 13, 1864.
4946	Maxum, S. G........	....do......	12th N. Y. cav....	A	Aug. 7, 1864.
1477	Maxwell, Robert	....do......	4th N. Y.........	B	May 31, 1864.
3280	Maxwell, S.........	....do......	8th Ill. cav......	C	July 13, 1864.
6272	Maxwell, Wm.......	....do......	1st Mass. art.....	I	Aug. 20, 1864.
9348	Maxwell, P.........	....do......	12th Ohio........	A	Sept. 20, 1864.
10498	Maxwell, J.........	....do......	85th N. Y........	D	Oct. 8, 1864.
10981	Maxwell, S.........	....do......	14th Pa. cav.....	B	Oct. 15, 1864.
12011	Maxwell, J.........	....do......	8th Me..........	E	Nov. 14, 1864.
183	Maynard, John......	....do......	105th Pa.........	G	Mar. 27, 1864.
3642	Maynard, W. J......	....do......	13th Tenn........	A	July 20, 1864.
6878	Maynard, J D.......	....do......	4th Iowa.........	B	Aug. 26, 1864.
9071	Maynard, A.........	....do......	3d Pa. h. art.....	....	Sept. 17, 1864.
235	Mayo, A. H.........	Mate	Schooner Norman.	....	Mar. 29, 1864.
1176	May, W............	Private	10th Tenn........	C	May 17, 1864.
7925	May, A. P..........	....do......	103d Pa..........	H	Sept. 5, 1864.
10019	May, M. H..........	....do......	89th Ill..........	I	Sept. 29, 1864.
3793	Mayor, Wm.........	....do......	103d Pa..........	I	July 22, 1864.
9145	Mayer, A...........	Corporal ...	24th Ill..........	H	Sept. 18, 1864.
12491	Mayer, J...........	Private	4th Ky..........	C	Jan. 16, 1865.
6766	Mayne, S...........	....do......	1st R. I. cav.....	A	Aug. 25, 1864.
8118	Moyes, T...........	....do......	32d Mo..........	F	Sept. 8, 1864.
10575	Mays, Thos.........	....do......	6th Mich. cav.....	H	Oct. 9, 1864.
11532	Mays, L............	....do......	9th Tenn. cav.....	A	Oct. 26, 1864.
8385	Maymen, R.........	....do......	6th Ohio.........	D	Sept. 10, 1864.
8475	Mayhew, J.........	....do......	6th Vt...........	C	Sept. 11, 1864.
9270	Mayborn, F.........	....do......	20th P. V. C.....	....	Sept. 19, 1864.
1823	Maze, Jas...........	....do......	12th U. S........	D	June 10, 1864.
2027	McAllister, A. P.....	....do......	14th Iowa........	C	June 16, 1864.
2285	McAtee, M..........	Teamster...	....	....	June 21, 1864.
5060	McAllister, ——.....	Corporal ...	17th Mass........	....	Aug. 8, 1864.
11227	McAllister, W. B....	Private	3d Vt............	I	Oct. 20, 1864.

No. of grave.	Name.	Rank.	Regiment.	Co.	Died.
10519	McAllister, J	Private	125th N. Y	I	Oct. 8, 1864.
7127	McAfee, Jas	....do	72d Pa	F	Aug. 28, 1864.
9750	McArthur, W	Sergeant	7th Mich. cav	D	Sept. 25, 1864.
11665	McBeth, J. C	Private	28th Ind	K	Oct. 30, 1864.
7995	McBride, ——	....do	52d N. Y	K	Sept. 4, 1864.
11308	McBride, J	....do	2d Pa. cav	H	Oct. 22, 1864.
12407	McBride, Pat	....do	2d Del	F	Jan. 6, 1865.
119	McCaully, Jas	....do	14th Conn	A	Mar. 23, 1864.
130	McCarty, Jno	....do	66th Ind	D	Mar. 23, 1864.
780	McCarty, Jas	....do	18th Pa. cav	K	April 28, 1864.
1035	McCarty, P	....do	132d N. Y	K	May 11, 1864.
2965	McCarty, S	....do	99th N. Y	C	July 6, 1864.
3413	McCarty, D	....do	155th N. Y	G	July 16, 1864.
4324	McCarty, F	....do	U.S.S. Housatonic		July 30, 1864.
4480	McCarty, Dennis	Private	2d N. Y. art		Aug. 1, 1864.
4759	McCarty, John	....do	69th N. Y	K	Aug. 5, 1864.
5122	McCarty, J	....do	99th N. Y	H	Aug. 9, 1864.
5415	McCarty, Dennis	....do	101st Pa	H	Aug. 11, 1864.
6136	McCarty, John	....do	104th N. Y	E	Aug. 19, 1864.
6249	McCarty, Charles	....do	26th Mich	I	Aug. 20, 1864.
7951	McCarty, E	....do	5th Ky	K	Sept. 6, 1864.
8455	McCarty, John	....do	6th Ky	K	Sept. 11, 1864.
9633	McCarty, J	....do	2d N. Y. m'd rifles	K	Sept. 24, 1864.
11492	McCarty, E. V	Corporal	13th Wis	E	Oct. 26, 1864.
11585	McCarty, A	Private	7th Ind	A	Oct. 28, 1864.
11746	McCarty, A	....do	7th Ind	A	Nov. 2, 1864.
11857	McCarty, J	....do	6th Ind	A	Nov. 6, 1864.
206	McCarle, Joseph	....do	1st Md. cav	B	Mar. 2, 1864.
218	McCartney, H	....do	6th Mich	K	Mar. 29, 1864.
1308	McCartney, M	....do	73d Pa	B	May 23, 1864.
612	McCarter, James	....do	22d Mich	H	April 18, 1864.
8685	McCarter, W	....do	9th Ky	B	Sept. 13, 1864.
732	McCabe, Peter	Sergeant	2d N. Y. cav	E	April 25, 1864.
2196	McCabe, J	Private	44th N. Y	C	June 19, 1864.
2409	McCabe, J	....do	3d Pa. cav	L	June 24, 1864.
2517	McCabe, P	Sergeant	12th N. Y. cav	F	June 26, 1864.
3936	McCabe, F	Private	22d Mich	H	July 25, 1864.
4508	McCabe, James	....do	88th N. Y	D	Aug. 1, 1864.
5738	McCabe, H	....do	12th Ohio	C	Aug. 15, 1864.
6478	McCabe, J	....do	66th Ohio	C	Aug. 22, 1864.
8418	McCabe, J	....do	70th Ohio	D	Sept. 11, 1864.
801	McCart, William	....do	2d Tenn	B	April 29, 1864.
1723	McCart, J	....do	2d Tenn	B	June 8, 1864.
1472	McCameron, W	....do	4th Iowa	A	May 30, 1864.
3050	McCame, H	....do	13th Ill	C	July 8, 1864.
8573	McCamm, M	....do	9th N. H	G	Sept. 12, 1864.
3100	McCampbell, D	....do	104th Ill	B	July 10, 1864.
3133	McCalasky, J. E	Sergeant	4th Pa. cav	H	July 10, 1864.
3124	McCalister, W. H	Private	4th Ind. cav	H	July 10, 1864.
3691	McCarron, J	....do	4th Pa. cav	A	July 21, 1864.
4591	McCann, A	....do	33d Ohio	G	Aug. 2, 1864.
5364	McCann, B	....do	12th U. S	B	Aug. 11, 1864.
5723	McCann, John	....do	3d Pa. art	A	Aug. 15, 1864.
10716	McCane, L	....do	18th N. Y	C	Oct. 11, 1864
11217	McCan, O	....do	13th N. H	E	Oct. 20, 1864.
12252	McCann, Mich	....do	7th Mich	B	Dec. 9, 1864.
5139	McCaffrey, James H	Sergeant	3d Pa. art	A	Aug. 9, 1864.
7823	McCaffrey, J	Private	27th Mass	E	Sept. 4, 1864.
6167	McCall, Thomas	....do	8th Iowa cav	M	Aug. 19, 1864.
9090	McCall, William	....do	22d Pa. cav	B	Sept. 18, 1864.

No. of grave.	Name.	Rank.	Regiment.	Co.	Died.
7620	McCartin, L	Private	9th N. Y. art	B	Sept. 2, 1864.
8153	McCawley, W	do	2d Pa. art	A	Sept. 8, 1864.
8324	McCafferty, W	do	100th N. Y	D	Sept. 10, 1864.
9266	McCauly, G. H	do	47th N. Y	G	Sept. 19, 1864.
9864	McCardell, W	do	15th N. Y. cav	H	Sept. 27, 1864.
11542	McCaslin, M. C	do	7th Tenn	D	Oct. 27, 1864.
11634	McCand, J	do	111th Pa. cav	L	Oct. 31, 1864.
12272	McCausland, R	do	1st Va	G	Dec. 12, 1864.
267	McClellan, James	do	6th U. S. cav	D	Mar. 31, 1864.
991	McClure, Peter	do	11th Ky. cav	C	May 10, 1864.
8120	McClure, F	do	16th Iowa	C	Sept. 8, 1864.
1315	McCluskey, —	do	16th Ill. cav	K	May 23, 1864.
8242	McClusky, F	do	173d N. Y	E	Sept. 9, 1864.
2072	McClurg, B	do	7th Ohio	I	June 17, 1864.
2667	McCloud, A	do	35th Ohio	G	June 29, 1864.
3835	McCloud, J	do	56th Mass	K	July 23, 1864.
6440	McCloud, John	do	97th Ohio	A	Aug. 22, 1864.
7473	McCloud, A	do	21st Mich	I	Sept. 1, 1864.
4823	McClintock, J. S	do	18th U. S	H	Aug. 5, 1864.
6063	McClain, P. M	do	27th Ohio	D	Aug. 18, 1864.
6081	McClain, R	do	11th U. S	G	Aug. 18, 1864.
6231	McClurg, —	do	10th Wis	I	Aug. 20, 1864.
9965	McClary, William	Corporal	7th Mich. cav	H	Sept. 28, 1864.
11119	McClary, J	Private	101st Pa	C	Oct. 1, 1864.
180	McCoy, August	do	6th U. S	M	Mar. 26, 1864.
3897	McCoy, William C	do	2d Tenn	G	July 24, 1864.
6862	McCoy, J. B	do	98th Ohio	A	Aug. 26, 1864.
8176	McCoy, W	do	66th Ind	B	Sept. 8, 1864.
9231	McCoy, J. M	Sergeant	Marine brigade	E	Sept. 19, 1864.
10321	McCoy, J	Private	4th U. S	A	Oct. 4, 1864.
10827	McCoy, G. B	Corporal	5th Iowa	G	Oct. 13, 1864.
582	McCormick, R	Private	2d Va	F	April 15, 1864.
880	McCormick, J. W. E	do	33d Ohio	B	May 3, 1864.
1433	McCormick, Peter	do	39th N. Y	I	May 28, 1864.
2951	McCormick, E	do	1st Wis. cav	L	July 5, 1864.
3629	McCormick, J	do	155th N. Y	H	July 20, 1864.
5203	McCormick, W	do	2d N. Y. art	I	Aug. 10, 1864.
6697	McCormick, H	do	69th N. Y	K	Aug. 24, 1864.
6841	McCormick, W. P	Sergeant	2d Ohio	G	Aug. 25, 1864.
7441	McCormick, J	Private	43d N. Y	F	Sept. 1, 1864.
9018	McCormick, N	do	178th N. Y	F	Sept. 17, 1864.
10258	McCormick, P	do	43d N. Y	D	Oct. 3, 1864.
11110	McCormick, M	do	93d N. Y	K	Oct. 18, 1864.
786	McCommaughey, D	do	11th N. Y	F	April 28, 1864.
1344	McColligan, Patrick	do	99th N. Y	F	May 24, 1864.
1965	McConagly, —		U. S. marine corps		June 14, 1864.
2652	McCowen, John	Private	2d Mass. art	H	June 29, 1864.
3516	McCord, —	do	16th Conn	G	July 18, 1864.
6012	McCord, H	do	7th N. Y. art	G	Aug. 17, 1864.
9942	McCord, J. G	do	32d Mass	H	Sept. 23, 1864.
10544	McCord, G	do	14th U. S	E	Oct. 29, 1864.
4416	McConnell, E	do	9th N. Y. art		July 31, 1864.
5642	McCough, L. C	do	18th Pa. cav	A	Aug. 14, 1864.
5724	McComb, R	do	16th Ill. cav	K	Aug. 15, 1864.
5769	McCoslin, Robert	do	1st U. S. art	B	Aug. 15, 1864.
9651	McCool, B	do	118th Pa	A	Sept. 24, 1864.
10620	McCleif, William	do	7th Pa	A	Oct. 10, 1864.
10934	McConkey, A. L	Corporal	6th Va. cav	D	Oct. 14, 1864.
12176	McConner, J	Private	19th Mass	F	Nov. 25, 1864.
1617	McCrady, William	do	96th Ill	C	June 4, 1864.

LIST OF INTERMENTS IN THE

No. of grave.	Name.	Rank.	Regiment.	Co.	Died.
1671	McCracklin, H	Private	1st Del	B	June 6, 1864.
4472	McCrillis, Edward	do	1st Vt. cav	C	Aug. 1, 1864.
4550	McCray, A	do	103d Ill	D	Aug. 6, 1864.
6148	McCrackin, John	do	53d Pa	K	Aug. 19, 1864.
7730	McCrackin, B	do	7th N. Y. art	B	Sept. 17, 1864.
6203	McCrink, J	do	24th N. Y. bat		Sept. 19, 1864.
6513	McCreary, J	do	119th Ill	C	Sept. 22, 1864.
8644	McCross, J	do	14zth N. Y.		Sept. 13, 1864.
10595	McCreith, A	do	14th Conn	H	Oct. 10, 1864.
12008	McCray, J	Corporal	145th Pa	A	Nov. 14, 1864.
8387	McClure, R	Private	7th Mich	D	Sept. 10, 1864.
2265	McCutcheon, J	do	2d Pa. cav	C	June 20, 1864.
2279	McCumber, W	do	85th N. Y	I	June 20, 1864.
352	McCune, Robert	Corporal	7th Tenn	A	April 5, 1864.
2831	McCune, Charles	Private	14th Pa	C	July 3, 1864.
11909	McCune, J	do	67th Pa	E	Nov. 8, 1864.
5903	McCuller, S	do	4th Pa. cav	C	Aug. 16, 1864.
7281	McCullough, J	do	15th Md	I	Aug. 30, 1864.
8802	McCullough, J. W	do	101st Pa	E	Sept. 15, 1864.
9922	McCullough, S	do	133th Pa	K	Sept. 19, 1864.
8507	McCullen, —	do	57th N. Y	F	Sept. 11, 1864.
11913	McClush, H	do	97th Pa	E	Nov. 8, 1864.
4959	McDale, R	do	9th Ind	A	Aug. 7, 1864.
8905	McDavide, J	do	8th Mass	M	Sept. 16, 1864.
10778	McDavid, J	do	5th N. Y	D	Oct. 12, 1864.
4016	McDermott, J. M	do	70th Pa	F	July 26, 1864.
6162	McDermott, John	do	2d Mass. art	H	Aug. 19, 1864.
6571	McDermott, P		U.S.S.Montgomery		Aug. 30, 1864.
6912	McDermott, P	Private	164th N. Y	H	Aug. 26, 1864.
9831	McDermott, H	do	18th U. S.	E	Sept. 27, 1864.
4409	McDevitt, W	do	25th Mass	E	July 31, 1864.
4796	McDevett, John	do	3d Pa. art	D	Aug. 5, 1864.
6920	McDill, William	do	89th Ohio	K	Aug. 26, 1864.
430	McDonald, P	do	2d Mass	B	April 5, 1864.
773	McDonald, R	do	23d Pa	C	April 28, 1864.
1960	McDonald, S. M	Sergeant	2d Tenn	G	June 14, 1864.
2452	McDonald, John		U. S. G. B		June 25, 1864.
3529	McDonald, John		U. S. navy		July 18, 1864.
4013	McDonald, John	Private	164th N. Y	E	July 26, 1864.
4550	McDonald, James	Sergeant	4th Ky. cav	I	Aug. 2, 1864.
6073	McDonald, —	Private	4th U. S.	E	Aug. 18, 1864.
7108	McDonald, J	do	89th Ohio	H	Aug. 28, 1864.
7140	McDonald, B	do	52d N. Y	B	Aug. 28, 1864.
7143	McDonald, D. B	Sergeant	5th Iowa cav	D	Aug. 29, 1864.
7745	McDonald, A. H	Private	85th N. Y	E	Sept. 3, 1864.
8969	McDonald, A	Corporal	24th N. Y. bat		Sept. 16, 1864.
9247	McDonald, J	Private			Sept. 19, 1864.
9439	McDonald, R	do	18th Mass	D	Sept. 21, 1864.
9542	McDonald, W	do	7th Tenn	D	Sept. 23, 1864.
10002	McDonald, T	Corporal	95th N. Y	A	Sept. 29, 1864.
10995	McDonald, J	Private	74th Ind	B	Oct. 16, 1864.
12138	McDonald, T	do	16th N. Y. cav	D	Nov. 23, 1864.
12535	McDonald, H. A		Citizen, Ohio		Jan. 28, 1865.
745	McDouell, G. T	Private	2d Tenn	D	April 26, 1864.
525	McDougall, W. C	do	14th Ky	K	April 13, 1864.
8180	McDougal, J	do	9th Me	A	Sept. 8, 1864.
2586	McDowell, J	do	8th Mich. cav	F	June 28, 1864.
7259	McDowell, Wm	do	14th N. Y. art	D	Aug. 30, 1864.
11538	McDowell, J	do	11th Conn	D	Oct. 27, 1864.
12760	McDowell, J	do	2d Mo	F	Mar. 12, 1865.

ANDERSONVILLE CEMETERY, GEORGIA. 131

No. of grave.	Name.	Rank.	Regiment.	Co.	Died.
12771	McDowell, H	Private	9th Pa	G	Mar. 13, 1865.
4236	McDover, N	....do	2d Tenn	C	July 29, 1864.
7459	McDonough, T. C	....do	25th Mass	E	Sept. 1, 1864.
8126	McDwire, C	....do	71st N. Y		Sept. 8, 1864.
461	McEntire, W	....do	51st Pa	F	April 10, 1864.
3470	McEntire, L	....do	16th Ill. cav	K	July 17, 1864.
1012	McEvers, T. L	....do	13th U. S	C	May 10, 1864.
2373	McEuckson, Peter				June 23, 1864.
4089	McElroy, John	Private	43d N. Y	I	July 28, 1864.
8019	McElroy, E	....do	10th N. J	I	Sept. 6, 1864.
10155	McElroy, William	....do	13th Pa	L	Oct. 1, 1864.
8851	McElrain, J	....do	93d Ind	E	Sept. 15, 1864.
338	McFarland, A. cr H	....do	72d N. Y	I	April 4, 1864.
3679	McFarland, G	....do	3d Me	G	July 21, 1864.
4414	McFarland, James	....do	55th Pa	E	July 31, 1864.
12768	McFarland, W	....do	19th Me	K	Mar. 12, 1865.
2743	McFarlin, L	....do	2d Ohio	I	July 1, 1864.
12084	McFarlan, E. S	....do	6th Me	G	Nov. 8, 1864.
4001	McFadden, James	....do	39th Ind	F	July 26, 1864.
5163	McFadden, H	....do	1st Wis. cav	F	Aug. 9, 1864.
4078	McFale, H	....do	17th Mich	E	July 27, 1864.
10245	McFarney, J	....do	93d Ind	D	Oct. 3, 1864.
2563	McFall, G. W	....do	30th Ind	A	Jan. 31, 1865.
2665	McGain, J	....do	99th Ill	H	June 29, 1864.
6532	McGan, J	....do	18th Pa. cav	....	Aug. 23, 1864.
12806	McGarrak, R. W	....do	103d Pa	F	Mar. 21, 1865.
354	McGeotle, Pat	....do	52d N. Y	D	April 4, 1864.
3243	McGee, William	....do	7th Tenn	B	July 13, 1864.
4123	McGee, James	....do	103d Pa	I	July 28, 1864.
5283	McGee, William	....do	30th Ill	D	Aug. 10, 1864.
5433	McGee, J	....do	14th Pa	H	Aug. 12, 1864.
5996	McGee, J			....	Aug. 17, 1864.
7764	McGee, A	Private	13th Tenn	B	Sept. 4, 1864.
8590	McGennis, P	....do	16th Mich	....	Sept. 12, 1864.
12625	McGenger, I	....do	20th Pa	C	Feb. 9, 1865.
820	McGilton, J	....do	6th Va	G	April 30, 1864.
1190	McGirgan, S. K	....do	1st Mich bat	D	May 18, 1864.
1984	McGiven, J	....do	22d Mass	K	June 15, 1864.
2756	McGiven, William	Corporal	158th N. Y	B	July 1, 1864.
11625	McGiveus, J	Private	119th Ill	A	Oct. 29, 1864.
3551	McGibney, H	....do	85th N. Y	E	July 18, 1864.
12478	McGinn, T	....do	170th N. Y	B	Jan. 18, 1865.
6451	McGlne, Thomas	....do	14th Conn	I	Aug. 22, 1864.
6910	McGlain, H	....do	143d Pa	B	Aug. 26, 1864.
248	McGowen, John	....do	132d N Y	K	Mar. 30, 1864.
5280	McGowan, William	....do	12th Mass	A	Aug. 10, 1864.
7251	McGowen, J		U. S. S. Powhatan	....	Aug. 30, 1864.
8225	McGowan, F	Private	170th N. Y	H	Sept. 8, 1864.
12364	McGowan, J	....do	17th U. S	C	Dec. 31, 1864.
4260	McGoneygal, R	....do	6th Mass	K	July 29, 1864.
6375	McGovern, B	....do	34th Mass	D	Aug. 21, 1864.
1112	McGrath, M	....do	12th N. Y	E	May 15, 1864.
12782	McGrath, D	Corporal	115th Ohio	G	Mar. 15, 1865.
9538	McGraly, J	Sergeant	7th Me	A	Sept. 22, 1864.
10396	McGraw, John	Private	3d Pa. art	A	Oct. 6, 1864.
1151	McHate, J	....do	14th Pa. cav	D	May 16, 1864.
268	McGuire, John	....do	20th Mich	A	Mar. 24, 1864.
1043	McGuire, J	....do	3d U. S	C	May 12, 1864.
322	McGuire, Pat	....do	101st N. Y	F	July 12, 1864.
4751	McGuire, M	....do	7th Tenn. cav	C	Aug. 5, 1864.

No. of grave.	Name.	Rank.	Regiment.	Co.	Died.
4995	McGuire, P	Private	140th N. Y	C	Aug. 7, 1864.
5124	McGuire, A	....do......	59th Mass	D	Aug. 9, 1864.
6827	McGuire, P	....do......	10th N. Y	C	Aug. 25, 1864.
7341	McGuire, J	....do......	12th U. S	D	Aug. 30, 1864.
8039	McGuire, J	Citizen			Sept. 6, 1864.
12754	McGuire, O	Private	2d Mo. cav	I	Mar. 12, 1865.
4709	McGucken, A	Sergeant	1st N. Y. cav	C	Aug. 4, 1864.
6925	McGuigan, H. C	Private	7th Pa	K	Aug. 26, 1864.
7272	McGuiston, J	....do......	13th N. Y	B	Aug. 30, 1864.
8473	McGuinnis, A	....do......	4th U. S. art	E	Sept. 11, 1864.
9488	McGorgene, P	....do......	1st Va	G	Sept. 22, 1864.
6460	McHenry, James	....do......	2d Mass. art	G	Aug. 22, 1864.
8354	McHarty, M	....do......	69th N. Y	A	Sept. 10, 1864.
10725	McHamam, B. F	....do......	14th N. Y	D	Oct. 12, 1864.
1858	McHose, J	....do......	4th Pa. cav	A	June 28, 1864.
4208	McHoney, V		U. S. S. Southfield		July 29, 1864.
6955	McHugh, W. S	Private	2d Ohio	D	Aug. 18, 1864.
2088	McIntire, John	....do......	1st Vt. cav	H	June 17, 1864.
3323	McIntire, R	....do......	8th N. Y	I	July 14, 1864.
6554	McIntire, H	....do......	1st Mass	K	Aug. 24, 1864.
12326	McIntire, J	....do......	55th Pa	C	Dec. 24, 1864.
2806	McInnis, A. Y	....do......	45th Ohio	B	July 3, 1864.
5883	McIntosh, D	....do......	50th Ohio	D	Aug. 16, 1864.
10181	McIntosh, William	Sergeant	23d Ohio	I	Sept. 30, 1864.
7393	McKay, Thomas	Private	2d R. I	F	Aug. 25, 1864.
8050	McKay, K	....do......	10th Mich	G	Sept. 6, 1864.
12069	McKay, J	....do......	5th N. Y	E	Nov. 17, 1864.
11531	McKarron, E. M	....do......	1st Mass. art	I	Oct. 26, 1864.
141	McKeevee, James	....do......	8th Ohio	G	Mar. 24, 1864.
736	McKeever, E. L	Sergeant	71st Pa	F	April 25, 1864.
4407	McKeever, John	Private	100th Pa	A	July 31, 1864.
1168	McKenly, J	....do......	99th N. Y	I	May 17, 1864.
2200	McKenney, G	....do......	3d Me	I	June 19, 1864.
9390	McKenney, John	....do......	82d N. Y	D	Sept. 20, 1864.
10578	McKenney, William	....do......	1st Va. cav	L	Oct. 9, 1864.
10610	McKenney, J. W	....do......	118th Pa	K	Oct. 10, 1864.
6380	McKenna, F	....do......	1st Va. cav		Aug. 21, 1864.
8305	McKenna, J	....do......	3d R. I. cav		Sept. 10, 1864.
12664	McKenna, N	Corporal	12th N. Y	F	Feb. 16, 1865.
11849	McKenney, B	Private	34th Mass	A	Nov. 5, 1864.
2981	McKenzie, D	....do......	1st Wis	F	July 6, 1864.
4298	McKell, William	Sergeant	89th Ohio	D	July 30, 1864.
4578	McKeoner, S	Private	73d Pa	E	Aug. 2, 1864.
4635	McKeral, James	....do......	14th Pa	K	Aug. 3, 1864.
5359	McKerchy, J. M	....do......	85th N. Y	F	Aug. 11, 1864.
6040	McKee, James	....do......	51st Ohio	A	Aug. 18, 1864.
9140	McKerse, Samuel	....do......	8th Tenn cav	G	Sept. 18, 1864.
444	McKinstry, M	....do......	7th Ohio	I	April 9, 1864.
605	McKissick, John	....do......	23d Pa	F	April 18, 1864.
1128	McKinley, J	....do......	1st Pa. cav	I	May 16, 1864.
3054	McKinny, J	....do......	U. S. marine corps		July 9, 1864.
6973	McKinley, E. W		U. S. marine corps	K	Aug. 27, 1864.
8627	McKinney, D	Private	90th Pa	C	Sept. 13, 1864.
3789	McKinsay, John	....do......	2d Md	I	July 22, 1864.
11570	McKimm, J	....do......	1st Del	F	Oct. 27, 1864.
1147	McKnight, J. E	....do......	57th Pa	B	May 16, 1864.
1262	McKnight, J	....do......	11th Ohio	G	May 21, 1864.
5223	McKnight, B	....do......	3d Mass. cav	A	Aug. 10, 1864.
8047	McKnight, J	....do......	18th Pa. cav	I	Sept. 6, 1864.
3481	McKon, John	....do......	101st Pa	H	July 17, 1864.

ANDERSONVILLE CEMETERY, GEORGIA. 133

No. of grave.	Name.	Rank.	Regiment.	Co.	Died.
6702	McKon, James	Private	77th Pa	G	Aug. 24, 1864.
6664	McKue, Martin	do	141st Pa	C	Aug. 24, 1864.
1451	McLaine, H. C	do	2d E. Tenn	I	May 29, 1864.
7279	McLaine, Thomas	do	1st Mich	I	Aug. 30, 1864.
8158	McLane, T	do	12th Pa	E	Sept. 8, 1864.
1634	McLaughlin, B	do	90th Ill	I	June 5, 1864.
1946	McLaughlin, J	do	2d U. S.	H	June 14, 1864.
4800	McLaughlin, E		U. S. navy		Aug. 5, 1864.
6294	McLaughlin, James	Private	4th Pa	A	Aug. 20, 1864.
7327	McLamas, J	do	7th Md	C	Aug. 30, 1864.
11952	McLaren, B	do	89th Ill	A	Nov. 10, 1864.
3174	McLaughlin, E	Sergeant	9th Mass	C	July 11, 1864.
3625	McLaubin, Charles	Private	36th Wis	I	July 20, 1864.
4192	McLean, William	do	11th Conn	G	Aug. 1, 1864.
4523	McLean, A. G	do	3d Tenn	C	Aug. 1, 1864.
5581	McLean, P	do	17th U. S.	C	Aug. 14, 1864.
10392	McLean, R	do	42d N. Y.	F	Sept. 6, 1864.
3169	McLin, Benjamin	Corporal	23d Ill	E	July 11, 1864.
4268	McLorens, ——	Private	20th N. Y. cav	M	July 29, 1864.
6850	McLoughlin, J	Corporal	63d N. Y.	B	Aug. 25, 1864.
6917	McLoughlin, B		U. S. navy		Aug. 26, 1864.
270	McManus, Samuel	Private	11th Ky	D	April 1, 1864.
1139	McMahon, James	do	73d Pa	F	May 16, 1864.
3611	McMahon, C. L	do	3d N. Y. cav	E	July 19, 1864.
4725	McMahon, M	do	93d Ill	E	Aug. 4, 1864.
2653	McManes, J	do	72d Pa	B	June 29, 1864.
2732	McMann, W	do	3d Mich. bat		July 1, 1864.
11548	McMann, W	do	17th Mich	A	Oct. 27, 1864.
3675	McMillen, James	do	24th Mass	B	July 20, 1864.
9096	McMillon, J. F	do	122d Ohio	A	Sept. 18, 1864.
12608	McMillan, J. A	do	1st Md	B	Feb. 7, 1865.
1192	McMullan, James	do	4th Iowa	C	May 18, 1864.
1337	McMullen, W. W	Corporal	112th Ill	E	May 24, 1864.
1283	McMurray, George	Sergeant	21st Ohio	G	May 24, 1864.
6314	McMurrin, William	Private	2d N. Y. cav	L	May 25, 1864.
522	McNamara, P	do	17th Mass	I	April 13, 1864.
5185	McNamy, R	do	27th Mass	A	Aug. 9, 1864.
422	McNeiley, James	do	3d Va. cav	A	April 5, 1864.
3423	McNeil, J. W	do	4th Iowa	I	July 16, 1864.
12277	McNealey, W	do	7th Tenn. cav	C	Dec. 13, 1864.
12733	McNeill, C	do	8th Mich. cav	M	Mar. 5, 1865.
11464	McNilse, J. H	Corporal	100th N. Y.	E	Oct. 26, 1864.
5406	McNuty, ——	Private	85th N. Y.	A	Aug. 12, 1864.
3724	McPeck, H. P	do	2d N. Y. cav	B	July 21, 1864.
6014	McPherson, D	do	103d Pa	F	Aug. 17, 1864.
7271	McPherson, William	do	14th N. Y. art	F	Aug. 30, 1864.
969	McQueeny, W	do	79th Pa	B	May 9, 1864.
5865	McQuillen, A	do	6th N. Y. art	L	Aug. 16, 1864.
9526	McQuigly, John	do	101st Pa	C	Sept. 22, 1864.
3017	McRath, J	do	4th Pa	C	July 7, 1864.
692	McShane, B	do	80th Ill	K	April 23, 1864.
2759	McSpadding, William	do	22d Mich	E	July 2, 1864.
8899	McSorley, G. W	do	20th N. Y.	M	Sept. 16, 1864.
6855	McSorly, D	do	49th Ohio	I	Aug. 26, 1864.
4679	McTier, J		U. S. navy		Aug. 3, 1864.
4396	McVey, R		U. S. navy		July 31, 1864.
6441	McWilliams, H	Private	82d Pa	I	Aug. 22, 1864.
12068	McWilson. ——	do	14th Va. cav	F	Nov. 17, 1864.
2444	Meadow, John	do	6th U. S. cav	E	June 25, 1864.
3127	Mead, P	do	1st N. Y. art	C	July 10, 1864.

134   LIST OF INTERMENTS IN THE

No. of grave.	Name.	Rank.	Regiment.	Co.	Died.
3279	Mead, G	Private	19th Ill. cav	H	July 13, 1864.
9583	Mead, H. G	....do	184th Pa	B	Sept. 23, 1864.
3467	Meaker, E. H	....do	153d Pa	H	July 17, 1864.
5069	Measles, James	....do	103d Pa	E	Aug. 8, 1864.
6800	Meal, John	....do	11th Conn	D	Aug. 25, 1864.
10976	Meare, J. H	....do	7th Tenn. cav	I	Oct. 15, 1864.
12720	Meach. A. J	....do	1st Ky. cav	A	Mar. 3, 1864.
4257	Meck, J	....do	19th Ohio	E	July 29, 1864.
8021	Meck, Robert	....do	111th Ohio	K	Sept. 6, 1864.
3750	Medham, F	Corporal	12th N. Y. cav	A	July 22, 1864.
4391	Medcalf, Oliver	Private	8th Me	H	July 31, 1864.
4648	Medler, N	....do	38th Ill	I	Aug. 3, 1864.
7586	Medrew, W	....do	20th Mass	G	Sept. 2, 1864.
998	Meek, David	....do	111th Ohio	K	May 10, 1864.
6266	Mee, William	....do	51st Ill	H	Aug. 20, 1864.
7435	Melford, J	....do	8th Tenn. cav	C	Sept. 1, 1864.
150	Megram, W H	....do	99th N. Y	E	Mar. 25, 1864.
5808	Mehan, B	....do	2d Mass. art	H	Aug. 16, 1864.
8134	Mehatly, J. M	....do	16th Pa. cav	B	Sept. 8, 1864.
8293	Mein, W	....do	18th U. S	H	Sept. 9, 1864.
841	Melton, John	....do	18th Ind	C	May 2, 1864.
2278	Melton, W. M	....do	19th Pa	H	June 20, 1864.
2137	Meldower, D	....do	11th Ky. cav	E	June 18, 1864.
2224	Meltenberger, M	....do	2d Tenn	G	June 20, 1864.
7512	Mellinger, John H	....do	7th Pa	C	Sept. 1, 1864.
9735	Melvin L	....do	1st Mass. art	K	Sept. 25, 1864.
9041	Molstaff, C	....do	100th N. Y	D	Sept. 28, 1864.
10599	Melin, A	....do	14th N. Y. art	L	Oct. 10, 1864.
11167	Melins, W	....do	82d N. Y	B	Oct. 19, 1864.
12459	Memezt, W	....do	15th Mo	G	Jan. 15, 1865.
1969	Meuex, J	....do	45th Ky	D	June 15, 1864.
2019	Menner, Jacob	....do	11th N. J	H	June 16, 1864.
9649	Menear. L. B	....do	14th Va	B	Sept. 24, 1864.
4771	Mener, J. G	....do	24th N. Y. bat	....	Aug. 5, 1864.
2088	Menzie, A	....do	3d N. Y. art	K	June 16, 1864.
5630	Meuch, C	Sergeant	20th Ohio	I	Aug. 14, 1864.
10047	Mentle, G	Private	2d Md	D	Sept. 30, 1864.
11058	Menk, W	....do	12th Pa. cav	F	Oct. 30, 1864.
1358	Merriam, W. M	....do	17th Mass	D	May 24, 1864.
1860	Merrill, H	....do	30th Ind	G	June 12, 1864.
7269	Merrill, S. B	....do	5th Mich	G	Aug. 30, 1864.
7321	Merril, B. J	....do	1st Vt	B	Sept. 30, 1864.
1179	Merrill, C	....do	4th Mich	K	Nov. 4, 1864.
2049	Mercerner, Charles	....do	96th N. Y	A	June 16, 1864.
2269	Merritts, M	....do	27th Mass	C	June 20, 1864.
2639	Merritt, F	Sergeant	89th Ill	F	June 29, 1864.
6042	Merritt, H. D	Private	76th N. Y	F	Aug. 18, 1864.
3950	Merkel, Peter	....do	14th U. S	H	July 21, 1864.
9353	Merkle, J	....do	15th N. Y	A	Sept. 20, 1864.
4010	Mercer, John	....do	11th Ind	F	July 26, 1864.
10950	Mercer, John	....do	4th Iowa	I	Oct. 15, 1864.
5559	Merner, C	....do	5th Mich	F	Aug. 13, 1864.
6462	Merserve, J. M	Sergeant	1st N. Y. cav	A	Aug. 22, 1864.
6845	Merchant, Wm	Private	13th Iowa	G	Aug. 25, 1864.
7404	Merz, F	....do	44th Ill	K	Sept. 1, 1864.
11214	Merz, F. N	....do	5th N. Y	I	Oct. 20, 1864.
8332	Mernit, C. H	....do	9th N. J	D	Sept. 10, 1864.
9170	Merts, C	....do	11th Conn	C	Sept. 18, 1864.
10929	Merton, G. H	....do	10th Pa	I	Oct. 14, 1864.
11204	Merwin, A	....do	2d N. Y. cav	A	Oct. 20, 1864.

ANDERSONVILLE CEMETERY, GEORGIA. 135

No. of grave.	Name.	Rank.	Regiment.	Co.	Died.
11273	Merry, J	Private	47th N. Y	I	Oct. 22, 1864.
208	Messele, Val	....do	47th Pa	C	Mar. 28, 1864.
4017	Messenger, H. M		Citizen		July 26, 1864.
4417	Messinger, A	Private	16th Conn	G	July 31, 1864.
9713	Messinger, N	Corporal	7th Conn	I	Sept. 25, 1864.
5614	Messir, C. K	Private	7th Me	F	Aug. 14, 1864.
6377	Messir, F	....do	5th Wis	K	Aug. 21, 1864.
9117	Messer, Wm	....do	1st Mass. art	B	Sept. 18, 1864.
8966	Messing, F	....do	39th N. Y	A	Sept. 16, 1864.
6426	Messey, M	....do	7th Conn	E	Aug. 22, 1864.
9597	Messters, E	....do	34th Mass	H	Sept. 23, 1864.
66	Metcalf, Milo R	....do	100th Ohio	E	Mar. 19, 1864.
2523	Metcalf, A	....do	85th N. Y	G	June 26, 1864.
9783	Metheney, V. V	....do	13th Tenn. cav	A	Sept. 26, 1864.
2050	Meyers, Wm	Sergeant	2d Tenn	H	June 16, 1864.
2097	Meyers, J. K	Private	116th Ill	C	June 17, 1864.
2896	Meyers, W	....do	54th N. Y	C	July 5, 1864.
8970	Meyers, J	....do	20th N. Y. cav	M	Sept. 16, 1864.
5608	Meyer, J	....do	24th Ill	K	Aug. 14, 1864.
6286	Meyer, J	....do	1st Mass. cav	H	Aug. 19, 1864.
8852	Meyer, H	....do	66th N. Y	F	Sept. 15, 1864.
11723	Meyer, J	....do	57th N. Y	F	Nov. 1, 1864.
4199	Mevi, C	....do	21st Ohio	I	July 29, 1864.
3519	Micha, L	....do	3d Ind. cav	I	July 12, 1864.
9321	Micar, W	Sergeant	14th Conn	F	Sept. 20, 1864.
4520	Michael, —	Private	66th N. Y	A	Aug. 1, 1864.
5863	Michael, S	....do	7th Ind	I	Aug. 16, 1864.
11271	Michel, J	....do	7th Ind	K	Oct. 21, 1864.
11780	Michello, W	....do	2d N. Y. cav	B	Nov. 3, 1864.
5238	Mickales, F	....do	16th Conn	F	Aug. 10, 1864.
9694	Mictman, A	....do	19th Mass	B	Sept. 23, 1864.
11655	Midz, J	....do	20th Pa. cav	A	Oct. 30, 1864.
2700	Migner, H	Sergeant	54th N. Y	D	June 30, 1864.
10423	Migill, J	Private	7th Mich	A	Oct. 6, 1864.
5782	Mifflin, Wm	....do	13th Tenn	B	Aug. 15, 1864.
3488	Mibour, J	....do	38th Pa	D	July 17, 1864.
74	Miles, M. J	....do	6th Conn	D	Mar. 20, 1864.
1586	Miles, Lewis	....do	4th Pa. cav	I	June 3, 1864.
5064	Miles, Samuel	....do	2d Tenn	A	Aug. 8, 1864.
8518	Miles, C. S	Corporal	1st Mich. cav	F	Sept. 11, 1864.
79	Milne, John	Private	95th N. Y	G	Mar. 20, 1864.
168	Milleus, Adam	....do	125th N. Y	E	Mar. 26, 1864.
225	Millen, Daniel	....do	13th Pa. cav	H	Mar. 29, 1864.
6585	Milen, John	....do	51st N. Y	F	Aug. 21, 1864.
369	Miller, John	....do	3d Ky	A	April 4, 1864.
558	Miller, W. H	....do	2d Tenn	F	April 15, 1864.
626	Miller, J. E	Bugler	2d N. Y. cav	M	April 19, 1864.
708	Miller, O	Private	126th N. Y	G	April 21, 1864.
1057	Miller, J	Drummer	2d N. C	B	May 13, 1864.
1062	Miller, Charles	Private	5th Mich. cav	D	May 13, 1864.
1219	Miller, A	....do	28th Mass	F	May 19, 1864.
1317	Miller, F	....do	5th Iowa	H	May 23, 1864.
1710	Miller, Joseph	....do	3d Mich	C	June 7, 1864.
1792	Miller, M	....do	77th Pa	A	June 10, 1864.
1907	Miller, Henry	....do	8th Pa. cav	G	June 13, 1864.
1975	Miller, T	....do	2d Ill. art	M	June 15, 1864.
2002	Miller, J. O	....do	2d Me	B	June 15, 1864.
2257	Miller, J. H	Sergeant	31st Ill	I	June 20, 1864.
2295	Miller, Charles	Private	14th Conn	I	June 21, 1864.
2660	Miller, W. C	....do	27th Ky	A	June 29, 1864.

LIST OF INTERMENTS IN THE

No. of grave.	Name.	Rank.	Regiment.	Co.	Died.
2397	Miller, S. L.	Sergeant	13th Ind. cav	G	June 24, 1864.
2682	Miller, F.	Private	4th Ohio cav	A	June 30, 1864.
2844	Miller, S.	do	12th N. Y. cav	A	July 3, 1864.
2852	Miller, J.	do	1st N. Y. cav	K	July 4, 1864.
2920	Miller, C. H.	do	6th U. S. cav	E	July 5, 1864.
3131	Miller, H.	do	1st N. Y. cav	L	July 10, 1864.
3139	Miller, H.	do	92d Ill.	F	July 10, 1864.
3521	Miller, F.	do	182d N. Y.	D	July 18, 1864.
3644	Miller, A.	do	14th Conn	D	July 20, 1864.
3688	Miller, F.	do	1st Ohio	B	July 21, 1864.
3699	Miller, W. C.	do	2d Mich.	K	July 21, 1864.
3718	Miller, E.	do	4th Ohio	E	July 21, 1864.
4051	Miller, F.	do	6th Md	C	July 27, 1864.
4079	Miller, D.	do	1st Conn. cav	E	July 27, 1864.
4144	Miller, G.	do	5th Mich. cav	I	July 28, 1864.
4284	Miller, F.	do	11th N. H.	G	July 30, 1864.
4329	Miller, J. M.	do	11th Mass. art	A	July 30, 1864.
4567	Miller, J. W.	do	6th Tenn. cav	G	Aug. 2, 1864.
4515	Miller, Mac.	do	6th Ill. cav	C	Aug. 1, 1864.
4629	Miller, R.	do	11th N. H.	H	Aug. 3, 1864.
4645	Miller, L. S.	do	2d N. J. cav	G	Aug. 3, 1864.
4647	Miller, C.	do	111th N. Y.	I	Aug. 3, 1864.
4824	Miller, H.	do	14th Pa. cav	I	Aug. 5, 1864.
5153	Miller, L.	do	7th Mich.	F	Aug. 9, 1864.
5155	Miller, F.	Sergeant	99th N. Y.		Aug. 9, 1864.
5328	Miller, H.	Private	16th Conn	A	Aug. 11, 1864.
5520	Miller, A. W.	do	52d N. Y.	D	Aug. 13, 1864.
5521	Miller, Jacob	do	39th N. Y.	I	Aug. 13, 1864.
5704	Miller, John	do	101st Pa	G	Aug. 15, 1864.
5781	Miller, S.	do	143d N. Y.	B	Aug. 15, 1864.
6469	Miller, Charles B.	do	24th N. Y. cav	E	Aug. 22, 1864.
6865	Miller, F.	do	15th N. Y. art	D	Aug. 26, 1864.
6960	Miller, C. W.	do	2d Va.	C	Aug. 27, 1864.
7119	Miller, John L.	do	53d Pa.	K	Aug. 28, 1864.
7438	Miller, W.	do	4th Mo. cav	E	Sept. 1, 1864.
7852	Miller, F. D.	do	16th Conn	B	Sept. 5, 1864.
7962	Miller, F.	do	22d Mich.	G	Sept. 6, 1864.
8007	Miller, N. W.	do	101st Ind	B	Sept. 6, 1864.
8122	Miller, J.	Corporal	101st Pa	C	Sept. 8, 1864.
8278	Miller, J.	Private	95th N. Y.	E	Sept. 9, 1864.
8592	Miller, J.	do	3d N. Y. cav	K	Sept. 12, 1864.
8726	Miller, Samuel	do	135th Ohio.	F	Sept. 14, 1864.
9039	Miller, C.	do	28th Ohio	I	Sept. 17, 1864.
9368	Miller, H.	do	2d U. S. art		Sept. 19, 1864.
9399	Miller, C. J.	do	1st Md. cav	B	Sept. 21, 1864.
9505	Miller, John	do	12th N. Y.	A	Sept. 22, 1864.
9600	Miller, J.	do	7th Ind. cav	G	Sept. 23, 1864.
9795	Miller, M.	do	92d Ill	A	Sept. 26, 1864.
9955	Miller, D.	do	14th Va.	C	Sept. 28, 1864.
9986	Miller, Wm.	do	2d N. Y. art	C	Sept. 29, 1864.
10110	Miller, J.	do	5th Iowa.	D	Oct. 1, 1864.
10169	Miller, L.	do	20th Mass.		Oct. 1, 1864.
10407	Miller, H.	do	79th Pa.	K	Oct. 6, 1864.
10486	Miller, Washington	do	135th Pa.	C	Oct. 7, 1864.
10627	Miller, H. W.	do	96th N. Y.	E	Oct. 10, 1864.
11126	Miller, John A.	do	10th Mich.	F	Oct. 18, 1864.
11478	Miller, E.	do	4th Ky	I	Oct. 26, 1864.
11516	Miller, G. A.	do	152d N. Y.	C	Oct. 26, 1864.
11522	Miller, George	do	1st N. Y.	G	Oct. 26, 1864.
11542	Miller, F.	do	54th Pa.	K	Oct. 27, 1864.

ANDERSONVILLE CEMETERY, GEORGIA. 137

No. of grave.	Name.	Rank.	Regiment.	Co.	Died.
11721	Miller, J	Private	22d Ill	C	Nov. 1, 1864.
11745	Miller, E	Corporal	31st Iowa	D	Nov. 2, 1864.
11811	Miller, J	Private	135th Ohio	I	Nov. 4, 1864.
11946	Miller, F. B	....do	30th Ind	C	Nov. 10, 1864.
12085	Miller, H	....do	9th Mich	A	Nov. 18, 1864.
12103	Miller, W	....do	166th Pa	A	Nov. 20, 1864.
12466	Miller, J	....do	4th Ky	K	Jan. 6, 1865.
1405	Miller, Jacob	....do	74th Ind	E	May 27, 1864.
9188	Miller, F	Corporal	16th Ill	B	Sept. 18, 1864.
796	Mills, John	Private	1st Ky	H	April 29, 1864.
3955	Mills, N	....do	11th Ill	K	July 25, 1864.
4050	Mills, Joseph	Sergeant	57th Mass	C	July 27, 1864.
4876	Mills, Wm	Private	105th Pa	G	Aug. 6, 1864.
5949	Mills, Wm	....do	1st Vt	E	Aug. 17, 1864.
7573	Mills, M	....do	1st Me	....	Sept. 2, 1864.
8862	Mills, J. J	....do	83d N. Y	....	Sept. 15, 1864.
10457	Mills, A	....do	15th U. S	G	Oct. 7, 1864.
10921	Mills, S	....do	14th Ill. cav	F	Oct. 14, 1864.
11166	Mills, Milton	....do	26th Ind	D	Oct. 19, 1864.
11252	Mills, F	....do	2d N. J. cav	B	Oct. 21, 1864.
12054	Mills, G. W	....do	60th Ohio	F	Nov. 16, 1864.
1287	Milligan, J	....do	61st Pa	F	May 22, 1864.
7178	Millieau, W. W	....do	2d Mass. art	E	Aug. 29, 1864.
2932	Milum, James	....do	8th Va	I	July 5, 1864.
4854	Millspaugh, Fred	....do	6th N. Y. h. art	A	Aug. 6, 1864.
6202	Miland, F. J	Sergeant	12th N. Y. cav	A	Aug. 19, 1864.
8631	Miland, John	Private	2d Mass. art	H	Sept. 13, 1864.
7043	Milsker, J	....do	5th Ind	D	Aug. 27, 1864.
7213	Milliot, P	....do	5th N. H	I	Aug. 29, 1864.
7289	Milcher, Wm	....do	9th Vt	F	Aug. 30, 1864.
8063	Millerman, G	....do	22d N. Y. cav	B	Sept. 7, 1864.
9539	Milton, C	....do	21st Mass	A	Sept. 22, 1864.
11514	Millard, P. S	....do	19th Mass	G	Oct. 26, 1864.
11564	Millington, J	....do	1st N. J	H	Oct. 27, 1864.
12717	Millholland, R	....do	183d Ohio	B	Mar. 2, 1865.
954	Milburn, J	....do	6th Ind	K	May 8, 1864.
1750	Minor, S	....do	1st R. I. cav	D	June 9, 1864.
1889	Mindler, Peter	....do	1st N. Y. cav	I	June 13, 1864.
3618	Mince, F	....do	99th N. Y	F	July 20, 1864.
3374	Mink, H	....do	3d Pa. cav	A	July 16, 1864.
7973	Mine, John M	....do	2d Ind	H	Sept. 6, 1864.
7989	Mind, D	....do	8th Ill	D	Sept. 6, 1864.
2694	Mipes, J	....do	101st Pa	B	June 30, 1864.
5930	Misner, John	Corporal	6th Mich. cav	C	Aug. 17, 1864.
10116	Missinger, C	Private	1st N. Y. cav	L	Oct. 1, 1864.
381	Mitchem, A	....do	92d Ill	E	April 4, 1864.
412	Mitchell, J	....do	120th Ohio	F	April 5, 1864.
2150	Mitchell, W. H	....do	31st Ohio	D	June 18, 1864.
2240	Mitchell, J. J	....do	30th Ind	D	June 20, 1864.
2990	Mitchell, Joseph	....do	17th Ohio	D	July 6, 1864.
3122	Mitchell, C	Corporal	1st Ohio	K	July 10, 1864.
3152	Mitchell, Joseph	Private	12th Ky. cav	E	July 11, 1864.
4646	Mitchell, R. M	....do	17th Ky	C	Aug. 3, 1864.
4718	Mitchell, John D	....do	1st Ala. cav	A	Aug. 3, 1864.
5594	Mitchell, James	....do	7th Tenn. cav	K	Aug. 14, 1864.
6461	Mitchell, J. H	....do	30th Ind	I	Aug. 22, 1864.
8080	Mitchell, J	....do	125th N. Y	E	Sept. 7, 1864.
8506	Mitchell, W. C	....do	23d Mass	A	Sept. 11, 1864.
9867	Mitchell, R. C	....do	10th Ohio cav	....	Sept. 27, 1864.
9939	Mitchell, John	....do	120th N. Y	I	Sept. 28, 1864.

No. of grave.	Name.	Rank.	Regiment.	Co.	Died.
11081	Mitchell, J. P.	Private	55th Pa.	H	Oct. 17, 1864.
11617	Mitchell, J. D.	do	89th Ill.	G	Oct. 29, 1864.
11771	Mitchell, John	do	19th Mass.	C	Nov. 3, 1864.
11867	Mitchell, —	do	1st Mass.	A	Nov. 6, 1864.
2475	Mitchiner, H.	do	13th Tenn.	H	June 25, 1864.
8343	Mittance, L.	do	20th Mass.	G	Sept. 10, 1864.
4053	Mixter, J. L.	do	1st Mass.	E	July 27, 1864.
4680	Mixil, L. B.	do	38th Ill.	F	July 30, 1864.
12148	Mizner, W.	do	U. S. sig. corps	...	Nov. 24, 1864.
4546	Moan, James	do	101st Pa.	K	Aug. 1, 1864.
8150	Modger, A.	do	16th Conn.	I	Sept. 8, 1864.
2486	Moe, John.	do	120th N. Y.	I	June 25, 1864.
1893	Moffit, Thomas.	do	6th Md.	B	June 13, 1864.
4121	Moffat, J.	do	7th N. Y. art.	C	July 28, 1864.
5291	Mohr, J. R.	do	14th Pa.	G	Aug. 11, 1864.
3655	Mokes, R.	do	7th Va. cav.	...	July 10, 1864.
471	Moland, B.	do	2d Mich.	F	April 10, 1864.
11536	Molash, F.	do	3d Mich.	D	Oct. 27, 1864.
1380	Montgomery, W. A.	do	5th Ky. cav.	H	May 26, 1864.
4237	Montgomery, Wm.	do	4th Tenn.	F	July 29, 1864.
5767	Montgomery, R.	do	80th Ind.	F	Aug. 15, 1864.
5809	Montgomery, R.	do	62d Pa.	A	Aug. 16, 1864.
9110	Montgomery, C	do	13th U. S.	G	Sept. 18, 1864.
9405	Montgomery, O A	do	10th Vt.	A	Sept. 21, 1864.
9559	Montgomery, C. T	do	1st Tenn. cav.	L	Sept. 23, 1864.
10517	Montgomery, J.	do	2d Ohio.	G	Oct. 8, 1864.
12639	Montgomery, W.	do	5th Ind. cav.	D	Feb. 11, 1865.
1933	Monson, William.	do	11th N. H.	G	June 14, 1864.
7830	Monson, George.	do	6th N. Y.	...	Sept. 4, 1864.
11546	Monsen, J. F.	do	14th Va.	C	Oct. 27, 1864.
4441	Moniban, J.	do	85th N. Y.	I	July 31, 1864.
11537	Monahan, P.	do	88th N. Y.	D	Oct. 27, 1864.
4526	Monical, J.	do	21st Ill.	G	Aug. 1, 1864.
4658	Monroe, J. R	Corporal	111th N. Y.	G	Aug. 3, 1864.
4783	Monroe, D.	Private	6th Mich. cav.	A	Aug. 5, 1864.
5713	Monroe, L.	do	33d Ind.	F	Aug. 15, 1864.
6235	Monroe, J.	do	2d Mass.	M	Aug. 20, 1864.
6521	Monroe, H. J	Sergeant	44th Ind.	G	Aug. 22, 1864.
7916	Monroe, John	Private	7th Mich	I	Sept. 5, 1864.
12531	Monroe, A.	do	11th Vt	L	Feb. 10, 1865.
5266	Money, H. F.	do	103d Pa.	F	Aug. 10, 1864.
5635	Monta, Henry.	do	52d N. Y.	B	Aug. 13, 1864.
3512	Montag, George	do	39th N. Y.	B	July 18, 1864.
5720	Monaghan, —	Sergeant	66th N. Y.	D	Aug. 15, 1864.
6666	Monteith, —	Citizen.	Teamster.	...	Aug. 24, 1864.
8341	Monschitz, J.	Private	65th N. Y.	D	Sept. 9, 1864.
10231	Monday, G. W	do	7th Ind.	E	Oct. 2, 1864.
10631	Montrose, G. H.	do	7th N. Y. art	L	Oct. 10, 1864.
11582	Mougby, D.	do	22d Mich.	C	Oct. 28, 1864.
9195	Montemay, J.	do	9th Minn.	G	Sept. 18, 1864.
12134	Montjoy, T.	do	5th Conn.	C	Nov. 23, 1864.
12231	Montegan, P.	Sergeant	35th N. H.	F	Dec. 6, 1864.
113	Moore, Thomas J	do	2d Ohio	D	Mar. 23, 1864.
442	Moore, T. H.	Private	5th N. Y. cav	M	April 9, 1864.
450	Moore, James	do	39th Iowa	H	April 9, 1864.
457	Moore, W. H.	do	125th N. Y.	F	April 10, 1864.
658	Moore, Martin	do	74th N. Y	C	April 21, 1864.
1090	Moore, Peter.	do	6th Ind	I	May 14, 1864.
1630	Moore, Charles.	do	19th Ohio	H	June 5, 1864.
1675	Moore, M	do	14th Va.	K	June 6, 1864.

ANDERSONVILLE CEMETERY, GEORGIA. 139

No. of grave.	Name.	Rank.	Regiment.	Co.	Died.
1694	Moore, S	Private	21st Wis	G	June 7, 1864.
1797	Moore, Frank	do	5th Iowa	G	June 10, 1864.
2581	Moore, A	Seaman	Schooner Anna		June 27, 1864.
2766	Moore, Ara	Bugler	22d N. Y	E	July 2, 1864.
2808	Moore, Charles W	Private	8th Me	B	July 3, 1864.
3160	Moore, R. A	do	56th Mass	C	July 11, 1864.
3411	Moore, P	do	18th Mass	F	July 16, 1864.
4197	Moore, M. G	do	1st Pa. art	A	July 29, 1864.
4734	Moore, M	do	71st Pa	I	Aug. 3, 1864.
4801	Moore, William	do	13th Iowa	A	Aug. 5, 1864.
5490	Moore, C. A	Musician	2d Mass. art	H	Aug. 13, 1864.
6038	Moore, C	Private	103d Pa	G	Aug. 18, 1864.
6940	Moore, W. C	do	7th Me	A	Aug. 26, 1864.
7061	Moore, M. J	do	107th Pa		Aug. 26, 1864.
7114	Moore, J	do	27th Mich	B	Aug. 28, 1864.
7175	Moore, Thomas	do	69th Pa	D	Aug. 29, 1864.
7273	Moore, J. D	do	1st Me. cav	B	Aug. 30, 1864.
7547	Moore, A. P	Corporal	1st Conn. cav	H	Sept. 2, 1864.
7574	Moore, James	Private	13th Tenn		Sept. 2, 1864.
7656	Moore, C. C	do	1st N. Y cav	B	Sept. 3, 1864.
7767	Moore, John	do	39th N. Y	H	Sept. 4, 1864.
7820	Moore, G	Corporal	101st Ind	F	Sept. 4, 1864.
8688	Moore, F. H	Private	59th Ohio	C	Sept. 12, 1864.
9711	Moore, William	Sergeant	12th Ky. cav	D	Sept. 23, 1864.
9778	Moore, W. S	Private	85th N. Y	D	Sept. 26, 1864.
9791	Moore, John	do	6th Mich. cav	G	Sept. 26, 1864.
10825	Moore, C. H	do	13th Pa. cav	C	Oct. 13, 1864.
11042	Moore, G	do	18th Me	G	Oct. 17, 1864.
11387	Moore, S	do	101st Pa	F	Oct. 24, 1864.
11459	Moore, J	do	13th Pa. cav	B	Oct. 25, 1864.
11646	Moore, William	do	184th Pa	B	Oct. 31, 1864.
11829	Moore, C	do	2d N. Y. art	B	Nov. 5, 1864.
11845	Moore, W. P	do	11th Tenn	B	Nov. 5, 1864.
12050	Moore, R. F	do	101st Ohio	C	Nov. 10, 1864.
12338	Moore, T	do	7th Tenn. cav	I	Dec. 26, 1864.
8236	Moor, D. D	do	2d Ohio	A	Sept. 9, 1864.
257	Moon, John	do	39th Iowa	H	Mar. 31, 1864.
6757	Moon, J	do	1st Md	D	Aug. 25, 1864.
3108	Mooney, P	do	3d N. Y. art	K	July 10, 1864.
3651	Mooney, T	do	188th N. Y	D	July 20, 1864.
4361	Mooney, James	do	50th Ohio	D	July 31, 1864.
5691	Mooney, Patrick	Corporal	11th Ky	G	Aug. 15, 1864.
8417	Mooney, J	Private	52d N. Y	D	Sept. 11, 1864.
10886	Mooney, Thomas	do	139th N. Y	F	Oct. 14, 1864.
4880	Mooris, William	Sergeant	102d N. Y	G	Aug. 5, 1864.
6423	Moody, Thomas	Private	147th N. Y	B	Aug. 22, 1864.
8461	Moody, C. R	do	100th N. Y	B	Sept. 11, 1864.
10567	Moody, R. W	do	6th Va. cav	E	Oct. 9, 1864.
76	Morton, J. B	do	Rugguld battery	A	Mar. 20, 1864.
617	Morton, Charles	do	47th N. Y	A	April 18, 1864.
2388	Morton, S	do	79th Pa	I	June 24, 1864.
3181	Morton, Henry	do	61st N. Y	C	July 11, 1864.
4607	Morton, Bryant	do	7th Pa. res	F	Aug. 3, 1864.
5360	Morton, J	do	34th Mass	A	Aug. 3, 1864.
8272	Morton, G. H	do	42d Mass	C	Sept. 9, 1864.
10795	Morton, S	do	7th Tenn	G	Oct. 12, 1864.
220	Morrison, Frank	Citizen	Teamster		Mar. 29, 1864.
7423	Morrison, O. P	Private	9th N. H	C	Aug. 31, 1864.
8596	Morrison, J	do	146th Pa	E	Sept. 12, 1864.
8638	Morrison, W	do	5th N. Y	I	Sept. 13, 1864.

No. of grave.	Name.	Rank.	Regiment.	Co.	Died.
8897	Morrison, J	Private	21st Mich	F	Sept. 16, 1864.
9371	Morrison, W	....do	5th N. Y. cav	I	Sept. 20, 1864.
9575	Morrison, J	....do	4th Ind	B	Sept. 23, 1864.
12184	Morrison, J. H	....do	21st Ohio	H	Nov. 28, 1864.
1391	Moreland, H	....do	1st Ky	F	May 26, 1864.
5387	Moreland, J. S	Citizen	Teamster	....	Aug. 11, 1864.
624	Morland, H	Private	21st N. Y. cav	H	April 19, 1864.
12458	Morland, J	....do	1st Mich	I	Jan. 15, 1865.
1004	Morris, R	....do	28th Mass	F	May 10, 1864.
1068	Morris, J. M	....do	3d Va. cav	E	May 13, 1864.
1320	Morris, James	....do	66th Ill	K	May 23, 1864.
2277	Morris, J	Corporal	2d Tenn. cav	E	June 20, 1864.
2508	Morris, J	Private	18th Pa. cav	A	June 26, 1864.
2690	Morris, G	....do	77th Pa	G	June 30, 1864.
3965	Morris, Calvin	....do	53d Pa	D	July 9, 1864.
3150	Morris, A. T	....do	14th Mich	K	July 11, 1864.
3263	Morris, D	....do	8th Ill. cav	F	July 13, 1864.
3780	Morris, H	....do	71st N. Y	F	July 22, 1864.
3990	Morris, A. G	....do	1st Mass. h. art	....	July 26, 1864.
4421	Morris, C. E	....do	11th Ohio	H	July 31, 1864.
4686	Morris, E	....do	7th N. Y. art	K	Aug. 4. 1864.
5282	Morris, H. S	....do	13th Tenn. cav	C	Aug. 10, 1864.
5865	Morris, J. A	....do	7th N. Y. art	C	Aug. 16, 1864.
6069	Morris, John	....do	70th N. Y	B	Aug. 18, 1864.
6718	Morris, E. J	....do	135th Ohio	F	Aug. 24, 1864.
7334	Morris, John	....do	183d Pa	G	Aug. 30, 1864.
7703	Morris, T. A	Sergeant	10th N. Y	E	Sept. 3, 1864.
7896	Morris, J	Private	105th Ohio	A	Sept. 5, 1864.
8031	Morris, J	....do	5th N. Y. cav	B	Sept. 6, 1864.
9373	Morris, L. R	....do	85th N. Y	B	Sept. 20, 1864.
9472	Morris, G. I	....do	18th N. J	I	Sept. 21, 1864.
9644	Morris, J	....do	54th Pa	I	Sept. 24, 1864.
9767	Morris, G	....do	14th N. Y	A	Sept. 25, 1864.
9944	Morris, T	....do	65th N. Y	C	Sept. 28, 1864.
10106	Morris, William	....do	135th Ohio	F	Sept. 30, 1864.
10593	Morris, M	....do	57th Mass	A	Oct. 10, 1864.
11226	Morris, J	....do	99th N. Y	A	Oct. 20, 1864.
11667	Morris, William	....do	7th Tenn. cav	I	Oct. 30, 1864.
12387	Morris, R	....do	66th N. Y	G	Jan. 3, 1865.
2456	Morgan, C. H	....do	27th Mass	H	June 25, 1864.
3418	Morgan, J	....do	4th Ky	D	July 16, 1864.
3954	Morgan, M	....do	2d Mich	E	July 25, 1864.
5200	Morgan, J	....do	7th Me	....	Aug. 10, 1864.
7453	Morgan, M	....do	76th N. Y	B	Sept. 1, 1864.
7563	Morgan, E. J	....do	179th N. Y	C	Sept. 2, 1864.
8077	Morgan Pat	....do	23d Mass	B	Sept. 7, 1864.
8913	Morgan E	Corporal	12th Mo. cav	F	Sept. 16, 1864.
9646	Morgan, J. C	Private	2d Pa	A	Sept. 24, 1864.
9901	Morgan, Charles	....do	11th Vt. art	M	Sept. 27, 1864.
10060	Morgan, C	....do	45th Pa	A	Sept. 30, 1864.
10064	Morgan, R. O	....do	12th Ohio cav	H	Sept. 30, 1864.
10781	Morgan, E	....do	14th N. Y. art	H	Oct. 12, 1864.
12764	Morgan, F	Corporal	3d Ky	I	Mar. 12, 1865.
2159	Morrow, J	Private	101st Pa	C	June 19, 1864.
11683	Morrow, J. C	Sg't Major.	101st Pa	E	Oct. 31, 1864.
2539	Morley, H	Private	16th Ill. cav	M	June 26, 1864.
2646	Morehead, J	....do	9th Ill	E	June 29, 1864.
2873	Moriat, Joseph	....do	5th Ohio cav	K	July 4, 1864.
4617	Morse, W	....do	1st Vt	F	Aug. 3, 1864.
12511	Morse, J	....do	1st N. Y	L	Jan. 23, 1865.

ANDERSONVILLE CEMETERY, GEORGIA. 141

No. of grave.	Name.	Rank.	Regiment.	Co.	Died.
5250	Morell, A	Private	5th N. J	K	Aug. 10, 1864.
6565	Moran, Thomas	do	85th N. Y	K	Aug. 23, 1864.
7732	Moran, M. J	do	3d N. Y. cav	L	Sept. 3, 1864.
11650	Moran, D. G	do	40th N. Y	G	Oct. 30, 1864.
12151	Moran, J	do	4th U. S	F	Nov. 24, 1864.
9187	Moran, F	do	89th Ill	C	Sept. 18, 1864.
5683	Mortus, P	do	10th Wis	D	Aug. 15, 1864.
7136	More, John H	do	60th Ohio	D	Aug. 28, 1864.
7672	Mortimer, William	do	5th N. Y	A	Sept. 3, 1864.
9627	Mortimer, L	do	19th Mass	E	Sept. 23, 1864.
8059	Morphen, J. W	do	2d E. Tenn	A	Sept. 7, 1864.
8482	Morena, H	do	51st Ohio	A	Sept. 11, 1864.
8670	Morant, M	Sergeant	4th N. Y. art	E	Sept. 13, 1864.
8691	Moritze, A	Private	118th Pa	D	Sept. 14, 1864.
10308	Morgraff, William	do	69th N. Y	H	Oct. 4, 1864.
10645	Morbly, B	do	48th Ill	H	Oct. 11, 1864.
11621	Morcartz, J	do	1st N. Y	M	Oct. 29, 1864.
1185	Moser, John		13th Pa. cav	B	May 18, 1864.
7305	Moser, S	do	103d Pa	E	May 30, 1864.
10152	Mosier, E	do	9th N. Y. art	A	Oct. 1, 1864.
11016	Mosier, M. W	do	4th N. Y	G	Oct. 16, 1864.
1544	Mosey, A	do	1st Vt. cav	H	June 1, 1864.
2572	Moses, L	do	35th N. Y	E	July 4, 1864.
10011	Moses, C	do	5th Mich. cav	I	Sept. 29, 1864.
10134	Moses, A	do	6th Mich	M	Oct. 1, 1864.
10991	Moses, W	do	16th Pa. cav	H	Oct. 16, 1864.
7079	Mosher, E	do	9th N. Y. art	D	Aug. 28, 1864.
7958	Moss, E	do	5th N. Y. cav	L	Sept. 6, 1864.
8711	Moss, W. S	Corporal	7th N. Y. art		Sept. 14, 1864.
11844	Moss, William	do	1st N. C	F	Nov. 5, 1864.
12003	Motts, C	Private	24th N. Y. battery		Nov. 14, 1864.
1703	Moulden, William	do	2d Tenn	A	June 7, 1864.
6402	Mountz, R	do	6th Ill	B	Aug. 21, 1864.
12516	Moulton, H	Sergeant	15th Mass	F	Jan. 24, 1864.
4304	Mowry, John	Private	5th Mich. cav	L	July 30, 1864.
865	Mower, William	Citizen			May 3, 1864.
1006	Moyer, John	Private	2d Pa. cav	E	April 10, 1864.
1747	Moyer, Thomas	do	103d Pa	E	June 9, 1864.
7107	Moyer, William M	do	55th Pa	H	Aug. 28, 1864.
7875	Moyer, W	do	8th Pa	M	Sept. 5, 1864.
4281	Mung, C	do	39th N. Y. cav	E	July 30, 1864.
631	Mullen, James	do	6th Ind	I	April 19, 1864.
2471	Mullen, J	do	65th Ohio	K	June 25, 1864.
2704	Mullen, J		U. S. marine corps		June 30, 1864.
10684	Mullen, James	Private	7th Pa	I	Oct. 11, 1864.
10959	Mullen, A	do	39th N. J	B	Oct. 15, 1864.
11324	Mullen, P	do	7th N. Y	H	Oct. 23, 1864.
12155	Mullin, J	do	22d N. Y	G	Nov. 25, 1864.
12240	Mullin, Charles	do	7th N. Y. art	I	Dec. 7, 1864.
1471	Mulhall, Peter	Sergeant	U. S. marine corps		May 30, 1864.
1896	Mulligan, J	Private	1st Wisconsin	B	June 13, 1864.
6958	Mulligan, J	do	34th N. Y	H	Aug. 27, 1864.
11692	Muligan, J	do	7th Pa	H	Oct. 31, 1864.
1982	Mulholland, J	do	101st Pa	K	June 15, 1864.
2993	Mulford, W. R	Sergeant	23d Ill		July 6, 1864.
3384	Mulchy, J	Private	35th Ind	A	July 24, 1864.
5926	Mulchy, J. A	do	50th Pa	D	Aug. 17, 1864.
4496	Mullanox, A. C	Corporal	2d E. Tenn	B	Aug. 1, 1864.
4594	Mulvany, T	Private	4th N. J	B	Aug. 2, 1864.
4720	Mullington, C	Corporal	6th N. Y. art	H	Aug. 4, 1864.

No. of grave.	Name.	Rank.	Regiment.	Co.	Died.
4892	Muldaney, M	Private	96th Pa	K	Aug. 6, 1864.
5485	Muldoon, J		Seaman		Aug. 13, 1864.
6407	Mulhern, C	Private	4th U. S. cav	C	Aug. 22, 1864.
7997	Mulcohy, D. D	....do	76th N. Y	I	Sept. 6, 1864.
11466	Mulcahy, W	Sergeant	42d N. Y	E	Oct. 26, 1864.
8123	Mullings, W	Private	145th Pa	G	Sept. 8, 1864.
11362	Mulgrave, James	....do	2d N. Y	C	Oct. 23, 1864.
11936	Mulasky, E	....do	21st Wis	B	Nov. 9, 1864.
11485	Mulish, A	....do	48th N. Y	A	Nov. 26, 1864.
1059	Munn, Alvin T	....do	27th Mich	F	May 13, 1864.
6986	Munn, Charles	....do	4th N. J	K	Aug. 27, 1864.
3652	Muntore, J	....do	4th N. H	H	July 20, 1864.
8128	Munager, W	....do	13th Pa. cav	L	Sept. 8, 1864.
8370	Munger, D	....do	2d U. S. art	C	Sept. 10, 1864.
8876	Munson, H. C	....do	3d Mich	E	Sept. 16, 1864.
9239	Munch, J	....do	28th Ky	F	Sept. 19, 1864.
9616	Munch, Christian		Top'l engineers	...	Sept. 23, 1864.
10150	Munroe, J	Corporal	4th Md	H	Oct. 1, 1864.
11961	Munroe, A. J	Private	22d N. Y	G	Nov. 11, 1864.
11900	Mung, P	....do	14th Ill	I	Nov. 7, 1864.
146	Murphy, John	....do	99th N. Y	H	Mar. 25, 1864.
215	Murphy, John	....do	9th Ohio cav	B	Mar. 28, 1864.
321	Murphy, Daniel	....do	9th Mass	D	April 3, 1864.
948	Murphy, D	....do	12th U. S	B	May 8, 1864.
1419	Murphy, J	....do	8th Va	D	May 28, 1864.
1682	Murphy, M	....do	12th Mass	K	June 6, 1864.
3348	Murphy, M. J	....do	U. S. navy	...	July 15, 1864.
5488	Murphy, F	....do	17th Mass	D	Aug. 13, 1864.
5804	Murphy, F	....do	61st N. Y	B	Aug. 16, 1864.
6550	Murphy, W. S	....do	40th N. Y	K	Aug. 23, 1864.
7802	Murphy, C	....do	17th Mass	D	Sept. 5, 1864.
8027	Murphy, A	....do	13th Pa. cav	L	Sept. 6, 1864.
8359	Murphy, J	....do	9th Ind	E	Sept. 10, 1864.
10200	Murphy, M	....do	2d N. Y. cav	D	Oct. 1, 1864.
10891	Murphy, J	....do	35th Ind	B	Oct. 14, 1864.
11455	Murphy, William M	....do	12th Ky cav	H	Oct. 25, 1864.
11487	Murphy, W	....do	16th Conn	F	Oct. 26, 1864.
11680	Murphy, F	....do	35th Ind	C	Oct. 31, 1864.
11803	Murphy, R	Corporal	8th N. Y	E	Nov. 4, 1864.
12783	Murphy, P	Private	27th Mass	H	Mar. 15, 1864.
1332	Murray, Thomas	....do	1st U. S. art	I	May 23, 1864.
1461	Murray, John	Sergeant	13th Pa. cav	E	May 29, 1864.
2493	Murray, James	Private	67th Pa	E	June 26, 1864.
5041	Murray, Thomas	....do	19th Mass	A	Aug. 8, 1864.
5445	Murray, J. J	....do	17th Iowa	I	Aug. 12, 1864.
8025	Murray, E	....do	17th Mich	G	Sept. 6, 1864.
11008	Murray, James	....do	17th U. S	G	Oct. 16, 1864.
12118	Murray, J	....do	23d N. Y	F	Nov. 22, 1864.
12248	Murray, W	....do	14th Pa. cav	H	Dec. 8, 1864.
3389	Murry, A	....do	118th N. Y	C	July 16, 1864.
11519	Murry, John	....do	63d N. Y	F	Oct. 26, 1864.
11954	Murry, M	Corporal	98th N. Y	D	Nov. 10, 1864.
2687	Murford, A	Private	12th N. H	A	June 30, 1864.
3631	Murvny, John	....do	1st Pa. cav	D	July 20, 1864.
3633	Murlit, James	....do	80th Ind	H	July 20, 1864.
4712	Murch, William	....do	11th U. S	C	Aug. 4, 1864.
5043	Murvy, J	....do	24th Wis	D	Aug. 8, 1864.
6218	Murney, M	....do	11th N. Y. battery	...	Aug. 20, 1864.
6665	Murce, L	....do	48th N. Y	H	Aug. 24, 1864.
7147	Murchert, C	....do	28th Mass	F	Aug. 29, 1864.

ANDERSONVILLE CEMETERY, GEORGIA. 143

No. of grave.	Name.	Rank.	Regiment.	Co.	Died.
8404	Murchison, D	Sergeant	4th N. Y. cav	D	Sept. 11, 1864.
9836	Murgie, A	Private	35th Ind	D	Sept. 27, 1864.
12619	Murdock, A. B	Corporal	27th Mass	I	Feb. 8, 1865.
984	Musser, D	Private	45th Ohio	B	May 9, 1864.
7265	Musser, John	....do	77th Pa	D	Aug. 30, 1864.
4905	Mussingo, M	....do	9th Tenn. cav	H	Aug. 6, 1864.
7936	Musket, G	....do	4th Mich cav	K	Sept. 5, 1864.
10050	Musin, James	Sergeant	90th Pa	F	Sept. 30, 1864.
12494	Muselman, J	Private	2d N. Y.	K	Jan. 20, 1864.
50	Myers, Charles	....do	16th Ill	B	Mar. 16, 1864.
307	Myers, M	....do	5th Iowa	G	April 2, 1864.
405	Myers, W. J	....do	12th Tenn	F	April 5, 1864.
667	Myers, G	....do	1st Pa. cav	E	April 22, 1864.
896	Myers, Noah	....do	9th Md	G	May 5, 1864.
1289	Myers, D	....do	2d Tenn	H	May 22, 1864.
1307	Myers, L. S	....do	1st Md	B	May 23, 1864.
1384	Myers, E	....do	154th N. Y.	D	May 26, 1864.
1407	Myers, P	....do	24th Ill	F	May 27, 1864.
1668	Myers, John	Corporal	2d Tenn	H	June 6, 1864.
1643	Myers, J. R	....do	13th Pa. cav	M	June 5, 1864.
2333	Myers, F	Sergeant	27th Pa	H	June 22, 1864.
2364	Myers, Peter	Private	76th Pa	G	June 23, 1864.
3080	Myers, C. H	Corporal	24th Ill	F	July 9, 1864.
3134	Myers, F	Private	45th N. Y.	G	July 10, 1864.
3259	Myer, M	....do	103d Pa	E	July 13, 1864.
3765	Myers, John	....do	116th Pa	D	July 22, 1864.
4958	Myers, H				Aug. 7, 1864.
5000	Myers, H. L	Private	147th N. Y.	H	Aug. 7, 1864.
5003	Myers, A	....do	13th Tenn. cav	C	Aug. 8, 1864.
5038	Myers, F	....do	16th Ill	L	Aug. 8, 1864.
5432	Myers, Samuel	Corporal	25th Ill	C	Aug. 12, 1864.
5460	Myers, J	Private	3d Minn	I	Aug. 13, 1864.
6224	Myers, Jos	....do	66th N. Y.	K	Aug. 19, 1864.
6329	Myers, J	....do	6th Mich	H	Aug. 21, 1864.
7510	Myers, A	....do	29th Ind	E	Sept. 1, 1864.
7515	Myers, L. H	....do	135th Ohio	B	Sept. 1, 1864.
7749	Myers, H	....do	9th Pa	A	Sept. 3, 1864.
8044	Myers, A	....do	51st Ohio	I	Sept. 6, 1864.
8322	Myers, A	....do	118th Pa	I	Sept. 10, 1864.
8501	Myers, L	....do	1st Conn. cav		Sept. 11, 1864.
8925	Myers, J	....do	143d Ind	I	Sept. 16, 1864.
9339	Myers, J. A	....do	138th Pa	C	Sept. 20, 1864.
9593	Myers, D. G	....do	87th Pa	F	Sept. 27, 1864.
10289	Myers, S	....do	15th Wis	I	Oct. 4, 1864.
12334	Myers, R. D	....do	52d Pa	A	Dec. 22, 1864.
12696	Myers, H	....do	87th N. Y.	E	Feb. 23, 1865.
6820	Myer, J	....do	4th Mich	I	Aug. 25, 1864.
9913	Myer, H	....do	2d N. Y cav	G	Sept. 28, 1864.
10563	Myer, L	B. S	1st Ohio	A	Oct. 9, 1864.
11049	Myracle, C	Private	7th Tenn	C	Oct. 30, 1864.
9135	Myres, John				Sept. 18, 1864.
	N.				
371	Nace, Harrison	Private	9th Md	H	April 4, 1864.
5400	Nagle, C	....do	11th Mich	G	Aug. 12, 1864.
7922	Nallmau, A	....do	66th N. Y.	I	Sept. 5, 1864.
17	Nartire, Alonzo	....do	154th N. Y.	A	Mar. 7, 1864.
2077	Nash, Charles	....do	22d Mich	H	June 17, 1864.
2328	Nash, C. D	....do	45th Ohio	B	June 22, 1864.

144 LIST OF INTERMENTS IN THE

No. of grave.	Name.	Rank.	Regiment.	Co.	Died.
438	Nashen, Edward	Private	65th Ill	A	April 8, 1864.
823	Nason, C. H.	....do	12th U. S	I	May 1, 1864.
1561	Nassie, Eli	....do	2d Tenn	C	June 2, 1864.
4735	Nastrang, C	....do	2d N. Y art	I	Aug. 4, 1864.
5493	Navarre, A	....do	17th Mich	E	Aug. 13, 1864.
7904	Navoo, G	....do	5th R. I	K	Sept. 5, 1864.
4936	Naylor, G. A	Sergeant	13th Pa. cav	L	Aug. 7, 1864.
8154	Naylor, S	....do	20th Pa. cav	H	Sept. 8, 1864.
6001	Neal, A. P	....do	90th Pa	B	Aug. 17, 1864.
983	Neal, John	Private	45th Ohio	C	May 9, 1864.
283	Neal, Jos	....do	16th Ill	K	April 1, 1864.
12632	Nealey, J	Corporal	143d Pa	K	Feb. 10, 1865.
4102	Neck, N	Private	4th Mich	K	July 27, 1864.
447	Neckley, B. W	....do	1st Ky. cav	G	April 9, 1864.
3539	Neclout, W	....do	2d Mo	E	July 18, 1864.
10587	Nedden, J	....do	82d N. Y	A	Oct. 10, 1864.
9249	Needham, G. A	....do	1st Mass. h. art	B	Sept. 19, 1864.
7439	Needham, L. H	Sergeant	42d Ill	K	Sept. 1, 1864.
9640	Needham, T	Private	13th Tenn	C	Sept. 24, 1864.
5897	Neff, B	....do	95th Ohio	H	Aug. 16, 1864.
9468	Neff, J	....do	4th Pa. cav	D	Sept. 21, 1864.
10369	Neff, Wm	....do	33d Wis	I	Oct. 5, 1864.
2177	Neher, Chas	....do	16th Ill. cav	F	June 19, 1864.
9996	Neighbaar, N	....do	7th Tenn	E	Sept. 29, 1864.
12642	Neighbors, A	....do	7th Tenn	B	Feb. 13, 1865.
10913	Neighbour, J	....do	7th Pa	I	Oct. 14, 1864.
3343	Neil, H	Sergeant	9th Mich	F	July 15, 1864.
3297	Neir, J	Private	1st Tenn. cav	B	July 14, 1864.
10953	Neir, J	Citizen	Teamster	...	Oct. 15, 1864.
12386	Neise, J	Private	6th U S	F	Jan. 3, 1865.
5092	Neithhammer, J	....do	20th Mich	D	Aug. 8, 1864.
7396	Neitly, Samuel	....do	12th N. Y. cav	L	Aug. 31, 1864.
10584	Nelder, S	....do	89th Ohio	I	Oct. 10, 1864.
11107	Nelson, A	....do	160th Pa	E	Oct. 18, 1864.
2541	Nelson, B	....do	39th N. Y	A	June 27, 1864.
4994	Nelson, F	....do	1st Ohio cav	K	Aug. 7, 1864.
10146	Nelson, G	....do	55th Pa	A	Oct. 1, 1864.
9278	Nelson, J	....do	2d Mass. h. art	...	Sept. 19, 1864.
9531	Nelson, J	Corporal	93d Ill	K	Sept. 22, 1864.
10286	Nelson, James A	Private	145th Pa	G	Oct. 4, 1864.
4169	Nelson, John	....do	29th Mo	A	July 22, 1864.
6051	Nelson, John	....do	82d N. Y	D	Aug. 18, 1864.
11002	Nelson, John	....do	2d N. Y	D	Oct. 17, 1864.
12283	Nelson, J. H	....do	4th Vt	F	Dec. 13, 1864.
4289	Nelson, K	....do	15th Wis	K	July 30, 1864.
7103	Nelson, Thomas	....do	1st Ohio cav	...	Aug. 28, 1864.
1298	Nelson, Wm	....do	76th Pa	H	May 23, 1864.
9434	Nelson, W. H	....do	3d Pa	I	Sept. 21, 1864.
1560	Nerville, S	....do	1st N. Y	C	June 2, 1864.
11520	Neuters, G	....do	10th N. Y. cav	L	Oct. 26, 1864.
212	New, George W	....do	1st Ky. cav	F	Mar. 28, 1864.
9494	Newberger, M	Sergeant	7th Ind. cav	L	Sept. 22, 1864.
299	Newberry, William	Private	2d Ill. cav	M	April 2, 1864.
10764	Newburg, John	....do	20th Pa. cav	A	Oct. 12, 1864.
8166	Newburg, H	....do	22d Ill	F	Sept. 8, 1864.
1209	Newbury, James	....do	5th Mich cav	K	May 19, 1864.
3202	Newcomb, George	....do	22d Ind	A	July 11, 1864.
7006	Newcome, John E	....do	20th Mass	G	Aug. 27, 1864.
5703	Newcome, S	Sergeant	42d Ind	E	Aug. 15, 1864.
6803	Newcomer, John	Private	18th U. S	G	Aug. 25, 1864.

ANDERSONVILLE CEMETERY, GEORGIA. 145

No. of grave.	Name.	Rank.	Regiment.	Co.	Died.
3653	Newell, G. S	Private	183d Pa	A	July 20, 1864.
12790	Newell, L	do	18th U. S	G	Mar. 17, 1864.
3456	Newkirk, Clem	do	15th Mo	F	July 17, 1864.
8129	Newlan, H	do	25th Ill	A	Sept. 8, 1864.
5778	Newley, E	do	123d Ill	A	Aug. 15, 1864.
3395	Newman, A	do	1st Va. cav	B	July 16, 1864.
160	Newman, Jesse	do	2d Tenn	K	Mar. 25, 1864.
7718	Newman, J. A	Sergeant	4th Tenn		Sept. 4, 1864.
3191	Newport, B	Private	11th Tenn. cav	H	July 11, 1864.
9230	Newton, A	Corporal	4th Ky. cav	H	Sept. 19, 1864.
7046	Newton, C	Private	9th Me	K	Aug. 27, 1864.
5227	Newton, C. W	do	85th N. Y	K	Aug. 10, 1864.
2985	Newton, L. C	do	14th N. Y. art	I	July 6, 1864.
4469	Newton, R. J	do	24th N. Y. bat		Aug. 1, 1864.
4943	Newton, Samuel D	do	85th N. Y	G	Aug. 7, 1864.
184	Newton, William	Teamster			Mar. 27, 1864.
91	Nice, Jacob	Private	5th Mich. cav	M	Mar. 21, 1864.
4896	Nicely, F	do	82d Ind	A	Aug. 6, 1864.
2829	Nicholds, John	do	15th Mich	A	July 3, 1864.
5109	Nichols, A	do	125th N. Y	D	Aug. 9, 1864.
2255	Nichols, A. S	do	2d N. Y	C	June 20, 1864.
5044	Nichols, C	do	16th Conn	G	Aug. 8, 1864.
7050	Nichols, F. E	Corporal	7th N. Y. art	F	Aug. 27, 1864.
11766	Nichols, G	Private	20th Pa	C	Nov. 3, 1864.
6954	Nichols, H	Corporal	12th U. S	A	Aug. 26, 1864.
11067	Nichols, H	Private	1st Vt. art	A	Oct. 17, 1864.
4983	Nichols, J	do	1st N. J. S. S	C	Aug. 7, 1864.
8510	Nichols, J	Teamster	15th army corps		
12226	Nichols, J	Private	38th Ind	I	Dec. 5, 1864.
6945	Nichols, L. C	do	14th Ill	F	Aug. 26, 1864.
6442	Nichols, L. D	do	9th Va	F	Aug. 22, 1864.
10895	Nichols, M	do	7th Conn	I	Oct. 14, 1864.
5456	Nichols, R	do	1st U. S. cav	K	Aug. 12, 1864.
4246	Nichols, W	do	1st Pa. cav	H	July 29, 1864.
6090	Nichols, William	do	10th Wis	I	Aug. 18, 1864.
6262	Nichols, W. J	do	7th Tenn	A	Aug. 20, 1864.
5595	Nicholson, B	do	16th Pa. cav	B	Aug. 14, 1864.
513	Nicholson, E	do	6th Mich	G	April 12, 1864.
1134	Nicholson, John	do	3d Pa. cav	H	May 16, 1864.
7847	Nicholson, R. H	do	123d Ill	B	Sept. 4, 1864.
1507	Nickerson, D. C	do	4th Me	F	May 31, 1864.
165	Nickey, Samuel	do	45th Ohio	E	Mar. 26, 1864.
6011	Nickle, C	do	37th Pa	G	Aug. 17, 1864.
12472	Nicolson, I	do	3d Va. cav	B	Jan. 17, 1865.
11911	Niland, H	do	8th Mich	D	Nov. 8, 1864.
3137	Nimshall, R	do	45th Ohio	C	July 10, 1864.
538	Nine, Joseph	Corporal	54th Pa	F	April 14, 1864.
2183	Niver, Edward	Private	3d Ohio cav	I	June 19, 1864.
9753	Nix, C	do	22d Ill	C	Sept. 25, 1864.
1282	Noble, David	do	17th Mass	D	May 22, 1864.
8907	Noble, J	do	73d Pa	D	Sept. 16, 1864.
11254	Noble, Thomas	do	19th Pa. cav	G	Oct. 21, 1864.
9017	Nobles, E	do	14th N. Y	A	Sept. 17, 1864.
7824	Noe, M		U. S. navy		Sept. 4, 1864.
11533	Nolan, M	do	5th N. Y	J	Oct. 26, 1864.
11376	Nolan, Patrick	do	88th N. Y	D	Oct. 23, 1864.
8020	Nolton, H	do	7th Me	B	Sept. 6, 1864.
9812	Nontham, O. F	do	6th Mich	M	Sept. 26, 1864.
5050	Noonan, E	Sergeant	16th N. Y. cav	L	Aug. 8, 1864.
6559	Noones, G. H	Private	1st Vt	C	Aug. 23, 1864.

10

LIST OF INTERMENTS IN THE

No. of grave.	Name.	Rank.	Regiment.	Co.	Died.
2050	Noorony, W. H.	Private	3d Pa. cav	A	June 16, 1864.
6690	Norfield, Warren	....do	1st N. C	G	Sept. 14, 1864.
12439	Norman, E	....do	1st Mass	E	Jan. 12, 1865.
11448	Norman, G. L	....do	135th Ohio	B	Oct. 25, 1864.
2857	Norman, H	....do	6th Va.	I	July 4, 1861.
4633	Norman, J	Private	15th N. Y. art	H	Aug. 3, 1864.
1237	Norman, James	Corporal	13th Tenn. cav	C	May 20, 1864.
9859	Norris, A. R	Sergeant	1st Conn. cav	E	Sept. 27, 1861.
9450	Norris, Clarence	....do	1st Del. cav	L	Sept. 21, 1864.
12815	Norris, E. Y	....do	102d Ohio	K	Mar. 25, 1865.
828	Norris, Thomas	....do	2d Tenn	D	May 1, 1864.
10223	Norris, W	....do	2d Tenn	D	Oct. 2, 1864.
10240	North, Jacob	....do	15th U. S.	A	Oct. 3, 1864.
7331	North, S. S.	Sergeant	1st Conn	L	Aug. 30, 1864.
4980	Northam, S. R	....do	10th Wis.	C	Aug. 7, 1864.
7693	Northcraft, J	Private	6th Ky	H	Sept. 3, 1864.
633	Northrop, David	....do	125th N. Y	H	April 19, 1864.
3192	Northrup, E	....do	1st R. I. cav	H	July 11, 1864.
6222	Northrup, John	....do	7th Conn	D	Aug. 20, 1864.
5928	Northrup, V	....do	16th N. Y.	G	Aug. 17, 1864.
2876	Northrup, W. E	....do	4th U. S.	H	July 4, 1864.
7074	Norton, E	Citizen			Aug. 28, 1864.
550	Norton, F. F	Private	39th Mass	H	April 14, 1864.
7497	Norton, J	....do	10th Tenn	K	Sept. 1, 1864.
6528	Norton, M. A	....do	38th Ind	B	Aug. 23, 1864.
4451	Norwood, E. F.	....do	85th N. Y.	E	Aug. 1, 1864.
9068	Norwood, William	....do	7th Tenn. cav	I	Sept. 17, 1864.
2007	Nossman, G.	....do	2d Mass. cav	M	June 15, 1864.
10187	Note, John	....do	39th Ind	F	Oct. 1, 1864.
11012	Nott, J	....do	153d Ohio	H	Oct. 16, 1864.
12240	Nott, S. A	....do	15th N. Y. cav	E	Dec. 7, 1861.
10058	Nottage, J. L	....do	2d Mass	F	Sept. 30, 1864.
11011	Noyes, James E	....do	1st Mich	....	Oct. 16, 1864.
4217	Nucer, James	....do	15th N. Y	H	July 23, 1864.
12833	Nuff, V	Bugler	1st U. S. art	B	April 16, 1865.
7080	Nugent, T	Private	108th Ill	E	Aug. 28, 1864.
12460	Nully, C	....do	120th Ill	A	Jan. 15, 1865.
4627	Nupper, W. H.	Corporal	6th Ind	I	Aug. 3, 1864.
1005	Nurse, H. W	Private	5th Mich. cav	L	May 10, 1864.
2549	Nutt, M	....do	126th N. Y.	D	June 27, 1864.

O.

12500	Oathant, D	Private	18th Mich	B	Jan. 1, 1865.
2499	O'Bannon, William	....do	11th Ky. cav	B	June 26, 1864.
6519	Obevere, O. B	Corporal	112th Ill	C	Aug. 22, 1864.
285	O'Brien, Austin	Private	9th Mich. cav	H	April 1, 1864.
1658	O'Brien, Charles	....do	7th N. H.	I	June 6, 1864.
10851	O'Brien, D	....do	89th Ill	C	Oct. 13, 1864.
2509	O'Brien, J	Corporal	37th Mass	K	June 26, 1864.
5439	O'Brien, J	Private	63d N. Y	F	Aug. 12, 1864.
7193	O'Brien, J	....do	2d Mass. art	G	Aug. 29, 1864.
11349	O'Brien, J	....do	2d Ohio	D	Oct. 23, 1864.
1318	O'Brien, P	....do	13th Pa. cav	A	May 23, 1864.
8036	O'Brien, S	....do	5th N. Y. cav	L	Sept. 6, 1864.
704	O'Brien, W	....do	1st Vt	H	April 23, 1864.
1553	O'Brien, W	....do	8th N. Y. cav	A	June 2, 1864.
2227	O'Brien, W	Seaman	U. S. navy	....	June 20, 1864.
9765	O'Brien, W	Private	1st N. Y. cav	A	Sept. 25, 1864.
8511	O'Brien, W. H.	Sergeant	7th Mich. cav	A	Sept. 11, 1864.

No. of grave.	Name.	Rank.	Regiment.	Co.	Died.
2131	O'Brien, W. O	Private	3d Mo	B	June 18, 1864.
2201	O'Bryant, George	do	6th Mich. cav	H	June 19, 1864.
6270	O'Carroll, T	do	69th N. Y	A	Aug. 20, 1864.
7559	Och, S	do	46th N. Y	D	Aug. 31, 1864.
10373	Ochester, A	do	18th Conn	I	Oct. 5, 1864.
11545	Ochle, F	do	26th Wis	E	Oct. 27, 1864.
11274	Ochley, William	do	24th Ill	K	Oct. 22, 1864.
10608	Ockhard, W	do	7th Me	C	Oct. 10, 1864.
5117	O'Connell, J	do	9th Mass	C	Aug. 9, 1864.
12189	O'Connell, J. J	do	15th Mass	H	Nov. 28, 1864.
9789	O'Connell, M	do	2d Mass	H	Sept. 26, 1864.
3530	O'Connell, Thomas	do	72d N. Y	B	July 18, 1864.
6254	O'Connell, William	do	183d Pa	G	Aug. 20, 1864.
3161	O'Connor, ——	do	83d Pa		July 11, 1864.
12024	O'Connor, F	do	103d Ohio	E	Nov. 15, 1864.
3861	O'Connor, H	do	49th Pa	E	July 24, 1864.
3347	O'Connor, M	do	2d Ill	F	July 23, 1864.
6959	O'Connor, P	do	26th Iowa	I	Aug. 27, 1864.
7911	O'Connor, Thomas	do	5th Ind. cav	B	Sept. 5, 1864.
11080	O'Connor, William	do	29th Mass	A	Oct. 17, 1864.
1533	O'Daniel, J. H	do	9th Ill	A	June 1, 1864.
1921	O'Dean, Thomas	do	78th Ill	F	June 14, 1864.
12774	O'Dell, E	do	44th Mo	B	Mar. 14, 1865.
11122	O'Dillans, William	Sergeant	76th N. Y	K	Oct. 18, 1864.
4689	Odom, John	do	8th Tenn	B	Aug. 4, 1864.
3609	Odom, W	Private	9th Ill	G	July 19, 1864.
7751	O'Donnell, A	do	34th Ill	I	Sept. 3, 1864.
11493	O'Donnell, D	do	11th Mass	G	Oct. 26, 1864.
2755	O'Dougherty, J	do	51st N. Y	F	July 1, 1864.
5119	Offeback, Zed	do	90th Pa	K	Aug. 9, 1864.
9041	Ogden, E. S	do	5th Mich	M	Sept. 17, 1864.
1502	Oglesby, David	do	16th Ill. cav	M	May 31, 1864.
6535	O'Hara, John	do	150th Pa	E	Aug. 23, 1864.
5939	O'Hara, Michael	do	101st Pa	E	Aug. 17, 1864.
3208	O'Hinger, James		St'r Waterwitch		July 12, 1864.
6658	Oiler, Samuel	Private	103d Pa	G	Aug. 24, 1864.
12397	O'Kay, Peter	do	140th N. Y	E	Jan. 5, 1865.
9737	O'Keefe, C	do	146th N. Y	C	Sept. 25, 1864.
1214	O'Keefe, M	do	2d Ill. art	M	May 19, 1864.
9916	Olahan, A	do	65th N. Y	F	Sept. 28, 1864.
6435	Older, W. M	do	16th N. Y. cav	L	Aug. 22, 1864.
7856	Olderfield, J. R	do	6th Ill. cav	B	Sept. 5, 1864.
11940	O'Leary, J. O	Corporal	1st Mich. S. S	H	Nov. 9, 1864.
10042	Olerry, A	Private	108th Ill	K	Sept. 29, 1864.
7511	O'Lina, R	do	1st Conn. cav	E	Sept. 1, 1864.
10940	Olinger, E	do	65th Ind	A	Oct. 14, 1864.
923	Olinger, John	do	2d Tenn	I	May 6, 1864.
12429	Olinger, J	do	63d Ohio	F	Jan. 10, 1865.
499	Oliver, A	do	8th Mich. cav	G	April 12, 1864.
2778	Oliver, H. H	do	5th Ind. cav	M	July 2, 1864.
1874	Oliver, John	Corporal	42d Ind	D	June 12, 1864.
5226	Oliver, J	Private	120th Ind	K	Aug. 10, 1864.
7863	Oliver, J	do	19th Ind	D	Sept. 5, 1864.
10592	Oliver, J	do	39th Mass	E	Oct. 10, 1864.
12247	Oliver, J	do	122d Ohio	C	Dec. 8, 1864.
10743	Oliver, L	do	13th Tenn	G	Oct. 11, 1864.
4640	Oliver, S. E	do	27th Mass	B	Aug. 3, 1864.
5184	Oliver, W	do	103d Pa	D	Aug. 9, 1864.
5414	Oliver, W	do			Aug. 12, 1864.
7789	Ollman, William	do	9th Minn	B	Sept. 4, 1864.

No. of grave.	Name.	Rank.	Regiment.	Co.	Died.
3704	Olmon, H	Sergeant	2d Pa. cav	H	July 21, 1864.
10069	Olmstead, F. H	Private	6th N. Y. art	I	Sept. 30, 1864.
2267	Olney, G. W	do	4th Mich	A	June 20, 1864.
6098	Olson, J	do	89th Ill	D	Aug 18, 1864.
9885	Olson, J	do	112th Ill	K	Sept. 27, 1864.
3162	Olson, O	do	15th Wis	B	July 11, 1864.
11931	Olston, M	do	15th Wis	B	Nov. 9, 1864.
9205	Oltis, H	do	184th Pa	A	Sept. 18, 1864.
1448	Omat, M	do	178th N. Y	B	May 28, 1864.
10279	Omeric, D. J	Corporal	9th Ill. cav	E	Oct. 3, 1864.
12590	Omsley, W. J	Private	74th Ind	A	Feb. 5, 1865.
12150	O'Mura, James	do	7th N. Y. art	B	Nov. 24, 1864.
7161	O'Neil, Charles	do	25th Mass	B	Aug. 29, 1864.
4884	O'Neil, D	do	25th Mass	E	Aug. 6, 1864.
3199	O'Neil, J	do	63d Pa	I	July 11, 1864.
1897	O'Neil, J	Sergeant	69th Pa	F	June 13, 1864.
4552	O'Neil, J	Private	126th Ohio	F	Aug. 2, 1864.
5574	O'Neil, J	do	22d Mich	K	Aug. 14, 1864.
8973	O'Neil, J	do	22d N. Y	E	Sept. 16, 1864.
11404	O'Neil, J	do	39th N. Y	H	Oct. 24, 1864.
4300	O'Neil, J. M	do	10th Vt	A	July 30, 1864.
342	O'Neil, Thomas	do	6th Ind	G	April 4, 1864.
6325	O'Pease, S	do	19th Mich	E	Aug. 21, 1864.
2513	Oper, L	do	4th N. Y	B	June 26, 1864.
5846	Orcutt, C	do	3d Mich	F	Aug. 16, 1864.
10708	O'Reagan, D. O	do	6th N. J	C	Oct. 11, 1864.
7504	O'Reilly, Philip	do	2d N. Y. art	I	Sept. 1, 1864.
2386	O'Reilly, Thomas	Sergeant	3d U. S	K	June 23, 1864.
6908	O'Roake, Charles	Private	109th Pa	C	Aug. 26, 1864.
8276	Orr, A	do	14th Conn	H	Sept. 9, 1864.
1189	Orrison, George	do	9th Mich	M	May 18, 1864.
12544	Ortell, M	do	35th Ind	G	Jan. 28, 1865.
4565	Orton, H. C	do	6th Conn	I	Aug. 2, 1864.
12835	Orwig, J. B	do	101st Ohio	I	April 17, 1865.
8141	Orwig, S. W	do	20th Mich	C	Sept. 8, 1864.
9314	Orwin, N. V. B	do	149th Pa	K	Sept. 20, 1864.
7131	Osborn, E	do	14th N. J	E	Aug. 28, 1864.
12169	Osborn, F. L	do	16th Iowa	A	Nov. 26, 1864.
4190	Osborn, J	Citizen			July 28, 1864.
5361	Osborn, J	Private	73d Ind	E	Aug. 11, 1864.
11999	Osborn, J. L	do	6th Mich	E	Nov. 13, 1864.
10469	Osborn, J. W	do	9th Ill	H	Oct. 7, 1864.
4384	Osborn, S	do	27th Mich	B	July 31, 1864.
1767	Osborn, Thomas	do	5th Va	H	June 9, 1864.
4975	Osborn, W	do	19th Mass	K	Aug. 7, 1864.
143	Osborne, A. J	do	8th Me	C	Mar. 24, 1864.
10805	Osborne, E	Corporal	— Pa. cav	A	Oct. 12, 1864.
7552	Osborne, J. M	Sergeant	101st Pa	I	Sept. 2, 1864.
10463	Osborne, J. M	Private	9th N. J	H	Oct. 7, 1864.
6456	Osborne, R. H	Sergeant	22d N. Y	E	Aug. 22, 1864.
411	Osborne, S. R	Private	4th Pa. cav	K	April 5, 1864.
8334	Oscutt, J	Corporal	2d Minn	C	Sept. 10, 1864.
11698	Osmon, A	Private	1st N. H. cav	C	Oct. 31, 1864.
11846	Osmus, J	do	4th U. S. cav	I	Nov. 3, 1864.
6774	Oss, —	do	89th Ill	D	Aug. 25, 1864.
1988	Ostenhenl, G	Sergeant	73d N. Y	C	June 15, 1864.
2714	Ostenhondt, B. S	Private	120th N. Y	C	July 1, 1864.
12	Osterstuck, William	do	154th N. Y	I	Mar. 5, 1864.
12183	Ostin, Alfred	do	5th Ind	H	Nov. 27, 1864.
2245	Ostrander, E. W	do	100th Ohio	H	June 20, 1864.

No. of grave.	Name.	Rank.	Regiment.	Co.	Died.
12269	Ostrander, J	Private	86th N. Y	A	Dec. 12, 1864.
102	Ostrander, J. H	do	120th N. Y	F	Mar. 23, 1864.
2589	Oswald, Stephen	do	55th Pa	G	June 22, 1864.
9106	Otey, O. S	Corporal	21st Ill	I	Sept. 18, 1864.
6326	Otis, John	Private	94th N. Y	A	Aug. 21, 1864.
2422	Ott, C	do	51st Ohio	D	June 25, 1864.
7036	Ott, John	do	10th U. S.	A	Aug. 27, 1864.
1409	Ottinger, J	do	8th Pa. cav	I	May 27, 1864.
8768	Otto, Charles	do	100th N. Y	F	Sept. 14, 1864.
7105	Otto, John	do	5th Pa. cav	B	Aug. 23, 1864.
656	Otto, J. L	Corporal	10th N. Y. cav	E	April 21, 1864.
4125	Ottway, D	Private	8th Ill. cav	A	July 28, 1864.
4874	Overmyre, F. J	do	6th Mich	E	Aug. 6, 1864.
2697	Overton, J. S	do	2d Tenn	C	June 30, 1864.
9509	Overwell, G. H	do	5th Iowa	H	Sept. 22, 1864.
1753	Owen, A	do	2d Tenn	D	June 9, 1864.
4161	Owen, G. H	do	7th Pa. res	A	July 28, 1864.
12227	Owen, William	do	49th N. Y	F	Dec. 5, 1864.
8414	Owens, C	do	120th Ill		Sept. 11, 1864.
5447	Owens, Edward	do	47th N. Y	G	Aug. 12, 1864.
9330	Owens, E	do	50th Pa	D	Sept. 20, 1864.
11866	Owens, O. H	Sergeant	10th Mo	G	Nov. 6, 1864.
11943	Owens, W	Corporal	1st Ky. cav	L	Nov. 9, 1864.
241	Oxley, Robert	Private	14th Va. cav	C	Mar. 30, 1864.

P.

No. of grave.	Name.	Rank.	Regiment.	Co.	Died.
12220	Pace, J	Private	3d Ky	G	Dec. 4, 1864.
1607	Pace, J. F	do	18th U. S	C	June 4, 1864.
39	Packard, M	Corporal	2d Va. cav	I	Mar. 12, 1864.
11992	Packard, M. G	do	1st Vt. art	A	Nov. 13, 1864.
5340	Packard, M. M	Private	27th Mass	C	Aug. 11, 1864.
1249	Packer, S. B	do	6th Ind. cav	G	May 20, 1864.
4813	Packett, C	do	9th Minn	K	Aug. 5, 1864.
10128	Packett, T. C	Corporal	8th Ind	E	Oct. 1, 1864.
9121	Paddock, D. W	do	2d Tenn. cav	I	Sept. 18, 1864.
5541	Padon, C	Private	12th Ill	F	Aug. 13, 1864.
9444	Padfrey, Sylvester	do	8th Conn	H	Sept. 21, 1864.
11041	Page, E	do	4th Vt	I	Oct. 17, 1864.
2566	Page, J	do	183d Pa	G	June 27, 1864.
4415	Page, J	do	112th Pa	A	July 31, 1864.
6302	Page, J. E	do	18th U. S	B	Aug. 21, 1864.
3153	Page, L		U. S. navy		July 11, 1864.
9319	Page, O. D	Private	146th N. Y	F	Sept. 20, 1864.
6629	Page, William	do	16th Mass	D	Aug. 23, 1864.
4707	Paine, M	Corporal	8th Vn	H	Aug. 4, 1864.
6095	Paine, S	Private	85th Ill	B	Aug. 18, 1864.
2737	Painter, C	Sergeant	9th Va	F	July 1, 1864.
9014	Painter, H	do	10th Wis	F	Sept. 17, 1864.
3179	Painter, J. G	Private	26th Pa	F	July 11, 1864.
3445	Painter, S	do	63d Pa	A	July 17, 1864.
9533	Painter, W. P	do	7th Conn	C	Sept. 22, 1864.
1892	Paisley, A. G	Sergeant	22d Mich	K	June 13, 1864.
3408	Paisley, F	Private	120th Ill	E	July 16, 1864.
598	Paisley, W	do	17th Mass	D	April 17, 1864.
5325	Pakham, J. C	Seaman	Gunb't Shawsheen		Aug. 11, 1864.
6753	Pullette, D	Private	15th N. Y. cav	K	Aug. 24, 1864.
5761	Pally, S. C	Sergeant	12th Ky. cav	B	Aug. 15, 1864.
9220	Palmer, A	Private	143d Pa	D	Sept. 19, 1864.
3733	Palmer, A	do	42d Ind	F	July 21, 1864.

No. of grave.	Name.	Rank.	Regiment.	Co.	Died.
5552	Palmer, D	Private	5th Mich. cav	D	Aug. 16, 1864.
4340	Palmer, D. P	do	7th Tenn. cav	I	July 31, 1864.
4041	Palmer, E	do	7th Tenn		July 26, 1864.
7360	Palmer, F. G	do	2d Ohio cav	D	Aug. 31, 1864.
644	Palmer, J	Corporal	7th Wis	C	April 1, 1864.
10807	Palmer, J	Private	37th Mass	E	Oct. 11, 1864.
1157	Palmer, J. O. J	Sergeant	1st Va. cav	L	Oct. 21, 1864.
3921	Palmer, L. H	Private	9th Iowa	D	July 4, 1864.
11177	Palmer, P	do	5th Mich	H	Oct. 19, 1864.
2252	Palmer, P. H	do	7th N. Y	D	June 22, 1864.
6844	Palmer, S	do	102d Ohio	I	Aug. 27, 1864.
2712	Palmer, T	Corpora	17th N. Y	F	June 27, 1864.
662	Palmer, W	Private	2d Tenn	K	April 23, 1864.
6432	Palmer, W	do	19th Pa	D	Aug. 22, 1864.
10851	Palmer, W. E	Sergeant	7th U. S	F	Oct. 15, 1864.
3524	Palmerly, J	Private	7th Mich. cav	C	July 19, 1864.
71	Palmeter, R	Corporal	8th N. Y	D	Mar. 7, 1864.
5062	Pamperin, William	Private	71st N. Y	H	Aug. 17, 1864.
4714	Pamer, J. M	do	17th Mass	K	Aug. 4, 1864.
3172	Pankey, A. J	do	13th Tenn	B	July 11, 1864.
11432	Pannan, L	Corporal	147th N. Y	H	Oct. 24, 1864.
5763	Panner, R	Private	1st Ala. cav	L	Aug. 15, 1864.
11102	Pantier, A. F	do	15th Mass	H	Oct. 17, 1864.
5407	Papps, D	Corporal	2d Md	H	Aug. 8, 1864.
2146	Pa l n E. H	Private	11th Tenn	K	June 18, 1864.
333	Pardy, E	Sergeant	50th N. Y	K	July 15, 1864.
344	Parey, W	Private	151st Ind	A	July 17, 1864.
6929	Parkes, L	do	20 Mass. art	G	Aug. 26, 1864.
5354	Paris, F	do	21 Mass. art	E	Aug. 12, 1864.
8605	Paris, S	do	7th Tenn. cav	C	Sept. 12, 1864.
7511	Parish, C	do	1st Mass	C	Sept. 4, 1864.
5847	Parish, J. A	do	184th Pa		Aug. 17, 1864.
7426	Park, J	do	7th Tenn. cav	E	Aug. 31, 1864.
10827	Parkan, W	do	7th Tenn	K	Oct. 14, 1864.
4171	Parke, J	do	14th Ind	B	July 27, 1864.
3710	Parker, A	do	1st Me. cav	C	July 21, 1864.
1035	Parker, B. C	Sergeant	5th Mich. cav	C	May 12, 1864.
10413	Parker, D	Private	4th Iowa	I	Oct. 6, 1864.
4054	Parker, E	Sergeant	20th Ind	A	July 27, 1864.
12140	Parker, F	Corporal	10th N. Y	C	Nov. 27, 1864.
1322	Parker, J	Private	35th N. Y	I	May 26, 1864.
2022	Park, J	do	55th N. Y	I	June 17, 1864.
2613	Parker, J	do	124th N. Y	G	July 2, 1864.
2973	Parker, J	do	174th N. Y	G	July 6, 1864.
3390	Parker, J	do	15th N. Y. cav	F	July 10, 1864.
12554	Park r, J	Teamster	Citizen		Dec. 24, 1864.
125	Parker, J. M	Corporal	7th Pa	E	Mar. 23, 1864.
9557	Parker, S	Private			Sept. 2, 1864.
4750	Parker, S. B	do	18th Conn	B	July 3, 1864.
5577	Parker, W	Corporal	124th Ohio	H	Aug. 11, 1864.
9941	Parker, W	Private	21 N. Y	I	Sept. 20, 1864.
6572	Parker, W. A	Corporal	121 Pa	D	Aug. 25, 1864.
724	Parker, W. E	Private	4th Ohio	H	April 25, 1864.
2755	Parker, Z	do	124th Ohio	E	Sept. 14, 1864.
1257	Parkhurst, F	do	14th Ia	H	Dec. 30, 1864.
10100	Pa khurst, W. L	do	1st M. B. B		Sept. 2, 1864.
4752	Parkinson, A	do	4th N. Y. art	C	Aug. 4, 1864.
10850	Parks, E F	do	30 L Ohio	D	Sept. 30, 1864.
7500	Parks, F	Corporal	22d Mich	E	Sept. 6, 1864.
9111	Parks, J. W	do	4th Ohio cav	G	Sept. 15, 1864.

ANDERSONVILLE CEMETERY, GEORGIA. 151

No. of grave.	Name.	Rank.	Regiment.	Co.	Died.
6190	Parks, R. T	Private	7th Tenn. cav	I	Aug. 19, 1864.
7349	Parks, V	do	7th Mo	C	Aug. 21, 1864.
11956	Parks, W	do	169th N. Y	K	Nov. 11, 1864.
12762	Parmlee, C	Corporal	9th Mich. cav	M	Mar. 14, 1865.
6586	Parmor, E	Private	4th Vt	C	Aug. 23, 1864.
5710	Parrish, D	do	148th N. Y	E	Aug. 17, 1864.
1374	Parrish, T	do	6th Mich	I	May 29, 1864.
6301	Parschall, J. M	do	114th Ill	A	Aug. 9, 1864.
29.3	Parson, J. T	do	103d Pa	D	July 5, 1864.
23.7	Parson, W. D	do	2d Mass	E	June 24, 1864.
443	Parsons, G	do	7th Mich	I	April 9, 1864.
7879	Parsons, J. W	do	103d N. Y	D	Sept. 6, 1864.
11215	Parsons, W	do	64th N. Y	E	Oct. 9, 1864.
6874	Partin, D. R	do	65th Ind	F	Aug. 27, 1864.
10249	Partis, J. R	do	1st Ky. cav	F	Oct. 3, 1864.
492	Partridge, J. W	do	U. S. signal corps		April 11, 1864.
6943	Partridge, W. J	Sergeant	3th Ill	F	Aug. 9, 1864.
5353	Paschal, E	Private	7th N. H	E	Aug. 14, 1864.
6830	Pasco, J. M	do	35th Mass	D	Aug. 30, 1864.
539	Pashby, John	do	6th Ind. cav	C	April 15, 1864.
6155	Patch, John	do	21 N. H	F	Aug. 12, 1864.
1119	Patent, T	do	73d Pa	E	May 13, 1864.
3440	Paterson, G. W	do	12th N. Y. art	M	July 17, 1864.
9369	Patrick, F	do	14th Me	F	Sept. 2, 1864.
2645	Patty, G	do	4th Va	G	June 29, 1864.
5336	Paisbey, J	do	1st Conn. cav	I	Aug. 12, 1864.
7519	Patten, W	do	21st Ohio	D	Sept. 1, 1864.
5380	Patterson, E	do	6th N. Y. art	M	Aug. 6, 1864.
6272	Patterson, E	do	4th Ind. cav	G	Aug. 9, 1864.
11453	Patterson, F	do	29th Ohio	F	Oct. 25, 1864.
6165	Patterson, H	do	1st N. Y. cav	D	Aug. 12, 1864.
1931	Patterson, H. W	do	3d Mass	G	May 29, 1864.
8307	Patterson, J	do	2d Ky. cav	B	Sept. 9, 1864.
7654	Patterson, J	do	21st Wis	A	Sept. 13, 1864.
5279	Patterson, J. A	do	55th N. Y	F	Aug. 1, 1864.
4703	Patterson, J. H	do	25th N. Y	G	Aug. 4, 1864.
12577	Patterson, J. T	do	14th Ill	F	Feb. 19, 1865.
7011	Patterson, N	do	9th N. H	L	Aug. 27, 1864.
9760	Patterson, N. S	do	83d Ind	G	Sept. 25, 1864.
62	Patterson, R	do	2d Pa. res	E	Mar. 19, 1864.
4049	Patterson, R	do	101st Pa	H	July 17, 1864.
9502	Patterson, S	Corporal	15th Wis	I	Sept. 27, 1864.
1110	Patterson, T	Private	5th Pa. cav	A	May 15, 1864.
6886	Patterson, W. D	do	1st Ala. cav	K	Aug. 23, 1864.
6625	Pattin, H. W	do	2d Pa. art	F	Aug. 20, 1864.
11170	Pattit, J. S	do	111th U. S	F	Oct. 12, 1864.
11600	Paughburn, S	Sergeant	9th Ind	B	Nov. 6, 1864.
10365	Paul, ——	Private	8th N. Y	L	Oct. 5, 1864.
10287	Paul, J. C	do	4th Vt. cav	G	Oct. 5, 1864.
9995	Payne, G. A	do	57th Mass	H	Sept. 16, 1864.
7724	Payne, J	do	9th Ohio	E	Sept. 3, 1864.
1997	Payne, R. H	do	6th Mich	I	June 13, 1864.
4957	Payne, W. A	do	1st Mass. art	M	Aug. 7, 1864.
2272	Peabody, T. S	Sergeant	5th Me	I	June 9, 1864.
7556	Peabody, W. T	Private	57th Mass		Sept. 2, 1864.
287	Peacher, C	do	6th Ind	D	April 1, 1864.
3553	Pearce, H	do	100th Ohio	A	July 18, 1864.
5195	Pearnell, J	Corporal	2d Mich	B	Sept. 5, 1864.
4631	Pearson, S. C	Private	1st U. S	C	Aug. 3, 1864.
7021	Pease, G. E	do	1st Ohio cav	I	Aug. 27, 1864.

No. of grave.	Name.	Rank.	Regiment.	Co.	Died.
6696	Pease, Martin	Private	2d N. Y. cav	C	Aug. 23, 1864.
12038	Peasley, J	Sergeant	65th Ohio	H	Nov. 16, 1864.
30	Peck, A	Private	57th Pa	K	Mar. 9, 1864.
8763	Peck, C. W	do	145th Pa	H	Sept. 14, 1864.
2166	Peck, J. G	do	22d N. Y. cav	F	June 19, 1864.
5546	Peck, J. H	Corporal	1st Mich. cav	D	Aug. 13, 1864.
6471	Peckham, A. P	Private	15th Mass	B	Aug. 22, 1864.
11630	Peckins, L	do	93d Ind	F	Oct. 29, 1864.
11673	Peds, Francis	do	12th N. Y. cav	E	Oct. 30, 1864.
12142	Peeck, C	do	15th U. S	G	Nov. 24, 1864.
944	Peed, R	do	57th Ind	F	May 7, 1864.
6298	Peer, T	do	9th N. J	K	Aug. 20, 1864.
5441	Peete, A	do	36th Mass	A	Aug. 12, 1864.
7700	Peeter, H. M	do	107th Ill	C	Sept. 3, 1864.
10304	Pegran, W	do	7th Tenn	A	Oct. 4, 1864.
806	Pekins, G. W	Sergeant	7th Tenn	M	April 29, 1864.
1542	Pellett, Ed	Private	15th N. Y. cav	I	June 1, 1864.
4486	Pelton, A	Corporal	21st Mich	A	Aug. 1, 1864.
12701	Pemcy, W	Private	114th Ill	F	Feb. 26, 1865.
11348	Pen, C	do	6th N. Y. art	D	Oct. 23, 1864.
3781	Pen, R	do	2d N. Y. cav	F	July 22, 1864.
2763	Penabton, J	do	69th N. Y	F	July 2, 1864.
6159	Penat, A	do	38th Ind	B	Aug. 19, 1864.
5910	Pence, G	do	103d Pa	F	Aug. 17, 1864.
2960	Pendleton, W	do	14th Conn	C	July 6, 1864.
1141	Penix, J	do	5th Tenn	G	May 16, 1864.
9423	Penn, H. N	do	11th Conn	G	Sept. 21, 1864.
6844	Penn, J	do	5th Pa. cav	E	Aug. 25, 1864.
11883	Penn, J	do	18th Pa. cav	I	Nov. 6, 1864.
9606	Pennington, G	Corporal	11th Tenn		Sept. 23, 1864.
4003	Pennington, R. A	Private	1st Mass	A	July 26, 1864.
913	Penny, A	do	59th Ohio	C	May 5, 1864.
393	Penny, J	do	14th Ill. cav	D	April 5, 1864.
10573	Penstock, A	do	144th Pa	B	Oct. 9, 1864.
5760	Pentecost, W. G	do	18th Mich		Aug. 15, 1864.
12721	Peny, A. B	do	4th Vt	H	Mar. 3, 1865.
3213	Peo, Jas	do	17th Vt	D	July 12, 1864.
12543	Pequette, F	do	11th Md	G	Jan. 28, 1865.
1276	Perego, J	do	2d Mich. cav	D	May 21, 1864.
9084	Perego, W	do	143d Pa	G	Sept. 24, 1864.
5506	Pericle, J	do	9th Minn	H	Aug. 13, 1864.
2621	Perkins, A. E	do	89th Ill	A	June 28, 1864.
4978	Perkins, A. H	do	29th Mo	L	Aug. 7, 1864.
1496	Perkins, D	do	1st Me. cav	I	May 30, 1864.
6196	Perkins, J. A	do	12th Va	K	Aug. 19, 1864.
7172	Perkins, J. P	do	24th N. Y. battery		Aug. 29, 1864.
7232	Perkins, N	do	103d Pa	D	Aug. 29, 1864.
5197	Perkins, T	do	1st Me	H	Aug. 10, 1864.
4020	Perkins, W. B	do	89th Ohio	G	July 26, 1864.
7398	Perky, D	do	85th N. Y	B	Aug. 3, 1864.
5426	Perrin, N	do	72d Ohio	A	Aug. 12, 1864.
7354	Perrin, N	do	8th Mich. cav	B	Aug. 31, 1864.
9470	Perrine, J	do	3d Ohio	B	Sept. 21, 1864.
10562	Perry, A	Corporal	39th N. Y	G	Oct. 9, 1864.
4853	Perry, G	Private	89th Ill	G	Aug. 6, 1864.
12378	Perry, H	do	121st Pa	E	Jan. 2, 1865.
4527	Perry, J	do	84th N. Y	D	Aug. 1, 1864.
9313	Perry, J	do	9th Ill. cav	G	Sept. 20, 1864.
1363	Perry, J	do	6th Tenn. cav	L	May 25, 1864.
3553	Perry, M	do	1st Ill. cav	B	July 18, 1864.

ANDERSONVILLE CEMETERY, GEORGIA. 153

No. of grave.	Name.	Rank.	Regiment.	Co.	Died.
9603	Perry, N	Private	1st Mass. art	F	Sept. 23, 1864.
274	Perry, S. M	do	39th Mass	B	Mar. 31, 1864.
2748	Perry, P	do	13th Tenn	B	July 1, 1864.
3721	Perry, Wm	do	99th N. Y	E	July 21, 1864.
12182	Perry, Wm	do	79th N. Y	A	Nov. 27, 1864.
675	Perry, W	do	2d Tenn	I	April 22, 1864.
7866	Perry, Wm	do	2d N. Y. cav	D	Sept. 5, 1864.
8877	Persil, F	do	101st Pa		Sept. 16, 1864.
3082	Persons, W. B	do	64th N. Y	B	July 9, 1864.
6406	Pervis, T	do	17th Wis	F	Aug. 22, 1864.
11737	Pess, M. T	do	145th Pa	H	Nov. 2, 1864.
5221	Peters, F	do	52d N. Y	C	Aug. 10, 1864.
6911	Peters, H	do	4th Me	E	Aug. 26, 1864.
4551	Peters, H	do	53d Ind	C	Aug. 2, 1864.
3914	Peters, J	do	114th N. Y	F	July 25, 1864.
9120	Peterson, A	do	49th N. Y	B	Sept. 18, 1864.
9461	Peterson, C	do	15th Wis	I	Sept 21, 1864.
5684	Peterson, C	do	17th N. Y	I	Aug. 15, 1864.
7329	Peterson, F	Corporal	113th Ohio	G	Aug. 30, 1864.
6843	Peterson, G	Private	103d Pa	D	Aug. 25, 1864.
7451	Peterson, G	do	12th N. J	I	Sept. 1, 1864.
5206	Peterson, H	do	3d N. J. cav	H	Aug. 10, 1864.
607	Peterson, J	Sergeant	1st R. I	D	April 18, 1864.
9024	Peterson, J		U. S. navy		Sept. 17, 1864.
12179	Peterson, J. B	Private	112th Ill	I	Nov. 27, 1864.
6307	Peterson, P	do	4th Del	F	Aug. 20, 1864.
7893	Peterson, S	do	15th Wis	K	Sept. 5, 1864.
5527	Petrie, J	do	87th N. Y	I	Aug. 13, 1864.
500	Petristy, H	do	54th Pa	F	April 12, 1864.
2847	Petterson, A	Corporal	15th Wis	K	July 3, 1864.
5745	Pettibone, E. E	Private	7th Mich	B	Aug. 15, 1864.
4986	Pettie, C	do	2d Mass. art	H	Aug. 7, 1864.
5889	Pettijohn, J	do	21st Ill	F	Aug. 15, 1864.
8823	Pettijohn, S. W	do	9th Minn	H	Sept. 15, 1864.
3302	Pettis, L. P	do	100th N. Y	F	July 14, 1864.
3055	Pettit, J	Corporal	1st Va. cav	L	July 9, 1864.
1686	Pettus, Wm	Private	61st Ill	I	June 7, 1864.
11828	Pewin, H. A	do	7th N. H	A	Nov. 5, 1864.
9331	Pharrett, Wm	do	22d Mich	D	Sept. 20, 1864.
11261	Phay, M	do	69th Pa	K	Oct. 29, 1864.
5135	Phelp, H. W	do	9th Vt	H	Aug. 9, 1864.
486	Phelp, M	do	1st Pa	A	April 9, 1864.
9299	Phelps, F. M	Sergeant	11th Ky	I	Sept. 20, 1864.
11837	Phelps, M. F	Private	9th N. H	D	Nov. 5, 1864.
11918	Phelps, W	do	4th Pa. cav	G	Nov. 8, 1864.
6616	Phelps, W. E	do	6th Ky. cav	F	Aug. 23, 1864.
2064	Phelps, W. H	do	1st Me. cav	H	June 16, 1864.
2692	Phenix, A. N	do	21st Ohio	H	June 30, 1864.
4662	Philbrook, F	do	1st Mich. art	A	Aug. 3, 1864.
12594	Phillbrook, A	Sergeant	17th Ill. cav	F	Feb. 5, 1865.
12056	Phillbrook, F	Private	1st Me. art	A	Nov. 16, 1864.
7671	Phillbrook, J. E	do	56th Mass	F	Sept. 3, 1864.
7708	Phillips, A	do	50th Mass	B	Sept. 3, 1864.
9366	Phillips, B. B	Teamster			Sept. 20, 1864.
7008	Phillips, C	Private	14th U. S	D	Aug. 27, 1864.
11637	Phillips, F	do	61st Pa	K	Oct. 29, 1864.
4235	Phillips, G. A	do	85th N. Y	D	July 14, 1864.
8288	Phillips, H	do	33d Ohio	I	Sept. 9, 1864.
5610	Phillips, J	do	101st Pa	I	Aug. 14, 1864.
12481	Phillips, J	do	6th N. Y. cav	E	Jan. 18, 1865.

LIST OF INTERMENTS IN THE

No. of grave.	Name.	Rank.	Regiment.	Co.	Died.
9248	Phillips, J. J	Private	8th Conn	B	Sept. 19, 1864.
6374	Phillips, J. W	....do	1st Pa. cav	F	Aug. 23, 1864.
755	Phillips, P	....do	11th Mo	E	April 26, 1864.
3318	Phillips, R	Corporal	85th N. Y	D	July 14, 1864.
3803	Phillips, S. G	....do	1st Conn. cav	H	July 22, 1864.
10383	Phillips, L. M	Sergeant	17th Mass	D	Oct. 5, 1864.
6000	Phillips, T	Private	2d Tenn	G	Aug. 23, 1864.
410	Phillips, W	Corporal	16th Ill	L	April 5, 1864.
7637	Phillips, W	Sergeant	100th N. Y	H	Sept. 2, 1864.
6209	Philpot, C. P	Private	31st Iowa	B	Aug. 19, 1864.
4763	Phipps, M. M	....do	27th Mass	C	Aug. 5, 1864.
12582	Phipps, A	....do	36th Ind	D	Feb. 4, 1865.
6906	Phipps, H. B	Corporal	1st Mass. art	B	Aug. 26, 1864.
9754	Phipps, J. H	Private	57th Pa	E	Sept. 25, 1864.
11285	Pickering, E	....do	4th Tenn	G	Oct. 22, 1864.
3511	Picket, F. B	Corporal	1st Wis	F	July 18, 1864.
4157	Picket, J. C	Private	3d Pa. cav	A	July 28, 1864.
11616	Pier, A	....do	7th Conn	D	Oct. 29, 1864.
4152	Pierce, A	....do	2d N. Y. art	M	July 28, 1864.
2459	Pierce, C	....do	73d N. Y	F	June 25, 1864.
4887	Pierce, C	Corporal	16th Ill. cav	H	Aug. 6, 1864.
5371	Pierce, H	....do	85th N. Y	B	Aug. 11, 1864.
6027	Pierce, J	Private	85th N. Y	D	Aug. 12, 1864.
11663	Pierce, J. H	....do	8th N. Y. cav	H	Oct. 30, 1864.
7644	Pierce, W	....do	75th Ohio	H	Sept. 3, 1864.
10852	Pierce, W	....do	8th Tenn	A	Oct. 13, 1864.
1506	Pierce, W. B	....do	8th Ill. cav	H	May 31, 1864.
1072	Pierden, Chas	....do	11th N. J	C	May 13, 1864.
4517	Pierson, A	....do	61st N. Y	H	Aug. 1, 1864.
3546	Pierson, D	....do	3d Mich. cav	C	July 18, 1864.
6005	Pierson, J	....do	76th N. Y	B	Aug. 17, 1864.
7384	Pierson, J	....do	125th Ohio	B	Aug. 31, 1864.
11074	Pierson, R	Sergeant	2d Mass. art	H	Oct. 17, 1864.
8743	Pifer, F	Private	2d Del	F	Sept. 14, 1864.
6536	Pifer, M	....do	13th Pa	G	Aug. 23, 1864.
5190	Piffer, G	....do	123d Ohio	A	Aug. 9, 1864.
2533	Piffer, J	....do	6th Mich. cav	I	June 26, 1864.
3219	Pigott, J	....do	U. S. Marine corps	....	July 12, 1864.
8636	Pike, B. H	Corporal	2d Mich. cav	C	Sept. 13, 1864.
12198	Pike, N. N	Private	4th Vt	I	Nov. 30, 1864.
5729	Pike, Wm	Corporal	5th U. S. cav	G	Aug. 15, 1864.
3391	Pile, Wilson	....do	33d Ohio	F	July 16, 1864.
506	Pilot, Jas	Private	2d Tenn	K	April 12, 1864.
8515	Pillsbury, A. J	....do	1st Wis. cav	H	Sept. 11, 1864.
10040	Pilsbury, F	....do	4th Vt	C	Sept. 29, 1864.
9422	Pilsuk, F	....do	61st N. Y	I	Sept. 21, 1864.
4934	Pimble, A	....do	16th Conn	I	Aug. 7, 1864.
10412	Piner, J	....do	89th Ill	D	Oct. 6, 1864.
8620	Pinert, F	....do	21st Ohio	C	Sept. 13, 1864.
1532	Pinion, John	....do	99th N. Y	I	June 1, 1864.
3436	Pinkham, M. W	....do	1st Me. art	H	July 17, 1864.
11406	Pinkley, J	....do	7th Tenn	B	Oct. 24, 1864.
5128	Piper, C	....do	28th Mass	G	Aug. 9, 1864.
11221	Piper, E. A	....do	23d Ohio	B	Oct. 20, 1864.
6740	Piper, F	....do	25th Mass	E	Aug. 24, 1864.
12645	Piper, T	....do	64th Ohio	F	Feb. 13, 1865.
9768	Pipinbring, G	....do	13th Ohio	K	Sept. 25, 1864.
4592	Piscull, F. B	....do	13th Tenn	B	Aug. 2, 1864.
2841	Pitcher, E	....do	5th Mich	B	July 3, 1864.
9463	Pitman, J	....do	1st D. C. cav	D	Sept. 21, 1864.

ANDERSONVILLE CEMETERY, GEORGIA. 155

No. of grave.	Name.	Rank.	Regiment.	Co.	Died.
9994	Pitts, G	Private	97th N. Y	K	Sept. 29, 1864.
10270	Pitts, J	Corporal	16th Iowa	I	Oct. 3, 1864.
11441	Pivant, A	Private	61st N. Y	D	Oct. 25, 1864.
6086	Place, E	do	47th N. Y	F	Aug. 18, 1864.
4764	Place, J. K	do	7th N. H	H	Aug. 5, 1864.
3764	Place, S	do	44th Ill	F	July 22, 1864.
8986	Plaint, Wm	do	Mich. vols	...	Sept. 17, 1864.
10059	Plannery, H	do	14th Ill	D	Sept. 30, 1-64.
6732	Plasmire, A	do	26th Mo	D	Aug. 24, 1864.
815	Plass, H	do	120th N. Y	G	April 30, 1864.
11046	Platt, R	do	22d Mich	A	Oct. 17, 1864.
7710	Ploughe, J. W	Sergeant	89th Ind	D	Sept. 3, 1864.
3183	Plude, John	Private	2d Vt. battery	...	July 11, 1864.
2535	Plum, A	do	4th Wis. cav	K	June 26, 1864.
5002	Plum, James	do	11th Conn	G	Aug. 8, 1864.
9196	Plumer, A	do	2d Ind	D	Sept. 18, 1864.
10537	Plumer, E. D	do	24th Mo	B	Oct. 8, 1864.
7157	Plunket, M	Corporal	124th Ohio	E	Aug. 29, 1864.
11379	Plunkett, J	Private	55th Pa	C	Oct. 24, 1864.
7311	Plummer, J	do	2d U. S. S. S	D	Aug. 30, 1864.
4220	Plyman, Wm	do	39th Ky	D	July 29, 1864.
2777	Plyner, S	do	85th N. Y	G	July 2, 1864.
4191	Plyning, W	do	20th Pa	B	July 28, 1864.
1855	Podges, S	Citizen		...	June 12, 1864.
5056	Podroff, P	Private	13th Minn	D	Aug. 8, 1864.
8355	Poinder, T	do	9th Minn	B	Sept. 10, 1864.
12551	Poistian, J	do	183d Ohio	F	Jan. 29, 1865.
12359	Poleman, H	do	1st Pa. cav	F	Dec. 30, 1864.
6962	Polger, M	do	10th N. J	G	Aug. 27, 1864.
5243	Polland, John	do	10th Va	I	Aug. 10, 1864.
1862	Pollard, F	do	127th Ill	A	June 12, 1864.
4432	Pollock, R	do	16th N. Y. cav	L	July 31, 1864.
6004	Polly, J	do	8th Va	C	Aug. 17, 1864.
7080	Polshon, F. B	do	17th Mass	D	Aug. 28, 1864.
10655	Pomeroy, John	do	7th Tenn	K	Oct. 11, 1864.
3868	Pompey, C	do	14th Conn	B	July 24, 1864.
1843	Pomroy, C	do	21st N. Y. cav	G	June 11, 1864.
5612	Pond, C	do	1st Mich	I	Aug. 14, 1864.
4531	Ponties, G	do	16th N. Y. cav	K	Aug. 2, 1864.
703	Pool, C. E	Corporal	1st Mass	C	April 23, 1864.
153	Pool, Hanson	Private	2d Md	H	Mar. 25, 1864.
5920	Poole, C			...	Aug. 17, 1864.
6527	Poole, G		52d Pa	B	Aug. 22, 1864.
8597	Poor, A. M	Sergeant	135th Ohio	B	Sept. 12, 1864.
819	Poore, S	Corporal	2d N. H	H	April 30, 1864.
1978	Pope, F	Private	7th Tenn. cav	D	June 15, 1864.
7222	Pope, Frank	Corporal	5th Ky	B	Aug. 29, 1864.
9705	Pope, J. T	Sergeant	5th Ind. cav	G	Sept. 25, 1864.
11120	Popp, J. E	Private	15th N. Y. art	A	Oct. 18, 1864.
5605	Poppin, Frank	do	3d Vt	I	Aug. 14, 1864.
1830	Popple, N. G	do	85th N. Y	D	June 11, 1864.
11121	Porsonl, Samuel	do	5th N. H	H	Oct. 18, 1864.
12479	Porter, B. F	do	148th Pa	I	Jan. 18, 1865.
2590	Porter, D	do	101st Pa	H	June 28, 1864.
7590	Porter, G	do	1st Md	I	Sept. 2, 1864.
9327	Porter, J	do	40th Ohio	H	Sept. 20, 1864.
1905	Porter, J. F	do	18th Ky	E	June 13, 1864.
4564	Porter, L	do	1st Mich. S. S	C	Aug. 2, 1864.
6291	Porter, S	Sergeant	4th Pa. cav	L	Aug. 20, 1864.
3669	Porter, W	Private	1st U. S. art	I	July 20, 1864.

LIST OF INTERMENTS IN THE

No. of grave.	Name.	Rank.	Regiment.	Co.	Died.
12040	Porter, W. C	Private	40th Ohio	H	Nov. 16, 1864.
1707	Porterfield, J	do	4th Va	F	June 7, 1864.
11328	Porterfield, J. K	do	5th Pa. cav	M	Oct. 23, 1864.
3879	Porterlage, M	do	24th Ill	K	July 24, 1864.
10364	Poslin, W. P	Sergeant	13th Tenn	E	Oct. 5, 1864.
9571	Post, A	Private	1st U. S. art	F	Sept. 23, 1864.
7457	Post, C	Corporal	16th Conn	K	Sept. 1, 1864.
8417	Post, C. J	Private	4th N. J	I	Sept. 6, 1864.
9602	Post, G	do	7th Ill. cav	L	Sept. 23, 1864.
12291	Post, H. E	do	125th N. Y	G	Dec. 15, 1864.
6717	Post, J	do	1st Ohio art	D	Aug. 24, 1864.
12425	Post, J. A	do	94th N. Y	E	Jan. 10, 1864.
4100	Post, R. L	do	10th Mich	H	July 27, 1864.
7628	Potache, A	do	1st Vt. cav	F	Sept. 3, 1864.
12572	Pott, J	do	99th Ind	H	Feb. 2, 1865.
8070	Pott, Samuel	do	4th Ky. cav	G	Sept. 7, 1864.
1361	Pottet, A. E	do	4th Me	H	May 24, 1864.
6385	Potter, H	do	48th N. Y	E	Aug. 21, 1864.
6589	Potter, H	do	72d Ohio	E	Aug. 23, 1864.
9010	Potter, S. D	do		C	Sept. 17, 1864.
1582	Potter, W. H	Sergeant	85th N. Y	F	June 3, 1864.
7118	Potts, E	Private	183d Pa	A	Aug. 28, 1864.
1178	Potts, J	do	7th Ky. cav	C	May 17, 1864.
8109	Potts, Jas	do	122d Ohio	E	Sept. 7, 1864.
6463	Poulice, Geo. W	do	94th Ohio		Aug. 22, 1864.
5731	Poulton, Henry	do	19th U. S	A	Aug. 15, 1864.
5977	Pounders, J	do	1st Ala. cav	H	Aug. 8, 1864.
5783	Powell, J	do	122d Ill	C	Aug. 15, 1864.
4572	Powell, A. N	Sergeant	7th Tenn. cav	K	Aug. 2, 1864.
8039	Powell, A. T	Private	149th Pa	C	Sept. 6, 1864.
3058	Powell, D	do	16th Ill. cav	K	July 9, 1864.
1884	Powell, F	do	18th Pa	H	June 12, 1864.
5116	Powell, G	do	7th N. Y. art	H	Aug. 9, 1864.
4473	Powell, H	do	102d Pa	M	Aug. 1, 1864.
10858	Powell, J	do	101st Pa	I	Oct. 13, 1864.
8534	Powell, T	do	9th Ohio cav	G	Sept. 11, 1864.
1258	Powell, Wm	do	14th Pa. cav	D	May 21, 1864.
2433	Powellson, C. F	do	10th Va	I	June 24, 1864.
8893	Powers, B	Citizen			Sept. 16, 1864.
1638	Powers, H	Sergeant	7th Tenn. cav	A	June 5, 1864.
10318	Powers, H. M	Corporal	7th Tenn	A	Oct. 4, 1864.
11591	Powers, J	Private	7th Tenn. cav	A	Oct. 26, 1864.
1556	Powers, J	do	26th Pa	I	June 2, 1864.
3367	Powers, J	do	10th N. Y	K	July 15, 1864.
3422	Powers, J	do	44th Ill	C	July 16, 1864.
6390	Powers, J	do	6th N. Y. art	I	Aug. 21, 1864.
2948	Powers, P	do	24th N. Y	H	July 5, 1864.
12644	Powers, R	do	7th Tenn	H	Feb. 13, 1865.
6583	Prat, Daniel	do	27th Mass	I	Aug. 23, 1864.
5698	Pratt, A. M	do	139th Pa	C	Aug. 15, 1864.
5435	Pratt, B. F	do	146th N. Y	G	Aug. 12, 1864.
5309	Pratt, C. E	do	1st U. S. art		Aug. 11, 1864.
12135	Pratt, D. W	do	2d Mass. art	G	Nov. 23, 1864.
4177	Pratt, F	do	14th Pa. cav	I	July 28, 1864.
1479	Pratt, G. B	do	10th N. Y	D	May 30, 1864.
5742	Pratt, H	do	23d Mass	E	Aug. 15, 1864.
7752	Pratt, J	do	3d U. S. cav	B	Sept. 3, 1864.
1071	Pratt, J. F	do	1st N. J	M	May 13, 1864.
12578	Pratt, L	do	8th Mich. cav	C	Feb. 3, 1865.
6455	Pratt, P	do	24th N. Y. battery		Aug. 22, 1864.

ANDERSONVILLE CEMETERY, GEORGIA. 157

No. of grave.	Name.	Rank.	Regiment.	Co.	Died.
8661	Pratt, W	Private	29th Ind	F	Sept. 13, 1864.
12579	Pratt, W	do	16th Ill	F	Feb. 6, 1865.
6341	Pream, H	do	149th Pa	K	Aug. 21, 1864.
9059	Prekett, F	do	13th Ill	E	Sept. 17, 1864.
5627	Prentice, J. W	do	22d Ind	K	Aug. 14, 1864.
12410	Prescott, C	do	19th Me	H	Jan. 7, 1865.
11779	Presham, J. A	do	110th Ohio	C	Nov. 3, 1864.
1780	Preso, T	do	26th Pa	E	June 9, 1864.
1394	Presselman, C	do	4th N. Y. cav	M	May 26, 1864.
5323	Presser, J	do	63d Pa		Aug. 11, 1864.
23	Preston, C	do	8th Ill. cav	M	Mar. 8, 1864.
4982	Preston, F	do	1st Vt. art	I	Aug. 7, 1864.
5523	Preston, H. G	do	9th N. Y	G	Aug. 13, 1864.
12409	Preston, J	do	6th Mich	C	Jan. 7, 1865.
2611	Preston, John	do	U. S. Mar. Corps		June 28, 1864.
9-22	Preston, W	do	34th Ohio	B	Sept. 26, 1864.
2504	Prett, J. K	do	1st Ala. cav	F	June 26, 1864.
1096	Price, D	do	54th N. Y	A	May 14, 1864.
2008	Price, Ed	do	2d Mass	M	June 15, 1864.
10074	Price, G	do	106th Pa	H	Sept. 30, 1864.
12346	Price, J	Citizen	New York		Dec. 24, 1864.
6007	Price, J. M	Private	79th Ill	D	Aug. 17, 1864.
6485	Price, Nelson	do	15th Tenn	B	Aug. 22, 1864.
11168	Price, O	do	109th Pa	C	Oct. 19, 1864.
8160	Pricht, F	do	87th Pa	H	Sept. 8, 1864.
1651	Priest, W	do	132d N. Y	E	June 5, 1864.
10803	Prim, D	do	103d Ill	K	Oct. 14, 1864.
11667	Prime, L	do	183d Pa	B	Oct. 30, 1864.
9020	Prin, W. H	do	2d Tenn	E	Sept. 17, 1864.
7981	Prindiville, M	do	7th Md	H	Sept. 6, 1864.
7964	Pringle, T. W	Corporal	148th N. Y	A	Sept. 6, 1864.
719	Pringle, Wm	Teamster			April 25, 1864.
12221	Prink, J	Private	2d N. J		Dec. 4, 1864.
5404	Prior, M	do	50th Mass	I	Aug. 12, 1864.
6335	Prisin, E. T	do	7th Tenn	B	Aug. 21, 1864.
12475	Pritchard, J	Corporal	2d Mass. art	G	Jan. 17, 1865.
12388	Pritchell, J	Private	72d Pa	C	Jan. 3, 1865.
1517	Proffett, J	do	13th Tenn	C	May 31, 1864.
11676	Prouse, P. F	do	1st Ohio	I	Oct. 30, 1864.
1326	Prouty, Wm	do	9th Ohio	L	May 23, 1864.
6916	Prow, John	do	14th N. Y	L	Aug. 26, 1864.
9669	Prowman, S. H	do	149th N. Y	H	Sept. 24, 1864.
7267	Pruet, J. M	do	19th U. S	A	Aug. 30, 1864.
4553	Pruett, H. C	do	7th Ind. cav	K	Aug. 2, 1864.
6632	Pruile, W. H	do	1st Ky	F	Aug. 23, 1864.
7701	Pruser, H	do	1st Ohio	B	Sept. 3, 1864.
791	Pry, L	do	4th Pa. cav	D	April 28, 1864.
12191	Pryor, Wm	do	11th Pa	C	Nov. 22, 1864.
7972	Puch, John	do	122d Ill	D	Sept. 6, 1864.
1143	Pucher, Fred	do	27th Ill	A	May 16, 1864.
9007	Puff, J	do	15th N. Y. art		Sept. 28, 1864.
11975	Puffer, E. D	do	34th Mass	A	Nov. 12, 1864.
10297	Pugh, A	Corporal	8th Iowa	M	Oct. 4, 1864.
5004	Pugh, L	Private	3d Va	I	Aug. 8, 1864.
2321	Puley, Daniel	do	115th N. Y	I	June 22, 1864.
729	Pullers, U	do	132d N. Y	E	April 25, 1864.
3654	Pullian, J	do	2d Ky		July 20, 1864.
1893	Pullian, Wm	do	1st U. S	E	June 13, 1864.
6690	Pulliu, S	do	33d Ohio	B	Aug. 23, 1864.
515	Pullman, George	do	5th Mich	I	April 12, 1864.

No. of grave.	Name.	Rank.	Regiment.	Co.	Died.
12075	Punn, A	Private	18th Pa	C	Nov. 18, 1864.
3260	Puny, J	do	3d N. H.	G	July 13, 1864.
7368	Purcell, J	do	72d Ohio	D	Aug. 31, 1864.
12327	Purcell, J	do	1st Ky. cav	G	Dec. 24, 1864.
12823	Purcell, J. R.	do	44th Mo	G	April 5, 1865.
7530	Purdee, J	do	10th Wis	I	Sept. 1, 1864.
4340	Purdy, M	do	10th Wis	E	July 30, 1864.
10676	Puritan, O	do	1st Conn	L	Oct. 11, 1864.
1515	Purkey, Jacob	do	84th N. Y	B	May 31, 1864.
2767	Pursley, W. B.	Sergeant	13th Tenn. cav	C	July 2, 1864.
4063	Purtle, S	Private	49th N. Y	A	July 27, 1864.
65	Pasey, James	do	45th Ohio	H	Mar. 19, 1864.
8441	Putnam, D. G	do	16th Maine	D	Sept. 16, 1864.
2395	Putnam, L	do	14th N. Y. art	L	June 24, 1864.
9370	Putnam, O	do	27th Iowa	F	Sept. 20, 1864.
4253	Pyatt, M	do	22d Mich	E	July 29, 1864.
5579	Pyers, Isaac	do	72d Pa	G	Aug. 14, 1864.

Q.

7867	Quade, M		U. S. Navy		Sept. 5, 1864.
9046	Quakenbush, ———	Private	111th N. Y	K	Sept. 17, 1864.
2144	Quatta, J	do	11th Ky. cav	E	June 12, 1864.
8227	Quigley, J	do	99th N. Y	I	Sept. 9, 1864.
3057	Quill, R	do	6th N. Y. art	L	July 25, 1864.
2232	Quillin, J	do	7th Tenn. cav	D	June 20, 1864.
4022	Quinback, J	do	18th U. S	G	July 26, 1864.
2400	Quinlan, M	do	U. S. Navy		June 25, 1864.
5394	Quinlan, Patrick	Teamster	Citizen		Aug. 12, 1864.
8064	Quinn, Edson	Private	10th N. Y. cav	B	Sept. 7, 1864.
5768	Quinn, F	Citizen			Aug. 15, 1864.
853	Quinn, James	do			May 3, 1864.
10531	Quinn, P	Private	52d Ill	A	Oct. 8, 1864.
12804	Quirk, M. J	do	1st Mass	D	Mar. 20, 1865.

R.

637	Rabern, George	Private	1st Ky. cav	A	April 20, 1864.
11369	Racine, P	do	12th Ky. cav	M	Oct. 23, 1864.
1642	Radabaugh, W. H.	do	33d Ohio	A	June 5, 1864.
4358	Radford, Wm	do	18th N. J	B	Aug. 6, 1864.
6896	Raeff, J	do	1st Pa	A	Aug. 26, 1864.
512	Rafferty, M	do	132d N. Y	G	April 12, 1864.
2534	Rafferty, P	do	5th N. Y. cav	M	June 26, 1864.
10184	Rafferty, J. O.	do	6th Ill. cav	H	Oct. 1, 1864.
11330	Rafferty, T	do	5th N. Y. art	B	Oct. 23, 1864.
271	Ragan, J	do	2d Tenn	B	Mar. 31, 1864.
2237	Ragan, John	Seaman	"T A. Ward"		June 20, 1864.
12094	Ragan, C	Corporal	27th Mass	H	Nov. 18, 1864.
1662	Rain, P. F	Sergeant	15th U. S	A	June 6, 1864.
4368	Rainwater, A	Private	7th Tenn	F	July 31, 1864.
4636	Rains, Wm	do	11th Conn	I	Aug. 3, 1864.
5259	Rains, G. D	do	4th Ind	G	Aug. 10, 1864.
12287	Raiser, A	do	8th Iowa	C	Dec. 14, 1864.
349	Rakes, Wm	do	8th Va. militia	C	April 4, 1864.
4593	Raker, L	do	1st N. Y. cav	E	Aug. 2, 1864.
1454	Raleigh, A	do	51st Pa	G	May 29, 1864.
1783	Ralph, J. F	do	13th Tenn	E	June 10, 1864.
5542	Ralph, G	do	68th Ind	F	Aug. 13, 1864.
2030	Ralston, W. J	Sergeant	89th Ohio	C	June 16, 1864.

ANDERSONVILLE CEMETERY, GEORGIA

No. of grave.	Name.	Rank.	Regiment.	Co.	Died.
3039	Ralston, J. M	Private	79th Ill	I	July 8, 1864.
3426	Ralston, J. M	do	89th Ohio	C	July 16, 1864.
6503	Ralinger, J	do	47th N. Y	B	Aug. 22, 1864.
11675	Raley, H	do	24th Mich	L	Oct. 30, 1864.
1011	Ramsay, J. C	do	21st Ill	B	May 10, 1864.
1205	Ramsay, Hiram	do	31st N. Y	K	May 21, 1864.
1833	Ramsay, J. D	do	153d Pa	F	June 11, 1864.
2771	Ramsay, Wm	do	7th N. H	G	July 2, 1864.
2880	Ramsay, Isaac	do	86th N. Y	I	July 4, 1864.
4018	Ramsay, Robert	do	45th Ky. m'd inf	A	July 26, 1864.
8523	Ramsay, W	do	—Tenn	A	Sept. 17, 1864.
1765	Ramsey, A. B	do	45th Ill	D	June 9, 1864.
9766	Ramsey, R	do	84th Pa	D	Sept. 25, 1864.
10863	Ramsey, Wm	do	87th Pa	B	Oct. 13, 1864.
11457	Ramsey, J	Sergeant	5th Mich	H	Oct. 25, 1864.
12763	Ramsey, T. J	Private	79th Ill	A	Mar. 12, 1864.
2186	Ramer, W. C	do	111th N. Y	B	June 19, 1864.
10156	Ramstead, H	do	37th Mass	H	Oct. 1, 1864.
560	Randall, James A	do	7th Va	K	April 15, 1864.
3358	Randall, J	do	2d Mass	F	July 15, 1864.
9320	Randall, A. B	do	76th N. Y	F	Sept. 20, 1864.
10380	Randall, H. D	do	6th Mich	D	Oct. 5, 1864.
10772	Randall, C. F	do	124th Ill	I	Oct. 12, 1864.
10875	Randall, John	do	99th N. Y	H	Oct. 13, 1864.
12242	Randall, P. D	do	1st Wis	K	Dec. 7, 1864.
1152	Randell, H	do	4th Pa. cav	H	May 16, 1864.
590	Raney, Lester	do	39th Ky	H	April 17, 1864.
2156	Raney, A K	do	111th Ohio	B	June 18, 1864.
11426	Raney, A	do	4th Vt	A	Oct. 24, 1864.
3468	Ransom, H	do	148th Pa	I	July 17, 1864.
6699	Ransom, George W	do	1st Vt. art	L	Aug 24, 1864.
126-0	Ransom, J	do	4th Ill. cav	B	Feb 19, 1865.
2701	Ranson, J	do	16th U. S	B	June 30, 1864.
3751	Ranch, J	do	100th N. Y	D	July 22, 1864.
3779	Raud, J	Teamster			July 22, 1864.
5500	Rand, H	Private	2d Mass. art	G	Aug. 13, 1864.
4106	Rankin, J. H	Sergeant	18th Ky	G	July 27, 1864.
8578	Rankins, M. A	Corporal	3d Ill. cav	I	Sept. 12, 1864.
4305	Randolph, —		9th N. Y	E	July 30, 1864.
6777	Randgardner, Jas	Private	149th Pa	H	Aug 25, 1864.
6794	Ranghart, John	do	100 h N. Y	A	Aug. 25, 1864.
8635	Ranghmen, G	Sergeant	138th Pa	D	Sept. 13, 1864.
11812	Runtles, J	Private	25th Wis	D	Nov. 4, 1864.
11646	Rapp, H	do	19 h Ohio	A	Oct. 30, 1864.
12018	Rapp, A. E	do	18th Pa. cav	I	Nov. 15, 1864.
12647	Rapp, D. C	do	2d Ohio	C	Feb. 13, 1865.
12692	Rarsbottom, A. F	do	99th Ohio	D	Feb. 22, 1865.
3296	Rasson, A	do	28th Mich	I	July 14, 1864.
5792	Rassmusson, A	do	1st Wis. cav	L	Aug 15, 1864.
7778	Rastifer, John	do	100th N. Y	A	Sept. 4, 1864.
1951	Ratcliff, J	do	4th Iowa	I	June 14, 1864.
3435	Rattenboom, Joseph	do	3d N. Y. art	K	July 17, 1864.
4216	Rattery, John	do	104th N. Y	I	July 29, 1864.
7219	Rathburn, J	do	1st R. I. cav	A	Aug. 29, 1864.
8139	Rathburn, K	do	2d Pa	F	Sept. 8, 1864.
12031	Rathbone, B	do	2d Conn	A	Nov. 15, 1864.
2124	Rawlings, S	do	45th Ohio	E	June 17, 1864.
5180	Rawlings, J. W	do	117th Ind	F	Aug. 9, 1864.
6707	Rawlings, G. S	Sergeant	66th Ind	C	Aug. 24, 1864.
610	Ray, Wm	Private	8th Pa. cav	F	April 18, 1864.

LIST OF INTERMENTS IN THE

No. of grave.	Name.	Rank.	Regiment.	Co.	Died.
2103	Ray, A............	Sergeant...	77th Pa............	E	June 17, 1864.
4476	Ray, James R.......	Private....	184th Pa..........	B	Aug. 1, 1864.
8345	Ray, A.............	do......	11th Conn........	G	Sept. 10, 1864.
8545	Ray, A.............	do......	149th Pa..........	D	Sept. 11, 1864.
10246	Ray, R. S...........	do......	154th N. Y.......	A	Oct. 3, 1864.
10461	Ray, J.............	do......	10th N. J........	A	Oct. 7, 1864.
10957	Ray, C.............	do......	3d N. Y. cav.....	B	Oct. 14, 1864.
1438	Rayl, F............	do......	1st Tenn. art....	C	May 28, 1864.
4336	Raynard, F........	do......	125th N. Y.......	F	July 30, 1864.
9462	Rayuor, Louis......	do......	4th Vt. or 44th Ill.	C	Sept. 21, 1864.
11009	Raynolds, F........	do......	11th Vt..........	F	Oct. 16, 1864.
404	Reardon, D........	do......	13th U. S.........	G	April 5, 1864.
5639	Read, G. H........	do......	21st Ohio........	H	Aug. 14, 1864.
5912	Rease, Jacob.......	do......	103d Pa..........	B	Aug. 17, 1864.
6274	Readman, Wm.....	do......	11th Ky..........	I	Aug. 20, 1864.
7604	Reamy, J. H.......	Sergeant...	6th Ill. cav......	B	Sept. 2, 1864.
7978	Reagan, Geo. W....	Private....	3d Tenn..........	G	Sept. 6, 1864.
12745	Reaves, M.........	do......	15th Mich........	G	Mar. 8, 1865.
8155	Reckhow, J........	do......	85th N. Y........	E	Sept. 8, 1864.
11705	Recalt, S..........	do......	1st Mich.........	K	Nov. 1, 1864.
2820	Redman, J.........	do......	3d N. Y. h. art...	K	July 3, 1864.
10900	Redman, W. R.....	do......	1st Ala. cav......	G	Oct. 14, 1864.
12455	Redman, J.........	do......	59th N. Y........	C	Jan. 15, 1865.
8577	Redman, N. E.....	do......	86th Ind.........	F	Sept. 12, 1864.
3641	Redden, J.........	do......	9th Va...........	H	July 20, 1864.
5641	Redder, G.........	do......	46th Ohio........	G	Aug. 14, 1864.
5968	Redment, John....	do......	112th Ill.........	H	Aug. 17, 1864.
6383	Redyard, A........	do......	65th Ind.........	F	Aug. 21, 1864.
6943	Redd, C...........	do......	122d Ohio........	A	Aug. 26, 1864.
7292	Redmire, H........	do......	98th Pa..........	B	Aug. 30, 1864.
8968	Reder, C...........	Sutler...	51st Pa..........		Sept. 10, 1864.
10467	Redmond, J.......	Private....	47th N. Y........	C	Oct. 7, 1864.
11695	Reddo, D. V.......	do......	8th N. Y. cav....	M	Oct. 31, 1864.
47	Reed, Samuel......	do......	4th Pa. cav.......	D	Mar. 15, 1864.
406	Reed, S. G........	do......	13th N. Y........	D	April 5, 1864.
1572	Reed, F. K........	do......	2d N. Y..........	M	June 3, 1864.
1888	Reed, D. W........	do......	1st Vt. cav.......	H	June 13, 1864.
1924	Reed, G. W........	do......	7th Tenn.........	A	June 14, 1864.
2519	Reed, John C......	do......	7th Tenn.........		June 26, 1864.
2871	Reed, H. H........	do......	2d Conn. art.....	H	July 4, 1864.
3496	Reed, D...........	do......	22d Ill..........	H	July 18, 1864.
3542	Reed, A. R........				July 18, 1864.
5878	Reed, R...........	Private....	16th Iowa........	I	Aug. 16, 1864.
6041	Reed, W. D........	do......	146th N. Y.......	H	Aug. 18, 1864.
6399	Reed, Thomas P...	do......	1st Md. battery...	B	Aug. 23, 1864.
7332	Reed, F. R.........	do......	64th N. Y........	E	Aug. 30, 1864.
8072	Reed, Charles......	do......	2d Mass. art......	H	Sept. 7, 1864.
8078	Reed, John........	do......	7th Conn.........	B	Sept. 7, 1864.
8282	Reed, A...........	do......	9th N. J..........	D	Sept. 9, 1864.
8492	Reed, W...........	do......	14th N. Y. art....	I	Sept. 11, 1864.
8571	Reed, C...........	do......	9th Ill............	F	Sept. 12, 1864.
8574	Reed, J...........	do......	140th N. Y.......	H	Sept. 12, 1864.
9656	Reed, R...........	do......	103d Pa..........	I	Sept. 24, 1864.
10015	Reed, C...........	do......	2d Iowa..........	A	Sept. 29, 1864.
10527	Reed, J. M........	Corporal...	12th Pa..........	B	Oct. 8, 1864.
12372	Reed, W. S........	Private....	128th Ohio.......	H	Jan. 1, 1865.
452	Reeves, E.........	Sergeant...	4th Ky. cav......	F	April 5, 1864.
1097	Reeves, T.........	Private....	11th Ky. cav.....	H	May 14, 1864.
1680	Reeves, John......	do......	57th N. Y........	H	June 6, 1864.
3772	Reeves, George W.	do......	4th Tenn.........	F	July 22, 1864.

ANDERSONVILLE CEMETERY, GEORGIA. 161

No. of grave.	Name.	Rank.	Regiment.	Co.	Died.
6267	Reeves, A	Private	11th Tenn. cav	B	Aug. 20, 1864.
9483	Reeves, S. I	do	9th Iowa	D	Sept. 22, 1864.
11292	Reeves, J	do	2d N. J	I	Oct. 22, 1864.
10829	Reeves, William	do	42d Ind	F	Oct. 13, 1864.
5694	Reeve, G	do	152d N. Y	C	Aug. 15, 1864.
1696	Reese, D	do	116th Ind	I	June 7, 1864.
4507	Reese, S	do	103d Pa	D	Aug. 1, 1864.
6838	Reese, D	do	14th Pa	R	Aug. 25, 1864.
7067	Reese, O	do	143d Pa	F	Aug. 28, 1864.
10715	Reese, William	do	9th Minn	E	Oct. 11, 1864.
11413	Reese, R	do	59th Ohio	D	Oct. 24, 1864.
12355	Reese, D	do	7th Pa	A	Dec. 29, 1864.
11360	Reeve, A	do	80th Ohio	C	Oct. 23, 1864.
2678	Rees, Thomas	Corporal	98th Ohio	C	July 4, 1864.
6546	Reedy, I. D	Private	65th N. Y	I	Aug. 23, 1864.
6422	Reem, A	do	188th Pa	C	Aug. 25, 1864.
12278	Reeling, J	do	79th Ind	A	Dec. 13, 1864.
2979	Regart, John	do	13th Pa. cav	E	July 6, 1864.
3862	Regman, P	do	2d Ohio	D	July 24, 1864.
11904	Rehn, W	do	7th N. Y. art	C	Nov. 7, 1864.
1763	Rei, J	do	124th Ohio	K	June 9, 1864.
173	Reiger, John	do	83d Pa	K	Mar. 26, 1864.
344	Reiker, Henry	do	2d Ohio cav	E	April 4, 1864.
2751	Reily, Thomas	do	1st Ky	D	July 1, 1864.
9122	Reilly, P. O	do	164th N. Y		Sept. 18, 1864.
10192	Reilly, J	do	3d U. S	B	Oct. 1, 1864.
4997	Reid, G	do	1st Wis	K	Aug. 7, 1864.
7310	Reid, Robert K	do	7th Conn	A	Aug. 30, 1864.
10174	Reid, I	do	55th Pa		Oct. 1, 1864.
10232	Reid, W. J	do	44th N. Y	I	Oct. 2, 1864.
5879	Reider, H	do	7th Pa. cav	L	Aug. 16, 1864.
7551	Reitter, G	do	2d Del	F	Sept. 2, 1864.
11071	Reid', J. B	Sergeant	72d Pa	E	Oct. 17, 1864.
11131	Reine, R	Citizen			Oct. 18, 1864.
6154	Reln, A	Private	17th Mich	G	Aug. 19, 1864.
872	Remy, John	do	66th Ind	B	May 4, 1864.
1729	Remorn, A. J	do	112th Ill	M	June 8, 1864.
6915	Remers, I	do	4th Mo	G	Aug. 26, 1864.
1725	Renselair, C. M	do	54th Mass. (col'd)	C	June 8, 1864.
3624	Renseler, H	do	3d Wis	G	July 20, 1864.
4254	Renshaw, H. G	do	7th Tenn. cav	C	July 29, 1864.
7195	Renback, C	do	29th N. Y		Aug. 29, 1864.
9590	Renamer, W. H	do	87th Pa	H	Sept. 23, 1864.
10111	Rendig, C. H	Citizen			Sept. 30, 1864.
6122	Repp, James	Private	28th Mass	A	Aug. 19, 1864.
12366	Repan, A	do	47th Ohio	A	Dec. 31, 1864.
9019	Ret, George	do	13th Pa	A	Sept. 17, 1864.
2463	Reve, H. N	do	11th Ky	F	June 25, 1864.
5796	Rewet, H	do	2d Maine	H	Aug. 15, 1864.
4335	Rex, J. W	do	3d Ohio cav	K	July 20, 1864.
382	Reynolds, Henry	do	11th Tenn. cav	L	April 5, 1864.
702	Reynolds, Edward	Sergeant	U. S. marine corps		April 23, 1864.
2970	Reynolds, N. A	Private	36th Mass	C	July 6, 1864.
3665	Reynolds, F. S	do	16th Wis	K	July 20, 1864.
6350	Reynolds, William	do	140th N. Y	I	Aug. 21, 1864.
6520	Reynolds, J	do	14th Penn	H	Aug. 22, 1864.
6799	Reynolds, O. S	do	85th N. Y	E	Aug. 25, 1864.
7003	Reynolds, I. J	do	U. S. navy		Aug. 27, 1864.
7774	Reynolds, W	do	3d Tenn	G	Sept. 4, 1864.
8209	Reynolds, O	do	155th N. Y	E	Sept. 8, 1864.

11

No. of grave.	Name.	Rank.	Regiment.	Co.	Died.
9268	Reynolds, D.	Private	4th U. S. cav.	C	Sept. 19, 1864.
10265	Reynolds, Samuel	...do.	92d N. Y.	H	Oct. 3, 1864.
10416	Reynolds, E.	...do.	1st Conn.	E	Oct. 6, 1864.
847	Rhinehart, J.	...do.	3d Pa. cav.	D	May 2, 1864.
1804	Rhinehart, D.	...do.	5th Mich. cav.	L	June 10, 1864.
907	Rhinebolt, I	...do.	18th Pa. cav.	I	May 5, 1864.
1599	Rhine, George	...do.	6th Pa.	I	June 4, 1864.
1803	Rhimes, A.	Sergeant	73d Pa.	I	June 10, 1864.
8005	Rhenebault, R. H.	Private	21st N. Y.	B	Sept. 6, 1864.
8521	Rhetin, W.	...do.	2d Ohio.	C	Sept. 11, 1864.
2735	Rhodes, F.	...do.	79th Pa.	E	July 1, 1864.
4957	Rhodes, A.	...do.	18th N. J.	B	Aug. 7, 1864.
3	Richardson, D.	...do.			Mar. 2, 1864.
825	Richardson, M.	Corporal	3d Ky.	H	May 1, 1864.
1820	Richardson, John	Private	2d Iowa.	I	June 10, 1864.
4167	Richardson, S. P.	...do.	1st Mass. art	M	July 28, 1864.
4240	Richardson. H. M.	...do.	26th N. Y. cav.	M	July 29, 1864.
4406	Richardson, J.	...do.	35th Ind.	I	July 31, 1864.
5570	Richardson, G.	...do.	82d Ohio.	G	Aug. 14, 1864.
6762	Richardson, J. K.	...do.	8th Me.	G	Aug. 25, 1864.
6933	Richardson, ——	...do.	61st Pa.		Aug. 26, 1864.
7015	Richardson, W.	...do.	14th Pa.	K	Aug. 27, 1864.
7410	Richardson, H	...do.	103d Pa.	K	Aug. 31, 1864.
7785	Richardson, C.	...do.	31st Me.	L	Sept. 4, 1864.
8170	Richardson, C. S.	...do.	16th Conn.	G	Sept. 8, 1864.
10107	Richardson, R.	...do.	13th Tenn. cav	E	Sept. 30, 1864.
10196	Richardson, D. T.	...do.	16th Conn	G	Oct. 1, 1864.
10465	Richardson, W. M.	Corporal	1st Me. cav.	B	Oct. 7, 1864.
11553	Richardson, L.	Private	1st Mass. art.	G	Oct. 27, 1864.
11566	Richardson, A	...do.	14th Pa.	E	Oct. 27, 1864.
11703	Richardson, J.	Corporal	1st M. M. B.	I	Oct. 31, 1864.
12324	Richardson, F.	Private	34th Ill	E	Dec. 23, 1864.
12523	Richardson, E.	...do.	127th Ind		Jan. 26, 1865.
12553	Richardson, M. B.	...do.	1st Mich	L	Jan. 29, 1865.
308	Richpeter, A.	...do.	13th Pa. cav.	B	April 2, 1864.
415	Rickel, Robert	...do.	125th N. Y.	G	April 5, 1864.
5522	Ricker, William	Corporal	1st Me. cav.	D	Aug. 13, 1864.
7546	Rickerd, Thomas	Private	20th Mass.	B	Sept. 2, 1864.
12193	Ricker, M.	...do.	2d N. Y. art.	M	Nov. 29, 1864.
521	Rice, A	...do.	4th Va. cav	G	April 13, 1864.
868	Rice, Thomas	...do.	2d Mass. cav	B	May 3, 1864.
1450	Rice, James	...do.	13th Tenn	C	May 29, 1864.
3272	Rice, C. A. G.	Corporal	2d Mass. art	G	July 13, 1864.
4318	Rice, F.	...do.	39th N. Y.	I	July 30, 1864.
5319	Rice, Samuel	Private	101st Pa.	K	Aug. 11, 1864.
7400	Rice, H. M.	Sutler's clk.			Aug. 31, 1864.
7716	Rice, E	Private	7th Pa.	B	Sept. 3, 1864.
9860	Rice, J.	...do.	7th Wis.	C	Sept. 27, 1864.
11691	Rice, F. W.	...do.	14th Vt.	F	Oct. 31, 1864.
12828	Rice, F. D.	Sergeant	3d Ky	I	April 9, 1864.
1285	Rich, C	Private	2d Mass.	B	May 22, 1864.
3077	Rich, T. D	...do.	24th N. Y. bat		July 9, 1864.
4233	Rich, Samuel	...do.	27th Mass.	B	July 29, 1864.
7955	Rich, A.	...do.	11th Mich.	B	Sept. 6, 1864.
12289	Rich, J.	...do.	82d N. Y.	C	Dec. 15, 1864.
1616	Richards, H	Corporal	79th N. Y.	I	June 4, 1864.
1916	Richards, G. L.	Private	14th Va.	D	June 14, 1864.
3156	Richards, Joseph	...do.	27th Mass.	C	July 11, 1864.
3466	Richards, W. R.	...do.	7th N. H.	C	July 16, 1864.
4918	Richards, G	...do.	16th Mass.	I	Aug. 6, 1864.

ANDERSONVILLE CEMETERY, GEORGIA. 163

No. of grave.	Name.	Rank.	Regiment.	Co.	Died.
5317	Richards, A	Private	52d N. Y	D	Aug. 11, 1864.
5674	Richards, A	do	125th N. Y	K	Aug. 14, 1864.
5894	Richards, E	do	143d Pa	E	Aug. 16, 1864.
5940	Richards, John	Corporal	1st Pa. cav	G	Aug. 17, 1864.
6789	Richards, G	Private	13th Pa. cav	A	Aug. 25, 1864.
7151	Richards, Theodore	do	2d U. S. cav		Aug. 29, 1864.
7467	Richards, D	do	18th Pa. cav	F	Sept. 1, 1864.
7578	Richards, M. J	Sergeant	146th N. Y	C	Sept. 2, 1864.
8173	Richards, J	Private	1st Vt	L	Sept. 8, 1864.
8602	Richards, J	do	106th Pa	H	Sept. 12, 1864.
9521	Richards, John	do	86th Ind	D	Sept. 22, 1864.
9612	Richards, John	Corporal	113th Pa	D	Sept. 23, 1864.
9882	Richards, J	Private	53d Pa	K	Sept. 27, 1864.
2281	Richard, A. V	do	33d Ohio	B	June 20, 1864.
3682	Richard, H	do	47th N. Y	E	July 21, 1864.
12243	Richard, A	do	9th N. Y	C	Dec. 7, 1864.
2836	Rictor, Charles	Corporal	82d Ill	H	July 3, 1864.
3561	Richey, R	Private	66th N. Y	C	July 18, 1864.
3891	Richistine, C	Corporal	132d N. Y	D	July 24, 1864.
4844	Riche, Joseph	Private	103d Pa	B	Aug. 6, 1864.
9558	Richie, H	do	11th Pa	F	Sept. 23, 1864.
12233	Richmond, B	do	1st Wis. cav	L	Dec. 6, 1864.
2427	Rider, E	do	178th N. Y	E	June 24, 1864.
6409	Rider, W. A	Sergeant	13th Tenn	C	Aug. 22, 1864.
3540	Riddle, F	Private	8th Mo	D	July 18, 1864.
6835	Ridgeway, John	do	23d Ohio	D	Aug. 25, 1864.
6873	Ridley, A. C	do	1st D. C. cav	M	Aug. 26, 1864.
7199	Ridlon, James	do	19th Mass	C	Aug. 29, 1864.
8480	Ridlon, N	do	7th Me	B	Sept. 11, 1864.
11534	Ridler, H. A	do	1st Del	H	Oct. 27, 1864.
11642	Riddle, J. H	do	1st Ky	I	Oct. 30, 1864.
1348	Rielly, P	do	29th Mo	B	May 24, 1864.
5967	Rieff, R	do	1st Ky. art		Aug. 17, 1864.
11416	Rierdon, M. D	do	5th Ind. bat		Oct. 24, 1864.
11444	Riffle, S. G	Corporal	189th Pa	C	Oct. 25, 1864.
1218	Rigney, Charles	Private	4th Pa. cav	G	May 19, 1864.
3740	Riggs, J	do	22d Mich	I	July 21, 1864.
4061	Riggs, H	do	21st Ohio	H	July 27, 1864.
4165	Riggs, K. M	do	39th Ind	K	July 28, 1864.
9547	Riggs, L	do	19th Ind	E	Sept. 23, 1864.
10911	Rigler, W. H	do	22d N. Y. cav	M	Oct. 14, 1864.
2601	Riley, I. M	do	6th Tenn	G	June 30, 1864.
2821	Riley, M	do	1st N. J	L	July 3, 1864.
2885	Riley, J	do	99th N. Y	C	July 4, 1864.
3732	Riley, Charles	do	6th Mich	I	July 21, 1864.
5021	Riley, John	do	176th N. Y	C	Aug. 8, 1864.
6347	Riley, John	do	39th N. Y	D	Aug. 21, 1864.
8617	Riley, Miles	Corporal	7th Mich. cav	F	Sept. 13, 1864.
8642	Riley, M	Private	56th Mass	K	Sept. 13, 1864.
8747	Riley, W. M	Corporal	89th Ohio	B	Sept. 14, 1864.
9413	Riley, M	do	5th Iowa	A	Sept. 21, 1864.
10638	Riley, H. J	Private	2d Mass. art	G	Oct. 10, 1864.
11151	Riley, R	Sergeant	24th Mich	H	Oct. 19, 1864.
12392	Riley, J	Private	73d N. Y	E	Jan. 2, 1865.
11094	Rilwen, C	do	179th N. Y	F	Oct. 31, 1864.
3352	Rimsen, C	do	2d N. Y. cav	M	July 15, 1864.
3827	Rimer, L	do	5th Pa. cav	A	July 23, 1864.
959	Rinker, F. P	do	3d Va. cav	A	May 8, 1864.
2005	Ringsland, A. H	do	2d Tenn	D	June 15, 1864.
4074	Ringwalt, F. J	do	19th Pa	H	July 27, 1864.

No. of grave.	Name.	Rank.	Regiment.	Co.	Died.
5210	Rinkle, George	Private	2d U. S. cav	G	Aug. 10, 1864.
6796	Ringwood, R	do	14th Conn		Aug. 25, 1864.
7677	Ringgold, J	do	7th Ind. cav	I	Sept. 3, 1864.
9254	Rinner, J. C	do	1st Mich. cav	C	Sept. 19, 1864.
11300	Ringer, J. K	Sergeant M.	11th N. Y		Oct. 22, 1864.
6650	Rippon, William	Private	58th Mass	G	Aug. 23, 1864.
7200	Ripley, M. F	do	32d Mass	F	Aug. 29, 1864.
8632	Ripley, J	do	9th Ill	B	Sept. 13, 1864.
10165	Riper, P. H	do	110th Ohio	G	Oct. 1, 1864.
11163	Ripley, F. A	do	152d N. Y	C	Oct. 19, 1864.
11760	Ripp, W	do	42d N. Y	B	Nov. 3, 1864.
900	Riseck, R	do	3d Me	I	May 5, 1864.
3514	Rising, C	do	76th N. Y	B	July 18, 1864.
3674	Rislay, E	Corporal	10th Conn	B	July 20, 1864.
9928	Risley, C. W	Private	14th Conn	D	Sept. 28, 1864.
10310	Risley, George W	do	47th N. Y	G	Oct. 4, 1864.
12101	Risley, J	do	6th Tenn	E	Nov. 20, 1864.
1355	Ritter, B. B	do	6th Ky. cav	L	May 24, 1864.
3752	Ritter, John	do	3d Tenn	C	July 22, 1864.
5454	Ritter, Benjamin	do	29th Ind	K	Aug. 12, 1864.
5974	Ritter, Henry	do	7th Tenn. cav	E	Aug. 17, 1864.
774	Ritter, D	do	14th Ill. art	D	Sept. 3, 1864.
7190	Riter, John	do	7th Tenn	E	Aug. 29, 1864.
2558	Ritcher, F	Sergeant	132d N. Y	D	June 27, 1864.
3820	Ritzeler, George A	Private	5th U. S. cav	H	July 23, 1864.
5110	Ritterman, James	do	15th Mo	F	Aug. 9, 1864.
7245	Ritson, S	do	18th N. Y. cav	E	Aug. 29, 1864.
9224	Ritynitillin, John	do	115th N. Y		Sept. 19, 1864.
3074	Rix, William	do	2d Ohio	K	July 9, 1864.
1775	Roach, F	do	99th N. Y	I	June 9, 1864.
1842	Roach, Charles	do	85th N. Y	E	June 11, 1864.
2028	Roach, A	do	21st Wis	F	June 16, 1864.
6166	Roach, J	do	35th Mass	F	Aug. 19, 1864.
7099	Roach, J. W	do	7th Tenn. cav	K	Aug. 28, 1864.
2602	Roat, J	do	54th Pa	F	June 28, 1864.
7738	Roads, Frederick	do	101st Pa	E	Sept. 3, 1864.
27	Robins, L	Corporal	154th N. Y	M	Mar. 8, 1864.
3755	Robins, J	Private	2d Tenn	D	July 22, 1864.
4777	Robins, A	do	6th Ohio cav	D	Aug. 5, 1864.
5800	Robins, J	do	2d Pa. cav	M	Aug. 15, 1864.
7293	Robins, George	do	62d Pa	A	Aug. 30, 1864.
11657	Robins, P. C	do	122d Ohio	H	Oct. 30, 1864.
3270	Robbins, R	do	69th Pa	B	July 13, 1864.
6321	Robbins, G	do	106th Pa	G	Aug. 21, 1864.
6488	Robbins, D. B	do	89th Ohio	I	Aug. 22, 1864.
12740	Robbins, A	do	4th Mich. cav	A	Mar. 6, 1865.
12753	Robbins, W	do	7th Tenn	B	Mar. 12, 1865.
646	Robinson, Isaac	do	3d Tenn	A	April 20, 1864.
922	Robinson, William	do	2d Mich	H	May 6, 1864.
940	Robinson, C. W	Sergeant	150th Pa	E	May 7, 1864.
951	Robinson, William	Private	1st Tenn	G	May 8, 1864.
1901	Robinson, —	do	9th Md	H	June 13, 1864.
1942	Robinson, William	do	77th Pa	D	June 14, 1864.
523	Robinson, James M	do	3d Tenn	A	April 13, 1864.
3680	Robinson, H. C	do	95th N. Y	I	July 21, 1864.
3883	Robinson, R	do	27th Mass	F	July 23, 1864.
3961	Robinson, H. H	Sergeant	110th Ohio	H	July 25, 1864.
4066	Robinson, Jacob	Private	1st N. Y. cav	B	July 27, 1864.
4086	Robinson, A	do	2d Tenn	B	July 27, 1864.
4276	Robinson, W. R	do	6th U. S. cav	H	July 30, 1864.

ANDERSONVILLE CEMETERY, GEORGIA. 165

No. of grave.	Name.	Rank.	Regiment.	Co.	Died.
4460	Robinson, H. B.	Sergeant	6th Ill. cav	B	Aug. 1, 1864.
5430	Robinson, John	Private	99th Pa.	D	Aug. 12, 1864.
6080	Robinson, J. B	....do	79th Ill	A	Aug. 18, 1864.
6088	Robinson, W. M	Corporal	10th Wis.	C	Aug. 18, 1864.
6400	Robinson, H	Private	16th Conn	K	Aug. 21, 1864.
6419	Robinson, John	....do	115th N. Y.	A	Aug. 22, 1864.
6572	Robinson, D.	....do	13th Iowa.	G	Aug. 23, 1864.
7607	Robinson, A.	....do	111th N. Y.	I	Sept. 2, 1864.
7750	Robinson, H.	....do	5th Mich.	L	Sept. 3, 1864.
8410	Robinson, E. H	....do	36th Ill	A	Sept. 11, 1864.
10029	Robinson, J. W	....do	18th Conn	D	Sept. 29, 1864.
11672	Robinson, C. J	....do	2d Ohio cav	E	Oct. 30, 1864.
11699	Robinson, J	....do	19th Mass.	H	Oct. 31, 1864.
12454	Robinson, R.	....do	8th Ind	G	Jan. 14, 1865.
2140	Robison, L.	....do	7th Ind	I	June 18, 1864.
2219	Robison, J. C	....do	2d Tenn	B	June 20, 1864.
9614	Robison, I.	....do	65th Ohio.	D	Sept. 23, 1864.
10136	Robison, F.	....do	22d Mich	F	Oct. 1, 1864.
126	Robertson, Joseph	....do	119th Pa., (or 109)	K	Mar. 23, 1864.
2346	Robertson, W. H.	....do	134th N. Y.	F	June 23, 1864.
2422	Robertson, J. C.	....do	10th Mo. cav	F	June 24, 1864.
4482	Robertson, H.	....do	11th Ky. cav	D	Aug. 1, 1864.
8554	Robertson, W. M.	....do	96th N. Y.	B	Sept. 12, 1864.
8812	Robertson, R	....do	120th Ohio.	D	Sept. 15, 1864.
10327	Robertson, John.	....do	9th Minn	B	Oct. 4, 1864.
11195	Roberson, C. A.	....do	122d N. Y.	B	Oct. 20, 1864.
577	Roberts, R.	....do	12th Ky. cav.	H	April 15, 1864.
2074	Roberts, W. W.	....do	16th Ill. cav.	I	June 17, 1864.
2314	Roberts, J	....do	2d Tenn	H	June 22, 1864.
3931	Roberts, H	....do	19th Me.	H	July 25, 1864.
4616	Roberts, Charles.	....do	7th Tenn. cav	A	Aug. 3, 1864.
4644	Roberts, John.	....do	2d East Tenn	F	Aug. 3, 1864.
5775	Roberts, L.	....do	1st Ky.	K	Aug. 15, 1864.
5976	Roberts, Andrew	....do	1st Ky.	K	Aug. 17, 1864.
7353	Roberts, Ed.	....do	75th Ohio	K	Aug. 31, 1864.
7663	Roberts, A.	....do	173d N. Y.	C	Sept. 3, 1864.
8138	Roberts, J. M.	....do	11th Vt	K	Sept. 8, 1864.
9448	Roberts, J. O.	....do	1st Mass. cav.	K	Sept. 21, 1864.
11552	Roberts, I. H	Private	18th Mass	I	Oct. 27, 1864.
11995	Roberts, J. G.	....do	7th Tenn	I	Nov. 13, 1864.
12505	Roberts, L.	....do	13th Mass.	F	Jan. 22, 1865.
2354	Robberger, P	....do	46th N.Y	D	June 23, 1864.
4277	Robert, J. G.	....do	9th Minn	E	July 30, 1864.
10424	Roberg, F.	....do	15th Ky.	E	Oct. 1, 1864.
2911	Rock, I. E.	....do	5th Pa.	M	July 5, 1864.
3813	Rockfellow, R. E	....do	85th N. Y.	D	July 23, 1864.
3959	Rocke, F.	....do	6th N. Y. art.	F	July 25, 1864.
4919	Rockwell, W. H.	Corporal	1st Ky. cav	C	Aug. 6, 1864.
7585	Rockwell, M. C	Private	11th N. Y. art.	D	Sept. 2, 1864.
10947	Rockwell, A.	....do	2d Pa. cav.	D	Oct. 14, 1864.
11342	Rockyfellow, H.	....do	15th N. Y. art.	M	Oct. 23, 1864.
10658	Rochell, John.	Corporal	135th Ohio.	F	Oct. 11, 1864.
747	Rodgers, B. or O	Private	12th Ill.	A	April 26, 1864.
6282	Rodgers, F.	....do	20th Pa. cav.	E	Aug. 20, 1864.
10017	Rodgers, L.	....do	4th Iowa	F	Sept. 29, 1864.
12589	Rodgers, W.	....do	26th Mich	G	Feb. 5, 1865.
1606	Rodi, Simon.	....do	9th Md.	E	June 4, 1864.
2596	Rodenberger, N.	....do	96th Ill.	C	June 28, 1864.
4549	Rodes, James.	....do	1st Ky.	F	Aug. 2, 1864.
10751	Rodes, F.	....do	16th Ill. cav.	G	Oct. 12, 1864.

LIST OF INTERMENTS IN THE

No. of grave.	Name.	Rank.	Regiment.	Co.	Died.
5149	Roder, W. I	Sergeant	4th Ind. cav	H	Aug. 9, 1864.
5659	Roe, Wm	Private	2d Mass. art	H	Aug. 14, 1864.
4875	Roferty, John	do	2d Mass. art	K	Aug. 6, 1864.
11648	Rofburn, W	do	59th N. Y	C	Oct. 30, 1864.
1571	Rogers, W	do	1st Ky	F	June 3, 1864.
1807	Rogers, Silas	do	65th Ill	D	June 10, 1864.
3011	Rogers, James	do	132d N. Y	H	July 7, 1864.
3400	Rogers, T	do	51st Ohio	C	July 16, 1864.
4287	Rogers, H. C	do	85th N. Y	C	July 30, 1864.
4350	Rogers, A	do	7th N. Y. art	I	July 30, 1864.
4912	Rogers, M	do	43d N. Y	D	Aug. 6, 1864.
5791	Rogers, G	Musician	85th N. Y	F	Aug. 15, 1864.
6059	Rogers, A	Private	125th N. Y	H	Aug. 18, 1864.
6824	Rogers, Thomas	do	12th N. Y	F	Aug. 25, 1864.
6837	Rogers, A. G	do	7th Tenn. cav	B	Aug. 25, 1864.
7208	Rogers, O. S	do	85th N. Y	C	Aug. 29, 1864.
7215	Rogers, Henry	do	12th Ky. cav	A	Aug. 29, 1864.
7228	Rogers, George	do	16th Ill. cav	G	Aug. 29, 1864.
8369	Rogers, H. J	do	2d U. S. art	E	Sept. 10, 1864.
8438	Rogers, William	do	1eth U. S	G	Sept. 11, 1864.
10354	Rogers, C	do	13th Ohio	H	Oct. 4, 1864.
11644	Rogers, William	do	2d Ky	I	Oct. 30, 1864.
4241	Roger, L	do	115th Pa	L	July 29, 1864.
6373	Roger, John L	do	110th Pa	H	Aug. 21, 1864.
4039	Roguan, ——	do	38th Ind	I	July 26, 1864.
4309	Rogan, C	do	73d Pa	C	July 30, 1864.
77	Rolloff, John	do	5th Mich. cav	E	Mar. 20, 1864.
528	Rolla, E. J	do	103d Ill	G	April 13, 1864.
1040	Rolle, M	do	2d Va	A	May 12, 1864.
1558	Roll, A. C	do	17th Ind	F	June 2, 1864.
2291	Rolland, J	do	6th Mich	G	June 21, 1864.
5108	Roland, John	do	U.S.S. Underwriter		Aug. 9, 1864.
9549	Rolack, J	do	85th N. Y	C	Sept. 23, 1864.
11293	Rolson, J	do	118th Pa	F	Oct. 22, 1864.
3355	Romy, T. J	do	18th U. S	E	July 15, 1864.
11279	Romain, I	do	75th Ohio	H	Oct. 22, 1864.
11772	Romer, T	do	9th N. Y	A	Nov. 3, 1864.
12393	Rome, R	do	1st Mass	I	Jan. 4, 1865.
4126	Ronu, M	do	2d Pa	F	July 28, 1864.
4163	Rousey, William	do	9th Va	C	July 28, 1864.
5885	Ronan, John	do	5th Mich	C	Aug. 16, 1864.
6247	Roudbush, Daniel	do	6th Ind	B	Aug. 20, 1864.
11521	Ronley, Charles	do	19th Mass	K	Oct. 26, 1864.
194	Rooney, Mark	do	14th U. S	F	Mar. 27, 1864.
8922	Rooney, P	do	2d N. Y. art	C	Sept. 16, 1864.
9102	Rooney, M	do	132d N. Y	F	Sept. 18, 1864.
9963	Rooney, John	do	152d N. Y	G	Sept. 25, 1864.
1735	Rood, Le Grand	do	24th N. Y. ind. bat.		June 8, 1864.
5176	Rood, C	do	22d Mich	C	Aug. 9, 1864.
8468	Rook, G	do	6th N. Y. art	E	Sept. 11, 1864.
2145	Rooks, H	do	5th N. J	H	June 18, 1864.
5569	Root, A. W	do	85th N. Y	C	Aug. 14, 1864.
8742	Root, D	do	48th Pa	B	Sept. 14, 1864.
2998	Roots, William	do	120th N. Y	H	July 7, 1864.
4219	Rooer, I	do	4th N. Y	E	July 29, 1864.
6654	Rope, A. R	do	11th Mass	I	Aug. 23, 1864.
8862	Roper, H	do	16th Conn	G	Sept. 13, 1864.
11	Ross, ——	do	19th U. S	A	Mar. 5, 1864.
727	Ross, Jacob	do	151st N. Y	A	April 25, 1864.
3874	Ross, E. F	do	111th N. Y	I	July 24, 1864.

ANDERSONVILLE CEMETERY, GEORGIA.

No. of grave.	Name.	Rank.	Regiment.	Co.	Died.
5389	Ross, David	Private	103d Pa	B	Aug. 12, 1864.
5591	Ross, David	do	27th N. Y	D	Aug. 14, 1864.
5902	Ross, D	do	10th Conn	K	Aug. 16, 1864.
6511	Ross, J	do	59th Ohio	A	Aug. 22, 1864.
6741	Ross, G	do	76th N. Y	K	Aug. 24, 1864.
7090	Ross, James	do	7th Tenn. cav	B	Aug. 28, 1864.
7174	Ross, A	do	45th Ohio	H	Aug. 29, 1864.
8171	Ross, C	do	23d N. Y. cav	A	Sept. 8, 1864.
8465	Ross, Thomas	do	113th Ill	K	Sept. 11, 1864.
9751	Ross, A	do	1st N. Y.	M	Sept. 25, 1864.
9894	Ross, H. E	do	11th Vt. art	K	Sept. 27, 1864.
11473	Ross, J. W	do	45th Ill	F	Oct. 26, 1864.
11963	Ross, J. H	do	121st N. Y.	G	Nov. 11, 1864.
12635	Ross, John	do	2d N. Y	K	Feb. 10, 1865.
1555	Rose, R. C	Corporal	6th Ky. cav	B	June 2, 1864.
5537	Rose, B	Private	13th Pa	I	Aug. 13, 1864.
8137	Rose, M. L	do	2d East Tenn	A	Sept. 8, 1864.
9617	Rose, John	do	72d Ohio	H	Sept. 23, 1864.
10278	Rose, A	do	16th N. Y.	L	Oct. 3, 1864.
132	Roseburg, Henry	do	49th Pa	K	Mar. 24, 1864.
1624	Rosenburg, H	do	13th Pa. cav	H	June 5, 1864.
5920	Rosinberger, John	do	4th N. Y	D	Aug. 17, 1864.
2924	Rosenpaugh, J	do	130th N. Y	A	July 5, 1864.
3616	Rosser, Lewis	do	84th N. Y	A	July 20, 1864.
166	Rosmer, Frank	do	4th Me	C	Mar. 26, 1864.
4389	Rosecrans, H	do	113th Ill	A	July 31, 1864.
9550	Rosecrans, I. E	do	125th N. Y	H	Sept. 23, 1864.
8737	Rosson, Charles	do	24th N. Y. cav	E	Sept. 14, 1864.
11518	Rosch, Joseph H	do	12th Va	C	Oct. 26, 1864.
12259	Roswell, J	do	93d N. Y	C	Dec. 10, 1864.
5097	Roth, Lewis	do	39th N. Y	D	Aug. 9, 1864.
12206	Roth, C	do	101st Pa	A	Dec. 1, 1864.
8504	Rothwell, M	Corporal	20th N. Y. cav	M	Sept. 11, 1864.
2225	Rousch, Peter	Private	101st Pa	E	June 20, 1864.
3722	Rouge, William	Bugler	12th N. Y. cav	F	July 21, 1864.
7709	Roubotham, R	Private	11th N. Y. cav	L	Sept. 3, 1864.
10935	Roundabush, H. B	do	55th Pa	A	Oct. 14, 1864.
11859	Rourk, J	do	6th Ohio	G	Nov. 6, 1864.
12519	Rouneevell, E. G	do	9th Vt	D	Jan. 25, 1865.
5548	Roving, J	do	143d Pa	F	Aug. 14, 1864.
380	Rowden, William	do	2d Tenn	A	April 5, 1864.
623	Rowland, B	do	6th Mich	M	April 19, 1864.
11868	Rowland, M	do	111th Pa	F	Nov. 6, 1864.
1940	Row, W. J	do	120th N. Y.	B	June 14, 1864.
2410	Rowe, A	do	124th Ohio	F	June 24, 1864.
5236	Rowe, L	do	1st Me		Aug. 10, 1864.
5336	Rowe, Asa	do	1st Mass. art	K	Aug. 11, 1864.
6725	Rowe, E	Corporal	103d Pa	A	Aug. 24, 1864.
3492	Rowel, L. N	Private	99th N. Y	H	July 17, 1864.
5857	Rowell, I. E	do	17th N. Y	G	Aug. 16, 1864.
5815	Rowser, A	Corporal	1st Tenn	A	Aug. 16, 1864.
5944	Roweke, I	Private	10th U. S	D	Aug. 17, 1864.
8151	Rowlings, T	do	20th Pa	C	Sept. 8, 1864.
59	Ruberts, H. B	Sergeant	8th N. Y		Mar. 18, 1864.
1202	Ruble, Leander	Corporal	11th Ky. cav	E	May 19, 1864.
9970	Rubinson, H	Private	39th N. Y	K	Sept. 28, 1864.
306	Rudd, Erastus	Sergeant	100th Ill	K	April 2, 1864.
1294	Rudd, T	Private	16th Ill. cav	L	May 23, 1864.
3465	Rud, J	do	12th Va	B	July 17, 1864.
10622	Rudy, E. T	Sergeant	87th Pa	B	Oct. 10, 1864.

No. of grave.	Name.	Rank.	Regiment.	Co.	Died.
11147	Rudy, J.	Corporal	13th Pa.	F	Oct. 19, 1864.
2609	Ruddin, C.	Private	120th N. Y.	H	June 28, 1864.
867	Rudler, William	....do	120th N. Y.	M	May 3, 1864.
1485	Rudolph, S.	Corporal	13th Pa. cav.	I	May 30, 1864.
40	Rue, Newton C.	Sergeant	5th N. Y. cav.	A	Mar. 13, 1864.
7202	Rueff, L.	Private	103d or 113th Pa.	F	Aug. 29, 1864.
2402	Ruggles, O.	....do	22d Mich.	H	June 24, 1864.
3024	Rugh, W. I.	....do	103d Pa.	D	July 7, 1864.
3459	Rumner, L.	....do	15th Va.	A	July 17, 1864.
6790	Runels, John	....do	6th Pa. cav.	L	Aug. 25, 1864.
8431	Runennam, J. R.	....do	5th N. Y. cav.	B	Sept. 11, 1864.
8667	Runey, L.	....do	69th N. Y.	H	Sept. 13, 1864.
9513	Runuges, Jefferson	....do	13th Tenn. cav.	....	Sept. 22, 1864.
11115	Runkle, John A.	....do	20th Pa.	A	Oct. 18, 1864.
2528	Rupert, F.	....do	2d Pa. cav.	K	June 26, 1864.
252	Rusk, John	....do	9th Md.	E	Mar. 30, 1864.
324	Russell, Peter	....do	23d Mich.	G	April 3, 1864.
454	Russell. R.	....do	2d Tenn.	K	April 9, 1864.
895	Russell, F.	....do	4th Pa.	D	May 5, 1864.
918	Russell, A. P.	....do	2d Md.	C	May 6, 1864.
1193	Russell, Jacob	....do	12th Ky. cav.	H	May 14, 1864.
3455	Russell, F.	....do	27th Mass.	....	July 17, 1864.
3613	Russell, L. T.	....do	111th Ohio.	B	July 20, 1864.
5631	Russell, J. G.	....do	116th Ohio.	G	Aug. 14, 1864.
6754	Russell, J.	....do	7th Ind.	K	Aug. 24, 1864.
7082	Russell, J. S.	....do	7th Tenn. cav.	E	Aug. 28, 1864.
7844	Russell, James	....do	9th Ohio.	E	Sept. 4, 1864.
8540	Russell, S. A.	Corporal	79th Pa.	A	Sept. 11, 1864.
8557	Russell, G. A.	Private	1st Me. cav.	E	Sept. 12, 1864.
8856	Russell, J.	Corporal	7th N. Y. art.	A	Sept. 15, 1864.
11716	Russell, T.	Private	1st D. C. cav.	D	Nov. 1, 1864.
11935	Russell, W. H.	....do	13th Ind.	C	Nov. 9, 1864.
12264	Russell, E.	....do	4th Iowa.	G	Dec. 12, 1864.
684	Rush, John	....do	111th N. Y.	E	April 23, 1864.
908	Rush, D.	....do	107th Ohio.	H	May 6, 1864.
1922	Rush, S.	....do	18th Pa.	G	June 14, 1864.
8082	Rush, Joseph	....do	7th Va.	B	Sept. 7, 1864.
3876	Ruse, W. J.	Corporal	22d Mich.	C	July 24, 1864.
7697	Ruscoe, C.	Private	11th Pa.	H	Sept. 3, 1864.
8488	Russmose, E.	....do	2d Ind. cav.	C	Sept. 11, 1864.
9349	Ruster, R.	....do	27th Mass.	A	Sept. 20, 1864.
10869	Rusling, W. R.	....do	7th Penn.	B	Oct. 13, 1864.
11873	Rusby, J.	....do	2d Ky. cav.	F	Nov. 6, 1864.
2804	Ruther, J.	Corporal	1st Conn. cav.	E	July 3, 1864.
4940	Ruthfan, J.	Private	2d Pa. art.	F	Aug. 7, 1864.
5987	Ruth, F.	....do	36th Mass.	C	Aug. 17, 1864.
12048	Ruth, B. S.	....do	23d Pa.	I	Nov. 16, 1864.
7257	Rutroff, Jacob	....do	7th Va.	H	Aug. 30, 1864.
7369	Ruty, John	....do	52d N. Y.	A	Aug. 31, 1864.
7639	Rutan, E. B.	....do	4th Ohio.	E	Sept. 2, 1864.
11454	Rutgen, W.	Corporal	44th Ind.	D	Oct. 25, 1864.
1440	Ryan, Martin	Private	35th Ind.	B	May 28, 1864.
1796	Ryan, Charles	....do	32d Mass.	A	June 10, 1864.
2093	Ryan, William	....do	3d Tenn.	K	June 17, 1864.
2557	Ryan, M.	....do	89th Ill.	A	June 27, 1864.
2750	Ryan, C. P.	....do	2d Tenn.	G	July 1, 1864.
5094	Ryan, D.	....do	106th N. Y.	D	Aug. 8, 1864.
8599	Ryan, J.	....do	95th N. Y.	E	Sept. 12, 1864.
10453	Ryan, John	Citizen	Teamster	....	Oct. 7, 1864.
11523	Ryan, W.	Private	3d Ky.	D	Oct. 28, 1864.

ANDERSONVILLE CEMETERY, GEORGIA. 169

No. of grave.	Name.	Rank.	Regiment.	Co.	Died.
2350	Rynedollar, Wm	Private	1st Md. cav	D	June 23, 1864.
6206	Ryne, I. M	do	39th N. Y	E	Aug. 19, 1864.
4762	Ryouch, John	do	66th N. Y	I	Aug. 5, 1864.
7258	Ryon, Owen	do	12th N. Y. cav	A	Aug. 30, 1864.
7507	Ryon, W	do	1st Mich	E	Sept. 1, 1864.
8741	Ryon, J	do	22d N. Y. cav	E	Sept. 14, 1864.
9914	Ryon, I	do	22d Mich	I	Sept. 28, 1864.
6413	Ryson, John	do	7th N. Y. art	L	Aug. 22, 1864.

S.

No. of grave.	Name.	Rank.	Regiment.	Co.	Died.
5276	Sabines, Ed	Private	19th Mass	K	Aug. 10, 1864.
5571	Sackett, J	do	6th Ind. cav	G	Aug. 14, 1864.
7234	Sackitt, R. S	do	85th N. Y	G	Aug. 29, 1864.
1929	Sadley, M	do	77th N. Y	H	June 14, 1864.
2000	Sadler, M	do	27th Ill	G	June 15, 1864.
1880	Safford, P. J	do	24th N. Y. ind. bat		June 12, 1864.
3361	Saffle, J	do	2d Ohio	E	July 15, 1864.
11047	Sails, A. D	do	4th Wis	K	Oct. 17, 1864.
925	Sallee George	Corporal	11th Ky. cav	C	May 7, 1864.
2063	Salmand, P	Private	18th Ky	M	June 16, 1864.
4433	Sale, Thomas	do	17th Mich	G	July 31, 1864.
4566	Sale, Thomas	do	15th Pa	M	Aug. 2, 1864.
5438	Salsbur, J	do	4th N. H	K	Aug. 12, 1864.
9714	Sallidine, E	Corporal	2d Va	A	Sept. 25, 1864.
10656	Salisbury, E	Private	16th N. Y	D	Oct. 11, 1864.
11871	Salsbury, H	do	1st N. Y. art	M	Nov. 6, 1864.
12492	Salts, W. C	do	4th Ind. cav	F	Jan. 20, 1865.
1160	Samse, William	do	14th Ohio	H	May 17, 1864.
1257	Sammons, B	Sergeant	2d Pa. cav	B	May 21, 1864.
2575	Sampson, C	Private	89th Ohio	D	June 27, 1864.
3261	Sampson, John R		Naval battalion	G	July 13, 1864.
3769	Sampson, J	do	116th N. Y	K	July 22, 1864.
5450	Sampson, E	do	1st Me	F	Aug. 12, 1864.
10254	Samuonds, A	Sergeant	7th Mich	E	Oct. 3, 1864.
10580	Samet, W	Private	15th N. Y. cav	H	Oct. 13, 1864.
10923	Samlett, —	do	13th N. Y	I	Oct. 14, 1864.
11159	Samon, L. A	do	1st Md	I	Oct. 19, 1864.
319	Sane, Joseph	do	8th Tenn	B	April 3, 1864.
346	Sanders, Charles	Corporal	9th N. Y. militia	A	April 4, 1864.
1691	Sanders, J. T	Private	12th Ky. cav	E	June 7, 1864.
3818	Sanders, J	Sergeant	99th N. Y	C	July 23, 1864.
7822	Sanders, D	Private	7th Ind	I	Sept. 1, 1864.
9857	Sanders, J	do	12th N. Y. cav	A	Sept. 27, 1864.
10154	Sanders B	do	4th Ky. cav	F	Oct. 1, 1864.
768	Sanderson, H	do	6th Ind. cav	G	April 27, 1864.
7129	Sander, Charles	do	5th R. I. art	A	Aug. 28, 1864.
392	Sanborne, T	do	17th Mass	D	April 5, 1864.
1406	Sandburn, H	do	22d Mich	K	May 27, 1864.
2239	Sanburn, H	do	22d Mich	K	June 20, 1864.
1565	Sangston, N. H	do	1st Vt. cav	A	June 2, 1864.
1716	Sandford, John	do	11th Ky. cav	B	June 8, 1864.
3405	Sanford, J. D	do	40th Mich	A	July 16, 1864.
4423	Sanford, J. O	do	7th N. Y. art	L	July 31, 1864.
9912	Sanford, C	do	69th Pa	H	Sept. 28, 1864.
2330	Sanborn, W	do	7th N. H	H	June 22, 1864.
2341	Sanglin, J	do	13th N. Y. cav	F	June 23, 1864.
2651	Saunys, C	do	24th Mich	G	June 29, 1864.
6618	Sansot, —	do	2d Del	E	Aug. 23, 1864.
8011	Sand, William	do	10th Va	F	Sept. 6, 1864.

LIST OF INTERMENTS IN THE

No. of grave.	Name.	Rank.	Regiment.	Co.	Died.
9707	Sanchers, M	Private	6th Conn	E	Sept. 25, 1864.
9906	Sands, G. W	do	1st Va	D	Sept. 28, 1864.
10512	Sandler, L	Corporal	19th Ill	D	Oct. 8, 1864.
10637	Sandwich, J	Private	1st Mass. art	G	Oct. 10, 1864.
1400	Sapp, A. J	do	44th Ind	H	May 26, 1864.
11456	Sapp, B	do	1st Ky. cav	B	Oct. 25, 1864.
11595	Sapp, W. H	Sergeant	20th Ohio	E	Oct. 28, 1864.
4038	Sapper, I	Private	8th Tenn	H	July 26, 1864.
7923	Sarrett, James	do	Tenn. State guard.		Sept. 5, 1864.
11252	Sartell, L	do	1st Vt. cav	M	Oct. 22, 1864.
11289	Sargeant, M	Sergeant	14th Ill	K	Oct. 11, 1864.
11731	Sargeant, J. C	Private	19th Mass	E	Nov. 1, 1864.
12808	Sarf, Henry	do	5th Minn	L	Mar. 22, 1865.
2625	Satterswhait, A	do	82d Ind	I	June 28, 1864.
7676	Satterly, H	do	6th Mich. cav	E	Sept. 3, 1864.
284	Saughessey, John	do	45th Ohio	B	April 1, 1864.
2505	Saulay, E	do	9th N. H	E	June 26, 1864.
8281	Saunders, F	do	2d Mass. art	G	Sept. 9, 1864.
10696	Sauburn, H	do	4th Vt	G	Oct. 11, 1864.
8074	Sauburn, G. B	do	2d Mass. cav	B	Sept. 7, 1864.
11966	Sauburn, M. S	do	1st Vt. art	A	Nov. 11, 1864.
10406	Savin, J. H	do	34th Mass	G	Oct. 11, 1864.
3182	Sawyer, John	do	31st Me	K	July 11, 1864.
4180	Sawyer, S. F	do	1st Mass. art	B	July 28, 1864.
4532	Sawyer, Enos	do	1st Me. art	H	Aug. 2, 1864.
4843	Sawyer, J. D	do			Aug. 6, 1864.
7350	Sawyer, J. M	do	1st Mich	G	Aug. 31, 1864.
7740	Sawyer, J	do	2d N. Y. cav	L	Sept. 3, 1864.
11888	Sawyer, John	do	33d Mass	F	Nov. 7, 1864.
9915	Sawin, B	do	36th Ill	C	Sept. 28, 1864.
10197	Sawney, William	do	5th Ky	H	Oct. 1, 1864.
273	Sayre, Nicholas	do	14th Va	I	Mar. 31, 1864.
2126	Say, J. R	do	4th Pa cav	K	June 17, 1864.
7291	Saylor, C. M	do	9th Ky	B	Aug. 30, 1864.
11232	Sayles, A	do	22d N. Y	E	Oct. 21, 1864.
10884	Sayers, W	do	5th Iowa	E	Oct. 14, 1864.
11202	Sayers, G. D	do	11th Mass	I	Oct. 20, 1864.
317	Scarboro, Robert	do	9th Md	I	April 3, 1864.
6870	Scarbery, O	do	89th Ohio	D	Aug. 26, 1864.
1272	Scarlett, James	do	1st Md	D	May 21, 1864.
2259	Scales, Neil	do	27th Pa	K	June 20, 1864.
3035	Scarbrough, S. N	do	13th Tenn	E	July 7, 1864.
4351	Scandler, J	do	67th Pa	A	July 30, 1864.
5951	Scard, Loues	do	77th N. Y	E	Aug. 17, 1864.
9244	Scanell, J. D	do	12th Ohio	E	Sept. 19, 1864.
12113	Scarff, F	do	6th Ind. cav	D	Nov. 21, 1864.
1180	Schafer, I. C	do	4th Ky. cav	A	May 18, 1864.
4009	Schafer, J. H	do	84th Pa	E	July 26, 1864.
10215	Schafer, I. H	do	1st Md. cav	A	Oct. 2, 1864.
10618	Schafer, P	do	101st Ohio	I	Oct. 10, 1864.
6120	Schapher, I	do	8th N. Y	M	Aug. 19, 1864.
9540	Schaysless, W	do	43d Ind	G	Sept. 23, 1864.
10794	Schutt, Theodore	do	100th N. Y	A	Oct. 11, 1864.
3190	Scherwarhorn, H	do	120th N. Y	F	July 11, 1864.
3557	Scheck, B	do	2d N. Y. cav	G	July 18, 1864.
5188	Scheur, W	do	7th N. H	A	Aug. 9, 1864.
7163	Scheider, John	do	44th Ill	K	Aug. 29, 1864.
9890	Scherk, Christian	do	145th Pa		Sept. 27, 1864.
11965	Schempf, M	do	7th N. Y. art	F	Nov. 11, 1864.
1620	Schifert, Jacob	do	54th Pa	F	June 4, 1864.

No. of grave.	Name.	Rank.	Regiment.	Co.	Died.
2795	Schirmaster, B	Private	170th N. Y	A	July 2, 1864.
7185	Schiffer, H	do	9th Minn	G	Aug. 29, 1864.
68	Schleassor, J. J	Corporal	7th Wis	F	Mar. 19, 1864.
1325	Schlosser, J	Private	91st N. Y	H	May 23, 1864.
1453	Schlewbaugh, C	do	4th Pa. cav	G	May 29, 1864.
4829	Schmal, Andrew	do	4th Ky	B	Aug. 6, 1864.
5054	Schmatz, A	do	93d Ohio	E	Aug. 8, 1864.
9578	Schmake, John	do	39th N. Y	B	Sept. 23, 1864.
10291	Schmaley, J	do	1st N. Y	G	Oct. 4, 1864.
10550	Schmenger, A	do	39th N. Y	A	Oct. 9, 1864.
1114	Schmdle, S. R	Sergeant	140th Pa	K	May 15, 1864.
1632	Schnarr, R	Private	45th Pa	F	June 5, 1864.
2489	Schnider, J	do	1st Md. bat	B	June 26, 1864.
4088	Schneider, S. A	do	3d Ind. cav		July 27, 1864.
5311	Schneider, Charles	do	39th N. Y	A	Aug. 11, 1864.
3493	Schnoler, C	do	24th Ill	H	July 17, 1864.
8266	Schnidler, J	do	15th N. Y. art	E	Sept. 8, 1864.
9119	Schnabley, J	do	54th Pa	A	Sept. 18, 1864.
2441	Scholl, John	do	54th N. Y	D	June 25, 1864.
4831	Schoutsman, F	Corporal	1st Ky	D	Aug. 6, 1864.
4845	Schomber, John	Private	11th Pa. cav	D	Aug. 6, 1864.
7528	Schofield, C	do	27th Mich	G	Sept. 1, 1864.
8595	Schocking, F. T	do	24th N. Y. bat		Sept. 12, 1864.
8796	Schofield, J	do	7th N. Y	H	Sept. 15, 1864.
9821	Schoat, D. R	do	18th Mo	E	Sept. 20, 1864.
1070	Schrivner, William	do	20th N. Y	B	May 13, 1864.
6613	Schrick, A	do	66th N. Y	G	Aug. 23, 1864.
7814	Schroder, G	do	7th N. Y. art	E	Sept. 4, 1864.
11144	Schroder, F	do	5th U. S	C	Oct. 19, 1864.
8550	Schriner, J	do	15th N. Y. art	K	Sept. 11, 1864.
7558	Schriden, D	do	23d Ill	A	Sept. 2, 1864.
11515	Schroetesser, J	Sergeant	1st N. Y	F	Oct. 26, 1864.
1424	Schuh, Phillip	Private	15th Mo	B	May 28, 1864.
3662	Schunk, Joseph	Citizen	Q. M. teamster		July 20, 1864.
5373	Schun, J	Private	101st Ohio	K	Aug. 11, 1864.
5474	Schun, I	do	2d N. Y. cav	E	Aug. 13, 1864.
5667	Schums, J	do	15th Mo	G	Aug. 14, 1864.
5385	Schultz, C. J	do	14th Conn	I	Aug. 12, 1864.
5965	Schultz, F	do	13th Pa. cav	K	Aug. 17, 1864.
5834	Schutters, S	do	25th Mass	G	Aug. 16, 1864.
10359	Schurtz, W	do	4th Ill	F	Oct. 4, 1864.
1430	Schwindler, T. C	Sergeant	82d Ind	A	May 28, 1864.
4280	Schware, F	Private	12th N. Y. cav	K	July 30, 1864.
6888	Schyler, J. W	do	21st N. Y. cav	M	Aug. 26, 1864.
1573	Seitaz, Victor	do	16th Ill. cav	L	June 3, 1864.
2738	Seingert, J	do	73d Pa	G	July 1, 1864.
7425	Slocum, C. A	Corporal	5th R. I. art	A	Aug. 31, 1864.
449	Scott, Blair	Citizen			April 9, 1864.
2725	Scott, Allen	Private	150th Pa	H	July 1, 1864.
4348	Scott, A	do	22d Pa. cav	F	July 30, 1864.
5254	Scott, B	do	9th Ind	D	Aug. 10, 1864.
9411	Scott, D	do	149th Pa	G	Sept. 21, 1864.
4788	Scott, E. G	Sergeant	1st Wis	D	Aug. 5, 1864.
5911	Scott, George W	Private	1st Vt. cav	C	Aug. 17, 1864.
11077	Scott, H	do	28th Ill	G	Oct. 17, 1864.
12670	Scott, H. J	do	14th Pa. cav	D	Feb. 17, 1865.
4849	Scott, J. C	Sergeant	85th N. Y	K	Aug. 6, 1864.
5962	Scott, John	Private	13th Tenn	B	Aug. 17, 1864.
8830	Scott, James H	do			Sept. 15, 1864.
9645	Scott, J. H	do	33d Ohio	H	Sept. 24, 1864.

No. of grave.	Name.	Rank.	Regiment.	Co.	Died.
12266	Scott, O	Private	4th Vt	M	Dec. 12, 1864.
6857	Scott, P. C	do	14th N. Y. cav	G	Aug. 26, 1864.
776	Scott, R. D	do	2d Tenn		April 28, 1864.
12810	Scott, R	do	75th Ohio	G	Mar. 24, 1865.
5133	Scott, S. E	do	4th Ohio	I	Aug. 9, 1864.
1175	Scott, Wm	do	4th Pa. cav	B	May 17, 1864.
2864	Scott, Wm. (col'd)	do	8th Pa	D	July 4, 1864.
3010	Scott, Wm	do	14th Conn	D	July 7, 1864.
7379	Scott, W. H	do	4th Pa. cav	D	Aug. 31, 1864.
8622	Scott, W. W	do	2d N. Y. cav	F	Sept. 13, 1864.
1510	Scott, Z	Sergeant	8th Va	D	May 31, 1864.
7358	Scoleton, J	Private	53d Pa	F	Aug. 31, 1864.
7787	Scorbey, L. A. H	do	15th Tenn. cav	B	Sept. 4, 1864.
11926	Scovie, J. H	do	79th Pa	G	Nov. 8, 1864.
1004	Screnn, H	do	4th Pa. cav	D	May 10, 1864.
1295	Scripter, C. E	do	5th U. S. cav	D	May 23, 1864.
8164	Scritchfield, W	do	16th Va. cav	F	Sept. 8, 1864.
4524	Scuyer, N	Corporal	64th Ill	G	Aug. 1, 1864.
231	Sears, Samuel	Private	2d Ohio cav	F	Mar. 29, 1864.
817	Sears, J	do	65th Ind	I	April 30, 1864.
1372	Sears, T	do	2d N. Y. cav	H	May 25, 1864.
4797	Sear, C	do	14th Pa. cav	L	Aug. 5, 1864.
1140	Seals, John	do	2d Tenn	D	May 16, 1864.
2925	Searle, J. R	do	7th N. H	E	July 5, 1864.
1623	Search, Henry	do	15th Mo	D	June 5, 1864.
1732	Search, Christopher	do	5th Ind cav	D	June 8, 1864.
3612	Seaman, A	Corporal	85th N. Y	H	July 19, 1864.
7614	Seaman, M	Sergeant	21st Wis	D	Sept. 2, 1864.
10856	Seaman, A	Private	2d N. Y. art		Oct. 13, 1864.
4095	Seadbeaten, J. H	do	6th N. J	B	July 27, 1864.
7509	Seaton, T. B	do	4th Vt	F	Sept. 1, 1864.
155	Seberger, F	do	9th Md	F	Mar. 25, 1864.
1681	Sebastian, J. W	do	45th Ky	C	June 6, 1864.
4172	See, A	do	112th Ill	B	July 28, 1864.
9648	See, L	do	1st Conn	G	Sept. 24, 1864.
12034	See, S	do	11th Ill	G	Nov. 15, 1864.
1478	Seebil, August	do	12th Mo	G	May 30, 1864.
12046	Seebert, H. C	do	7th Ill. cav	M	Nov. 16, 1864.
641	Seeley, Norman	do	9th Iowa	B	April 20, 1864.
1787	Seeley, Charles	do	44th Ill	G	June 10, 1864.
5023	Seeley, C. H	do	2d Mass. art	G	Aug. 14, 1864.
12020	Seeley, H	do	6th Mich. cav	B	Nov. 15, 1864.
12793	Seeley, H	do	132d Ohio	D	Mar. 18, 1865.
8824	Seely, A. J	do	140th N. Y	A	Sept. 15, 1864.
11374	Seely, C. B	Corporal	15th N. Y	H	Oct. 24, 1864.
3057	Seeton, R. M	Private	103d Pa	I	July 9, 1864.
8716	Segar, Charles	do	6th Md	F	Sept. 14, 1864.
10027	Segars, Edward	do	5th N. Y. cav	K	Sept. 29, 1864.
6856	Segin, C	Sergeant	2d Mo	H	Aug. 26, 1864.
7458	Seigler, John R	Private	120th N. Y	K	Sept. 1, 1864.
4204	Seigler, George	do	16th N. Y	B	July 29, 1864.
350	Sells, John	do	2d Tenn	B	April 4, 1864.
3298	Sells, W	do	2d Tenn. cav	D	July 14, 1864.
7540	Sell, Adam	do	125th Ohio	E	Sept. 2, 1864.
3154	Sellers, William	do	77th Pa	D	July 11, 1864.
7905	Sellers, H	do	149th Pa	G	Sept. 5, 1864.
4256	Selley, Thomas	do	100th N. Y	F	July 28, 1864.
6216	Selerel, C	do	9th Minn	G	Aug. 20, 1864.
374	Selkirk, J. F	do	2d Tenn	B	April 5, 1864.
7986	Selb, Jacob	do	28th Ohio		Sept. 6, 1864.

ANDERSONVILLE CEMETERY, GEORGIA. 173

No. of grave.	Name.	Rank.	Regiment.	Co.	Died.
11792	Sellentine, M	Private	145th Pa	H	Nov. 4, 1864.
11886	Selson, H	do	59th N. Y	C	Nov. 6, 1864.
3690	Semmes, Robert	Citizen			July 21, 1864.
1579	Sentern, J	Private	3d Pa. art	A	June 3, 1864.
1746	Serviere, H	do	4th N. Y. cav	M	June 8, 1864.
3632	Serders, J. S	do	142d Pa	K	July 20, 1864.
4872	Serene, R. B	do	112th Ill	A	Aug. 6, 1864.
8180	Sergeant, L	Sergeant	1st D. C	G	Sept. 8, 1864.
9325	Sern, C	Private	8th Ill	D	Sept. 20, 1864.
8728	Sesou, O. B	do	18th Ohio	H	Sept 14, 1864.
629	Settler, Henry	do	99th N. Y	H	April 17, 1864.
1333	Setters, George H	do	38th Ill	G	May 23, 1864.
1216	Severn, C	do	139th Pa	H	May 19, 1864.
3457	Sevier, R	do	40th N. Y	C	July 17, 1864.
2405	Seward, G. H	do	14th Conn	A	June 24, 1864.
4580	Seward, O	do	5th Vt	C	Aug. 2, 1864.
12827	Seward, R	do	61st Ill	E	April 8, 1865.
1404	Seymour, Aaron	do	89th Ohio	D	May 26, 1864.
6187	Seymour, H	do	5th R. I. art	A	Aug. 19, 1864.
9828	Seymour, F	do	1st N. Y. cav	A	Sept. 27, 1864.
5350	Seybert, A. J	do	39th Ill	A	Aug. 11, 1864.
927	Shackelford, S	do	3d Va. cav	A	May 7, 1864.
9322	Shadrach, G. H	do	7th Ill. cav	C	Sept 20, 1864.
201	Shae, Patrick	Drummer	61st N. Y	M	Mar. 28, 1864.
11969	Shae, G. W	Private	74th Ind	E	Nov. 12, 1864.
782	Shaffer, H	do	103d N. Y	F	April 28, 1864.
4213	Shaffer, Peter	do	52d Pa	F	July 29, 1864.
4584	Shaffer, I	do	66th N. Y	E	Aug. 2, 1864.
4801	Shaffer, M	do	7th N. Y. art		Aug. 5, 1864.
7475	Shaffer, J	do	9th Ohio	G	Sept. 1, 1864.
1948	Shafer, W	do	22d Mich	G	June 14, 1864.
5411	Shafer, Daniel	do	13th Pa. cav	F	Aug. 12, 1864.
12282	Shafer, S	do	184th Pa	E	Dec. 13, 1864.
11338	Shammack, J	do	19th Mass	H	Oct. 23, 1864.
520	Shannon, John	do	20th Mich	H	April 13, 1864.
771	Shannon, Charles	do	45th Ohio	I	April 28, 1864.
2220	Shannon, E	do	35th Ohio	A	June 20, 1864.
4446	Shannon, E	do	6th N. Y. art	H	Aug. 1, 1864.
2094	Shanks, Wm. S	do	6th Ky. cav	B	June 17, 1864.
10837	Shank, A	do	184th Pa	C	Oct. 13, 1864.
3942	Shan, F. F	do	7th Mich	K	July 25, 1864.
5307	Shanahan, W	do	9th N. J	C	Aug. 16, 1864.
5494	Shape, F	do	18th Pa. cav	A	Aug. 13, 1864.
4012	Sharpley, George	do	103d Pa	G	July 26, 1864.
1899	Sharp, E. D. T	do	89th Ill	A	June 13, 1864.
4343	Sharp, J. W	do	2d Wis	G	July 30, 1864.
9000	Sharp, T. S	do	63d Ohio	K	Sept. 17, 1864.
9252	Sharp, O. M	do	13th Ind	E	Sept. 19, 1864.
12149	Sharp, A	do	7th Ill. cav	B	Nov. 24, 1864.
3951	Shark, James	do	6th Mich		July 25, 1864.
12817	Sharks, J. W	do	14th Pa	D	Mar. 27, 1865.
9451	Shatton, J. A	do	1st Me. art	C	Sept. 21, 1864.
10067	Shatt. I	do	5th N. Y	A	Sept. 30, 1864.
3747	Shaub, F	do	2d Va	E	July 22, 1864.
6747	Shaughnessy, J	do	6th N. Y. cav	A	Aug. 24, 1864.
10503	Shautz, I	do	11th N. H	G	Oct. 8, 1864.
7264	Shaver, F	do	129th Ind	I	Aug. 30, 1864.
290	Shaw, Alexander	do	3d N. Y. art	K	April 1, 1864.
2647	Shaw, J	do	89th Ill	E	June 29, 1864.
2982	Shaw, W	do	140th Pa	B	July 6, 1864.

LIST OF INTERMENTS IN THE

No. of grave.	Name.	Rank.	Regiment.	Co.	Died.
2986	Shaw, F. N.............	Private	2d Mich	K	July 6, 1864.
6214	Shaw, George W	....do......	105th Ohio.......	A	Aug. 20, 1864.
6782	Shaw, Andrew........	....do......	25th Mass........	K	Aug. 25, 1864.
7315	Shaw, Joseph........	....do......	98th Ill.........	D	Aug. 30, 1864.
8229	Shaw, W	....do......	15th Ohio........	I	Sept. 9, 1864.
8335	Shaw, M.............	....do......	76th N. Y.......	D	Sept. 10, 1864.
9667	Shaw, T. J...........	....do......	15th N. Y. cav....	M	Sept. 24, 1864.
11789	Shaw, W. W.........	....do......	5th Iowa.........	H	Nov. 4, 1864.
11842	Shaw, W. R.........	....do......	99th Ind.........	B	Nov. 5, 1864.
12303	Shaw, C. L..........	Corporal ...	15th Mass........	E	Dec. 18, 1864.
12814	Shaw, W	Private	7th N. Y. art.....	F	Mar. 25, 1865.
1661	Shawback, Edward ..	....do......	44th Ill.........	E	June 6, 1864.
7660	Shay, John	....do......	69th N. Y	B	Sept. 3, 1864.
9328	Shay, A. H..........	....do......	7th N. J	I	Sept. 20, 1864.
11594	Shay, D.............	....do......	11th Tenn........	E	Oct. 28, 1864.
12514	Shay, I	....do......	1st Vt. cav.......	K	Jan. 23, 1865.
5437	Shears, J. S	....do......	149th Pa.........	K	Aug. 12, 1864.
7827	Shea, Jno	....do......	2d Mass. art......	H	Sept. 4, 1864.
5892	Shedle, G	....do......	16th Iowa........	C	Aug. 16, 1864.
701	Sheets, E...........	....do......	52d N. Y	K	April 23, 1864.
10250	Sheets, W..........	....do......	81st Ohio	A	Oct. 3, 1864.
11951	Sheffler, W.........	....do......	118th Pa.........	G	Nov. 10, 1864.
7484	Shehan, Jas	....do......	2d Mass	G	Sept. 1, 1864.
330	Sheldon, H. S.......	....do......	1st Mich	I	April 3, 1864.
3360	Sheldon, M.........	....do......	7th N. Y. art.....	B	July 15, 1864.
8319	Sheldon, W.........	....do......	49th Ohio	E	Sept. 10, 1864.
10897	Sheldon, H.........	....do......	1st Vt. cav.......	M	Oct. 14, 1864.
12552	Sheldon, Y.........	....do......	1st Vt. cav.......	K	Jan. 29, 1865.
6751	Shelly, B...........	....do......	2d Md...........	F	Aug. 24, 1864.
6776	Shellits, R.........	....do......	150th Pa.........	C	Aug. 25, 1864.
10417	Shell, Wm.........	....do......	7th Mich........	A	Oct. 6, 1864.
11813	Shemaker, P........	....do......	100th N. Y	K	Nov. 4, 1864.
4113	Sheppard, E........	....do......	147th Pa.........	G	July 28, 1864.
5874	Sheppard, A........	....do......	79th Pa..........	D	Aug. 16, 1864.
9924	Sheppard, W. H	....do......	9th N. Y	F	Sept. 28, 1864.
9985	Sheppard, C	Sergeant ...	118th Pa.........	E	Sept. 29, 1864.
10673	Sheppard, T. L.....	Private	5th Ky	E	Oct. 11, 1864.
10833	Sheppard, Jno	....do......	34th Ohio	D	Oct. 13, 1864.
4249	Shepard, J. H	Corporal ...	2d Ohio	E	July 29, 1864.
4247	Shepardson, L	....do......	22d N. Y. cav.....	E	July 29, 1864.
1630	Sherbert, Gotlieb....	Private	73d Pa	C	May 11, 1864.
1952	Sherley, Jno........	....do......	28th Ky	E	June 14, 1864.
2121	Sherwood, C. H.....	Sergeant ...	4th Pa. cav.......	M	June 17, 1864.
3558	Sherwood, D	Private	1st Conn.........	D	July 18, 1864.
4676	Sherwood, J. E......	....do......	76th N. Y	G	Aug. 3, 1864.
6669	Sherwood, P........	....do......	84th Pa..........	I	Aug. 24, 1864.
8386	Sherwood, J. F......	....do......	16th Ill. cav......	I	Sept. 10, 1864.
2324	Sherman, P. H	....do......	37th Mass........	E	June 22, 1864.
3402	Sherman, I.........	....do......	4th Ky	A	July 16, 1864.
6930	Sherman, Jos.......	....do......	1st Mo..........	B	Aug. 26, 1864.
7303	Sherman, F........	....do......	22d Mich........	G	Aug. 30, 1864.
7535	Sherman, W........	....do......	15th Mo	G	Sept. 1, 1864.
9125	Sherman, Jno. W ...	....do......	3d Iowa	I	Sept. 18, 1864.
10630	Sheridan, J........	....do......	2d N. Y. cav.....	F	Oct. 14, 1864.
12676	Sheridan, M........	....do......	103d Pa	F	Feb. 19, 1865.
8205	Shever, H	....do......	5th N. Y. cav.....	....	Sept. 8, 1864.
12058	Shever, F	Corporal ..	9th Me	E	Nov. 17, 1864.
10495	Shidler, Geo	Private	97th N. Y	F	Oct. 8, 1864.
263	Shields, Geo........	....do......	7th Ohio cav	L	Mar. 31, 1864.
720	Shields, Richard ...	....do......	132d N. Y	F	April 25, 1864.

ANDERSONVILLE CEMETERY, GEORGIA. 175

No. of grave.	Name.	Rank.	Regiment.	Co.	Died.
7270	Shields, J. A	Sergeant	6th Ill. cav	E	Aug. 30, 1864.
8827	Shields, J	Private	2d Ky	K	Sept. 15, 1864.
10046	Shields, R	do			Sept. 29, 1864.
4014	Shietas, J	do	128th Ind	F	July 26, 1864.
2079	Shigley, T. W	do	10th Ind	H	June 17, 1864.
1236	Shilton, Clement	do	8th U. S	F	May 20, 1864.
7580	Shilling, Wm	do	2d Md	K	Sept. 2, 1864.
4436	Shim, J	do	24th Wis	H	July 31, 1864.
1328	Shineborne, J	do	7th Mich. cav	C	May 23, 1864.
4775	Shink, Jas	do	81st Pa	F	Aug. 5, 1864.
4950	Shindler, Jno	do	1st Mass. art	I	Aug. 7, 1864.
10434	Shingle, D	do	2d Ohio cav	A	Oct. 6, 1864.
2362	Shipley, W	do	9th Md	G	June 23, 1864.
5066	Shipple, Jno	do	6th Ohio	G	Aug. 8, 1864.
5837	Shippey, F	do	85th N. Y	D	Aug. 16, 1864.
2340	Shirley, P	do	24th N.Y. ind. bat.		June 23, 1864.
6595	Shirley, Henry	do	105th Pa	I	Aug. 23, 1864.
4931	Shirt, P	do	61st Pa	G	Aug. 7, 1864.
6816	Shirer, G. H	Corporal	1st Md. cav	C	Aug. 25, 1864.
7437	Shirlock, R	Private	85th N. Y	K	Sept. 1, 1864.
8484	Shirk, M. B	do	142d Pa	A	Sept. 11, 1864.
8822	Shirwood, F	do	76th Mass	B	Sept. 15, 1864.
3588	Shitler, C. A	do	3d Va	A	July 19, 1864.
2783	Shiver, L	do	31st Ohio	B	July 2, 1864.
1543	Shoemaker, M	Sergeant	13th Pa. cav	H	June 1, 1864.
3136	Shoemaker, M	Private	48th Pa	G	July 10, 1864.
5513	Shoemaker, E. W	do	5th Ind. cav	I	Aug. 13, 1864.
7065	Shoemaker, J	do	47th Ohio	E	Aug. 28, 1864.
12441	Shoemaker, C	do	8th Ohio	F	Jan. 12, 1865.
6479	Sholder, Ed	do	2d Del	H	Aug. 22, 1864.
8727	Sholl, J. P	do	30th Ind	B	Sept. 14, 1864.
10454	Shomall, Jno	do	13th Tenn	C	Oct. 7, 1864.
11462	Shong, L	do	1st Me. cav	K	Oct. 25, 1864.
12039	Shook, H	do	72d Ohio	F	Oct. 17, 1864.
12800	Shook, N. A	do	7th Tenn	B	Mar. 19, 1865.
2412	Shoop, Jacob	do	2d Pa	M	June 24, 1864.
3276	Shoop, J. B	do	2d E. Tenn	E	July 13, 1864.
3503	Shoop, W	do	1st Wis	G	July 18, 1864.
6205	Shoop, G	do	103d Pa	K	Aug. 19, 1864.
12194	Shoots, Wm	do	7th N. Y. art	C	Nov. 29, 1864.
1313	Short, L. H	do	7th Tenn. cav	E	May 23, 1864.
3196	Short, Pat	do	11th Conn	B	July 11, 1864.
3252	Short, Jas	Sergeant	4th Ohio cav	A	July 13, 1864.
5941	Short, M	Private	9th Minn	K	Aug. 17, 1864.
8088	Short, L. C	do	18th Conn	K	Sept. 7, 1864.
10046	Short, J	do	2d Mass	B	Oct. 14, 1864.
2151	Shorts, C	do	111th N. Y	F	June 18, 1864.
5755	Shortley, Robert	do	164th N. Y	B	Aug. 15, 1864.
11690	Shortman, J	do	14th U. S	E	Oct. 31, 1864.
12608	Shorton, A	do	89th Ohio	K	Feb. 17, 1865.
2579	Shorp, A. H	do	22d Ill	A	June 27, 1864.
5405	Shorey, Ed	do	1st N. H	C	Aug. 12, 1864.
6602	Shore, J. J	do	1st Mass	F	Aug. 23, 1864.
8861	Shork, L. F	do	113th Ill	D	Sept. 15, 1864.
5343	Shotliff, J	Sergeant	7th N. Y. art	L	Aug. 11, 1864.
6253	Shoulder, E	Private	24th Ohio	F	Aug 20, 1864.
9138	Shoup, S	do	16th Pa. cav	D	Sept. 18, 1864.
2966	Show, J	do	11th Ky	I	July 6, 1864.
4285	Showe, P	do	4th Pa. cav	D	July 30, 1864.
7516	Shower, C	do			Sept. 1, 1864.

176 LIST OF INTERMENTS IN THE

No. of grave.	Name.	Rank.	Regiment.	Co.	Died.
6280	Shrewsbury, R	Private	1st Ky. cav	K	Aug. 20, 1864.
440	Shrigley, H	do	10th Wis	G	April 6, 1864.
4064	Shrively, E. S	do	19th Pa. cav	M	July 27, 1864.
7262	Shriver, B	do	1sth Pa. cav	K	Aug. 30, 1864.
8014	Shriver, Geo	do	45th Ohio	K	Sept. 6, 1864.
11422	Shriver, H	do	59th N. Y	I	Oct. 24, 1864.
1611	Shroeder, Wm	do	42d Ind	A	June 4, 1864.
8197	Shrouds, J	do	6th Ohio bat		Sept. 8, 1864.
5429	Shrumgost, A	do	103d Pa	D	Aug. 12, 1864.
10135	Shubert, K	do	16th Conn	K	Oct. 1, 1864.
590	Shuffleton, J	do	5th Ohio	H	April 17, 1864.
2975	Shults, Jno	do	115th N. Y	F	July 6, 1864.
10415	Shults, Geo	do	22th Mass	H	Oct. 6, 1864.
11280	Shults, P. D	do	125th N. Y	K	Oct. 22, 1864.
6633	Shultz, F	do	76th N. Y	F	Aug. 23, 1864.
7939	Shultz, Jno	do	4th Pa. cav	I	Sept. 5, 1864.
12824	Shultz, H. H	do	87th Pa	A	April 5, 1865.
7735	Shulte, A. M	do	23d Mass	B	Sept. 3, 1864.
7798	Shuler, Chas	do	52d N. Y	G	Sept. 4, 1864.
3544	Shunaway, Wm	do	8th Mich. cav	L	July 18, 1864.
5645	Shunk. S. H	do	24th N. Y. bat		Aug. 14, 1864.
11290	Shure. J. P	do	184th Pa	F	Nov. 7, 1864.
9435	Shurtliff, J	do	16th Conn	C	Sept. 21, 1864.
2462	Shuster, ——	do	54th N. Y	C	June 25, 1864.
4223	Shuster, F	do	3d Pa. cav	A	July 29, 1864.
2845	Shutter, J	do	39th Iowa	K	July 3, 1864.
3524	Shutts, C	do	5th Mich	B	July 18, 1864.
4135	Shuty, Jno	Sergeant	42d Ill	G	July 28, 1864.
11822	Shutz, C	Corporal	66th N. Y	F	Nov. 5, 1864.
3085	Sibley, J. E	Sergeant	1st Mich	G	July 9, 1864.
8290	Sibble, W	Private	147th N. Y	G	Sept. 9, 1864.
4362	Sick, K	do	5th N. Y	E	July 31, 1864.
4557	Sickler, E	do	7th N. Y. art	E	Aug. 2, 1864.
3210	Sickles, A	do	126th N. Y	F	July 11, 1864.
3586	Sickles, Daniel	do	116th Pa	K	July 19, 1864.
8752	Sickles, J	do	51st Ohio	I	Sept. 14, 1864.
11773	Sickles, M	do	14th Mich	I	Nov. 3, 1864.
11950	Siddell, G	do	40th N. Y	H	Nov. 10, 1864.
12615	Sides, G	do	66th Ind	A	Feb. 8, 1865.
10441	Sittle, H	do	7th Ill. cav	M	Oct. 7, 1864.
9296	Sigwall, ——	Corporal	79th Pa	H	Sept. 19, 1864.
11187	Sigford. G. H	Private	4th Ind. cav	I	Oct. 19, 1864.
2430	Silkwood, H. M	do	89th Ill	D	June 24, 1864.
12707	Sill. Jas	do	2d Del	K	Feb. 28, 1865.
10214	Sillivan, T	do	11th U. S	C	Oct. 1, 1864.
11898	Siloras, W. H	do	1st Ky. cav	C	Nov. 7, 1864.
1777	Silter, Jno	do	16th Ill. cav	C	June 9, 1864.
11825	Siltzer, D	do	20th Pa	K	Nov. 5, 1864.
11355	Silrey, David	do	18th Pa. cav	I	Oct. 23, 1864.
11895	Simeriy, G. W	do	20th Pa. cav	F	Nov. 7, 1864.
277	Simms, Geo	Sergeant	40th Ky	I	Mar. 31, 1864.
2708	Simms, S	Private	9th N. H	C	June 30, 1864.
1458	Simmonds, E	do	17th Mass	D	May 29, 1864.
8914	Simmond, S. P	Sergeant	1st Ohio	A	Sept. 16, 1864.
1773	Simmons. Jno	Private	22d Ohio bat		June 9, 1864.
2243	Simmons, G. T	do	6th Me	K	June 20, 1864.
5237	Simmons, E	do	8th Va	C	Aug. 10, 1864.
6364	Simmons, C. G	Sergeant	85th N. Y	B	Aug. 21, 1864.
9093	Simmons, J	Private	84th Ind	I	Sept. 18, 1864.
12284	Simmons, A	do	8th N. Y. h. art	H	Dec. 13, 1864.

ANDERSONVILLE CEMETERY, GEORGIA. 177

No. of grave.	Name.	Rank.	Regiment.	Co.	Died.
12713	Simmons, W. D.	Private	42d Ill.	H	Mar. 1, 1865.
12834	Simmons, M. A.	do	42d Ill.	H	April 17, 1865.
142	Simondinger, B.	do	155th N. Y.	I	Mar. 24, 1864.
3895	Simons, C. E.	do	8th Va.	C	July 24, 1864.
5087	Simons, I.	do	9th N. J.	K	Aug. 8, 1864.
6284	Simons, H. L.	Sergeant	85th N. Y.	E	Aug. 20, 1864.
6506	Simons, A.	Private	7th Mich.	D	Aug. 22, 1864.
6640	Simons, L.	do	1st Vt.	G	Aug. 23, 1864.
6957	Simous, A.	do	2d Mass.	M	Aug. 26, 1864.
8567	Simons, W. H.	do	76th Pa.	K	Sept. 12, 1864.
8316	Simon. H.	do	146th N. Y.	D	Sept. 10, 1864.
1408	Simpkins, Thos.	do	9th Tenn.	A	May 27, 1864.
213	Simpson, Wm.	do	1st Ky. cav.	C	Mar. 28, 1864.
242	Simpson, D.	do	99th N. Y.	H	Mar. 30, 1864.
3518	Simpson, E. P.	do	6th Mich. art.	G	July 12, 1864.
4186	Simpson, D. O.	do	34th Mass.	D	July 28, 1864.
6178	Simpson, W. J.	do	32d Ohio.	F	Aug. 19, 1864.
6323	Simpson, T.	do	8th Mich.	I	Aug. 21, 1864.
7630	Simpson, C.	do	14th Ill.	D	Sept. 2, 1864.
8038	Simpson, J.	do	53d Pa.	K	Sept. 6, 1864.
9842	Simpson, Wm.	do	2d Mass. art.	H	Sept. 27, 1864.
10444	Simpson, J. P.	do	22d Mich.	A	Oct. 7, 1864.
2331	Sims, B.	do	14th Pa. cav.	G	June 22, 1864.
5514	Sims, S.	do	101st Ind.	B	Aug. 13, 1864.
7954	Sims, Wm.	do	3d Iowa.	D	Sept. 6, 1864.
10800	Simray, P.	do	93d Ohio.		Oct. 12, 1864.
6141	Sinclair, A.	do	1st Mass. art.	G	Aug. 19, 1864.
7302	Singer, J.	do	2d Pa. art.	A	Aug. 30, 1864.
12281	Singer, J.	do	6th Ohio.	G	Dec. 13, 1864.
6736	Sipe, J.	do	2d Ind.	A	Aug. 24, 1864.
12592	Sipe. F.	do	87th Pa.	C	Feb. 5, 1865.
309	Sipple, Jas.	do	107th Ill.	E	April 2, 1864.
3078	Sirbirt, F.	do	24th Wis.	C	July 9, 1864.
1278	Sisson, Jas.	do	2d Tenn.	E	May 21, 1864.
5801	Sisson, J.	do	4th U. S.	D	Aug. 15, 1864.
6186	Sisson, Chas, S.	do	5th R. I. art.	A	Aug. 19, 1864.
6345	Sisson, P. V.	Sergeant	22d N. Y.	M	Aug. 21, 1864.
8262	Sizeman, S.	Private	123d Ind.	B	Sept. 9, 1864.
10488	Skall, J.	do	7th N. Y. art.	L	Oct. 7, 1864.
6199	Skeddy, G.	do	2d Ohio.	K	Aug. 19, 1864.
12029	Skeily, T.	do	66th N. Y.	H	Nov. 15, 1864.
7729	Skell, C. W.	do	3d N. J. cav.	M	Sept. 3, 1864.
9807	Skells, W.	do	65th Ind.	A	Sept. 26, 1864.
2931	Skillington, G.	do	4th Va. cav.	D	July 5, 1864.
2724	Skinner, ——	do	6th N. J.	C	July 1, 1864.
2791	Skinner, J. A.	do	13th Pa. cav.	A	July 2, 1864.
3114	Skinner, L.	do	13th U. S.	C	July 10, 1864.
5707	Skinner, F. A.	do	4th Vt.	H	Aug. 15, 1864.
10082	Skinner, Wm.	do	16th Ill.	G	Sept. 30, 1864.
12218	Skinner, S. O.	Corporal	77th Pa.	A	Dec. 4, 1864.
12590	Skinner, H.	Sergeant	4th Ill.	C	Jan. 4, 1865.
9649	Skiver. J.	Private	114th Ohio.	H	Sept. 24, 1864.
8112	Slade, E.	Corporal	150th Pa.	H	Sept. 7, 1864.
2922	Slader, F.	Private	48th N. Y.	F	July 5, 1864.
700	Slater. Jno.	do	120th N. Y.	H	April 23, 1864.
2552	Slater, Chas.	Teamster			June 27, 1864.
11162	Slater, R.	Private	2d N. Y.	E	Oct. 19, 1864.
12534	Slater, Ed.	Sergeant	7th N. Y. h. art.	K	Jan. 27, 1865.
6620	Slaughterback, B.	Private	15th U. S.	H	Aug. 23, 1864.
11625	Slee, R.	Sergeant	1st Va. cav.	L	Oct. 29, 1864.

12

No. of grave.	Name.	Rank.	Regiment.	Co.	Died.
12811	Sleight, C............	Private	32d N. Y..........	I	Mar. 24, 1865.
9987	Shang. D	....do......	7th Conn	F	Sept. 29, 1864.
10663	Slick, P............	....do......	9th Ill	E	Oct. 11, 1864.
4928	Slicker, J	....do......	77th Pa..........	D	Aug. 6, 1864.
10125	Slimp. W	....do......	146th N. Y.......	A	Oct. 1, 1864.
298	Sluger, A. E.........	....do......	2d Tenn	K	April 2, 1864.
4882	Stingerlaw, Jno......	....do......	1st Wis..........	L	Aug. 6, 1864.
12057	Slitzer, G...........	....do......	2d Pa............	E	Nov. 16, 1864.
6531	Slivens, C...........	....do......	85th N. Y	C	Aug. 23, 1864.
1169	Sloat, D............	....do......	76th Pa..........	I	May 17, 1864.
6584	Sloat, E............	....do......	50th Pa..........	D	Aug. 23, 1864.
10377	Sloat, Wm	....do......	146th N. Y.......	E	Oct. 5, 1864.
11006	Sloat G. W..........	Sergeant ...	44th Ind..........	B	Oct. 16, 1864.
6819	Sloats, F............	Private	76th N. Y........	F	Aug. 25, 1864.
4274	Sloan, I............	....do......	11th Pa. res......	E	July 29, 1864.
7137	Sloan, I. M..........	....do......	18th Pa. cav......	D	Aug. 2*, 1864.
10088	Sloan, P............	....do......	115th Pa..........	A	Sept. 30, 1864.
11189	Sloan, S............	....do......	20th Mass........	K	Oct. 19, 1864.
12769	Sloan, L	....do......	123d Ohio........	D	Mar. 13, 1865.
2859	Slocum, Geo. T......	2d lieutenant	1st R. I. cav......	A	July 4, 1864.
10576	Slombecks, J. D.....	Private	51st Ohio	F	Oct. 9, 1864.
3520	Sloover, A..........	....do......	11th Tenn	C	July 18, 1864.
2585	Slosher, H..........	Corporal ...	96th Ill	E	June 28, 1864.
2089	Sloup, H...........	Private	53d Pa	C	June 16, 1864.
2053	Sloup, J............	....do......	15th Pa..........	A	June 16, 1864.
12669	Slough, E. B........	Corporal ...	1st Pa. cav.......	D	Feb. 17, 1865.
3995	Slover, A. W	Private	2d Tenn	C	July 26, 1864.
7845	Sturdebank, G.......	....do......	15th N. Y. cav....	I	Sept. 4, 1864.
11365	Slyoff, H...........	....do......	81st Pa	C	Oct. 23, 1864.
12105	Sly. F	....do......	89th Ohio	G	Nov. 20, 1864.
7628	Smades, W..........	....do......	9th N. Y.	D	Sept. 2, 1864.
8375	Small, H...........	....do......	1st Mass. art......	D	Sept. 10, 1864.
10609	Small, H...........	....do......	101st Pa	A	Oct. 10, 1864.
12083	Small, S	....do......	53d N. Y.........	F	Nov. 18, 1864.
762	Smalley, Geo	....do......	140th N. Y.......	H	April 27, 1864.
3567	Smalley, S	....do......	58th Pa..........	K	July 19, 1864.
9427	Smalley, S. S........	....do......	16th N. Y........	K	Sept. 21, 1864.
10404	Smally, J. H........	....do......	2d Mass..........	G	Oct. 6, 1864.
10720	Smallmann, J. W....	....do......	63d Pa...........	A	Oct. 11, 1864.
10530	Smallwood, C	....do......	7th Pa...........	F	Oct. 8, 1864.
8235	Smaltz, L..........	....do......	16th Conn........	E	Sept. 9, 1864.
10815	Smays, David	....do......			Oct. 12, 1864.
7406	Smead, L	....do......	18th N. Y. art ...	D	Aug. 31, 1864.
7314	Smidey, E..........	....do......	1st Tenn. cav	E	Aug. 30, 1864.
12729	Smice, W	....do......	16th Iowa	E	Mar. 4, 1865.
86	Smilley, —........	....do......	65th Ind	I	Mar. 21, 1864.
154	Smith, A. H.........	....do......	12th Mass........	B	Mar. 25, 1864.
1626	Smith, A...........	....do......	1st Mich. cav	L	June 5, 1864.
4310	Smith, Allen	....do......	4th U. S	H	July 30, 1864.
7326	Smith, A. J.........	....do......	85th N. Y........	D	Aug. 30, 1864.
7969	Smith, A. C	....do......	2d Pa............	F	Sept. 6, 1864.
10846	Smith, A	....do......	5th N. J. art......		Oct. 13, 1864.
11044	Smith Andrew......	....do......	22d Pa. cav	B	Oct. 17, 1864.
11371	Smith, A...........	....do......	9th N. Y.........	A	Oct. 23, 1864.
12503	Smith, A...........	....do......	7th N. Y. art......	F	Jan. 21, 1865.
802	Smith, Bernard	Corporal ..	132 N. Y.	B	April 29, 1864.
1210	Smith, B	Private	2d N. Y. cav	H	May 23, 1864.
4258	Smith, B	Corporal ..	5th Ky...........	A	July 20, 1864.
4611	Smith, B. N		Gunboat Mendota.		Aug. 3, 1864.
8516	Smith, B...........	Private	9th Va...........	H	Sept. 11, 1864.

ANDERSONVILLE CEMETERY, GEORGIA. 179

No. of grave.	Name.	Rank.	Regiment.	Co.	Died.
1179	Smith, Conrad	Private	100th Ohio	A	May 18, 1864.
1349	Smith, Chas	...do	26th Pa	A	May 24, 1864.
1353	Smith, C	...do	2d Tenn	B	May 24, 1864.
2507	Smith, C	...do	1st Mich. art	E	June 26, 1864.
2659	Smith, Chas	...do	61st N. Y	A	June 29, 1864.
3735	Smith, Chas	...do	52d N. Y	E	July 21, 1864.
4212	Smith, C. E	Corporal	1st Conn. cav	L	July 29, 1864.
4534	Smith, Chas	Private	100th N. Y	B	Aug. 2, 1864.
4773	Smith, Chas	Corporal	20th Iowa	F	Aug. 5, 1864.
7612	Smith, Chas	Private	15th N. Y. art	K	Sept. 2, 1864.
8002	Smith, C. A	...do	1st Mass. art	C	Sept. 6, 1864.
8629	Smith, C	...do	3d N. H	F	Sept. 13, 1864.
9310	Smith, Chas	...do	7th Pa	H	Sept. 20, 1864.
9402	Smith, C. W	...do	16th Ill	K	Sept. 21, 1864.
10052	Smith, Chas	...do	9th N. Y	G	Sept. 30, 1864.
10256	Smith, C	...do	27th Mass	D	Oct. 3, 1864.
12678	Smith, C. B	...do	8th Mich	L	Feb. 19, 1865.
1963	Smith, D	...do	11th Pa	H	June 14, 1864.
3288	Smith, D	...do	7th Ohio	H	July 14, 1864.
3770	Smith, D	Corporal	2d Ohio	I	July 22, 1864.
4952	Smith, D. H	Private	1st Mass. art	I	Aug. 7, 1864.
9367	Smith, D	...do	3d Iowa cav	B	Sept. 20, 1864.
12582	Smith, D. H	...do	12th Ind. cav	H	Feb. 3, 1865.
1926	Smith, Edward	Sergeant	9th Md	I	June 14, 1864.
5764	Smith, E. E	Private	2d D. C	E	Aug. 15, 1864.
10323	Smith, E	...do	10th Pa	H	Oct. 4, 1864.
11283	Smith, E	...do	61st N. Y	D	Oct. 22, 1864.
11804	Smith, E. M	...do	1st Mass	D	Nov. 4, 1864.
12499	Smith, E	...do	27th Mass	G	Jan. 21, 1865.
1246	Smith, Frank	...do	99th N. Y	I	May 20, 1864.
1819	Smith, F	...do	48th N. Y	F	June 10, 1864.
4006	Smith, F	...do	64th Pa	K	July 26, 1864.
7377	Smith, F	...do	14th U. S	E	Aug. 31, 1864.
9499	Smith, F. R	...do	2d N. Y. cav	F	Sept. 22, 1864.
788	Smith, Geo	...do	5th Pa cav	H	April 28, 1864.
797	Smith, Geo	...do	13th Ky	G	April 29, 1864.
2524	Smith, G. W	...do	11th Ohio	K	June 26, 1864.
3116	Smith, G	Sergeant	21st Ohio	I	July 10, 1864.
4299	Smith, Geo	Private	2d N. C	E	Aug. 6, 1864.
5960	Smith, Geo	...do	53d Ill	E	Aug. 17, 1864.
9217	Smith, G. H	...do	7th Va. cav	G	Sept. 19, 1864.
10790	Smith, Geo	...do	131st Ind	E	Oct. 12, 1864.
11146	Smith, G. A	Corporal	45th Ohio	F	Oct. 19, 1864.
11839	Smith, G. R	Private	2d N. Y. cav	H	Nov. 5, 1864.
12654	Smith, G	...do	3d Pa	H	Feb. 14, 1865.
12704	Smith, G. C	...do	1st Md	I	Feb. 26, 1865.
12803	Smith, Geo	...do	8th Mich	B	Mar. 20, 1865.
12836	Smith, Geo	...do	2d Tenn	B	April 18, 1865.
44	Smith, H. B	...do	82d Ohio	B	Mar. 14, 1864.
234	Smith, Horace	...do	7th Conn	D	Mar. 29, 1864.
1003	Smith, H	Sergeant	16th Ky	B	May 10, 1864.
1247	Smith, Henry	Private	132d N. Y	C	May 20, 1864.
1331	Smith, H	...do	86th Ind	A	May 23, 1864
4008	Smith, H	...do	Bridge's battery	....	July 26, 1864.
4062	Smith, H	...do	79th Ind	F	July 27, 1864.
5130	Smith, H	...do	2d Va	F	Aug. 9, 1864.
6289	Smith, H	...do	26th Pa	K	Aug. 20, 1864.
7158	Smith, H	...do	57th Mass	D	Aug. 29, 1864.
7897	Smith, H. H	...do	2d Ohio cav	A	Sept. 5, 1864.
7975	Smith, Henry	...do	5th Conn	H	Sept. 6, 1864.

LIST OF INTERMENTS IN THE

No. of grave.	Name.	Rank.	Regiment.	Co.	Died.
11233	Smith, H. W	Private	53d Pa	D	Oct. 21, 1864.
11741	Smith, H	do	183d Pa	D	Nov. 2, 1864.
12394	Smith, H	do	7th N. Y	E	Jan. 5, 1865.
12558	Smith, H	do	2d Tenn	E	Jan. 30, 1865.
33	Smith, J. E	do	9th Ohio cav	C	Mar. 11, 1864.
305	Smith, John	do	71st N. Y	C	April 2, 1864.
362	Smith, John B	do	7th Ill	L	April 4, 1864.
390	Smith, John	do	2d Tenn. cav	I	April 5, 1864.
534	Smith, John	do	3d N. Y. cav	E	April 13, 1864
962	Smith, John	do	7th Ohio cav	F	May 8, 1864.
967	Smith, John	do	17th Mass	K	May 8, 1864.
1245	Smith, James	do	20th N. Y. cav	M	May 20, 1864.
1336	Smith, John	do	7th N. H	K	May 24, 1864.
1475	Smith, Joel	do	2d Tenn	A	May 30, 1864.
2082	Smith, James	Sergeant	16th U. S	D	June 17, 1864.
2284	Smith, J	Private	13th Tenn. cav	E	June 21, 1864.
2636	Smith, James	do	2d N. C	F	June 29, 1864.
2740	Smith, J	do	65th Ind	H	July 1, 1864.
2883	Smith, John W		Ship Southfield		July 4, 1864.
2941	Smith, Jacob	do	51st Pa	H	July 5, 1864.
2943	Smith, J. C	do	1st Vt	H	July 5, 1864.
2958	Smith, J. B	do	2d Tenn	I	July 6, 1864.
3238	Smith, J	do	5th N. Y. cav		July 12, 1864.
3504	Smith, J	do	4th N. Y. cav	B	July 18, 1864.
3522	Smith, J	do	14th Conn	I	July 18, 1864.
3855	Smith, J	do	79th Pa	F	July 24, 1864.
3865	Smith, John M	do	12th Tenn	M	July 24, 1864.
4054	Smith, J. W	do	38th Ind	G	July 27, 1864.
4275	Smith, J. B	Corporal	1st Ohio	B	July 29, 1864.
4834	Smith, J	Private	115th N. Y	G	Aug. 6, 1864.
5140	Smith, J	do	7th N H	B	Aug. 9, 1864.
5496	Smith, John	do	41st N. Y	E	Aug. 13, 1864.
5602	Smith, John	do	66th N. Y	F	Aug. 14, 1864.
5780	Smith, J. H	do	19th Mass	G	Aug. 15, 1864.
5797	Smith, John	do	1st Md. cav	B	Aug. 15, 1864.
5882	Smith, John J	do	109th N. Y	C	Aug. 16, 1864.
5975	Smith, J. W	do	8th Va	G	Aug. 17, 1864.
6428	Smith, John	do	95th N. Y	D	Aug. 22, 1864.
6547	Smith, Joseph	do	11th N. H	E	Aug. 23, 1864.
7004	Smith, James	do	6th N. Y	A	Aug. 27, 1864.
7066	Smith, J	do	6th Tenn	F	Aug. 28, 1864.
7106	Smith, John F	do	55th Pa	C	Aug. 28, 1864.
7447	Smith, J	Corporal	20th Mass	E	Sept. 1, 1864.
7538	Smith, J. P	Private	1st Mass. art	A	Sept. 2, 1864.
7610	Smith, Jackson	do	85th N. Y	I	Sept. 2, 1864.
7706	Smith, John	Corporal	48th N. Y	E	Sept. 3, 1864.
8220	Smith, J	Private	13th Iowa	A	Sept. 8, 1864.
8637	Smith, I	do	3d Tenn cav	E	Sept. 13, 1864.
8645	Smith, I. C	do	1st Mo	C	Sept. 13, 1864.
8980	Smith, John	do	3d N. H	F	Sept. 17, 1864.
9192	Smith, J. A	do	13th Tenn	C	Sept. 18, 1864.
9300	Smith, J	do	52d N. Y	A	Sept. 20, 1864.
10132	Smith, J. C	do	22d Pa. cav	B	Oct. 1, 1864.
10151	Smith, J	do	14th Va	B	Oct. 1, 1864.
10456	Smith, J	Corporal	13th N. Y. cav	D	Oct. 7, 1864.
10547	Smith, John	Private	69th N. Y	G	Oct. 9, 1864.
10849	Smith, J	do	14th Ill. cav	G	Oct. 13, 1864.
10949	Smith, J	do	39th Ind	I	Oct. 15, 1864.
11210	Smith, John	do	52d N. Y	A	Oct. 20, 1864.
11246	Smith, Joseph	do	57th Pa	C	Oct. 21, 1864.

ANDERSONVILLE CEMETERY, GEORGIA. 181

No. of grave.	Name.	Rank.	Regiment.	Co.	Died.
11276	Smith, J. A.	Private	9th Va.	B	Oct. 22, 1864.
11301	Smith, James	...do...	8th U. S	D	Oct. 22, 1864.
11454	Smith, John	...do...	59th N. Y.	A	Oct. 25, 1864.
12217	Smith, J. F.	...do...	118th Pa.	F	Dec. 3, 1864.
12288	Smith, J.	...do...	7th Conn.	D	Dec. 14, 1864.
12566	Smith, I. S.	...do...	15th Ill.	D	Feb. 1, 1865.
12627	Smith, J.	...do...	46th N. Y.	E	Feb. 10, 1865.
12756	Smith, J. D.	...do...	4th Tenn.	C	Mar. 12, 1865.
10079	Smith, K.	...do...	22d N. Y. cav	K	Sept. 30, 1864.
1501	Smith, L.	...do...	116th Ind.	A	May 31, 1864.
3472	Smith, L. F.	...do...	13th N. H.	C	July 17, 1864.
5009	Smith, L. A.	...do...	115th N. Y.	F	Aug. 8, 1864.
5462	Smith, L.	...do...	13th Tenn.	L	Aug. 13, 1864.
8168	Smith, L.	...do...	4th Wis. cav.	K	Sept. 8, 1864.
9386	Smith, L.	...do...	153d Ohio.	H	Sept. 20, 1864.
9412	Smith, L.	...do...	12th N. H.	B	Sept. 21, 1864.
9973	Smith, Lewi.	...do...	7th N. Y. art.	F	Sept. 28, 1864.
325	Smith, M.	...do...	3d N. Y. art.	K	April 1, 1864.
377	Smith, M. D.	...do...	18th Pa.	B	April 5, 1864.
1039	Smith, Mason C.	Corporal	24th N. Y. Ind. bat.		May 12, 1864.
1503	Smith, Martin.	Private	18th Pa. cav.	H	May 31, 1864.
2792	Smith, N. H.	...do...	1st Ohio.	H	July 2, 1864.
3372	Smith, N.	...do...	9th N. Y. cav.	C	July 15, 1864.
8300	Smith, N.	...do...	121st Ohio.	H	Sept. 9, 1864.
10866	Smith, N. P.	...do...	28th Ill.	G	Oct. 13, 1864.
3906	Smith, O. C.	Sergeant	77th Pa.	G	July 24, 1864.
9209	Smith, O.	Private	5th Iowa.	D	Sept. 18, 1864.
2431	Smith, P.	...do...	M. M. B.	G	June 24, 1864.
4158	Smith, P.	...do...	1st R. I. cav.	A	July 28, 1864.
4372	Smith, P.	...do...	72d Pa.	C	July 31, 1864.
10975	Smith, P.	...do...	114th Ill.	H	Oct. 15, 1864.
11579	Smith, P.	...do...	89th Ohio.	I	Oct. 28, 1864.
1101	Smith, R. C.	...do...	1st Ky. cav	I	May 14, 1864.
2712	Smith, R. F.	Corporal	10th Iowa.	H	July 1, 1864.
1801	Smith, S.	Private	17th Mich.	C	June 10, 1864.
2780	Smith, S.	...do...	111th N. Y.	I	July 2, 1864.
4164	Smith, S. W.	...do...	100th Pa.	B	July 28, 1864.
5418	Smith, Samuel E.	...do...	90th Ind.	E	Aug. 12, 1864.
5725	Smith, S.	...do...	7th Conn.	B	Aug. 15, 1864.
5854	Smith, S. A.	...do...	132d N. Y.	F	Aug. 16, 1864.
9623	Smith, S. P.	...do...	17th Ind.	F	Sept. 24, 1864.
11037	Smith, S. M.	Corporal	21st Wis.	G	Oct. 17, 1864.
11717	Smith, S.	Private	7th Mich.	H	Nov. 1, 1864.
9	Smith, T. H.	...do...	12th Mass.	F	Mar. 3, 1864.
139	Smith, T. H.	...do...	99th N. Y.	H	Mar. 24, 1864.
882	Smith, T.	...do...	19th Pa.	G	May 4, 1864.
1284	Smith, T. A.	...do...	2d Tenn	C	May 22, 1864.
6361	Smith, Thomas	...do...	47th N. Y.	C	Aug. 21, 1864.
6709	Smith, T.	...do...	147th N. Y.	E	Aug. 24, 1864.
12748	Smith, V.	...do...	57th Mass.	K	Mar. 8, 1865.
172	Smith, William	...do...	7th Mich. cav	L	Mar. 26, 1864.
532	Smith, William	...do...	104th N. Y.	A	April 13, 1864.
812	Smith, William	...do...	106th N. Y.	B	April 30, 1864.
842	Smith, W. W.	Corporal	5th Mich. cav	D	May 2, 1864.
881	Smith, William	Private	4th Pa.	A	May 4, 1864.
994	Smith, William	...do...	103d Ohio.	E	May 10, 1864.
1183	Smith, William	...do...	2d Ohio.	G	May 18, 1864.
1670	Smith, W.	...do...	2d Tenn.	D	June 5, 1864.
1714	Smith, W. H.	...do...	15th U. S.	C	June 7, 1864.
2304	Smith, Wm.,(col'd).	...do...	54th Mass.		June 22, 1864.

No. of grave.	Name.	Rank.	Regiment.	Co.	Died.
3159	Smith, W.	Private	9th Mo	K	July 11, 1864.
3331	Smith, W. A.	do	6th Mo	F	July 14, 1864.
995	Smith, William A.	do	4th Ky. cav	K	May 10, 1864.
437	Smith, W. H.	do	10th Wis	B	July 31, 1864.
4059	Smith, William	do	16th Ill. cav	M	Aug. 3, 1864.
4859	Smith, William	do	17th Mich	H	Aug. 6, 1864.
5297	Smith, W. H.	Corporal	27th Ky	E	Aug. 11, 1864.
6032	Smith, William	Private	9th Ohio cav	G	Aug. 18, 1864.
6337	Smith, W.	do	18th Pa. cav	B	Aug. 21, 1864.
7550	Smith, William	do	2d N. Y.	L	Sept. 2, 1864.
8164	Smith, William	do	2d Mass	B	Sept. 8, 1864.
8773	Smith, William	do	2d Pa	K	Sept. 14, 1864.
9555	Smith, William H.	do	7th Tenn	B	Sept. 23, 1864.
10164	Smith, William	do	76th N. Y.	K	Oct. 1, 1864.
11299	Smith, William		Water Witch		Oct. 22, 1864.
11785	Smith, W. B.	do	14th Pa. cav	E	Nov. 6, 1864.
985	Smithpeter, Eli	do	11th Tenn	K	May 9, 1864.
5018	Snock, A.	do	93d Ohio	D	Aug. 8, 1864.
6686	Snoke, H. B.	do	6th Mich	H	Aug. 24, 1864.
2999	Smulley, John	do	112th Pa.	K	July 7, 1864.
11787	Smyth, James	do	57th N. Y.	B	Nov. 4, 1864.
7783	Snarty, John	do	22d N. Y. cav	G	Sept. 4, 1864.
3708	Snedgeon, A. J.	do	111th N. Y.	D	July 21, 1864.
3480	Snelson, J.	do	103d Pa	D	July 17, 1864.
718	Snider, John	do	2d Md	H	April 24, 1864.
4630	Snider, D.	do	117th Ind	K	Aug. 3, 1864.
4812	Snider, S.	do	3d Va	K	Aug. 5, 1864.
7874	Snider, J.	do	11th U. S.	B	Sept. 5, 1864.
8015	Snider, James	do	4th Ohio	C	Sept. 6, 1864.
12066	Sniere, C.	do	2d Md. cav	G	Feb. 17, 1865.
8023	Snillenbarger, F.	do	21st Ind	A	Sept. 13, 1864.
11785	Snodgrass, R. P.	do	145th Pa.	H	Nov. 4, 1864.
899	Snooks, W.	do	9th Md	E	May 5, 1864.
9974	Snover, S. C.	do	35th N. J.	D	Sept. 28, 1864.
1446	Snow, Levi	do	20th Mich	H	May 28, 1864.
2420	Snow, J.	do	5th Ind	G	June 24, 1864.
3745	Snow, W.	do	16th Mass	E	July 21, 1864.
4170	Snow, W.	do	7th Tenn. cav	M	July 28, 1864.
1782	Snowdale, T.	do	4th Me	C	June 10, 1864.
134	Snyder, E.	do	17th Mich	F	Mar. 24, 1864.
653	Snyder, Lewis	do	89th Ill	C	April 20, 1864.
3744	Snyder, Thomas	Sergeant	9th Ohio	G	July 21, 1864.
4448	Snyder, B.	Private	2d N. Y.	B	Aug. 1, 1864.
4976	Snyder, H. M.	do	10th Ky	B	Aug. 7, 1864.
6534	Snyder, J.	do	118th Pa	C	Aug. 23, 1864.
7173	Snyder, A.	do	35th N. Y.	E	Aug. 29, 1864.
7662	Snyder, M. S.	do	183d Pa	A	Sept. 3, 1864.
7683	Snyder, L.	do	6th Ind. cav	A	Sept. 3, 1864.
8223	Snyder, B.	do	6th Ill. cav	B	Sept. 8, 1864.
9567	Snyder, A.	do	148th Pa	I	Sept. 23, 1864.
9629	Snyder, J. A.	do	5th Mich. cav	M	Sept. 24, 1864.
9683	Snyder, M.	do	26th Wis	E	Sept. 24, 1864.
9786	Snyder, J.	Sergeant	3d Va	D	Sept. 26, 1864.
10076	Snyder, William	Private	1st N. Y. drag	E	Sept. 30, 1864.
10516	Sryder, William	do	54th Pa	H	Oct. 8, 1864.
11508	Sockum, A	do	1st Mich. S. S.	K	Oct. 26, 1864.
4229	Sollinoge, C.	Sergeant	35th Ind	D	July 29, 1864.
2165	Sons, C.	Private	82d Ill	A	June 19, 1864.
3978	Somers, P.	do	4th U. S. cav	C	July 26, 1864.
5160	Somers, John	do	2d N. Y.	E	Aug. 9, 1864.

ANDERSONVILLE CEMETERY, GEORGIA. 183

No. of grave.	Name.	Rank.	Regiment.	Co.	Died.
12063	Somers, F.	Private	19th Mass.	G	Nov. 17, 1864.
8079	Sommers, W.	do	40th Ill.	F	Sept. 7, 1864.
5603	Somerfield, W.	do	69th Pa.	E	Aug. 14, 1864.
6030	Sonder, S.	do	101st Pa.	A	Aug. 18, 1864.
236	Sopo, Calvin	do	27th Mich.	H	Mar. 29, 1864.
6779	Soper, P.	do	72d Ohio	G	Aug. 25, 1864.
2403	Sopher, S.	Corporal	102d N. Y.	K	June 24, 1864.
2773	Sopher, James.	Private	132d N. Y.	F	July 2, 1864.
5305	Sorg, A.	do	1st U. S. art.	A	Aug. 11, 1864.
9175	Sord, William	do	20th Ky	G	Sept. 18, 1864.
4352	Sotter, I. M.	do	47th N. Y.	C	July 30, 1864.
9514	Souls, J. H.	do	15th U. S.	F	Sept. 22, 1864.
1319	Sourbeck, George	do	52d N. Y.	I	May 23, 1864.
12384	Sourbur, J. E.	do	20th Pa.	A	Jan. 3, 1865.
6277	Souser, C.	do	9th Minn	H	Aug. 20, 1864.
3534	Southard, Matthew	do	5th N. Y. cav	C	July 18, 1864.
10526	Southard, H.	do	2d N. Y.	H	Oct. 8, 1864.
2877	Souther, Henry	do	69th N. Y.	K	July 4, 1864.
12310	South, Peter	do	1st Mich. S. S.	K	Dec. 19, 1864.
11346	Southward, W. A.	do	85th N. Y.	I	Oct. 23, 1864.
2469	Southworth, John	do	18th Mass.	E	June 25, 1864.
8124	Southworth, R.	do	22d N. Y. cav	E	Sept. 8, 1864.
8280	Southworth, J.	do	18th Mass.	G	Sept. 9, 1864.
6436	Spain, Thomas	do	118th Pa.	H	Aug. 22, 1864.
6823	Spain, Richard	do	118th Pa.	H	Aug. 25, 1864.
1253	Spalding, William	do	3d U. S. cav	B	May 21, 1864.
2188	Spalding, J.	do	2d Mass.	E	June 19, 1864.
5421	Spalding, H.	do	1st N. Y. cav	F	Aug. 12, 1864.
1229	Spangler, A.	do	45th Ohio	E	May 20, 1864.
4283	Spangler, H. J.	do	16th Ill. cav	L	July 30, 1864.
12160	Spar, H.	do	17th Mass.	H	Nov. 25, 1864.
9954	Spark, G.	Sergeant	16th N. Y. art.	C	Sept. 28, 1864.
1690	Sparks, L. D.	Private	66th Ind	D	June 7, 1864.
3060	Sparks, M. F.	do	5th Iowa	K	July 9, 1864.
6975	Sparks, E.	do	10th N. Y.	B	Aug. 26, 1864.
10247	Sparring, T.	do	7th Conn	K	Oct. 3, 1864.
3110	Spaulding, James	do	13th U. S.	B	July 10, 1864.
11824	Spaulding, F.	do	1st Va. cav	A	Nov. 15, 1864.
11887	Spaulding, F. C.	do	4th N. H.	K	Nov. 7, 1864.
12195	Spaulding, J.	do	4th Md.	C	Nov. 29, 1864.
5750	Spears, W. M.	Sergeant	2d Pa. cav.	K	Aug. 15, 1864.
9234	Spears, J.	Private	5th Iowa cav	H	Sept. 19, 1864.
11160	Speaker, H.	do	1st Md.	F	Oct. 19, 1864.
5231	Speck, Augustus	do	118th Pa.	A	Aug. 10, 1864.
11661	Speck, Oliver	do	67th Pa.	D	Oct. 30, 1864.
7121	Spellman, J.	do	80th Ind	F	Aug. 28, 1864.
1205	Spence, Levi	do	9th Md.	G	May 19, 1864.
6179	Spence, David	do	19th Mass.	D	Aug. 19, 1864.
3416	Spencer, M	do	80th Ind	K	July 16, 1864.
7648	Spencer, George	do	20th Pa.	C	Sept. 3, 1864.
10117	Spencer, George	do	21st Mich.	H	Oct. 1, 1864.
10283	Spencer, John	do	2d Mich.	I	Oct. 4, 1864.
10312	Spencer, S. M.	Corporal	89th Ohio	E	Oct. 4, 1864.
11664	Spencer, J. H.	Private	2d U. S	D	Oct. 30, 1864.
12712	Spencer, A	do	93d N. Y.	D	Feb. 28, 1865.
10989	Sperry, A	do	51st N. Y.	F	Oct. 16, 1864.
2959	Spicer, W.	Teamster	Citizen		July 6, 1864.
5330	Spigle, F.	Private	14th Ohio	D	Aug. 11, 1864.
5567	Spillman, John	do	66th N. Y.	B	Aug. 13, 1864.
10342	Spilman, O. F.	do	2d Mass.	G	Oct. 6, 1864.

LIST OF INTERMENTS IN THE

No. of grave.	Name.	Rank.	Regiment.	Co.	Died.
11711	Spiker, J	Private	122d Ohio	H	Nov. 1, 1864.
9092	Spindler, W	do	113th Ill	F	Sept. 1, 1864.
2563	Spink, J	do	1st R. I	H	June 27, 1864.
1058	Spitzfater, A	do	54th Pa	F	May 13, 1864.
5982	Sponburg, S	do	14th N. Y. art	C	Aug. 17, 1864.
12562	Sponcelar, George	do	71st Ohio	B	Jan. 31, 1865.
3532	Spoon, James	do	147th N. Y	H	July 1, 1864.
4153	Spooner, C. S	do	27th Mass	H	July 28, 1864.
4652	Spooner, F	do	18th Mass	A	Aug. 3, 1864.
5600	Spooner, U	do	27th Mass	A	Aug. 14, 1864.
648	Spoore, W. C	do	1st Vt. cav	B	April 20, 1864.
12225	Spondle, C	do	1st Mich. cav	H	Dec. 5, 1864.
8659	Spoul, E	do	90th Pa	E	Sept. 13, 1864.
680	Sprague, George	do	11th Va	F	April 23, 1864.
1672	Sprague, W. L	do	6th Ohio cav	K	June 5, 1864.
2807	Sprague, H. B	do	11th Mich	I	July 3, 1864.
3593	Sprague, J	do	85th N. Y	I	July 19, 1864.
4311	Sprague, B	do	7th Mich. cav	E	July 30, 1864.
4598	Sprague, W	do	8th Ill. cav	H	Aug. 2, 1864.
5821	Sprague, Edwin H	Q. M. serg't	10th N. Y. bat		Aug. 16, 1864.
10730	Sprig, James A	Private	24th N. Y. cav	E	Oct. 11, 1864.
1667	Springer, M	do	112th Ill	E	June 6, 1864.
1998	Springer, H. W	do	32d Me	A	June 15, 1864.
2622	Springer, John	do	101st Pa	E	June 25, 1864.
7141	Springer, J	do	103d Pa	F	Aug. 29, 1864.
11510	Springer, J	do	7th Mich. cav	A	Oct. 26, 1864.
4877	Sprink, A	do	146th N. Y	F	Aug. 6, 1864.
5727	Sprouse, A	do	11th Va	F	Aug. 15, 1864.
6473	Sprouse, W	do	11th Va	F	Aug. 22, 1864.
7813	Sprout, A	do	17th Vt	F	Sept. 4, 1864.
11359	Spurlock, ——	do	89th Ill	E	Oct. 23, 1864.
6610	Squares, Samuel	do	6th Va. cav	D	Aug. 23, 1864.
3628	Squires, Thomas	do	49th Ohio	C	July 20, 1864.
8200	Sroufe, A	do	7th Ohio	E	Sept. 8, 1864.
889	Stacy, John	do	99th N. Y	I	May 5, 1864.
4574	Stader, J	Sergeant	39th N. Y	A	Aug. 2, 1864.
1254	Stafford, William	Private	13th Tenn. cav	C	May 21, 1864.
2004	Stafford, John	do	9th Md	G	June 15, 1864.
2447	Stafford, J. W	do	68th Ind	I	June 25, 1864.
10409	Stafford, S	do	13th Tenn	A	Oct. 6, 1864.
12308	Stafford, W	do	67th Pa	H	Dec. 19, 1864.
2359	Stagg, William	do	10th Va	I	June 23, 1864.
6536	Stahler, S	do	149th Pa	G	Aug. 22, 1864.
6880	Stahler, D	do	4th Pa. cav	A	Aug. 26, 1864.
12648	Stain, G. W	do	20th Pa. cav	K	Feb. 13, 1865.
2123	Stall, Samuel	do	78th Pa	D	June 17, 1864.
3397	Stalder, E. P	Sergeant	17th Mass	H	July 16, 1864.
4949	Stulard, G	Private	1st R. I. bat	A	Aug. 7, 1864.
12132	Stalhoult, A	do	92d Ill	H	Nov. 23, 1864.
12809	Staley, G. W	do	72d Ind	A	Mar. 24, 1865.
9873	Stamp, John	do	20th Mass	D	Sept. 27, 1864.
1481	Stansberry, A	do	8th Tenn	A	May 30, 1864.
9215	Stansbury, E	do	U. S. marine corps		Sept. 19, 1864.
1698	Stanley, J. C	Corporal	85th N. Y	C	June 7, 1864.
1964	Stanley C. O	Private	17th Ky	E	June 14, 1864.
5621	Stanley, John	do	9th N. H	A	Aug. 14, 1864.
6592	Stanley, William	do	Gunboat Southfield		Aug. 23, 1864.
2532	Stansfield, H	Private	96th Ill	H	June 26, 1864.
2570	Stanton, H. H	do	22d N. Y	E	June 27, 1864.
7381	Stanton, L. H	do	7th N. Y. art	K	Aug. 31, 1864.

ANDERSONVILLE CEMETERY, GEORGIA. 185

No. of grave.	Name.	Rank.	Regiment.	Co.	Died.
9729	Stanton, J	Citizen			Sept. 25, 1864.
11333	Stanton, R	Private	14th U. S	H	Oct. 23, 1864.
12211	Stanton, C	do	2d U. S	I	Dec. 2, 1864.
2799	Stauchley, William	do	5th Ind	K	July 2, 1864.
4745	Staner, M. J	do	72d Ohio	F	Aug. 5, 1864.
5884	Standish, M	do	66th Ind	B	Aug. 16, 1864.
8580	Stauing, G. W	Corporal	5th Mich. art	G	Sept. 12, 1864.
10078	Staucliff, A. B	Private	106th N. Y	H	Sept. 30, 1864.
10437	Stanford, P. W	Sergeant	2d Ohio cav	A	Oct. 6, 1864.
11742	Stauhope, W. H	Private	1st D. C. cav	I	Nov. 2, 1864.
169	Stark, John	Seaman			Mar. 26, 1864.
1718	Stark, F	Private	79th Ill. cav	M	June 8, 1864.
2520	Stark, J. H	do	121st N. Y	A	June 26, 1864.
5187	Stark, J. D	Corporal	100th N. Y	A	Aug. 9, 1864.
8652	Stark, S	Private	15th N. H	A	Sept. 13, 1864.
12381	Stark, M. S	do	93d Ind	D	Jan. 2, 1865.
8107	Starkey, J	do	6th Ind. cav	I	Sept. 7, 1864.
9304	Starkweather, E. M	do	1st Conn. cav	L	Sept. 20, 1864.
11740	Starkweather, L	do	146th N. Y	E	Nov. 2, 1864.
804	Starbrick, T	do	62d Ohio	E	April 29, 1864.
2233	Starrett, J	do	45th Ohio	C	June 20, 1864.
2548	Starr, N	Sergeant	5th N. J	M	June 27, 1864.
5410	Starr, C. F	Private	30th Iowa	H	Aug. 12, 1864.
6943	Starr, E	do	16th Wis	F	Aug. 26, 1864.
7606	Starr, D	Sergeant	2d U. S. S. S	F	Sept. 2, 1864.
12650	Star, C	Private	15th N. Y	D	Feb. 13, 1865.
10787	Stauff, J	do	1st Conn. cav	L	Oct. 12, 1864.
12598	Stauffer, J	do	1st Pa	K	Feb. 6, 1865.
2440	St. Clair, Benjamin	Teamster	Citizen		June 25, 1864.
10290	St. Dennis, L	Private	16th N. Y	F	Oct. 4, 1864.
1155	Stearns, E. K	do	14th Pa. cav	A	May 17, 1864.
2543	Stead, J	do	115th N. Y	F	June 27, 1864.
6443	Stead, J	do	15th N. Y	D	Aug. 22, 1864.
6501	Steadson, W	do	15th Mass	G	Aug. 22, 1864.
9012	Steadman, W	do	54th Pa	F	Sept. 17, 1864.
11701	Steadman, S	do	10th Mich	H	Oct. 31, 1864.
11984	Steamer, F	do	29th Ind	F	Nov. 13, 1864.
1863	Stebbins, H	do	85th N. Y	C	June 12, 1864.
9365	Stebins, Z	do	7th Pa. res	H	Sept. 20, 1864.
12261	Steadman, L. D	do	10th Mich	H	Dec. 11, 1864.
481	Steel, Abraham	do	80th Ohio	H	April 11, 1864.
2163	Steel, J. S	do	7th Pa. cav	F	June 19, 1864.
3001	Steel, E	Sergeant	2d Mich. cav	C	July 7, 1864.
10476	Steel, H	Private	16th Conn	F	Oct. 7, 1864.
4592	Steele, Samuel	do	14th Conn	C	Aug. 6, 1864.
5712	Steele, Samuel	do	16th Conn	C	Aug. 15, 1864.
6734	Steele, James M	do	16th Conn	F	Aug. 24, 1864.
7638	Steele, J	do	6d Pa	M	Sept. 2, 1864.
11882	Steele, George	do	2d N. J	B	Nov. 6, 1864.
10808	Steese, F. F	do	20th Pa. cav	A	Oct. 2, 1864.
1018	Stegoll, J	do	16th Ill	L	May 11, 1864.
363	Steiff, John	do	2d U. S	F	April 4, 1864.
3782	Steinhoff, A	do	15th N. Y. art	C	July 22, 1864.
4228	Stein, J	do	7th Pa. res	G	July 29, 1864.
5530	Steiner, C	do	7th N. Y. art	M	Aug. 13, 1864.
5700	Steinbrook, A	do	150th Pa	C	Aug. 15, 1864.
12725	Steinhawes, J	do	15th Ill	B	Mar. 3, 1865.
4463	Stelle, A	do	2d Va. cav	C	Aug. 1, 1864.
5028	Stelle, F	do	1st Mass. art	B	Aug. 8, 1864.
8795	Stella, J. F	do	1st Pa	B	Sept. 15, 1864.

LIST OF INTERMENTS IN THE

No. of grave	Name.	Rank.	Regiment.	Co.	Died.
6049	Stelrocht, D.	Private	22d N. Y. cav	C	Aug. 18, 1864.
8226	Stemmett, J.	do	6th Ky	K	Sept. 9, 1864.
12081	Stensley, D.	Corporal	184th Pa.	A	Nov. 12, 1864.
1191	Stepp, Preston	Private	2d Tenn.	D	May 18, 1864.
3321	Stephenson, J.	do	1st Va.	I	July 14, 1864.
7071	Stephens, B. H.	do	14th Conn	....	Aug. 28, 1864.
11069	Stephens, C. P.	do	11th Pa.	A	Oct. 17, 1864.
12749	Stephens, J. F.	do	2d Tenn. cav	E	Mar. 8, 1865.
9593	Sternbolt, William.	do	38th Pa.	....	Sept. 23, 1864.
4193	Stett, James.	do	164th N. Y.	E	July 29, 1864.
95	Stevenson, W.	do	132d N. Y.	G	Mar. 22, 1864.
3602	Stevenson, D.	do	111th Ohio	B	July 19, 1864.
3872	Stevenson, William	do	10th N. Y.	F	July 24, 1864.
5287	Stevenson, John	do	111th Ohio	B	Aug. 11, 1864.
8751	Stevenson, W.	do	2d N. Y. cav	M	Sept. 14, 1864.
11529	Stevenson, John	do	111th Pa.	I	Oct. 26, 1864.
260	Stevens, Henry	do	100th Ohio	B	Mar. 31, 1864.
1741	Stevens, S.	Corporal	22d Mich	K	June 8, 1864.
2070	Stevens, A.	Private	13th Pa. cav	H	June 16, 1864.
2280	Stevens, R.	do	2d Tenn	D	June 20, 1864.
2474	Stevens, E. W.	do	1st Conn. art	L	June 25, 1864.
2664	Stevens, L.	do	6th Mich	M	June 29, 1864.
2881	Stevens, Thomas	do	2d Mass	M	July 4, 1864.
3568	Stevens, S. G.	do	150th Pa.	H	July 19, 1864.
4418	Stevens, N.	do	6th Ind. cav	M	July 31, 1864.
4678	Stevens, John S.	do	100th N. Y.	F	Aug. 3, 1864.
5455	Stevens, G. W.	do	101st Ohio	H	Aug. 12, 1864.
6260	Stevens, P. L.	Sergeant	12th Ky. cav	G	Aug. 20, 1864.
7028	Stevens, W.	Private	99th N. Y.	I	Aug. 27, 1864.
7636	Stevens, E.	do	130th or 120th N.Y.	C	Sept. 2, 1864.
7991	Stevens, Henry	do	28th Mass	F	Sept. 6, 1864.
9183	Stevens, N.	do	1st Mass	E	Sept. 18, 1864.
10737	Stevens, S.	do	44th Ill	D	Oct. 11, 1864.
1758	Steward, J.	do	11th Mass	H	June 9, 1864.
2226	Steward, C.	do	2d Va. cav	I	June 20, 1864.
3536	Steward, C. S.	do	33d Ohio	K	July 18, 1864.
4294	Steward, J.	do	2d Ohio	K	July 30, 1864.
4596	Steward, G.	do	20th Me.	H	Aug. 2, 1864.
4779	Steward, George	do	10th N. H.	A	Aug. 5, 1864.
6292	Steward, F.	do	78th Ill	I	Aug. 20, 1864.
9469	Steward, F.	do	6th Mich. cav	E	Sept. 21, 1864.
9481	Steward, W. V.	Sergeant	5th Mich. cav	E	Sept. 22, 1864.
2034	Stewart, John	Private	89th N. Y.	G	June 16, 1864.
2650	Stewart, J. B.	do	103d Pa.	A	June 29, 1864.
2685	Stewart, C. A.	do	7th Mich.	F	June 30, 1864.
3041	Stewart, J.	do	7th Conn	B	July 8, 1864.
3965	Stewart, W. A.	do	14th W. Va	I	July 25, 1864.
7296	Stewart, J. W.	do	13th Tenn. cav	B	Aug. 30, 1864.
7788	Stewart, John S.	do	19th Ohio	B	Sept. 4, 1864.
9395	Stewart, E.	do	13th Tenn. cav	D	Sept. 20, 1864.
9903	Stewart, Peter	do	5th N. Y.	B	Sept. 27, 1864.
11291	Stewart, E.	do	52d Mass.	E	Oct. 22, 1864.
12538	Stewart, O. F.	do	2d Ohio	D	Jan. 22, 1865.
12556	Stewart, Ev.	do	4th Ky.	A	Jan. 30, 1865.
12567	Stewart, E. W.	do	11th Vt.	A	Feb. 1, 1865.
12724	Stewart, E. B.	do	38th Ind.	E	Mar. 3, 1865.
12784	Stewart, R. H.	do	7th Tenn.	C	Mar. 15, 1865.
3382	St. John, A.	do	11th Vt.	A	July 16, 1864.
5463	Stibbs, W.	do	56th Pa.	H	Aug. 13, 1864.
4043	Stickley, C.	do	53d Pa.	H	July 27, 1864.

ANDERSONVILLE CEMETERY, GEORGIA. 187

No. of grave.	Name.	Rank.	Regiment.	Co.	Died.
10149	Stickles, E.	Private	169th N. Y.	A	Oct. 1, 1864.
921	Stiffler, William J.	Sergeant	12th Pa. cav	G	May 6, 1864.
2814	Stiffers, R.	Private	15th Wis.	F	July 3, 1864.
2464	Stikel, D.	....do	4th Mo.	D	June 25, 1864.
854	Stillwell, L. D.	....do	6th Mich.	M	May 3, 1864.
4678	Stillwell, J. H.	....do	79th Ill.	L	Aug. 6, 1864.
1640	Stillwell, John	....do	38th Ill.	I	June 5, 1864.
7075	Still, D.	....do	132d N. Y.	D	Aug. 28, 1864.
11832	Stiles, George W.	....do	7th N. Y. h. art.	I	Nov. 5, 1864.
129	Stine, Thomas.	....do	66th Ind.	D	Mar. 23, 1864.
855	Stine, S. L.	....do	40th Ill.	G	May 3, 1864.
915	Stine, John.	....do	5th N. Y. cav.	C	May 6, 1864.
1708	Stine, C.	....do	4th Ky. cav.	K	June 7, 1864.
5563	Stine, P.	....do	16th Conn.	K	Aug. 13, 1864.
10828	Stine, A.	....do	4th Ill.	H	Oct. 13, 1864.
2088	Stinit, D.	....do	6th Ind cav	L	June 17, 1864.
4103	Stines, H.	Corporal	4th Mich.	K	July 27, 1864.
5160	Stiner, John.	Private	22d Pa.	G	Aug. 9, 1864.
3763	Stittinberger, J.	....do	172d Pa.	F	July 22, 1864.
4385	Stittwell, S.	....do	2d N. Y. art.	E	July 31, 1864.
2376	Stiver, J.	....do	93d Ohio.	C	June 23, 1864.
11755	Stivers, R.	....do	111th N. Y.	F	Nov. 2, 1864.
4345	Stobbs, W. W.	Corporal	101st Pa.	E	July 30, 1864.
5611	Stockman, L. M.	Private	68th Ind	E	Aug. 14, 1864.
5977	Stockhoff, G.	....do	19th Ind	K	Aug. 17, 1864.
7770	Stockhouse, D.	....do	18th Pa. cav	I	Sept. 4, 1864.
7944	Stocker, S.	....do	3d Va. cav.	C	Sept. 5, 1864.
8444	Stockwell, A.	....do	11th Vt.	A	Sept. 11, 1864.
11836	Stockwell, C. H.	....do	3d Va.	B	Nov. 5, 1864.
11043	Stoddard, J.	....do	111th N. Y.	F	Oct. 17, 1864.
11354	Stoddard, S.	....do	5th Mich. cav	F	Oct. 23, 1864.
11797	Stodler, F.	Corporal	72d Ohio.	E	Nov. 4, 1864.
2480	Stofacker, F.	Private	15th Mo.	D	June 25, 1864.
2923	Stofer, J.	Sergeant	29th Ind.	B	July 5, 1864.
8313	Stogerwald, J. A.	....do	22d Ind.	K	Sept. 10, 1864.
2673	Stolz, D.	....do	16th U. S.	C	June 17, 1864.
7833	Stolz, B.	Private	7th Md.	K	Sept. 4, 1864.
4	Stone, Henry T.	....do	1st Conn. cav	E	Mar. 3, 1864.
370	Stone, John A.	....do	2d N. C.	F	April 4, 1864.
1535	Stone, Samuel	....do	26th Pa.	F	June 1, 1864.
3214	Stone, W. F.	....do	53d Pa.	G	July 12, 1864.
5963	Stone, James A.	....do	11th Vt. art	H	Aug. 17, 1864.
6722	Stone, L.	....do	24th N. Y.	E	Aug. 24, 1864.
12420	Stone, F. P.	....do	27th Mass.	A	Jan. 9, 1865.
10525	Stones, T.	....do	121st Pa.	K	Oct. 8, 1864.
3670	Stopper, William	....do	16th Pa.	B	July 20, 1864.
4724	Stopes, S. W.	....do	89th Ill.	E	Aug. 4, 1864.
3997	Storing, A.	....do	54th N. Y.	B	July 26, 1864.
4665	Stormes, A. N.	....do	7th N. Y. art.	I	Aug. 3, 1864.
5239	Storm, I.	....do	58th Mo.	E	Aug. 10, 1864.
8910	Storm, S. M.	Sergeant	6th Ind	A	Sept. 16, 1864.
12190	Storm, E.	Private	98th Ill.	C	Nov. 28, 1864.
9035	Stots, John.	....do	15th N. Y.	A	Sept. 17, 1864.
205	Stont, ——.	....do	65th Ind.	I	Mar. 28, 1864.
451	Stout, John.	....do	5th Iowa.	A	April 9, 1864.
3000	Stout, Charles	Citizen			July 7, 1864.
6044	Stout, H.	Private	7th Ind cav	G	Aug. 18, 1864.
7364	Stout, L.	Sergeant	2d N. J.	C	Aug. 31, 1864.
10703	Stouts, Samson	Private	2d Ohio.	F	Oct. 11, 1864.
937	Stover, John.	....do	17th Ohio.	A	May 7, 1864.

LIST OF INTERMENTS IN THE

No. of grave.	Name.	Rank.	Regiment.	Co.	Died.
1526	Stover, A	Private	2d Tenn	C	June 1, 1864.
3415	Stow, G. W	....do	1st N. Y. art	B	July 16, 1864.
5972	Stow, George	....do	10th Mich	C	Aug. 17, 1864.
6523	Stower, J	....do	49th Pa	F	Aug. 22, 1864.
10181	Stowe, A	....do	2d Mass. art	H	Oct. 1, 1864.
11562	St. Peter, F	....do	1st Me. art	A	Oct. 27, 1864.
2401	Stratton, Charles	....do	125th N. Y	K	June 24, 1864.
9883	Stratton, J. L	....do	7th Tenn. cav	A	Sept. 26, 1864.
10589	Stratton, E	....do	76th N. Y	E	Oct. 10, 1864.
6988	Stratton, J. H	....do	140th N. Y	H	Aug. 27, 1864.
7093	Stratton, D. B	....do	1st Va. art	F	Aug. 28, 1864.
4316	Stranbell, L	....do	11th Conn	C	July 30, 1864.
4555	Straume, James	....do	2d Conn. art	D	Aug. 2, 1864.
4798	Strule, J	....do	17th N. Y	B	Aug. 5, 1864.
8520	Strain, J	....do	2d N. Y. cav	I	Sept. 11, 1864.
10080	Straub, C. A	....do	5th Mich. cav	F	Sept. 30, 1864.
10449	Strand, John	....do	9th Ill	H	Oct. 6, 1864.
11206	Strander, A	Corporal	2d Mo	K	Oct. 21, 1864.
116	Streight, Lewis	Private	127th N. Y	A	Mar. 23, 1864.
4666	Streper, M	....do	18th U. S	D	Aug. 3, 1864.
6847	Stretch, J	....do	1st D. C. cav	G	Aug. 25, 1864.
7565	Street, John J	....do	9th N. J	D	Sept. 2, 1864.
7632	Streetman, J	....do	7th Pa	E	Sept. 2, 1864.
12186	Streeter, J	....do	16th U. S	B	Nov. 28, 1864.
1966	Strickland, Thomas	....do	10th Mich	E	June 14, 1864.
5189	Striker, F	....do	14th Pa. cav	C	Aug. 9, 1864.
7029	Stricker, J. W	....do	11th Pa	F	Aug. 27, 1864.
8549	Stricker, J	....do	11th Ill	K	Sept. 11, 1864.
12254	Strickner, J	....do	16th Mich	D	Dec. 10, 1864.
7577	Striffin, H	....do	3d N. J	M	Sept. 2, 1864.
11907	Strip, W	Corporal	42d N. Y	E	Nov. 11, 1864.
12822	Stringer, C	Private	15th Ill	B	April 5, 1865.
5342	Strocker, George	....do	85th N. Y	K	Aug. 11, 1864.
6830	Strong, L	....do	9th Ind	F	Aug. 25, 1864.
9013	Strong, E. M	....do	95th Ill	B	Sept. 17, 1864.
10299	Strong, H	....do	55th Pa	E	Oct. 4, 1864.
8451	Strom, A	....do	29th Ill	D	Sept. 11, 1864.
12789	Stroup, S	....do	50th Ohio	B	Mar. 17, 1865.
3775	Strauce, D	....do	11th Pa	H	July 22, 1864.
3905	Strutter, F	....do	76th N. Y	F	July 24, 1864.
7436	Struchem, F. E	....do	101st Ohio	A	Sept. 1, 1864.
3353	Stubbs, J	....do	9th Mich. cav	L	July 15, 1864.
4731	Stubbs, W	....do	1st Ala. cav	I	Aug. 4, 1864.
904	Stuck, Eli	....do	20th Ind	C	May 5, 1864.
1082	Stuck, L. H	....do	2d Mich. cav	B	May 14, 1864.
8390	Stuck, H. M	....do	14th Va	B	Sept. 10, 1864.
58	Stull, Michael	....do	100th Ohio	K	Mar. 18, 1864.
6019	Stull, G. E	....do	1st Md. art	D	Aug. 26, 1864.
8931	Stull, G	....do	15th Ohio	G	Sept. 16, 1864.
2638	Stults, P	....do	45th Ohio	F	June 29, 1864.
1500	Stumpf, Lewis	....do	12th Ky. cav	G	May 31, 1864.
2905	Stump, A	....do	11th Pa	I	July 5, 1864.
6102	Stump, W	....do	6th N. Y	K	Aug. 18, 1864.
8103	Stumps, J	....do	105th Pa	I	Sept. 7, 1864.
11653	Stunnett, ——	....do	5th N. J	C	Oct. 30, 1864.
5534	Sturdewant, W	....do	7th N. Y. art	M	Aug. 13, 1864.
6829	Sturgess, W. A	Corporal	79th Ky	G	Aug. 25, 1864.
8156	Sturdevant, W	Private	72d Ohio	A	Sept. 8, 1864.
8646	Sturgiss, W. T	Drummer	14th W. Va	B	Sept. 13, 1864.
4935	Sturn, E. E	Private	12th Va	F	Aug. 7, 1864.

ANDERSONVILLE CEMETERY, GEORGIA. 189

No. of grave.	Name.	Rank.	Regiment.	Co.	Died.
2437	Stutler, J. N	Private	3d Va. cav	B	June 25, 1864.
5994	Stutzman, P	do	39th N. Y	D	Aug. 17, 1864.
2298	Styles, I. N	do	13th U. S	A	June 22, 1864.
10311	Styles, A. B	Corporal	4th Vt	K	Oct. 12, 1864.
11584	Sucht, T	Private	5th N. H	C	Oct. 26, 1864.
478	Suffecal, S	do	1st Md	I	April 10, 1864.
4238	Sugbert, James S	Corporal	1st U. S. S. S	H	July 29, 1864.
9953	Sugbern, J	Private	N. Y. h. art	B	Sept. 28, 1864.
640	Sullivan, Edward	do	69th N. Y	A	April 20, 1864.
1105	Sullivan, D	do	101st Pa	K	May 15, 1864.
1492	Sullivan, Patrick	Corporal	99th N. Y	H	May 31, 1864.
2010	Sullivan, J		St'r Underwriter		June 15, 1864.
3960	Sullivan, J	Private	77th Pa	F	July 25, 1864.
4722	Sullivan, M	do	16th Conn	D	Aug. 4, 1864.
4791	Sullivan, Edward	do	67th Pa	H	Aug. 5, 1864.
5896	Sullivan, W	do	78th Ohio	D	Aug. 16, 1864.
5957	Sullivan, John	do	16th Mass	A	Aug. 17, 1864.
6048	Sullivan, M	do	69th N. Y	K	Aug. 18, 1864.
6351	Sullivan, J	do	5th R. I. art	A	Aug. 21, 1864.
7014	Sullivan, John	do	27th Mich	E	Aug. 27, 1864.
7401	Sullivan, John	do	2d Mass	H	Aug. 31, 1864.
7728	Sullivan, P O	Corporal	155th N. Y	E	Sept. 3, 1864.
8203	Sulivan, P	Private	9th Mass		Sept. 8, 1864.
8422	Sullivan, John	do	135th Ohio	F	Sept. 11, 1864.
8615	Sullivan, J	do	16th Ill. cav	I	Sept. 13, 1864.
10792	Sullivan, P	do	15th Mass	I	Oct. 12, 1864.
10890	Sullivan, M	do	2d Mass	D	Oct. 14, 1864.
12482	Sullivan, M	do	15th Ill	E	Jan. 18, 1865.
11249	Sulivan, T	do	76th Ohio	C	Oct. 21, 1864.
11671	Sulivan, T	do	59th Mass	B	Oct. 30, 1864.
11793	Sulivan, T	do	8th N J	C	Nov. 4, 1864.
9002	Sulton, O	do	14th N. Y. h. art	H	Sept. 17, 1864.
9345	Sules, J. B	Sergeant	1st Ill	F	Sept. 20, 1864.
10768	Sullevian, D	Private			Oct. 12, 1864.
567	Summers, W. H	do	11th Ky cav	D	April 15, 1864.
1811	Summers, W	do	11th Ky cav	D	June 10, 1864.
2550	Sumser, J	do	19th U. S	G	June 27, 1864.
4799	Summervolt, V	do	29th Ind	A	Aug. 5, 1864.
12229	Summer, H	do	27th Mich	B	Dec. 6, 1864.
2218	Smiddley, W	do	5th Ind	E	June 20, 1864.
9872	Sunier, G. S	do	4th Va		Sept. 27, 1864.
11488	Sunderlien, E	do	11th Pa	D	Oct. 26, 1864.
8436	Suppes, S. E	do	1st Vt. cav	K	Sept. 11, 1864.
9742	Supple, C. M	Corporal	63d Pa	B	Sept. 25, 1864.
9781	Surplus, ——	Sergeant	13th Pa. cav	L	Sept. 26, 1864.
5440	Susears, Frederick	Private	39th N. Y	I	Aug. 12, 1864.
1428	Sutton, John	do	2d Tenn	I	May 31, 1864.
3583	Sutton, J	do	10th Wis	B	July 19, 1864.
4178	Sutton, S	do	5th Iowa	H	July 28, 1864.
5515	Sutton, M	do	9th Ill. cav	M	Aug. 13, 1864.
5625	Sutton, Andrew	do	13th Tenn. cav	E	Aug. 14, 1864.
6643	Sutton, D	do	1st Tenn cav	H	Aug. 23, 1864.
8487	Sutton, Thomas	do	6th Ky	A	Sept. 11, 1864.
11234	Sutton, H	do	22d Mich	I	Oct. 21, 1864.
11615	Sutton, T	do	12th N. J	K	Oct. 20, 1864
7034	Sutton, J	do	4th Ohio	A	Aug. 27, 1864.
1658	Sutherland, J. E	Sergeant	1st Ky cav	C	June 6, 1864.
8000	Sutherland, J	Private	1st Mich	I	Sept. 6, 1864.
9381	Sutherland, J	do	13th Tenn. cav	C	Sept. 20, 1864.
3026	Sutcliff, B	do	21st Conn	G	July 7, 1864.

No. of grave.	Name.	Rank.	Regiment.	Co.	Died.
10661	Sutliff, E	Corporal	15th N. Y cav	M	Oct. 11, 1864.
5022	Sutgen, F	Private	16th U. S	C	Aug. 8, 1864.
8058	Suthron, J. H	....do	66th Ind	E	Sept. 7, 1864.
9100	Suthphar, H. W	....do	15th Mich	F	Sept. 18, 1864.
11808	Suter, B. F	....do	4th Ill. cav	L	Nov. 4, 1864.
199	Swan, H. B	Corporal	3d Maine	F	Mar. 28, 1864.
1936	Swan, F	Private	3d Maine	F	June 14, 1864.
5859	Swan, John	....do	2d Tenn	D	Aug. 16, 1864.
2318	Swain, J. W	....do	20th Ind	A	June 22, 1864.
5193	Swain, D	....do	6th Mich. cav	A	Aug. 10, 1864.
7040	Swain, C	....do	7th N. H	D	Aug. 27, 1864.
7001	Swayney, P	....do	19th Maine	F	Aug. 27, 1864.
11433	Swainey, E	....do	124th Ohio	A	Oct. 24, 1864.
3332	Swappoca, P. B	....do	4th Tenn	A	July 15, 1864.
3838	Swartkash, C	Corporal	15th U. S	C	July 23, 1864.
4442	Swanson, P	Private	9th Ill. cav	K	July 31, 1864.
4945	Swarts, P	Corporal	27th Pa	I	Aug. 7, 1864.
12557	Swarts, E	....do	94th Ill	G	Jan. 30, 1865.
11138	Swart, M. M	Private	3d Mich	E	Oct. 19, 1864.
6105	Swartz, A	....do	7th Ill cav	M	Aug. 18, 1864.
6466	Swartz, M	....do	2d N. Y. cav	M	Aug. 22, 1864.
7705	Swartz, Geo	....do	5th Pa. cav	A	Sept. 3, 1864.
5393	Swugger, H	....do	4th U. S. cav	D	Aug. 12, 1864.
6382	Swager, M	....do	101st Pa	F	Aug. 21, 1864.
12267	Swayer, J	....do	103d N. Y	M	Dec. 12, 1864.
12765	Swancent J	....do	2d N. Y	A	Mar. 13, 1865.
1	Swerner, Jacob H	....do	2d N. Y. cav	H	Feb. 27, 1864.
505	Sweet, William	....do	89th Ill	E	April 12, 1864.
2382	Sweet, M	....do	1st R I. cav	D	June 23, 1864.
2921	Sweet, L	....do	4th N. Y. h. art	M	July 5, 1864.
3113	Sweet, H	....do	57th Pa	K	July 10, 1864.
10282	Sweet, B. F	....do	10th N. J	K	Oct. 13, 1864.
12305	Sweet, M	Sergeant	49th Ohio	F	Dec. 18, 1864.
3527	Sweat, E	Private	93d N. Y	F	July 18, 1864.
594	Swenk, A	....do	45th Ohio	A	April 17, 1864.
726	Sweeny, Samuel	....do	7th Ohio cav	G	April 25, 1864.
7363	Sweeny, D	....do	14th Pa. cav	E	Aug. 31, 1864.
7810	Sweeny, Henry	....do	11th Vt	C	Sept. 4, 1864.
1827	Sweeney, M	....do	5th Ky	I	June 11, 1864.
2322	Sweeney, James	....do	155th N. Y	I	June 22, 1864.
5835	Sweeney, M	....do	122d N. Y	C	Aug. 16, 1864.
9898	Sweeney, W. P	....do	13th Pa. cav		Sept. 27, 1864.
12127	Sweeney, M	....do	1st Kansas	H	Nov. 22, 1864.
1605	Swearer, G	....do	13th Pa	H	June 4, 1864.
1647	Sweitzer, M	....do	19th U. S	H	June 5, 1864.
8687	Sweitser, N. J	....do	9th N. J	G	Sept. 13, 1864.
1281	Swinehart, J. W	....do	111th Ohio	B	May 22, 1864.
5316	Switzer, L	....do	16th Mass	E	Aug. 11, 1864.
8296	Switzer, J	....do	1st Md	D	Sept. 9, 1864.
11427	Switzer, J	....do	2d Ind	G	Oct. 24, 1864.
9826	Swinney, J. M	....do	3d Tenn	A	Sept. 26, 1864.
12005	Swift, J	....do	1st Conn	K	Nov. 14, 1864.
4005	Sworm, J	Bugler	2d N. Y. cav	H	July 26, 1864.
5215	Swoveland, William	Private	184th Pa	A	Aug. 10, 1864.
9309	Syender, F	....do	2d Md	K	Sept. 20, 1864.
4960	Sylers, S	....do	140th N. Y	E	Aug. 7, 1864.
8666	Sylvan, J. J	....do	35th Ind	G	Sept. 13, 1864.
8325	Sylvester, E	....do	2d Mass. art	H	Sept. 10, 1864.
12053	Sylvester, J	....do	4th Mass	A	Nov. 16, 1864.
12788	Sylvester, D	....do	1st Mass	B	Mar. 17, 1865.

ANDERSONVILLE CEMETERY, GEORGIA. 191

No. of grave.	Name.	Rank.	Regiment.	Co.	Died.
	T.				
10679	Taber, J	Corporal	16th Mass	E	Oct. 11, 1864.
5424	Taber, Silas	Private	27th Ky	B	Aug. 12, 1864.
10735	Tabin, James	do	55th Pa	E	Oct. 11, 1864.
11957	Tabor, B	do	35th Mass	C	Nov. 11, 1864.
9460	Taggarty, Jackson	do	1st N. H. cav	A	Sept. 21, 1864.
2167	Taggert, John	do	17th Mass	E	June 19, 1864.
697	Tague, Parker	do	8th Tenn	I	April 23, 1864.
10727	Tulan, Patrick	do	164th N. Y	K	Oct. 11, 1864.
8850	Talbert, R	do	35th Ohio	F	Sept. 15, 1864.
75	Talman, A	do	82d Ohio	H	Mar. 15, 1864.
9574	Talman, W. C	Sergeant	11th Vt	F	Sept. 23, 1864.
1301	Tancred, M	Private	14th Mich	B	May 23, 1864.
6330	Tanner, A	Sergeant	32d Ohio	G	Aug. 21, 1864.
10515	Tanner, J	Private	— Ill	A	Oct. 8, 1864.
2120	Tanner, J. B	do	85th N. Y	C	June 17, 1864.
3976	Tanner, M	do	1st N. Y	E	July 25, 1864.
4326	Tanschirlt, Ed	do	15th N. Y. art	E	July 30, 1864.
6257	Tapp, George	do	13th Ky	I	Aug. 20, 1864.
407	Tarey, L	do	12th Mass	H	April 5, 1864.
8988	Tarvis, G. W	do	1st N. Y. cav	K	Sept. 17, 1864.
8119	Tatro, L	do	11th Va	D	Sept. 8, 1864.
5823	Tattra, Alfred	do	9th Vt	F	Aug. 16, 1864.
2116	Tatnne, J	Sergeant	11th Ky	A	June 17, 1864.
3681	Taubrick, A	Private	16th N. Y. cav	A	July 21, 1864.
489	Taylor, A	do	17th U. S	H	April 11, 1864.
1934	Taylor, A	do	2d N. Y. cav	F	June 14, 1864.
3396	Taylor, A. B	do	5th N. H	H	July 16, 1864.
4467	Taylor, A. L	do	25th Wis	E	Aug. 1, 1864.
4807	Taylor, C	do	115th N. Y	F	Aug. 6, 1864.
551	Taylor, C. B	do	154th N. Y	C	April 14, 1864.
11321	Taylor, D	do	149th N. Y	D	Oct. 22, 1864.
8525	Taylor, E	do	25th Ind	I	Sept. 11, 1864.
9115	Taylor, E	Corporal	18th U. S	I	Sept. 18, 1864.
502	Taylor, G	Private	16th Ill. cav	M	April 12, 1864.
7442	Taylor, G	do	4th Ind. cav	M	Sept. 1, 1864.
11875	Taylor, G. A	do	9th Me	C	Nov. 6, 1864.
5403	Taylor, H	do	63d Ind	I	Aug. 12, 1864.
6587	Taylor, H. C	do	1st Vt. art	L	Aug. 23, 1864.
809	Taylor, J	do	4th Ill. cav	F	April 30, 1864.
3460	Taylor, J	do	13th Tenn	D	July 17, 1864.
8663	Taylor, J	do	8th Va	G	Sept. 13, 1864.
10142	Taylor, J	do	14th Conn	I	Oct. 1, 1864.
1144	Taylor, J. F	do	13th Pa. cav	E	May 16, 1864.
11118	Taylor, J. M	do	11th Mich	A	Oct. 18, 1864.
11171	Taylor, J. W	do	1st Vt. art	A	Oct. 19, 1864.
3896	Taylor, J. W	Citizen			July 24, 1864.
7366	Taylor, M. D	Private	18th U. S	E	Aug. 31, 1864.
3368	Taylor, N	do	37th Mass	D	July 15, 1864
9103	Taylor, N	do	32d Mich	F	Sept. 18, 1864.
12526	Taylor, N. P	do	14th Ill	I	Jan. 26, 1865.
5112	Taylor, Peter	do	9th N. J	C	Aug. 9, 1864.
276	Taylor, R	do	1st Del	G	Mar. 31, 1864.
2742	Taylor, R. H	do	125th N. Y	F	July 1, 1864.
9993	Taylor, S. B	Corporal	147th N. Y	K	Sept. 29, 1864.
253	Taylor, T	do	11th Ky. cav	H	Mar. 30, 1864.
2515	Taylor, T	Private	2d Mass. cav	G	June 26, 1864.
6858	Taylor, T	do	6th Wis	E	Aug. 26, 1864.
493	Taylor, T. B	do	10th N. Y. cav		April 11, 1864.

No. of grave.	Name.	Rank.	Regiment.	Co.	Died.
10157	Taylor, W.	Private	22d N. Y. cav.	C	Oct. 1, 1864.
12290	Taylor, W.	do	12th N. Y. cav	A	Dec. 15, 1864.
12480	Taylor, W.	do	42d N. Y	B	Jan. 18, 1865.
10370	Taylor, W. H	do	7th N. Y. art	C	Oct. 5, 1864.
10738	Taylor, W. H	do	7th N. Y. cav	C	Oct. 11, 1864.
8961	Taylor, W. W	Sergeant	2d N. Y	I	Sept. 16, 1864.
7019	Tell, William	Private	59th N. Y	C	Aug. 27, 1864.
1825	Temple, J	do	100th Ill	H	June 10, 1864.
4778	Templeton, G. W	do	2d Tenn	C	Aug. 5, 1864
6234	Templeton, W. H	Corporal	11th Ky. cav	B	Aug. 20, 1864.
9064	Teneyck, M	Private	14th N. Y. art	E	Sept. 17, 1864.
12577	Teusdell, T. H	do	2d Ohio cav.	E	Feb. 3, 1865.
4386	Terney, William	do	3d Mass. cav	G	July 31, 1864.
133	Terry, Aaron	Sergeant	12th N. Y	K	Mar. 24, 1864.
9375	Terry, D	Private	9th Tenn. cav.	D	Sept. 20, 1864.
4466	Terry, John	do	14th Ill. cav.	M	Aug. 1, 1864.
10509	Terry, William	do	1st Ky. cav	A	Oct. 12, 1864.
6445	Terwilliger, B. C	do	85th N. Y	D	Aug. 22, 1864.
4909	Tewey, J	do	99th N. Y	H	Aug. 6, 1864.
9480	Thair, W	do	115th N. Y	D	Sept. 22, 1864.
3498	Thatcher, E. H	do	6th Mich. cav.	F	July 18, 1864.
12451	Thatcher, J	do	7th N. J	H	Jan. 14, 1865.
1108	Thatcher, J. P	do	2d Va	A	May 15, 1864.
11062	Thatcher, R	do	14th Pa	C	Oct. 16, 1864.
10347	Thausbury, U. C	do	79th Ill	A	Oct. 4, 1864.
12437	Thayer, D	do	64th Ill	E	Jan. 12, 1865.
12843	Thayer, G	do	7th N. Y	E	April 22, 1864.
3812	Thayer, J	do	27th Mass	A	July 23, 1864.
11705	Their, A. F	do	3d Iowa	C	Nov. 1, 1864.
679	Thenback, Otto	do	39th N. Y	D	April 22, 1864.
16780	Thime, R. A	do	7th Tenn	B	Oct. 12, 1864.
778	Thistlewood, J	do	73d Pa	E	April 28, 1864.
621	Thom, E	do	9th Me	I	April 19, 1864.
2435	Thomas, A	do	16th Ill	A	June 24, 1864.
7250	Thomas, E	do	23d Pa	F	Aug. 30, 1864.
5345	Thomas, F	do	7th Pa	F	Aug. 11, 1864.
10212	Thomas, H	Sergeant	10th N. J	B	Oct. 1, 1864.
3598	Thomas, H	do	85th N. Y	D	July 19, 1864.
7095	Thomas, H. D	Private	42d Ind	I	Aug. 28, 1864.
8258	Thomas, J	do	1st U. S. cav	D	Sept. 9, 1864.
7640	Thomas, J	do	44th Ohio	C	Sept. 2, 1864.
10352	Thomas, J	do	2d N. Y. cav.	D	Oct. 4, 1864.
8612	Thomas, J	do	2d Mass. art	H	Sept. 13, 1864.
8522	Thomas, J	do	5th R. I		Sept. 11, 1864.
1851	Thomas, J	Seaman	St'r Southfield		June 7, 1864.
4619	Thomas, J	Private	85th N. Y	G	Aug. 3, 1864.
11123	Thomas, J. A	do	32d Mass	G	Oct. 18, 1864.
3409	Thomas, J. H	Teamster	Citizen		July 16, 1864.
2421	Thomas, J. W	Private	56th Mass	I	June 24, 1864.
10438	Thomas, M	do	2d Ind. cav.		Oct. 6, 1864.
8279	Thomas, S	do	8th U. S., (col'd)	D	Sept. 9, 1864.
1713	Thomas, S	Seaman	St'r Southfield		June 7, 1864.
9774	Thomas, W	Private	103d Ohio	B	Sept. 26, 1864.
1476	Thomas, W	do	10th Ohio	M	May 26, 1864.
3711	Thomas, W	do	3d N. Y	H	July 21, 1864.
2860	Thomas, W. B	do	89th Ohio	C	July 4, 1864.
10892	Thomas, W. E	Sergeant	11th Ky. cav	G	Oct. 14, 1864.
932	Thomas, W. H	Private	2d Tenn	K	May 7, 1864
7052	Thomas, W. H	do	7th Tenn. cav.	A	Aug. 28, 1864.
11603	Thomas, W. R	do	9th Minn	E	Oct. 28, 1864.

ANDERSONVILLE CEMETERY, GEORGIA. 193

No. of grave.	Name.	Rank.	Regiment.	Co.	Died.
6098	Thompson, A	Private	9th N. H	K	Sept. 7, 1864.
9143	Thompson, A	do	9th N. Y	D	Sept. 18, 1864.
9362	Thompson, A	do	18th Pa. cav	I	Sept. 20, 1864.
2182	Thompson, A	Musician	4th Pa. cav	C	June 19, 1864.
6730	Thompson, A. B	Private	146th N. Y	A	Aug. 24, 1864.
5966	Thompson, B	do	100th Pa	H	Aug. 17, 1864.
793	Thompson, C	H. steward	2d Tenn		April 29, 1864.
12374	Thompson, C	Private	15th Wis	K	Jan. 1, 1865.
12527	Thompson, C	do	1st Mass. art	B	Jan. 26, 1865.
8167	Thompson, C. W	do	85th N. Y	K	Sept. 2, 1864.
10411	Thompson, D	do	24th Ill	K	Oct. 6, 1864.
320	Thompson, D	do	142d N. Y	E	April 3, 1864.
3120	Thompson, D. D	do	36th Wis	H	July 10, 1864.
8682	Thompson, F	do	9th Me	E	Sept. 13, 1864.
5427	Thompson, F	do	14th Conn	A	Aug. 12, 1864.
6146	Thompson, F. A. B	do	69th Pa	I	Aug. 19, 1864.
1890	Thompson, G	do	16th Mass	K	June 13, 1864.
2693	Thompson, G	do			June 30, 1864.
4536	Thompson, G	do	58th Mass	F	Aug. 2, 1864.
7128	Thompson, G. G	do	1st Ill. cav	M	Aug. 24, 1864.
1814	Thompson, H	do	57th Pa	C	June 10, 1864.
5784	Thompson, J	do	104th N. Y	G	Aug. 15, 1864.
7872	Thompson, J	do	13th Mass	I	Sept. 5, 1864.
8689	Thompson, J	do	2d Md	L	Sept. 14, 1864.
9726	Thompson, J	do	99th Pa	B	Sept. 25, 1864.
10008	Thompson, J	do	90th Pa	H	Sept. 29, 1864.
10455	Thompson, J	do	3d Me	E	Oct. 7, 1864.
4116	Thompson, J	Sergeant	18th Pa. cav	G	July 22, 1864.
4781	Thompson, J	Private	39th N. Y	H	Aug. 5, 1864.
4784	Thompson, J	do	2d Ohio	E	Aug. 5, 1864.
11407	Thompson, J	do	12th Pa. cav	E	Oct. 24, 1864.
136	Thompson, J	Teamster			Mar. 24, 1864.
2453	Thompson, J	Private	16th Ill. cav	I	June 25, 1864.
3002	Thompson, J. M	do	27th Mass	H	July 24, 1864.
3571	Thompson, J. S	do	183d Pa	H	July 19, 1864.
3976	Thompson, M	do	5th Iowa	G	July 26, 1864.
7797	Thompson, M. C	do	5th Mich. cav	I	Sept. 4, 1864.
3596	Thompson, M. W	do	58th Mass	G	July 19, 1864.
5524	Thompson, P	do	10th N. Y	E	Aug. 13, 1864.
3003	Thompson, R	do	103d Pa	F	July 7, 1864.
11364	Thompson, S	do	4th N. J	H	Oct. 23, 1864.
6491	Thompson, T	do	10th Ill	B	Aug. 22, 1864.
6831	Thompson, T	do	2d Ill. cav	M	Aug. 25, 1864.
3794	Thompson, T	do	13th Pa	D	July 22, 1864.
7224	Thompson, V. B	do	26th Ohio	C	Aug. 29, 1864.
7544	Thompson, W	do	8th Mich	F	Sept. 2, 1864.
8408	Thompson, W	do	9th Minn	A	Sept. 11, 1864.
11220	Thompson, W. A	do	1st Vt	I	Oct. 20, 1864.
258	Thompson, W. D	do	2d Tenn	F	Mar. 31, 1864.
4443	Thompson, W. F	do	14th Conn	I	Aug. 1, 1864.
5179	Thompson, W. W	do	101st Pa	E	Aug. 9, 1864.
10398	Thorubury, B	do	2d Conn. cav	G	Oct. 6, 1864.
8182	Thorn, H. T	do	2d Del	D	Sept. 8, 1864.
8863	Thorn, J	do	16th Ill. cav	K	Sept. 15, 1864.
7160	Thorn, P. C	do	1st Wis. cav	L	Aug. 29, 1864.
12716	Thorndie, ——	Corporal	19th Me	I	Mar. 2, 1865.
11235	Thornton, J	Private	14th N. Y. art	L	Oct. 21, 1864.
1704	Thornton, S. A	do	1st Tenn. art	H	June 7, 1864.
9212	Thorp, D	Corporal	18th Pa	G	Sept. 19, 1864.
6956	Thorp, J	Private	4th Ky. cav	K	Aug. 26, 1864.

13

No. of grave.	Name.	Rank.	Regiment.	Co.	Died.
7409	Thorp, L	Private	61st Pa	E	Aug. 31, 1864.
391	Thorpe, H	do	1st Ky. cav	B	April 5, 1864.
12332	Thorpe, S. S	do	3d Va	F	Dec. 25, 1864.
6309	Thorpe, W. C	do	2d N. Y	F	Aug. 20, 1864.
11475	Thorson, P	do	24th Wis	G	Oct. 26, 1864.
3538	Thresh, G	do	5th N. Y. cav	K	July 18, 1864.
9775	Thuck, T	do	7th Pa	C	Sept. 26, 1864.
9003	Thulan, J	do	9th Minn	K	Sept. 17, 1864.
11236	Thurber, D	Corporal	36th Wis	G	Oct. 21, 1864.
9833	Thurman, J	Private	84th Ill	E	Sept. 27, 1864.
6379	Thurston, C. C	do	1st Va. cav	I	Aug. 21, 1864.
4393	Thurston, G. M	do	85th N. Y	E	July 31, 1864.
5147	Thurston, N. E	do	85th N. Y	E	Aug. 9, 1864.
4444	Tibbels, H	do	16th Conn	G	Aug. 1, 1864.
5479	Tibbels, William	do	16th Conn	G	Aug. 13, 1864.
4634	Tibbett, A	do	23d Mass	F	Aug. 3, 1864.
2229	Tice, S. J	do	7th Tenn	B	June 20, 1864.
12694	Tidwell, F	do	13th Tenn	D	Feb. 22, 1865.
4825	Tidwell, J. W	do	13th Tenn	C	Aug. 5, 1864.
5356	Tierney, W	do	1st Ohio art	L	Aug. 11, 1864.
7468	Tiffany, H. A	do	4th Mass	F	Sept. 1, 1864.
7009	Tift, H	do	5th Mich. cav	M	Aug. 27, 1864.
6549	Tilden, A	do	27th Mass	B	Aug. 23, 1864.
8283	Tillitson, A. P	do	51st N. Y	A	Sept. 9, 1864.
3701	Tillor, G. W	do	28th Ky	A	July 21, 1864.
3898	Tillson, Charles E	do	29th Mass	E	July 24, 1864.
8531	Tilt, M	do	115th Pa	A	Sept. 11, 1864.
10186	Tiltan, N. M	do	9th Minn	B	Oct. 1, 1864.
4072	Tilton, D. B	do	7th N. Y	G	July 27, 1864.
11230	Tilton, H	do	24th N. Y. art		Oct. 20, 1864.
11450	Tilton, J	do	1st Md. cav	F	Oct. 25, 1864.
10734	Tilton, L. G	do	11th N. H	B	Oct. 11, 1864.
6593	Timball, William	do	1st Del. cav	F	Aug. 23, 1864.
4218	Timm, James	do	15th Mass	M	July 29, 1864.
2680	Timmish, —	do	85th N. Y	C	June 30, 1864.
9335	Tindall, William	do	14th Md	B	Sept. 20, 1864.
1853	Tindel, C	Sergeant	1st N. J	B	June 11, 1864.
1356	Tindle, E	Corporal	9th Md	G	May 24, 1864.
11078	Tiner, J. W	Private	3d Iowa cav	B	Oct. 17, 1864.
11401	Tingay, W	do	1st Mass. cav	K	Oct. 24, 1864.
659	Tinis, David	do	99th N. Y	E	April 21, 1864.
518	Tinker, James	do	117th Ind	I	April 13, 1864.
46	Tinler, W	do	16th Ill. cav	D	Mar. 15, 1864.
4160	Tinsdale, —	do	149th Pa	E	July 28, 1864.
1981	Tippeny, William	do	5th Iowa	K	June 15, 1864.
2718	Tipton, W. H	do	2d Tenn	I	July 1, 1864.
2148	Tirny, S. W	do	21st Wis	D	June 18, 1864.
10035	Tisdale, E. F	do	1st Conn. cav	B	Sept. 29, 1864.
2635	Tiser, L	do	145th Pa	B	June 29, 1864.
5646	Tite, W. F	do	13th Tenn	C	Aug. 14, 1864.
9027	Tits, P	do	Pa. vols	C	Sept. 17, 1864.
10725	Tittill, George	Corporal	69th Pa	K	Oct. 11, 1864.
3329	Titus, W	Private	171st Pa	D	July 14, 1864.
6687	Tives, C	do	5th Iowa	A	Aug. 24, 1864.
6476	Toal, William	do	11th Pa res	I	Aug. 22, 1864.
5833	Toaner, L	do	5th N. Y. cav	G	Aug. 16, 1864.
6047	Tobias, A	do	120th N. Y	H	Aug. 18, 1864.
3431	Tobine, T	do	6th N. H	A	July 17, 1864.
6719	Todd, T	do	6th Ind	B	Aug. 24, 1864.
3473	Todd, William	do	103d Pa	K	July 17, 1864.

ANDERSONVILLE CEMETERY, GEORGIA. 195

No. of grave.	Name.	Rank.	Regiment.	Co.	Died.
12636	Toedt, H	Private	1st N. Y	K	Feb. 10, 1865.
11393	Toffer, J	Corporal	1st U. S	B	Oct. 24, 1864.
785	Tolan, B	Private	13th Pa. cav	B	April 2, 1864.
9263	Tolley, D	do	8th Tenn	H	Sept. 19, 1864.
2589	Tombinson, Robert	do	6th Wis	B	June 22, 1864.
1657	Tomlin, A	do	7th Tenn. cav	M	June 6, 1864.
3846	Tomlinson, S	Sergeant	3d Va	I	July 23, 1864.
12708	Tomlinson, W. F	Private	22d N. Y. cav	G	Feb. 22, 1865.
5510	Tompkins, J	do	6th N. Y. art	H	Aug. 13, 1864.
211	Tompkins, J. B	do	2d Tenn	F	Mar. 2, 1864.
6703	Tompkins, N. R	do	1st Mich	B	Aug. 24, 1864.
2613	Tompson, T	do	12th N. Y. cav	F	June 28, 1864.
2603	Tompson, William	do	18th U. S	G	June 28, 1864.
1153	Toner, Peter	do	19th Pa	A	May 16, 1864.
4733	Tooley, G. W	Corporal	42d Ind	H	Aug. 4, 1864.
92	Tooley, Michael	Private	13th U. S	G	Mar. 21, 1864.
6509	Tooley, W. K	Corporal	42d Ind	H	Aug. 22, 1864.
3549	Tooma, John	Private	28th Mass	E	July 18, 1864.
2112	Toomey, J. T	Corporal	85th N. Y	I	June 17, 1864.
10928	Toothacre, J	Private	7th Me	G	Oct. 14, 1864.
3064	Topp, A	do	19th Ill	C	July 9, 1864.
9720	Torrence, B	do	4th Iowa cav	M	Sept. 25, 1864.
6019	Torry, C. S	do	7th Mass	H	Aug. 17, 1864.
1316	Touney, J. M	do	10th Iowa	K	May 23, 1864.
9530	Towler, C	do	100th Ohio	A	Sept. 22, 1864.
10131	Townly, J. J	do	1st Mass	F	Oct. 1, 1864.
11820	Townsdy, E. M	Sergeant	88th Ohio	D	Nov. 5, 1864.
12080	Townsend, C	Corporal	183d Pa	E	Nov. 18, 1864.
2302	Townsend, D	Private	18th Pa	I	June 22, 1864.
535	Townsend, Y. M	do	111th N. Y	F	April 14, 1864.
3883	Townsend, J	do	52d N. Y	A	July 24, 1864.
6131	Townsend, J	do	35th N. J	I	Aug. 19, 1864.
9945	Townsend, J	do	126th Ohio	C	Sept. 28, 1864.
8068	Townsend, L	do	22d N. Y. cav	G	Sept. 7, 1864.
9398	Townsend, F	do	10th N. J	C	Sept. 21, 1864.
10422	Townsend, W	do	111th N. Y	B	Oct. 6, 1864.
12705	Toy, J	do	7th N. Y	G	Feb. 27, 1865.
12336	Trace, J	do	52d Pa	A	Dec. 26, 1864.
7599	Tracy, D	do	7th Mich. cav	M	Sept. 2, 1864.
6508	Tracy, J	do	11th Ky	L	Aug. 22, 1864.
100	Tracy, Pat	do	99th N. Y	I	Mar. 22, 1864.
8259	Trainer, M	do	6th U. S	F	Sept. 9, 1864.
8840	Trainer, Robert	do	4th Pa. cav	D	Sept. 15, 1864.
536	Trash, G. K	do	20th Me	A	April 14, 1864.
7924	Trash, S	do	81st Pa	A	Sept. 6, 1864.
11550	Trask, J. J	do	7th Ill. cav	D	Oct. 27, 1864.
6448	Trautman, J	do	9th N. J	D	Aug. 22, 1864.
9108	Travern, W	do	2d Mass. art	G	Sept. 18, 1864.
1009	Travis, G	do	11th Ky	E	May 10, 1864.
7860	Travis, H. C	Corporal	59th Mass	C	Sept. 5, 1864.
7187	Travis, T	Private	8th N. Y. cav	G	Aug. 29, 1864.
9432	Traworth, F	do	57th N. Y	I	Sept. 21, 1864.
4159	Trayner, J		St'r Southfield		July 28, 1864.
7723	Treadway, J. H	Corporal	15th Conn	D	Sept. 3, 1864.
8544	Trenor, N	Private	76th N. Y	F	Sept. 11, 1864.
743	Trescott, Samuel	do	2d Ohio	C	April 26, 1864.
5672	Tresler, H. W	do	4th Mo. cav	I	Aug. 14, 1864.
11734	Trespan, P	do	67th Pa	H	Nov. 2, 1864.
8495	Trimble, D. A	do	30th Ind	A	Sept. 11, 1864.
999	Trimmer, Wm	do	40th Ohio	H	May 10, 1864.
9725	Trinn, E	Private	3d U. S. cav	C	Sept. 25, 1864.
3193	Tripp, Ira	Sergeant	77th N. Y	B	July 11, 1864.

No. of grave.	Name.	Rank.	Regiment.	Co.	Died.
10442	Tripp, O. S.	Private	3d N. Y. art.	K	Oct. 7, 1864.
3404	Trobridge, S.	....do......	6th Va.	I	July 16, 1864.
3425	Trompter, F.	Sergeant	140th N. Y.	B	July 16, 1861.
8500	Troutman, A	Private	2d Wis		Sept. 11, 1864.
1915	Trout, E	....do......	21st Ill	F	June 14, 1864.
751	Trowbridge, L.	....do......	16th Ill. cav.	M	April 26, 1864.
7225	Troy, J	....do......	81st Ind	A	Aug. 29, 1864.
10216	Trubone, R. S	Sergeant	14th Va.	B	Oct. 2, 1864.
4820	Trueberg, E.	Private	52d N. Y.	F	Aug. 5, 1864.
7629	Trueman, R.	....do......	7th N. Y. art.	G	Sept. 2, 1864.
4052	Truesdale, N. J	....do......	85th N. Y.	H	July 27, 1864.
8231	Trumm, E. W	....do......	9th Pa.	G	Sept. 9, 1864.
2662	Truman, J	....do......	5th U. S. cav	D	June 29, 1864.
5665	Truman, L. H.	Sergeant	6th Ind. cav.	G	Aug. 8, 1864.
3882	Trumbull, B	Private	115th N. Y.	I	July 24, 1864.
3968	Trumbull, H	....do......	3d Pa	E	July 25, 1864.
7317	Trumpp, E	....do......	22d N. Y. cav	F	Aug. 20, 1864.
7996	Truscutt, W. M.	....do......	15th Mass.	I	Sept. 6, 1864.
6447	Tubbs, E	....do......	143d Pa	I	Aug. 22, 1864.
2945	Tubbs, P.	....do......	7th Mich	K	July 5, 1864.
3788	Tubbs, W. H	....do......	85th N. Y.	D	July 22, 1864.
9246	Tucker, —	....do......	2d Md.		Sept. 19, 1864.
3661	Tucker, C. P	....do......	1st Wis.	I	July 20, 1864.
3032	Tucker, E.	....do......	38th Ill	B	July 7, 1864.
12736	Tucker, J	....do......	7th Ill.	F	Mar. 6, 1865.
10028	Tucker, J. A	....do......	15th Ky	A	Sept. 29, 1864.
10832	Tucker, J. S.	....do......	8th Ill. cav	G	Oct. 13, 1864.
3129	Tucker, L.	....do......	120th N. Y.	D	July 10, 1864.
7205	Tucker, Rob't	....do......	17th Ky	G	Aug. 29, 1864.
781	Tucker, W	....do......	12th Ky	I	Apr. 28, 1864.
2371	Tudor, A. B. R	Corporal	11th Ky. cav.	A	June 23, 1864.
5090	Tufts, J	Private	32d Maine	C	Aug. 8, 1864.
1145	Tull, D	Corporal	4th Pa.	D	May 16, 1864.
1531	Tulles, L. B. G.	Teamster	Citizen		June 1, 1864.
3778	Tumblord, B	Private	65th Ind.	B	July 22, 1864.
2502	Tunerholm, S. H	....do......	19th Ill.	K	June 26, 1864.
8849	Tunerson, Wm	....do......	2d N. Y. art.	I	Sept. 15, 1864.
8805	Tunert, T. J	....do......	110th Mass	D	Sept. 15, 1864.
3084	Tupple, H.	Sergeant	159th N. Y.	H	July 9, 1864.
7915	Turden, E. T.	Private	15th N. Y cav	D	Sept. 5, 1864.
7801	Turk, H	....do......	18th U. S.	H	Sept. 4, 1864.
1029	Turner, A	....do......	1st Md. cav	B	May 11, 1864.
7937	Turner, B.	....do......	4th N. J.	G	Sept. 5, 1864.
1377	Turner, C	....do......	9th Md	E	May 26, 1864.
3075	Turner, C	....do......	7th R. I	E	July 9, 1864.
1106	Turner, C. C	....do......	4th Maine	E	May 15, 1864.
333	Turner, F	....do......	2d N. C	I	Apr. 3, 1864.
8132	Turner, H	....do......	34th Mass.	F	Sept. 8, 1864.
11089	Turner, H	....do......	11th Conn	A	Oct. 18, 1864.
798	Turner, H., (colored).	....do......	1st N. C	I	Apr. 29, 1864.
6794	Turner, J	....do......	118th Pa.	H	Aug. 25, 1864.
7670	Turner, J	....do......	49th N. Y.	A	Sept. 6, 1864.
11376	Turner, J	....do......	22d N. Y. cav.	M	Oct. 24, 1864.
1628	Turner, J	....do......	11th Ky. cav.	C	June 5, 1864.
2757	Turner, M.		U. S. navy		July 1, 1864.
10988	Turner, S	....do......	120th Ill	A	Oct. 16, 1864.
7246	Turner, S. B	....do......	45th Ohio	B	Aug. 30, 1864.
1688	Turner, T	....do......	16th N. Y. cav.	B	June 7, 1864.
707	Turner, W	Corporal	5th N. Y. cav	G	Apr. 24, 1864
677	Turner, W. A	Private	1st Md. cav.	D	Apr. 22, 1864.
1196	Turney, U. S	....do......	2d Ohio cav.	G	May 18, 1864.
3768	Turrell, A.	....do......	12th Pa. cav	B	July 22, 1864.
1304	Turrell, H.	....do......	22d Mich	H	May 23, 1864.

No. of grave.	Name.	Rank.	Regiment.	Co.	Died.
5552	Tursily, M	Private	90th Ohio	B	Aug. 13, 1864.
7421	Turton, W. F	do	2d N. Y. art	I	Aug. 31, 1864.
10588	Tussey, E. D	do	24th Ky	A	Oct. 10, 1864.
9687	Tuthill, S. B	do	2d N. Y. art	M	Sept. 24, 1864.
10535	Tuthill, C	do	22d N. Y. cav	G	Oct. 8, 1864.
3784	Tuttle, C. S	do	1st Vt. cav	F	July 22, 1864.
12322	Tuttle, D. L	do	32d Me	F	Dec. 22, 1864.
12196	Tuttle, L. S	Corporal	32d Me	F	Nov. 30, 1864.
2893	Tuttle, W	Private	48th N. Y.	K	July 24, 1864.
10036	Tuydor, H	Corporal	7th Ill. cav	I	Sept. 29, 1864.
10494	Tuynll, J	Private	22d N. Y. cav	A	Oct. 8, 1864.
11476	Twaddle, W	do	4th Vt	G	Oct. 26, 1864.
730	Tweedle, R	do	1st Ohio	A	Apr. 24, 1864.
12337	Tweer, B	Citizen	Indiana		Dec. 26, 1864.
11148	Twisler, C	Sergeant	5th Mich	K	Oct. 19, 1864.
6332	Twitchell, ——	Private	36th Mass	C	Aug. 21, 1864.
5428	Twitchell, J	do	17th Mass	K	Aug. 12, 1864.
4122	Tyffe, Jno	do	1st Tenn. cav	A	July 28, 1864.
11420	Tyler, E. B	do	10th Wis	F	Oct. 24, 1864.
3375	Tyler, J	Corporal	10th Wis	A	July 16, 1864.
541	Tyler, Moses	Private	14th Conn	E	Apr. 14, 1864.
5136	Tyren, T	do	8th Va	H	Aug. 9, 1864.
3466	Tyson, E. L	do	14th U. S	D	July 17, 1864.
149	Tyson, J. T	do	9th Md	D	Mar. 25, 1864.
1022	Tyson, J. T	do	9th Md	I	May 11, 1864.

U.

No. of grave.	Name.	Rank.	Regiment.	Co.	Died.
416	Uber, Chas	Sergeant	14th N. Y	A	April 5, 1864.
12251	Uehre, S	Private	12th Ohio	E	Dec. 9, 1864.
12401	Udell, J	do	7th N. Y. art	H	Jan. 5, 1865.
10887	Ulmer, H	do	15th N. Y. art	K	Oct. 14, 1864.
1583	Ulrich, Daniel	do	9th Md	I	June 3, 1864.
971	Ulrick, John	do	70th Pa	E	May 9, 1864.
2592	Ulty, J. R	do	2d Tenn	A	June 28, 1864.
12106	Ulvin, A	Corporal	9th Minn	E	Nov. 20, 1864.
9397	Umgelder, G	Private	M. M. B	C	Sept. 20, 1864.
2317	Undeburgh, L. N	do	77th N. Y	G	June 22, 1864.
254	Underhill, H	do	47th N. Y	E	Mar. 30, 1864.
11091	Underwood, B	do	11th Ill	E	Oct. 18, 1864.
10358	Underwood, P	do	7th Ind cav	C	Oct. 4, 1864.
1495	Underwriter, A	do	62d N. Y	F	May 31, 1864.
73	Unknown				Mar. 20, 1864.
101	....do				Mar. 22, 1864.
103	....do				....do.....
104	....do				Mar. 23, 1864.
105	....do				....do.....
106	....do				....do.....
107	....do				....do.....
111	....do				....do.....
115	....do				....do.....
120	....do				....do.....
127	....do				....do.....
138	....do				Mar. 24, 1864.
140	....do				....do.....
147	....do				....do.....
232	....do				Mar. 29, 1864.
326	....do				April 3, 1864.
345	....do				
1719	....do....John	Sergeant	18th Pa. cav	N	June 8, 1864.

No. of grave.	Names.	Rank.	Regiment.	Co.	Died.
1902	Unknown	Private	13th Ill.	G	June 8, 1864.
2672	....do				......do......
2719	....do				Jn'y 1, 1864.
2721	....do				.....do......
2722	....do				......do......
2779	....do				July 2, 1864.
2865	....do				July 4, 1864.
2866	....do				......do......
3117	....do				July 10, 1864.
3118	....do				......do......
3125	....do				......do......
3140	....do				......do......
3141	....do				......do......
3142	....do				......do......
3143	....do				......do......
3144	....do				......do......
5145	....do				......do......
3146	....do				......do......
3147	....do				......do......
3148	....do				......do......
3171	....do				July 11, 1864.
3186	....do				......do......
3200	....do				......do......
3221	....do				......do......
3229	....do				July 12, 1864.
3285	....do				July 14, 1864.
3364	....do				July 15, 1864.
3454	....do				July 17, 1864.
3494	....do				......do......
3502	....do				July 18, 1864.
3945	....do	Private	2d Mich.	D	July 25, 1864.
4164	....do				July 28, 1864.
4282	....do				July 30, 1864.
4600	....do				Aug. 3, 1864.
4609	....do				......do......
4671	....do				......do......
4753	....do				Aug. 5, 1864.
4754	....do				......do......
4755	....do				......do......
4756	....do				......do......
4757	....do				......do......
4758	....do				......do......
4815	....do				......do......
4837	....do				Aug. 6, 1864.
4838	....do				......do......
4839	....do				......do......
4840	....do				......do......
4841	....do				......do......
4842	....do				......do......
4851	....do				......do......
4852	....do				......do......
4864	....do				......do......
4873	....do				......do......
4891	....do				......do......
4924	....do				......do......
4938	....do				Aug. 7, 1864.
4939	....do				......do......
4972	....do				......do......
5032	....do				Aug. 8, 1864.
5033	....do				......do......

ANDERSONVILLE CEMETERY, GEORGIA. 199

No. of grave.	Name.	Rank.	Regiment.	Co.	Died.
5052	Unknown				Aug. 8, 1864.
5096	....do				Aug. 9, 1864.
5111	....do				......do......
5157	....do				......do......
5168	....do				......do......
5204	....do				Aug. 10, 1864.
5205	....do				......do......
5209	....do				......do......
5300	....do				Aug. 11, 1864.
5301	....do				......do......
5302	....do				......do......
5492	....do				Aug. 13, 1864.
5509	....do				......do......
5814	....do	Sergeant	77th Pa		Aug. 16, 1864.
6031	....do				Aug. 18, 1864.
6939	....do				Aug. 26, 1864.
7030	....do	Private			Aug. 27, 1864.
7047	....do				......do......
7545	....do				Sept. 2, 1864.
8000	....do				Sept. 7, 1864.
8135	....do				Sept. 8, 1864.
8179	....do				......do......
8191	....do				......do......
8251	....do				Sept. 9, 1864.
8327	....do				Sept. 10, 1864.
8394	....do				......do......
8412	....do				Sept. 11, 1864.
8420	....do				......do......
8424	....do				......do......
8432	....do				......do......
8435	....do				......do......
8471	....do				......do......
8485	....do				......do......
8489	....do				......do......
8491	....do				......do......
8494	....do				......do......
8535	....do				......do......
8552	....do				Sept. 12, 1864.
8558	....do				......do......
8561	....do				......do......
8564	....do				......do......
8565	....do				......do......
8566	....do				......do......
8600	....do				......do......
8604	....do				......do......
8609	....do				......do......
8610	....do				......do......
8660	....do				Sept. 13, 1864.
8672	....do				......do......
8673	....do				......do......
8674	....do				......do......
8675	....do				......do......
8677	....do				......do......
8678	....do				......do......
8679	....do				......do......
8683	....do				......do......
8684	....do				......do......
8702	....do				Sept. 14, 1864.
8703	....do				......do......
8704	....do				......do......

LIST OF INTERMENTS IN THE

No. of grave.	Name.	Rank.	Regiment.	Co.	Died.
8705	Unknown				Sept. 14, 1864.
8706	....do				......do......
8707	....do				......do......
8708	....do				......do......
8709	....do				......do......
8710	....do				......do......
8784	....do				......do......
8785	....do				......do......
8786	....do				......do......
8787	....do				......do......
8788	....do				......do......
8789	....do				......do......
8790	....do				......do......
8800	....do				Sept. 15, 1864.
8801	....do				......do......
8803	....do				......do......
8808	....do	Private			......do......
8809	....do				......do......
8811	....do				......do......
8813	....do				......do......
8816	....do				......do......
8817	....do				......do......
8825	....do				......do......
8826	....do				......do......
8829	....do				......do......
8831	....do	Private			......do......
8837	....do	...do	50th Ohio	I	......do......
8842	....do				......do......
8844	....do				......do......
8845	....do				......do......
8846	....do				......do......
8847	....do				......do......
8870	....do				......do......
8880	....do				Sept. 16, 1864.
8881	....do				......do......
8883	....do				......do......
8889	....do				......do......
8890	....do				......do......
8891	....do				......do......
8892	....do				......do......
8894	....do				......do......
8896	....do				......do......
8915	....do				......do......
8916	....do				......do......
8918	....do				......do......
8920	....do				......do......
8921	....do				......do......
8927	....do				......do......
8928	....do				......do......
8929	....do				......do......
8930	....do				......do......
8932	....do				......do......
8933	....do				......do......
8934	....do				......do......
8935	....do				......do......
8936	....do				......do......
8940	....do				......do......
8941	....do	Private			......do......
8945	....do				......do......
8947	....do	Private	39th N. Y	C	......do......

ANDERSONVILLE CEMETERY, GEORGIA. 201

No. of grave.	Name.	Rank.	Regiment.	Co.	Died.
8949	Unknown				Sept. 16, 1864.
8950	....do				......do......
8951	....do				......do......
8952	....do				......do......
8953	....do				......do......
8977	....do				Sept. 17, 1864.
8978	....do				......do......
8979	....do				......do......
8984	....do				......do......
8985	....do				......do......
8989	....do				......do......
8991	....do				......do......
8995	....do				......do......
8996	....do				......do......
8997	....do				......do......
9000	....do				......do......
9001	....do				......do......
9007	....do				......do......
9008	....do				......do......
9016	....do				......do......
9025	....do				......do......
9029	....do				......do......
9030	....do				......do......
9031	....do				......do......
9032	....do				......do......
9036	....do				......do......
9038	....do				......do......
9047	....do				......do......
9049	....do				......do......
9052	....do				......do......
9053	....do				......do......
9054	....do				......do......
9055	....do				......do......
9056	....do				......do......
9058	....do				......do......
9061	....do				......do......
9066	....do				......do......
9069	....do				......do......
9070	....do				......do......
9072	....do				......do......
9074	....do				......do......
9076	....do				......do......
9077	....do				......do......
9124	....do				Sept. 18, 1864.
9126	....do				......do......
9128	....do				......do......
9130	....do				......do......
9133	....do				......do......
9152	....do				......do......
9157	....do				......do......
9160	....do				......do......
9161	....do				......do......
9163	....do				......do......
9165	....do				......do......
9167	....do				......do......
9168	....do				......do......
9171	....do				......do......
9172	....do				......do......
9174	....do				......do......
9176	....do				......do......

LIST OF INTERMENTS IN THE

No. of grave.	Name.	Rank.	Regiment.	Co.	Died.
9177	Unknown				Sept. 18, 1864.
9179	....do				......do......
9181	....do				......do......
9182	....do				......do......
9197	....do				......do......
9199	....do				......do......
9200	....do				......do......
9201	....do				......do......
9203	....do				......do......
9204	....do				......do......
9207	....do				Sept. 19, 1864.
9255	....do				......do......
9257	....do				......do......
9259	....do				......do......
9261	....do				......do......
9262	....do				......do......
9264	....do				......do......
9267	....do				......do......
9275	....do				......do......
9276	....do				......do......
9277	....do				......do......
9279	....do				......do......
9280	....do				......do......
9281	....do				......do......
9282	....do				......do......
9285	....do				......do......
9286	....do				......do......
9346	....do				Sept. 20, 1864.
9355	....do				......do......
9359	....do				......do......
9360	....do				......do......
9364	....do				......do......
9382	....do				......do......
9391	....do				......do......
9393	....do				......do......
9394	....do				......do......
9440	....do				Sept. 21, 1864.
9442	....do				......do......
9449	....do				......do......
9455	....do				......do......
9466	....do				......do......
9485	....do				Sept. 22, 1864.
9489	....do				......do......
9493	....do				......do......
9522	....do				......do......
9523	....do				......do......
9524	....do				......do......
9529	....do				......do......
9565	....do				Sept. 23, 1864.
9586	....do				......do......
9587	....do				......do......
9588	....do				......do......
9589	....do				......do......
9595	....do				......do......
9596	....do				......do......
9601	....do				......do......
9608	....do				......do......
9610	....do				......do......
9613	....do				......do......
9615	....do				......do......

ANDERSONVILLE CEMETERY, GEORGIA. 203

No. of grave.	Name.	Rank.	Regiment.	Co.	Died.
9620	Unknown				Sept. 23, 1864.
9650	....do				Sept. 24, 1864.
9666	....do				......do......
9669	....do				......do......
9672	....do				......do......
9673	....do				......do......
9675	....do				......do......
9683	....do				......do......
9685	....do				......do......
9695	....do				......do......
9697	....do				......do......
9749	....do				Sept. 25, 1864.
9752	....do	Private	1st Md	I	......do......
9756	....do				......do......
9769	....do				......do......
9771	....do				......do......
9802	....do				Sept. 26, 1864.
9804	....do				......do......
9806	....do				......do......
9810	....do				......do......
9815	....do				......do......
9837	....do	Private			Sept. 27, 1864.
9841	....do				......do......
9863	....do				......do......
9876	....do				......do......
9877	....do				......do......
9881	....do				......do......
9883	....do				......do......
9887	....do				......do......
9891	....do				......do......
9900	....do				......do......
9908	....do				Sept. 28, 1864.
9922	....do				......do......
9923	....do				......do......
9956	....do				......do......
9959	....do				......do......
9964	....do				......do......
10012	....do				Sept. 29, 1864.
10020	....do				......do......
10021	....do				......do......
10025	....do				......do......
10034	....do				......do......
10039	....do				......do......
10041	....do				......do......
10090	....do				Sept. 30, 1864.
10104	....do				......do......
10159	....do				Oct. 1, 1864.
10162	....do				......do......
10166	....do				......do......
10167	....do				......do......
10168	....do				......do......
10173	....do				......do......
10175	....do				......do......
10177	....do				......do......
10178	....do				......do......
10182	....do				......do......
10185	....do				......do......
10188	....do				......do......
10189	....do				......do......
10191	....do				......do......

No. of grave.	Name.	Rank.	Regiment.	Co.	Died.
10195	Unknown				Oct. 1, 1864.
10200	....do				......do......
10238	....do				Oct. 2, 1864.
10254	....do				......do......
10261	....do				......do......
10263	....do				......do......
10264	....do				......do......
10266	....do				Oct. 3, 1864.
10282	....do	Private			Oct. 4, 1864.
10324	....do				......do......
10325	....do				......do......
10326	....do				......do......
10333	....do				......do......
10343	....do				......do......
10344	....do				......do......
10345	....do				......do......
10363	....do				Oct. 5, 1864.
10378	....do				......do......
10382	....do				......do......
10387	....do				......do......
10391	....do				......do......
10427	....do				Oct. 6, 1864.
10429	....do	Private			......do......
10432	....do				......do......
10470	....do				Oct. 7, 1864.
10475	....do				......do......
10507	....do				......do......
10532	....do				......do......
10544	....do				Oct. 8, 1864.
10628	....do				Oct. 10, 1864.
10629	....do				......do......
10630	....do				......do......
10633	....do				......do......
10643	....do				......do......
10697	....do				Oct. 11, 1864.
10701	....do				......do......
10704	....do				......do......
10707	....do				......do......
10712	....do				......do......
10713	....do				......do......
10714	....do				......do......
10718	....do				......do......
10719	....do				......do......
10722	....do				......do......
10732	....do				......do......
10755	....do				Oct. 12, 1864.
10774	....do				......do......
10777	....do				......do......
10786	....do				......do......
10798	....do				......do......
10801	....do				......do......
10802	....do				......do......
10807	....do				......do......
10838	....do				Oct. 13, 1864.
10860	....do				......do......
10867	....do				......do......
10894	....do				Oct. 14, 1864.
10927	....do				......do......
10994	....do				Oct. 16, 1864.
11003	....do				......do......

No. of grave.	Name.	Rank.	Regiment.	Co.	Died.
11007	Unknown				Oct. 16, 1864.
11010	....do				....do......
11023	....do				....do......
11105	....do				Oct. 18, 1864.
11106	....do				....do......
11128	....do				....do......
11145	....do				Oct. 19, 1864.
11151	....do				....do......
11190	....do				....do......
11208	....do				Oct. 20, 1864.
11237	....do				Oct. 21, 1864.
11340	....do				Oct. 23, 1864.
11417	....do				Oct. 24, 1864.
7289	Uunnch, C	Private	1st U. S. art	K	Sept. 4, 1864.
5171	Unwin, J	....do	2d Md	H	Aug. 9, 1864.
6780	Uoll, M	....do	9th N. J	A	Aug. 25, 1864.
2309	Updell, J. S	....do	15th Wis	B	June 22, 1864.
10493	Upkins, A	....do	1st N. H. cav	B	Oct. 7, 1864.
10760	Upton, J. M	....do	52d Ind	A	Oct. 12, 1864.
3022	Urvent, C	....do	100th N. Y	F	July 7, 1864.
9517	Usher, Samuel	....do	17th Mass	I	Sept. 22, 1864.
2634	Utter, Stephen	....do	1st N. Y. art	B	June 29, 1864.
12133	Utter, Wm	....do	45th Pa	H	Nov. 23, 1864.

V.

8270	Vail, G. B	Private	77th Pa	G	Sept. 9, 1864.
10389	Vail, G. M	....do	7th Ohio	D	Oct. 5, 1864.
6170	Vail, John L	Sergeant	17th Ohio	C	Aug. 19, 1864.
10252	Vail, N	Private	12th Ohio	K	Oct. 3, 1864.
3902	Valentine, C	....do	123d Ohio	H	July 24, 1864.
12100	Vallett, W	....do	5th N. J. art	A	Nov. 18, 1864.
6245	Valley, F	....do	32d Me	K	Aug. 20, 1864.
5491	Valley, John	....do	10th N. H.	K	Aug. 13, 1864.
9576	Vallis, J	....do	34th Ohio	H	Sept. 23, 1864.
11810	Vamerkes, D	....do	61st Pa	E	Nov. 4, 1864.
12166	Van Allen, C	....do	27th Mich	K	Nov. 26, 1864.
6634	Vanalstine, C	....do	7th N. Y. art	C	Aug. 23, 1864.
8782	Vanalstine, H	....do	152d N. Y	A	Sept. 14, 1864.
6859	Vanaman, M	....do	21st Ohio	E	Aug. 26, 1864.
11596	Van Arman, J	....do	8th N. Y. cav	E	Oct. 28, 1864.
8957	Vanarsdale, P	....do	1st N. Y	G	Sept. 16, 1864.
10071	Van Betheysen, H	....do	7th N. Y	I	Sept. 30, 1864.
12539	Van Bramer, F	....do	91st N. Y	K	Jan. 28, 1865.
2994	Vanbrunt, W. H	....do	9th Mich. cav	E	July 6, 1864.
664	Van Buren, Henry	....do	3d N. Y. art	K	April 21, 1864.
7635	Van Buren, J	....do	15th N. Y. cav	B	Sept. 2, 1864.
1025	Van Buren, J. W	....do	3d N. Y. art	K	May 11, 1864.
12041	Van Buren, W. H	....do	16th U. S	B	Nov. 16, 1864.
7766	Vancampment, Geo	....do	62d Pa	I	Sept. 4, 1864.
2803	Vance, H. J	....do	26th Mo	B	July 3, 1864.
8806	Vanclack, F	....do	5th N. Y	D	Sept. 15, 1864.
1091	Vanclake, Wm	....do	106th N. Y	D	May 14, 1864.
8359	Vancoster, H	....do	1st Wis. cav	C	Sept. 10, 1864.
7042	Vancotten, Wm	....do	16th U. S	D	Aug. 27, 1864.
1577	Van Derbeck, A	....do	132d N. Y	B	June 3, 1864.
8427	Vanderbilt, J	....do	36th Wis	D	Sept. 11, 1864.
1418	Vanderbogent, W	....do	104th N. Y	F	May 27, 1864.
4519	Vandergrate A	....do	2d Tenn	I	Aug. 1, 1864.
731	Vanderhof, Jas	....do	6th Mich. cav	G	April 25, 1864.

No. of grave.	Name.	Rank.	Regiment.	Co.	Died.
6877	Vanderpool, F	Private	57th Pa	B	Aug. 26, 1864.
6985	Vanderveer, A	do	6th Ohio	H	Aug. 27, 1864.
10667	Vandevere, J	do	11th Ky	C	Oct. 11, 1864.
9688	Vander, W. M	do	Philadelphia		Sept. 24, 1864.
3463	Van Dagen, H	do	24th N. Y. cav	M	July 17, 1864.
10158	Van Dyke, D. L	do	103d Pa	A	Oct. 1, 1864.
2270	Vandyke, John	do	6th Mich. cav	D	June 20, 1864.
7243	Vanesse, M	do	2d N. Y. cav	K	Aug. 29, 1864.
3333	Vanest, J. H	do	14th N. Y. art	B	July 15, 1864.
8309	Van Ester, A	do	5th N. Y cav	D	Sept. 10, 1864.
10472	Van Fleet, H	do	14th Ohio	I	Oct. 7, 1864.
4497	Vangilder, H	do	103d Ohio	K	Aug. 1, 1864.
1126	Vangusen, L	Sergeant	5th Mich. cav	G	May 15, 1864.
12154	Vanhatteman, —	Private	4th Pa	D	Nov. 25, 1864.
3371	Van Haughton, J	do	124th N. Y	C	July 15, 1864.
10666	Van Hausen, B	do	12th N. Y. bat		Oct. 11, 1864.
4265	Van Holt, T	do	13th Pa	A	July 29, 1864.
7217	Vanhook, J. M	Corporal	11th Tenn. cav	H	Aug. 29, 1864.
1203	Vanhorn, J	Private	2d Tenn	D	May 19, 1864.
12555	Van Horn, S	do	9th Ohio	C	Jan. 29, 1865.
6560	Van Hosen, C	do	95th N. Y	A	Aug. 23, 1864.
11505	Vanhouse, B. A	Corporal	9th Minn	E	Oct. 26, 1864.
4530	Vanhry, A. L	Private	2d Tenn	D	Aug. 2, 1864.
11094	Van Kirk, G	do	135th Ohio	B	Oct. 18, 1864.
9497	Vankirk, W		Ringgold bat	E	Sept. 22, 1864.
3278	Vanlim, C	Sergeant	6th Mich	F	July 13, 1864.
8958	Vanmaker, F	Private	16th Mich	G	Sept. 16, 1864.
11097	Van Nalley, J. M	do	89th Ohio	G	Oct. 18, 1864.
6250	Vanosen, Jos	do	93d Ind	B	Aug. 20, 1864.
7506	Van Osten, C	do	52d N. Y	H	Sept. 1, 1864.
11446	Vanscott, L	do	59th N. Y	E	Oct. 25, 1864.
1449	Vanscoy, A	Corporal	3d Va cav	E	May 16, 1864.
6864	Vanshoton, W. A	Private	6th Mich. cav	K	Aug. 26, 1864.
7595	Vansickle, L	Sergeant	5th Mich. cav	G	Sept. 2, 1864.
12838	Vansquirk, S	Private			April 19, 1864.
7564	Vanvelzer, J. M	do	85th N. Y	I	Sept. 2, 1864.
7054	Vanwagner, C	do	2d N. Y. cav	F	Aug. 28, 1864.
7252	Van Zarl, Wm	do	7th N. Y. art	E	Aug. 30, 1864.
1026	Varis, Ross	do	16th Ill. cav	I	May 11, 1864.
8948	Varndale, J	do	112th Pa		Sept. 16, 1864.
2915	Varner, T. L	do	11th Tenn. cav	E	July 5, 1864.
6472	Varney, C	do	163th N. Y	E	Aug. 22, 1864.
5183	Vase, —	do	16th Ill. cav	H	Aug. 9, 1864.
11225	Vatch, V. H	do	4th Vt	C	Oct. 20, 1864.
5263	Vatier, J	do	6th Ohio	C	Aug. 10, 1864.
885	Vaughan, J	do	8th Tenn	H	May 5, 1864.
8791	Vaughan, J	do	188th Pa	A	Sept. 15, 1864.
4450	Vaughn, B	do	125th Ohio	F	Aug. 1, 1864.
1078	Vaughn, Jas	do	16th Ill	L	May 14, 1864.
2089	Vaughn, W. H	do	8th N. Y. cav	K	June 17, 1864.
1305	Veach, Jesse	do	2d Md	H	May 23, 1864.
12457	Veazie, F	do	1st D. C. cav	K	Jan. 15, 1865.
2954	Vehost, O. H	do	1st Wis	L	July 6, 1864.
5661	Vencot, L	do	2d N. Y. cav	H	Aug. 14, 1864.
5363	Venome, Jas	do	30th Ind	K	Aug. 11, 1864.
1369	Ventler, Chas	Sergeant	73d Pa	G	May 25, 1864.
7691	Verhouse, D	Private	42d Ind	A	Sept. 3, 1864.
1539	Vernon, S	do	2d N. Y. cav	M	June 1, 1864.
2428	Vernon, S	do	7th Pa	K	June 24, 1864.
3335	Verrill, C	do	32d Me	G	July 15, 1864.

ANDERSONVILLE CEMETERY, GEORGIA. 207

No. of grave.	Name.	Rank.	Regiment.	Co.	Died.
814	Very, W	Private	1st Va. cav	C	April 30, 1864.
973	Vesper, Jas. W	do	85th N. Y	D	May 9, 1864
3076	Vetter, J	do	6th Wis	F	July 9, 1864.
6525	Vibbard, Geo	do	22d N. Y. cav	E	Aug. 22, 1864.
7135	Vickery, Wm	do	1st U. S.	H	Aug. 28, 1864.
7756	Victor, H	do	1st Ohio. art	B	Sept. 4, 1864.
4196	Viel, Wm	do	6th N. Y. art	F	July 29, 1864.
244	Vincent, Jas	do	8th Va. mil	C	Mar. 30, 1864.
12690	Vincent, Jas	do	8th Mich. cav	K	Feb. 22, 1865.
7765	Vincent, L. D	do	7th Ill. cav	G	Sept. 4, 1864.
2782	Vincent, R	do	1st N. Y	K	July 2, 1864.
7846	Vincent, R	do	178th N. Y	I	Sept. 4, 1864.
8269	Vincounts, A. J	do	1st Md. art	E	Sept. 9, 1864.
2194	Vinning, W. H. H	do	45th Ohio	G	June 19, 1864.
2879	Vinsant, G. W	do	14th N. Y. art	I	July 4, 1864.
1322	Virts, R	do	3d Va. cav	A	May 23, 1864.
2715	Vish, O	do	178th N. Y	E	July 1, 1864.
11568	Vittum, E. W	do	9th Me	B	Oct. 27, 1864.
9936	Vleight, A	do	22d Mich	D	Sept. 28, 1864.
11390	Vodoe, T	Corporal	10th Wis	E	Oct. 24, 1864.
10023	Voerling, H	Private	15th N. Y. art	C	Sept. 29, 1864.
1739	Vogel, L	Corporal	150th Pa	A	June 8, 1864.
4623	Vogle, Anton	Private	10th N. Y	C	Aug. 3, 1864.
1467	Vogle, Jacob	do	27th Mich	G	May 29, 1864.
3958	Vogle, V	do	78th Pa	D	July 25, 1864.
1717	Voit, F	do	6th Ind. cav	K	June 8, 1864.
10351	Voke, John	Corporal	5th Iowa	E	Oct. 4, 1864
3657	Volmore, J	Private	3d U. S. art	K	July 20, 1864.
3271	Volter, Geo	do	9th Ill	C	July 13, 1864.
3107	Volter, H	do	14th Conn	A	July 10, 1864.
6682	Voorhin, Geo	do	85th N. Y	C	Aug. 24, 1864.
11507	Voorhies, E R	do	85th N. Y	E	Oct. 26, 1864.
5503	Voorhees, A. H	do	1st N. Y. cav	H	Aug. 13, 1864.
2015	Vought, Samuel	do	24th Ill	H	June 16, 1864.
5638	Vox, Wm	do	24th Ill	E	Aug. 14, 1864.
	W.				
9861	Wacart, R	Private	2d Tenn	B	Sept. 27, 1864.
6767	Waddle, J	Sergeant	112th Ill	C	Aug. 25, 1864.
8466	Wade, A. D. L	Private	2d Mass. art	G	Sept. 11, 1864.
5399	Wade, C	do	81st Ind	K	Aug. 12, 1864.
7933	Wade, Geo	do	118th Pa	E	Sept. 5, 1864.
9356	Wade, M	do	14th N. Y. art	D	Sept. 20, 1864.
12737	Wade, W	do	10th Ind. cav	M	Mar. 6, 1865.
7109	Wadsworth, B. F	do	12th U. S.	C	Aug. 28, 1864.
2023	Wagner, C	do	39th N. Y	E	June 16, 1864.
10686	Wagner, C	do	93d N. Y	K	Oct. 11, 1864.
7191	Wagner, E	do	42d N. Y	A	Aug. 29, 1864.
5702	Wagner, J	do	7th N. H.	H	Aug. 15, 1864.
9486	Wagner, J	do	13th Iowa	E	Sept. 22, 1864.
9691	Wagner, J	do	93d Ohio	F	Sept. 24, 1864.
6524	Wagner, M	do	5th Ind. cav	I	Aug. 22, 1864
9998	Wagner, T	do	7th Ind	D	Sept. 29, 1864.
9636	Wagoner, H	Corporal	4th Ky. cav	I	Sept. 24, 1864.
686	Wahl, Jno	Private	73d Pa	C	April 23, 1864.
2964	Wahl, M	do	16th Ill. cav	I	July 6, 1864.
4060	Wailes, C. N	do	109th N. Y	K	July 27, 1864.
4998	Wainwright, —	do	9th N. J	C	Aug. 7, 1864.

LIST OF INTERMENTS IN THE

No. of grave.	Name.	Rank.	Regiment.	Co.	Died.
6314	Wainwright, L. G.	Private	89th Ohio	G	Aug. 20, 1864.
11503	Waiter, W	do	184th Pa	F	Oct. 26, 1864.
4706	Wakefield, D	do	25th Wis	K	Aug. 4, 1864.
11257	Wakesfield, J. H.	do	4th Vt	H	Oct. 22, 1864.
3728	Wakley, S	do	8th N. Y	B	July 21, 1864.
1564	Walcott, G. P	do	67th N. Y	D	June 2, 1864.
5959	Walden, W	do	36th Mass	B	Aug. 17, 1864.
12095	Walder, J	do	5th Pa. cav	L	Nov. 18, 1864.
10756	Waldo, J M	do	1st U. S. art	K	Oct. 12, 1864.
11034	Waldron, H	do	14th Ohio	A	Oct. 16, 1864
6978	Waldron, N	do	146th N. Y	K	Aug. 27, 1864.
2294	Wales, J	Sergeant	85th N. Y	D	June 21, 1864.
12147	Walf, H	Private	1st Md	K	Nov. 24, 1864.
10315	Walthope, J	do	184th Pa	A	Oct. 4, 1864.
4033	Walford, W	do	7th Tenn	A	July 26, 1864.
11108	Walker, A	do	45th Pa	D	Oct. 18, 1864.
12444	Walker, A	do	19th Mass	F	Jan. 12, 1865.
12576	Walker, C. H	do	6th Tenn	H	Feb. 3, 1865.
3605	Walker, E	do	7th Pa. reserves	A	July 19, 1864.
4860	Walker, G	do	22d Mich	G	Aug. 5, 1864.
9218	Walker, G	do	31st Ill	K	Sept. 19, 1864.
9825	Walker, G	do	4th Pa. cav	K	Sept. 27, 1864.
1701	Walker, H	do	22d Mich	C	June 7, 1864.
12493	Walker, H. C	do	87th Pa	B	Jan. 20, 1865.
8146	Walker, J	do	2d N. Y art	D	Sept. 8, 1864.
9479	Walker, J	do	13th Tenn. cav	C	Sept. 21, 1864.
9677	Walker, J	do	8th U. S. colored	F	Sept. 24, 1864.
7226	Walker, J. R	do	7th Mo	K	Aug. 29, 1864.
3894	Walker, M. C	do	5th Me	I	July 24, 1864.
6626	Walker, S. A	do	103d Pa	I	Aug. 23, 1864
1259	Walker, Wm	do	6th U. S	D	May 21, 1864.
10797	Walker, Wm	do	148th Penn	B	Oct. 12, 1864.
373	Walkman, H	Sergeant	4th Mo	C	April 5, 1864.
7772	Wall, A	Private	1st Me. cav	K	Sept. 4, 1864.
5001	Wall, J	Sergeant	15th N. Y	G	Aug. 7, 1864.
8198	Wall, J	Private	64th N. Y	I	Sept. 8, 1864.
4624	Wallace, H	do	14th Ky	E	Aug. 3, 1864.
4704	Wallace, L	do	2d E. Tenn	C	Aug. 4, 1864.
3377	Wallace, P	do	57th Mass	B	July 16, 1864.
1865	Wallace, S	do	2d Tenn	E	June 12, 1864.
735	Wallar, M. K	do	15th Ky	C	April 25, 1864.
11013	Waller, C	do	65th Ohio	I	Oct. 16, 1864.
6425	Walling, Geo	do	76th N. Y	B	Aug. 22, 1864.
3135	Wallis, A	do	116th Pa	I	July 10, 1864.
1525	Wallis, H	do	13th Pa. cav	H	June 1, 1864.
1398	Wallis, J	do	11th N. Y. cav	B	May 26, 1864.
2827	Wallis, J	Corporal	2d N. Y. cav	M	July 3, 1864.
8533	Wallis, J	Sergeant	11th Ky. cav	K	Sept. 11, 1864.
3173	Wallis. W	Private	5th R. I. art	A	July 11, 1864.
1756	Walls, J. W	do	7th Tenn	M	June 9, 1864.
1184	Walls, Peter	do	4th N. Y. cav	D	May 18, 1864.
5425	Walmar, ——	do	10th U. S	D	Aug. 12, 1864.
3867	Walrich, P	do	1st Minn	C	July 24, 1864.
3336	Walser, Jno	do	15th N. Y. art	D	July 15, 1864.
5790	Walsh, J	do	6th Ky. cav	H	Aug. 15, 1864.
7503	Walsh, Jas		U. S. navy		Sept. 1, 1864.
1745	Walsh, J. E	do	6th Ky. cav	L	June 8, 1864.
11494	Walsh, M	do	40th Mass	C	Oct. 26, 1864.
5942	Walsh, Thos	do	20th Me	H	Aug. 17, 1864.
10568	Walsh, W	do	67th Pa	E	Oct. 9, 1864.

ANDERSONVILLE CEMETERY, GEORGIA. 209

No. of grave.	Name.	Rank.	Regiment.	Co.	Died.
1693	Walter, S. P	Private	21st Wis	G	June 7, 1864.
9654	Walter, I	do	17th U. S	B	Sept. 27, 1864.
2338	Walters, C	do	73d Pa	B	June 22, 1864.
9858	Walters, D	do	125th N. Y	E	Sept. 27, 1864.
11002	Walters, J	do	5th Ind	I	Oct. 28, 1864.
886	Walters, J. H	Corporal	6th Ind. cav	G	May 5, 1864.
1557	Walters, Nelson	Sergeant	120th N. Y	K	June 2, 1864.
3321	Walterhouse, E	Private	9th N. Y	I	July 16, 1864.
1563	Waltermyre, H	do	76th Pa	H	June 2, 1864.
7386	Walton, A	Sergeant	4th Pa. cav	A	Aug. 31, 1864.
5191	Walton, E. A	Private	57th Mass	H	Aug. 10, 1864.
10298	Walton, J	do	8th Ky	A	Oct. 14, 1864.
8724	Walton, N	do	59th Mass	E	Sept. 14, 1864.
10229	Walty, J	do	7th Pa	H	Oct. 2, 1864.
7249	Waltz, M	do	14th N. Y. art	I	Aug. 30, 1864.
7680	Walwork, T	do	118th Pa	D	Sept. 3, 1864.
8101	Walworth, C	Sergeant	5th Iowa	K	Sept. 7, 1864.
2358	Walters, F	Private	9th Ohio	E	June 23, 1864.
1052	Ward, A	do	3d Tenn	I	May 12, 1864.
7920	Ward, A	do	11th Vt	A	Sept. 5, 1864.
12363	Ward, A	do	1st Wis. cav	C	Dec. 31, 1864.
2057	Ward, C	do	2d Tenn	H	June 16, 1864.
4338	Ward, D	do	135th Pa	E	July 30, 1864.
9512	Ward, G	Sergeant	11th Conn		Sept. 22, 1864.
11345	Ward, G. P	Private	7th Ill. cav	E	Oct. 23, 1864.
12600	Ward, G. W	do	18th Conn	C	Feb. 6, 1865.
2338	Ward, H	do	95th N. Y	I	June 20, 1864.
10402	Ward, Ira	do	21st Ohio	H	Oct. 6, 1864.
570	Ward, J	do	2d Tenn	E	April 15, 1864.
2070	Ward, J	do	19th Ind	F	June 29, 1864.
4809	Ward, J	Teamster	Citizen		Aug. 5, 1864.
5127	Ward, J	Private	99th N. Y	G	Aug. 9, 1864.
8307	Ward, J	do	1st N. J. cav	H	Sept. 10, 1864.
10648	Ward, J	do	29th Ind	I	Oct. 11, 1864.
9221	Ward, O. K	do	3d Iowa	E	Sept. 19, 1864.
4828	Ward, P	do	103d Pa	I	Aug. 5, 1864.
10543	Ward, P	do	88th N. Y	C	Oct. 8, 1864.
12072	Ward, R. S	do	15th Ill	C	Nov. 18, 1864.
10920	Ward, S	do	40th N. Y	H	Oct. 14, 1864.
2488	Ward, W	do	16th Ill. cav	M	June 26, 1864.
400	Ward, W. A	do	99th N. Y	B	April 5, 1864.
1733	Warden, H	do	17th Mass	I	June 8, 1864.
12816	Warden, H. B	do	5th N. Y	B	Mar. 25, 1865.
8304	Wardenfelt, J	do	6th Mass	C	Sept. 10, 1864.
11840	Wardner, G	do	3d Vt	B	Nov. 5, 1864.
12550	Ware, J. B	do	40th Mo	K	Jan. 29, 1865.
5217	Ware, Samuel	do	1st Mass	H	Aug. 10, 1864.
8864	Warffender, J. W	do	27th Mass	C	Sept. 15, 1864.
7276	Warhurst, Samuel	do	7th N. Y. art	I	Aug. 30, 1864.
10770	Waring, Thos	do	15th Ky	F	Oct. 12, 1864.
5099	Warner, A	do	4th N. J	A	Aug. 9, 1864.
12131	Warner, A. F	Corporal	19th Mass	D	Nov. 23, 1864.
12158	Warner, B. F	Private	35th Ohio	E	Nov. 25, 1864.
10477	Warner, C. S	do	21st N. Y. cav	D	Oct. 7, 1864.
9464	Warner, C. W	do	184th Pa		Sept. 21, 1864.
9258	Warner, D	do	12th Ky	A	
2601	Warner, E	do	1st Conn. cav	E	June 28, 1864.
4120	Warner, C. R	do	2d N. Y. cav	F	July 28, 1864.
7254	Warner, H	do	2d U. S	D	Aug. 30, 1864.
516	Warner, J	do	76th Pa	A	April 12, 1864.

14

No. of grave.	Name.	Rank.	Regiment.	Co.	Died.
[illegible]	[illegible]	Private	[illegible] Ohio	C	Sept. [illegible]
[illegible]	Warner J	do	[illegible] Mich.	K	[illegible]
[illegible]	Warner L	do	[illegible] Pa.	C	[illegible]
[illegible]	Warner [illegible]	do	[illegible] N. Y.	A	Aug. [illegible]
[illegible]	Warner M	do	[illegible] Ohio	[illegible]	[illegible]
[illegible]	Warner P B	do	[illegible] N. Y.	M	Aug. [illegible]
[illegible]	Warner S	do	[illegible]	E	July [illegible]
[illegible]	Warren [illegible]	Sergeant	[illegible] N. Y.	I	[illegible]
[illegible]	Warren J W	Corporal	[illegible] Penn.		[illegible]
[illegible]	Warren A	Private	[illegible] N. Y.	F	Sept. [illegible]
[illegible]	Warren E	do	[illegible] Ind.	E	June [illegible]
[illegible]	Warren H	do	[illegible]	I	June [illegible]
[illegible]	Warren H	do	[illegible]	M	Nov. [illegible]
[illegible]	Warren [illegible]	do	[illegible] Penn.	A	Sept. [illegible]
[illegible]	Warren [illegible]	do	[illegible]	[illegible]	[illegible]
[illegible]	Warren [illegible] C	do	[illegible] Va.	E	Aug. [illegible]
[illegible]	Warren [illegible]	do	[illegible] Mich.	B	June [illegible]
[illegible]	Warren [illegible]	do	[illegible] N. Y.	I	June [illegible]
[illegible]	Warren [illegible]	do	[illegible] N. Y.	[illegible]	[illegible]
[illegible]	Warren W [illegible]		[illegible]		Aug. [illegible]
[illegible]	Warren W [illegible]	do	[illegible]	A	June [illegible]
[illegible]	[illegible]	do	[illegible] Pa.	E	Aug. [illegible]
[illegible]	[illegible]	do	[illegible] Pa.	[illegible]	June [illegible]
[illegible]	[illegible]	do	[illegible]	[illegible]	Sept. [illegible]
[illegible]	[illegible]	do	[illegible] Va.	D	[illegible]
[illegible]	[illegible]	do	[illegible]	[illegible]	[illegible]
[illegible]	[illegible]	do	[illegible] Pa.	I	Aug. [illegible]
[illegible]	[illegible]	do	[illegible]	B	Aug. [illegible]
[illegible]	[illegible]	do	[illegible] Mich.	E	Nov. [illegible]
[illegible]	[illegible]	do	[illegible] N. Y.	D	Aug. [illegible]
[illegible]	[illegible]	do	[illegible] Ind.	A	Aug. [illegible]
[illegible]	[illegible]	do	[illegible] Mass.	[illegible]	Aug. [illegible]
[illegible]	[illegible] J	do	[illegible] N. Y.	[illegible]	[illegible]
[illegible]	[illegible]	Sergeant	[illegible] N. Y.	[illegible]	Aug. [illegible]
[illegible]	[illegible]	Private	[illegible] Pa.	L	Aug. [illegible]
[illegible]	[illegible]	do	[illegible] Pa.	B	Mar. [illegible]
[illegible]	[illegible]	do	[illegible]	E	[illegible]
[illegible]	[illegible]	do	[illegible] N. Y.	A	[illegible]
[illegible]	[illegible]	Sergeant	[illegible]	[illegible]	[illegible]
[illegible]	[illegible]	Private	[illegible] N. Y.	[illegible]	[illegible]
[illegible]	[illegible]	do	[illegible]	[illegible]	Aug. [illegible]
[illegible]	[illegible]	do	[illegible]	C	Sept. [illegible]
[illegible]	[illegible]	do	[illegible] Ind.	A	Sept. [illegible]
[illegible]	[illegible] J M	do	[illegible] Tenn.	I	June [illegible] 1864.
[illegible]	[illegible]	do	[illegible] N. Y.	[illegible]	Sept. [illegible]
[illegible]	[illegible]	do	[illegible] Mich.	K	[illegible]
[illegible]	[illegible]	do	[illegible] Pa.	C	Oct. [illegible]
[illegible]	[illegible]	do	[illegible] Pa.	B	Aug. [illegible]
[illegible]	[illegible]	do	[illegible] Ohio	K	Aug. [illegible]
[illegible]	[illegible]	do	[illegible] Pa.	A	[illegible]
[illegible]	[illegible] J	do	[illegible] N. Y.	M	[illegible]
[illegible]	[illegible] J C	do	[illegible] Penn.	C	Nov. [illegible]
[illegible]	[illegible]	do	[illegible] Mo.	A	April [illegible]
[illegible]	[illegible]	do	[illegible] N. Y.	I	Aug. [illegible]
[illegible]	[illegible] William	do	[illegible] Pa.	I	Sept. [illegible]
[illegible]	[illegible]	do	[illegible] N. Y.	A	[illegible] 1. [illegible]
[illegible]	[illegible] A J	do	[illegible] Pa.	I	[illegible]
[illegible]	[illegible]	do	[illegible] N. Y.	C	Sept. [illegible]
[illegible]	[illegible] C C	do	[illegible] Tenn.	A	April [illegible]
[illegible]	[illegible] T	Corporal	[illegible] Tenn.	K	June [illegible]

No. of grave.	Name.	Rank.	Regiment.	Co.	Died.
10889	Weidan, J	Corporal	2d Mo	B	Oct. 14, 1864.
3023	Weider L	Private	50th Pa	H	July 7, 1864.
11139	Weidman, A	....do	8th Kansas	D	Oct. 19, 1864.
10785	Weigman, J. W	Corporal	39th Ill	I	Oct. 12, 1864.
8208	Weif, E. C	Private	164th N. Y	B	Sept. 8, 1864.
9727	Weisbrod, F	....do	31st Iowa	A	Sept. 25, 1864.
8083	Weitzhausen, F	....do	9th N. H	L	Sept. 7, 1864.
11395	Weizenaker, G	....do	2d U. S. art	M	Oct. 24, 1864.
8855	Welber. E. G	....do	120th N. Y	K	Sept. 15, 1864.
5030	Welch, C	....do	3d N. Y. cav	B	Aug. 8, 1864.
8177	Welch, C	....do	39th N. Y	H	Sept. 8, 1864.
10085	Welch, C	Sergeant	9th Ill	A	Sept. 30, 1864.
5181	Welch, E	Private	24th N. Y. bat	....	Aug. 9, 1864.
6692	Welch, J	....do	5th N. Y. cav	K	Aug. 24, 1864.
7559	Welch, J	....do	7th N. H	C	Sept. 2, 1864.
11127	Welch, J	....do	5th N. Y. cav	D	Oct. 18, 1864.
4749	Welch, James	....do	7th N. H	I	Aug. 5, 1864.
10001	Welch, John	....do	1st Ill	E	Sept. 29, 1864.
11751	Welch, L	....do	24th Ill	F	Nov. 2, 1864.
5762	Welch, T. C	....do	5th Ky. cav	G	Aug. 15, 1864.
8104	Welch, V	....do	Gunboat Southfield	....	Sept. 7, 1864.
10013	Welch, W	....do	76th N. Y	G	Sept. 29, 1864.
1520	Welcome, E. D	....do	1st Wis	L	June 1, 1864.
6224	Weldon, Charles	....do	1st Mass. art	D	Aug. 20, 1864.
265	Weldon, Edson	....do	20th N. Y. cav	M	Mar. 31, 1864.
2158	Weldon, Henry	....do	7th Conn	E	June 19, 1864.
9889	Weldon, John	....do	7th N. Y. art	E	Sept. 27, 1864
12722	Wella, E	....do	57th Ohio	A	Mar. 3, 1865.
11061	Wellder, C. M	....do	22d N. Y. cav	G	Oct. 17, 1864.
3177	Weller, D	....do	9th Vt	B	July 11, 1864.
9178	Welles, C. K	....do	11th Vt	H	Sept. 18, 1864.
8598	Welles, E	....do	7th Va	C	Sept. 12, 1864.
9681	Welles, J	....do	16th Conn	....	Sept. 24, 1864.
7987	Wellington, G. R	Sergeant	12th N. Y. cav	A	Sept. 6, 1864.
5214	Wellington, G. W	Private	2d Mass. art	G	Aug. 10, 1864.
3180	Wellit, S	Sergeant	22d Mich	K	July 11, 1864.
12658	Wells, C. J	Private	10th N. J	C	Jan. 15, 1865.
2810	Wells, E	....do	8th Tenn	H	July 3, 1864.
12036	Wells, E	....do	69th N. Y	K	Nov. 16, 1864.
2161	Wells, F	Sergeant	5th Iowa	I	June 19, 1864.
7882	Wells, F	Private	7th Mich	F	Sept. 5, 1864.
7063	Wells, G. A	....do	4th Vt	F	Aug. 28, 1864
7472	Wells, Jeff	....do	9th N. Y	H	Sept. 1, 1864
12462	Wells, J. M	....do	13th Ind	D	Jan. 16, 1865.
7694	Wells, John W	....do	12th Ky. cav	D	Sept. 3, 1864.
11796	Wells, S	....do	1st Mass. art	A	Nov. 4, 1864.
9065	Wells, W. H	....do		....	Sept. 17, 1864.
1066	Welsh, Frank	....do	17th Mass	B	Mar. 13, 1864.
1092	Welsh, G. L	Citizen	Teamster	....	Mar. 14, 1864.
2310	Welsh, L	Private	146th N. Y	B	June 22, 1864.
1909	Welton, N. S	....do	1st Wis. cav	L	June 13, 1864.
3837	Weltz, Ira	Corporal	4th Ind	E	July 23, 1864.
3301	Wendlarby, A	Private	5th Mich	G	July 14, 1864.
2041	Wengo, S. R	....do	15th Ohio	F	June 16, 1864.
3378	Went, Chas	....do	7th Wis	B	July 16, 1864.
10075	Wentgel, Thomas	....do		....	Sept. 30, 1864.
9909	Wentley, J	....do	155th Pa	G	Sept. 28, 1864.
1449	Wentling, Joseph	....do	100th Ohio	K	May 29, 1864.
4338	Wentworth, Charles	....do	27th Ill	D	July 30, 1864.
657	Wentworth, Joseph	....do	83d Pa	G	April 21, 1864.

No. of grave.	Name.	Rank.	Regiment.	Co.	Died.
7582	Wentworth, L	Private	72d Ohio	A	Sept. 2, 1864.
12741	Wentz, C	....do	57th Iowa	C	Mar. 6, 1865.
3247	Werdin, W	....do	58th Mass	G	July 13, 1864.
12316	Werper, J	....do	32d Ind	E	Dec. 20, 1864.
8731	Werting, John	....do	52d N. Y	D	Sept. 14, 1864.
807	Werts, Louis,	....do	45th Ohio	D	April 30, 1864.
5306	Wertz, Charles	Sergeant	73d Pa	A	Aug. 11, 1864.
7256	Wertz, James	Private	12th N. Y. cav	I	Aug. 30, 1864.
2929	Weslake, J	....do	116th Ind	I	July 5, 1864.
4750	Weslon, W. W	....do	8th N. H	I	Aug. 5, 1864.
3743	Wesner, J	Corporal	74th Ill	G	July 21, 1864.
8024	West, C. H	Private	16th Conn	I	Sept. 6, 1864.
1334	West, E	....do	24th Mass	A	May 24, 1864.
2242	West, E	....do	7th Ind. cav	H	June 20, 1864.
9572	West, F		13th N. Y. cav	F	Sept. 23, 1864.
1788	West, H	....do	1st R. I	A	June 10, 1864.
6322	West, J	....do	2d R. I. cav	A	Aug. 21, 1864.
12739	West, J	....do	46th Mo	K	Mar. 6, 1865.
739	West, James	....do	3d N. Y. art	K	April 26, 1864.
1537	West, James	....do	3d N. Y. art	H	June 1, 1864.
10565	West, John	Seaman	Gunboat Southfield		Oct. 9, 1864.
278	West, John C	Private	11th Ky	E	Mar. 31, 1864.
7002	West, J. G	....do	1st Mass. art	E	Aug. 27, 1864.
4214	West, J. P	....do	89th Ohio	B	July 29, 1864.
4748	West, M	....do	4th Md	D	Aug. 5, 1864.
4697	West, P. H	....do	6th Ky	K	Aug. 4, 1864.
6000	West, S. N	Corporal	7th Ind	B	Aug. 17, 1864.
3964	West, William	Private	157th N. Y	E	July 23, 1864.
4554	West, W. F	....do	2d Tenn	H	Aug. 1, 1864.
7426	Westbrook, B. D	....do	6th Ill. cav	B	Aug. 31, 1864.
4717	Westbrook, J. H	....do	6th Tenn. cav	A	Aug. 4, 1864.
10844	Westbrook, R. L	Corporal	135th Ohio	F	Oct. 13, 1864.
11397	Westerbrook, D	Private	155th N. Y	H	Oct. 24, 1864.
9506	Westerfield, P. S		7th N. Y. art	B	Sept. 22, 1864.
1706	Westfall, J	....do	4th Ky	D	June 7, 1864.
3235	Westfall, John	....do	151st N. Y	H	July 12, 1864.
507	Westfrap, H	....do	125th N. Y	B	April 12, 1864.
6362	Westman, N	....do	9th Ohio cav	G	Aug. 21, 1864.
9569	Weston, ——				Sept. 23, 1864.
10303	Weston, L	....do	115th N. Y	F	Oct. 4, 1864.
8459	Westover, J	....do	9th Minn	E	Sept. 11, 1864.
4966	Wetherholt, C	....do	54th Pa	F	Aug. 7, 1864.
10632	Wetry, J. M	Corporal	116th Pa	E	Oct. 10, 1864.
4681	Wett, J. F	Private	93d Ohio	G	Aug. 3, 1864.
4272	Wetter, W. H	....do	85th N. Y	E	July 29, 1864.
6168	Weyand, William	....do	2d N J	I	Aug. 19, 1864.
7812	Whalen, H	Sergeant	6th Mich	I	Sept. 4, 1864.
3067	Whalen, M	Private	23d Ill	B	July 9, 1864.
4104	Whalen, M	....do	9th N. H	M	July 27, 1864.
12111	Whalen, M	....do	12th Wis	B	Nov. 21, 1864.
10433	Wharton, R	....do	5th N. Y. cav	L	Oct. 6, 1864.
1171	Wharton, Samuel	....do	2d Md	F	May 17, 1864.
3910	Whaum, T. S	....do	21st Ill	G	July 24, 1864.
12497	Wheat, J	....do	93d Ind	B	Jan. 21, 1865.
2199	Wheelan, J	....do	18th Ky	C	June 19, 1864.
6934	Wheelan, J	Sergeant	26th Iowa	D	Aug. 26, 1864.
4498	Wheeler, A	Private	9th Minn	C	Aug. 1, 1864.
11783	Wheeler, B	....do	11th Vt	K	Nov. 3, 1864.
9091	Wheeler, C. C	....do	14th Pa. cav	M	Sept. 18, 1864.
6611	Wheeler, D	....do	147th N. Y	H	Aug. 23, 1864.

No. of grave.	Name.	Rank.	Regiment.	Co.	Died.
9844	Wheeler, B	Private	24th Mich	A	Sept. 27, 1864.
496	Wheeler, J	....do......	150th Pa	I	April 11, 1864.
8879	Wheeler, J	....do......	7th Pa	C	Sept. 16, 1864.
9184	Wheeler, J	....do......	61st Ill	F	Sept. 18, 1864.
9265	Wheeler, J	....do......	1st Conn. art	M	Sept. 19, 1864.
992	Wheelock, A	....do......	96th Ill	H	May 10, 1864.
4649	Wheely, J. A	....do......	10th Conn	G	Aug. 3, 1864.
7561	Whelton, J. H	....do......	74th N. Y	K	Sept. 2, 1864.
9678	Whertmonr, M	....do......	15th N. Y. art	M	Sept. 27, 1864
3906	Whet, A	....do......	5th Va	F	July 26, 1864.
8740	Whicks, N	....do......	7th Tenn	H	Sept. 14, 1864.
11141	Whildhead, M. B	....do......	15th Ind. cav	L	Oct. 19, 1864.
8713	Whipp, C	....do......	9th Ill. cav	E	Sept. 14, 1864.
733	Whipple, G	....do......	4th Mich	A	April 25, 1864.
6305	Whipple, H	Corporal	18th Pa	B	Aug. 20, 1864.
2545	Whipple, J	....do......	11th N. H	C	June 27, 1864.
8011	Whipple, N. M	Private	22d N. Y. cav	D	Sept. 13, 1864.
8416	Whipple, P. C	....do......	9th Minn	F	Sept. 11, 1864.
2790	Whitaker, ——, (col'd)	....do......	8th Pa	....	July 2, 1864.
12584	Whitaker, E	....do......	72d Ohio	A	Feb. 4, 1865.
340	Whitaker, J	....do......	7th Va	B	April 4, 1864.
11724	Whitbeck, J	Corporal	20th N. Y	D	Nov. 1, 1864.
1648	Whitcombe, T. C	Private	6th Maine	F	June 5, 1864.
494	White, A	....do......	6th Ky	K	April 11, 1864.
10510	White, A	....do......	11th Vt	A	Oct. 8, 1864.
2584	White, C	....do......	1st Ky. cav	H	June 27, 1864.
12723	White, C	....do......	5th Mich. cav	F	Mar. 3, 1865.
8360	White, D	....do......	2d Pa. art	F	Sept. 10, 1864.
3034	White, E	....do......	10th N. Y. cav	D	July 7, 1864.
7277	White, E	....do......	103d Pa	K	Aug. 30, 1864.
3695	White, E. D	....do......	5th Pa. cav	K	July 21, 1864.
1121	White, G	Citizen			May 15, 1864.
2560	White, G		U. S. marine corps.	....	June 27, 1864.
3310	White, H	Private	15th Ohio	A	July 14, 1864.
10338	White, H	Sergeant	7th Tenn. cav	A	Oct. 4, 1864.
810	White, J	Private	2d Tenn	B	April 30, 1864.
1125	White, J	....do......	11th Ky. cav	D	May 15, 1864.
1794	White, J	....do......	8th Pa	F	June 10, 1864.
6807	White, J	....do......	2d Mass. art	G	Aug. 25, 1864
7188	White, J	....do......	2d Mass	G	Aug. 29, 1864.
8190	White, J	Sergeant	7th Tenn. cav	A	Sept. 8, 1864.
8680	White, J	Corporal	1st N. Y. cav	D	Sept. 13, 1864.
10733	White, J	Private	73d Ohio	E	Oct. 11, 1864.
12341	White, J	....do......	7th Ind	A	Dec. 26, 1864.
10729	White, J. M	....do......	21st Pa	G	Oct. 11, 1864.
6981	White. J. P	....do......	149th Pa	D	Aug. 27, 1864.
10854	White, J. W	....do......	6th Va. cav	C	Oct. 13, 1864.
11879	White, L	....do......	8th N. Y. art	G	Nov. 6, 1864.
9929	White, L. S	....do......	11th Tenn	D	Sept. 28, 1864.
3880	White, M	....do......	7th Pa	C	July 24, 1864.
1776	White, P	....do......	6th Ind. cav	C	June 9, 1864.
11424	White, R. B	....do......	6th Ind	D	Oct. 24, 1864.
12073	White, R. M	....do......	15th Ohio	D	Nov. 18, 1864.
7618	White, R. O. M	....do......	13th Tenn	B	Sept. 2, 1864.
4996	White, S	....do......	14th Pa. cav	B	Aug. 7, 1864.
9131	White, S	....do......	8th U. S	F	Sept. 18, 1864.
6893	White, S. A	....do......	17th Ky	G	Aug. 26, 1864.
2752	White, T	....do......	1st U. S	B	July 1, 1864.
4577	White, T	....do......	15th Mass	K	Aug. 2, 1864.
21	White, W	....do......	9th Md	C	Mar. 7, 1864.

No. of grave.	Name.	Rank.	Regiment.	Co.	Died.
9228	White, W		7th Ind	E	Sept. 19, 1864.
12125	White, W. M	Private	11th Tenn	D	Nov. 22, 1864.
4376	Whitehall, George	...do	6th Vt	B	July 31, 1864.
10464	Whitehead, A. B	...do	3d Ohio	E	Oct. 7, 1864.
7771	Whitehead, J	...do	119th Pa	G	Sept. 4, 1864.
4559	Whiteman, A. M	Corporal	5th Maine	I	Aug. 2, 1864.
10972	Whiteman, J. W	Private	16th N Y	H	Oct. 15, 1864.
9273	Whitham, B	...do	1st R. I. art		Sept. 19, 1864.
7902	Whiting, A	...do	27th Mass	H	Sept. 5, 1864.
11114	Whiting, J	...do	5th Iowa	H	Oct. 18, 1864.
8792	Whiting, M	...do	85th N. Y	D	Sept. 15, 1864.
12734	Whitman, G. E	...do	1st N. H. cav	B	Mar. 5, 1865.
12049	Whitman, P	...do	66th N Y	E	Nov. 16, 1864.
1674	Whitmond, C. R	Corporal	5th Iowa	E	June 6, 1864.
12790	Whitmore, C	Private	8th Mich cav	M	Mar. 18, 1864.
7543	Whitmore, J	...do	140th N. Y	I	Sept. 2, 1864.
5770	Whitmore, C. B	...do	40th N. Y	A	Aug. 15, 1864.
1699	Whitmore L	Corporal	104th Ill	I	June 7, 1864.
5075	Whitney, A	Private	9th Vt	D	Aug. 7, 1864.
10007	Whitney, E	...do	21st Ohio	K	Sept. 29, 1864.
5207	Whitney, J	...do	104th N. Y	E	Aug. 10, 1864.
7417	Whitney, J	...do	39th N. Y	K	Aug. 31, 1864.
5998	Whitney, J. T	...do	89th Ill	G	Aug. 17, 1864.
9105	Whitney, J. W	Corporal	4th U. S. cav	K	Sept. 18, 1864.
6867	Whitney, S. P	Private	1st Mass	G	Aug. 26, 1864.
1721	Whitney, W	...do	83d Pa	A	June 8, 1864.
3925	Whitney, W. A	...do	8th Va	F	July 25, 1864.
2899	Whitock, M	...do	2d Mich	B	July 5, 1864.
6251	Whitten, J. K. P	...do	32d Me	C	Aug. 21, 1864.
635	Whittker, S	...do	17th Mass	D	April 20, 1864.
9670	Whittle, H. W	...do	7th Tenn. cav	C	Sept. 24, 1864.
9743	Whittle, W. C	...do	85th N. Y	E	Sept. 25, 1864.
1496	Whittmore, B	...do	16th Ill. cav	D	May 31, 1864.
4155	Whittock, W	...do	14th N. Y. art	I	July 28, 1864.
3325	Whitton, G	...do	77th Ohio	K	July 14, 1864.
1067	Whitton, Robert	...do	145th Pa	C	May 13, 1864.
9525	Whitworth, W G	...do	6th Mich. cav	A	Sept. 22, 1864.
3723	Wiche, J	...do	1st Vt. cav	L	July 21, 1864.
9938	Wick, J	...do	1st Wis. cav	H	Sept. 28, 1864.
6808	Wick, R. C	...do	103d Pa	E	Aug. 25, 1864.
1734	Wicker, John	...do	40th Ky	K	June 8, 1864.
5543	Wickert, Henry	...do	14th Conn	C	Aug. 13, 1864.
6125	Wickham, G. H	...do	16th U. S	B	Aug. 19, 1864.
12042	Wickham, J	...do	14th Ohio	H	Nov. 16, 1864.
185	Wickham, William	...do	111th Ohio	B	Mar. 27, 1864.
3273	Wicks, D	...do	63d N. Y	D	July 13, 1864.
5663	Wicks, Frank	...do	1st N. Y. art	K	Aug. 15, 1864.
2934	Wicks, L	...do	6th Ind. cav	H	July 5, 1864.
9541	Wicky, J	...do	4th Ky. cav	I	Sept. 23, 1864.
4643	Widder, W	Private	5th N. J. cav	G	Aug. 3, 1864.
553	Widdows, Daniel	...do	1st Md	E	April 12, 1864.
12098	Wider, N. H	...do	184th Pa	F	Nov. 18, 1864.
3106	Wigan, M	...do	2d Mo	F	July 10, 1864.
1115	Wiggand, George	...do	22d Mass	A	May 15, 1864.
8807	Wiggin, N	...do	1st D. C. cav	M	Sept. 15, 1864.
7859	Wiggins, D	...do	2d Pa. art	D	Sept. 1, 1864.
10337	Wiggins, G. W	...do	11th Tenn. cav	C	Oct. 4, 1864.
8729	Wiggins, James	...do	52d N. Y	D	Sept. 14, 1864.
6918	Wiggleworth, Moses S.	...do	2d Conn. h. art	H	Aug. 26, 1864.
10355	Wighley, E	...do	17th U. S	C	Oct. 4, 1864.

No. of grave.	Name.	Rank.	Regiment.	Co.	Died.
2699	Wike, A	Private	96th Pa	B	June 30, 1864.
6715	Wilber, E	do	27th Mass	G	Aug. 24, 1864.
198	Wilburn, George	do	2d Del	G	Mar. 27, 1864.
4739	Wilcox, Allen	do	14th Mass	C	Aug. 2, 1864.
11428	Wilcox, C	Sergeant	5th N. Y. cav	G	Oct. 24, 1864.
8478	Wilcox, F. E	Private	85th N. Y	B	Sept. 11, 1864.
1938	Wilcox, George	do	12th N. Y. cav	F	June 14, 1864.
11111	Wilcox, H. R	do	55th N. Y	C	Oct. 18, 1864.
3576	Wilcox, J	do	85th N. Y	D	July 19, 1864.
2044	Wilcox, R	do	14th N. Y	A	June 16, 1864.
9496	Wilcox, W	Sergeant	43d N. Y	G	Sept. 22, 1864.
5613	Wildberger, P	Private	6th Ill. cav	B	Aug. 14, 1864.
8076	Wilder, H. S	do	23d Mich	K	Sept. 6, 1864.
1007	Wilder, John	do	1st Wis. cav	F	May 10, 1864.
5519	Wilder, L. E	do	2d Mass. art	G	Aug. 13, 1864.
4585	Wilder, L. F	do	11th Vt	H	Aug. 2, 1864.
11048	Wilderman, E	do	14th Pa	D	Oct. 17, 1864.
10302	Wilds, J	do	2d Del	I	Oct. 4, 1864.
11689	Wilds, J	do	154th N. Y	B	Oct. 31, 1864.
4695	Wile, A	Corporal	33d Ohio	D	Aug. 4, 1864.
10528	Wiley, A	Private	26th Ohio	I	Oct. 8, 1864.
6787	Wiley, E. T	Corporal	1st Mich	E	Aug. 25, 1864.
12607	Wiley, J	Private	59th N. Y	B	Feb. 7, 1865.
7	Wiley, Samuel	do	82d Ohio	A	Mar. 5, 1864.
5158	Wiley, T	do	7th Ill. cav	M	Aug. 9, 1864.
7622	Wiley, W	do	115th N. Y	G	Sept. 2, 1864.
12732	Wiley, W	do	32d Ill	C	Mar. 5, 1865.
7840	Wilhelm, G. A	do	1st Ill	K	Sept. 4, 1864.
5572	Willhyde, S	do	12th Tenn	A	Aug. 14, 1864.
12671	Wilkes, R	do	81st Ill	A	Feb. 18, 1865.
5353	Wilkes, S	do	77th Pa	G	Aug. 14, 1864.
57	Wilkins, A	do	12th Pa. cav	L	Mar. 17, 1864.
799	Wilkins, A	Corporal	Ringgold battery	E	April 29, 1864.
12751	Wilkins, J	Private	11th Ind	G	Mar. 10, 1865.
7318	Wilkins, S. O	do	1st Mass	L	Aug. 30, 1864.
11978	Wilkinson, C	Sergeant	101th Pa	I	Nov. 12, 1864.
10977	Wilkinson, J. N	Corporal	42d N. Y	A	Oct. 14, 1864.
1836	Wilkinson, W	do	89th Ohio	D	June 11, 1864.
90	Will, Gustavus	Private	16th Ill. cav	E	Mar. 21, 1864.
9785	Will, J	do	36th Ill	B	Sept. 26, 1864.
10445	Willard, W	do	20th Me	B	Oct. 7, 1864.
7583	Willett, W	do			Sept. 2, 1864.
3132	Willey, D. H	do	19th Me	E	July 10, 1864.
5333	Willey, J	do	2d N. J. cav	M	Aug. 11, 1864.
12156	Willey, J. S	do	8th Vt. art	A	Nov. 25, 1864.
4080	William, F	do	125th N. Y	A	July 27, 1864.
4428	William, George	do	54th Pa	H	July 31, 1864.
10230	William, Orland	do	7th Ohio cav	K	Oct. 2, 1864.
934	Williams, A	do	6th Ind	G	May 7, 1864.
3458	Williams, A	do	3d Tenn. cav	E	July 17, 1864.
8310	Williams, A	do	22d Ill	H	Sept. 9, 1864.
902	Williams, C	do	7th Tenn	B	May 5, 1864.
4198	Williams, C	do	Steamer Ariel		July 29, 1864.
7711	Williams, C	Private	6th Me. cav	C	Sept. 3, 1864.
11137	Williams, C	do	1st U. S. art	K	Oct. 19, 1864.
6661	Williams, Charles	do	27th Mass	G	Aug. 24, 1864.
1663	Williams, C. H	do	8th Kansas	A	June 6, 1864.
6219	Williams, C. R	do	85th N. Y	E	Aug. 20, 1864.
9658	Williams, C. S	do	9th Tenn. cav	B	Sept. 24, 1864.
5466	Williams, C. W	Corporal	18th Conn	A	Aug. 13, 1864.

ANDERSONVILLE CEMETERY, GEORGIA. 217

No. of grave.	Name.	Rank.	Regiment.	Co.	Died.
4023	Williams, D.	Private	18th U. S.	D	July 26, 1864.
12425	Williams, D.	....do......	75th Pa	B	Jan. 19, 1865.
3254	Williams, E.	....do......	40th Ill	D	July 13, 1864.
4522	Williams, Ed	....do......	42d N. Y.	I	Aug. 1, 1864.
1443	Williams, F	....do......	3d Pa. cav.	B	May 28, 1864.
2107	Williams, F.	....do......	38th Ind.	F	June 17, 1864.
1494	Williams, Fred	....do......	101st Pa.	K	May 31, 1864.
4603	Williams, George	Corporal	1st N. Y. cav	K	Aug. 3, 1864.
11497	Williams, G. A	Private	15th Ill. battery	....	Oct. 26, 1864.
10899	Williams, G. W.	....do......	15th Ill. battery	B	Oct. 14, 1864.
1567	Williams, H	....do......	9th N. Y. M	A	June 2, 1864.
11130	Williams, H.	....do......	2d N. Y cav	M	Oct. 18, 1864.
9028	Williams, H. D	Corporal	16th Conn.	F	Sept. 17, 1864.
1991	Williams, J	Private	7th N. H.	F	June 15, 1864.
2616	Williams, J.	....do......	83d Pa	F	June 28, 1864.
6050	Williams, J.	....do......	7th Pa.	A	Aug. 18, 1864.
8668	Williams, J.	....do......	58th Mass.	G	Sept. 13, 1864.
7945	Williams, James	....do......	63d N. Y.	G	Sept. 5, 1864.
4306	Williams, John	....do......	4th U. S	D	July 30, 1864.
4701	Williams, John	....do......	52d N. Y.	K	Aug. 4, 1864.
9920	Williams, J. A	Sergeant	38th Ind.	C	Sept. 28, 1864.
7112	Williams, J. B.	Private	24th N. Y. cav	C	Aug. 28, 1864.
7494	Williams, J. N.	....do......	31st Me.	H	Sept. 1, 1864.
6861	Williams, L	....do......	16th N. Y.	A	Aug. 26, 1864.
9516	Williams, L. D	....do......	85th N. Y	G	Sept. 22, 1864.
5051	Williams, M.	....do......	1st Mich. cav	A	Aug. 8, 1864.
3378	Williams, M. W.	....do......	U. S. navy	....	July 24, 1864.
3947	Williams, O	Sergeant	24th N. Y. bat	....	July 25, 1864.
11278	Williams, P	Private	3d N. H.	H	Oct. 22, 1864.
9447	Williams, P. W.	....do......	7th Tenn. cav	B	Sept. 21, 1864.
852	Williams, S	....do......	18th Pa. cav.	I	May 2, 1864.
12697	Williams, S.	....do......	94th N. Y	I	Feb. 23, 1865.
11418	Williams, S. M	....do......	60th Ohio	F	Oct. 24, 1864.
5786	Williams, T	....do......	2d Mich. cav	L	Aug. 15, 1864.
712	Williams, Thomas	....do......	2d N. C.	D	April 21, 1864.
9043	Williams, T. G				Sept. 17, 1864.
9343	Williams, W		20th Pa. cav	....	Sept. 20, 1864.
10521	Williams, W	....do......	46th Pa.	K	Oct. 8, 1864.
3188	Williamson, D.	....do......	90th Ohio	D	July 11, 1864.
12222	Williamson, J	....do......	145th Pa.	A	Dec. 4, 1864.
12157	Williamson, W	....do......	1st N. J	D	Nov. 25, 1864.
8548	Willington, G.	....do......			Sept. 11, 1864.
9418	Willington, H		129th Ind.	I	Sept. 21, 1864.
2815	Willis, A	Corporal	89th Ohio	A	July 3, 1864.
7500	Willis, A.	Private	35th N. J	I	Sept. 2, 1864.
12780	Willis, A. P	....do......	84th Ill.	A	Mar. 15, 1865.
3469	Willis, C	....do......	19th Mass.	K	July 17, 1864.
10231	Willis, E	Corporal	7th Wis.	E	Oct. 1, 1864.
10122	Willis, J.	Private	121st N. Y.	G	Oct. 1, 1864.
3615	Willis, James	....do......	Tenn. h. g.	....	July 20, 1864.
1646	Willis, J. P.	Seaman	U. S. navy	....	June 5, 1864.
4118	Willis, M		U. S. St'r Southf'ld	....	July 28, 1864.
11712	Willison, W.	Sergeant	89th Ill	C	Nov. 1, 1864.
11749	Willit, M.	Private	4th Ky	I	Nov. 2, 1864.
4702	Willoughley, E	....do......	148th Pa.	I	Aug. 4, 1864.
6637	Wills, S.	....do......	15th U. S	E	Aug. 23, 1864.
7038	Willser, J.	....do......	11th Ky	I	Aug. 27, 1864.
3547	Wilmath, C. W.	....do......	18th Mass.	D	July 18, 1864.
2406	Wilson, A	....do......	8th Tenn. cav	....	June 26, 1864.
3004	Wilson, A.		U. S. St'r Southf'ld	....	July 7, 1864.

LIST OF INTERMENTS IN THE

No. of grave	Name.	Rank.	Regiment.	Co.	Died.
4435	Wilson, A	Private	6th Vt	B	July 31, 1864.
3822	Wilson, Andrew	do	103d Pa	K	July 23, 1864.
741	Wilson, B	do	5th Mich. cav	D	April 26, 1864.
12009	Wilson, C. W	do	15th U. S	A	Nov. 14, 1864.
1645	Wilson, D	do	48th N. Y	H	June 5, 1864.
2784	Wilson, D	do	Ringgold bat	B	July 2, 1864.
4737	Wilson, D	do	16th Ill. cav	M	Aug. 4, 1864.
6397	Wilson, E	do	4th Ohio	A	Aug. 21, 1864.
5637	Wilson, F. C	do	9th Minn	C	Aug. 14, 1864.
10400	Wilson, G	do	50th Pa	C	Oct. 6, 1864.
11129	Wilson, G	do	140th Pa	F	Oct. 18, 1864.
6900	Wilson, George	do	32d Me	C	Aug. 26, 1864.
9657	Wilson, G. N	do	7th Pa. cav	M	Sept. 24, 1864.
8639	Wilson, G. W	do	16th Me	H	July 20, 1864.
3304	Wilson, H	do	2d Tenn	B	July 14, 1864.
5870	Wilson, H. A	do	57th N. Y	A	Aug. 16, 1864.
957	Wilson, J	do	22d Mich	K	May 8, 1864.
3737	Wilson, J	do	12th Tenn	F	July 21, 1864.
7542	Wilson, J	do	3d Va	B	Sept. 2, 1864.
7549	Wilson, J	do	2d Mass. art	H	Sept. 2, 1864.
7831	Wilson, J	do	5th R. I	A	Sept. 4, 1864.
11768	Wilson, J	do	11th N. H	I	Nov. 3, 1864.
1133	Wilson, James	do	132d N. Y	K	May 16, 1864.
1387	Wilson, James	do	13th Pa. cav	B	May 26, 1864.
1913	Wilson, James	do	93d Ohio	I	June 13, 1864.
764	Wilson, John	do	14th Pa. cav	H	April 27, 1864.
3757	Wilson, John	do	95th N. Y	A	July 22, 1864.
9501	Wilson, J. B	do	6th Ind. cav	C	Sept. 22, 1864.
4793	Wilson, J. M	do	13th Tenn	D	Aug. 5, 1864.
2417	Wilson, J. N	do	75th Ind	G	June 24, 1864.
6832	Wilson, M	do	2d N. Y. art	H	Aug. 25, 1864.
10845	Wilson, P. D	do	10th Iowa	G	Oct. 13, 1864.
6769	Wilson, Robert	do	34th Mass	A	Aug. 25, 1864.
6742	Wilson, S	do	2d Mass. art	G	Aug. 24, 1864.
3982	Wilson, S. S	do	2d Tenn	D	July 26, 1864.
2102	Wilson, W	do	11th Mich	I	June 17, 1864.
10301	Wilson, W	do	1st D. C. cav	E	Oct. 4, 1864.
10545	Wilson, W	do	18th Mass	B	Oct. 8, 1864.
11983	Wilson, W	do	155th N. Y	H	Nov. 13, 1864.
945	Wilson, Walter	do	11th Va	F	May 7, 1864.
2710	Wilson, William	do	4th N. H	F	July 1, 1864.
3921	Wilson, William	do	43d Pa		July 25, 1864.
5458	Wilson, William	do	7th Pa. res	K	Aug. 12, 1864.
5669	Wilson, William A	Sergeant	6th Tenn	A	Aug. 14, 1864.
1130	Wimmer, J	Private	6th Ill. cav	I	May 15, 1864.
5675	Winchel, John L	do	16th Conn	E	Aug. 14, 1864.
10395	Winchell, S	do	3d Pa. art	A	Oct. 6, 1864.
2591	Winchester, Geo	do	21st Wis	I	June 28, 1864.
6405	Winder, A	do	120th Ind	I	Aug. 21, 1864.
5121	Winder, P	do	70th Ohio	D	Aug. 9, 1864.
9573	Windgate, C	do	111th Pa	I	Sept. 23, 1864.
135	Windinger, John	do	117th Ind	G	Mar. 24, 1864.
12307	Windlass, S	do	8th Mich. cav	K	Dec. 18, 1864.
6233	Windnep, A	do	15th N. Y. art	C	Aug. 20, 1864.
12107	Wineberey, J	do	7th Tenn	M	Nov. 21, 1864.
12078	Winebrook, P	do	35th Ind	B	Nov. 18, 1864.
4046	Winegarden, A	do	73d Pa	G	July 27, 1864.
4961	Winegarden, A. S	do	1st Mich. cav	K	Aug. 7, 1864.
2104	Winegardner, L	do	18th N. Y	G	June 17, 1864.
4941	Winemiller, John	Sergeant	56th Ill	G	Aug. 7, 1864.

No. of grave.	Name.	Rank.	Regiment.	Co.	Died.
6530	Winerman, J	Private	77th Pa	A	Aug. 23, 1864.
6121	Winfries, W. S	do	3d Ky	A	Aug. 19, 1864.
9022	Wing, A	do	17th Mich	G	Sept. 17, 1864.
2536	Wing, F	do	2d Ohio cav	M	June 26, 1864.
11472	Wingard, D	do	3d N. H.	G	Oct. 26, 1864.
989	Wink, Lewis	do	16th Ill. cav	C	May 10, 1864.
12759	Winklet, T	do	McLaughlin's Ohio Squadron.	B	Mar. 12, 1865.
7980	Winn, James	do	7th N. Y. art	D	Sept. 6, 1864.
3069	Winn, P	do	20th N. Y. cav	F	July 9, 1864.
11474	Winney, G. A	do	100th N. Y.	D	Oct. 26, 1864.
8755	Winning, David M	do	125th Ill	C	Sept. 14, 1864.
2764	Winningham, J	do	2d Tenn	B	July 2, 1864.
4639	Winship, James	do	36th Ind	K	Aug. 3, 1864.
401	Winship, J. H	do	18th Conn	C	April 9, 1864.
2937	Winsinger, S	do	96th Pa	E	July 5, 1864.
3860	Winslow, E	do	1st Me	B	July 24, 1864.
5512	Winslow, N. L	do	4th Me	K	Aug. 13, 1864.
7122	Winsor, J	do	117th N. Y.	I	Aug. 28, 1864.
8233	Winter, G	do	9th Minn	H	Sept. 9, 1864.
6101	Winter, H	do	11th Ky. cav	E	Aug. 18, 1864.
7184	Winters, F. W	do	84th Ind	C	Aug. 29, 1864.
5726	Winters, George	do	145th Ohio	K	Aug. 15, 1864.
884	Winters, P	do	1st Wis	M	May 5, 1864.
6079	Winters, William	do	24th Ill	H	Aug. 18, 1864.
8172	Winworth, G	do	1st D. C. cav	G	Sept. 8, 1864.
2301	Winy, James	do	7th Ill. cav	H	June 22, 1864.
1812	Wise, Ely	do	88th Ind	D	June 10, 1864.
12027	Wise, G. B	do	6th U. S.	F	Nov. 15, 1864.
192	Wise, Isaac	do	18th Pa	G	Mar. 27, 1864.
78	Wise, John	do	9th Md	D	Mar. 20, 1864.
4181	Wisel, M	do	18th Pa. cav	K	July 28, 1864.
7667	Wisemer, H	do	52d N. Y.	I	Sept. 3, 1864.
2901	Wiser, R. M	do	1st Ky	B	July 5, 1864.
9634	Wisner, J	do	100th Pa	A	Sept. 24, 1864.
6318	Wisser, F. J	do	35th Ohio	A	Aug. 20, 1864.
2213	Withenick, A. K	do	9th Iowa	K	June 20, 1864.
6213	Witherell, O	do	47th Mass	C	Aug. 20, 1864.
11578	Witman, D	do	13th Md	D	Oct. 23, 1864.
10426	Witsin, J	do	118th Pa	D	Oct. 6, 1864.
4826	Witt, T	do	125th Ind	D	Aug. 5, 1864.
7689	Witt, T	do	1st Vt. cav	F	Sept. 3, 1864.
9057	Wittsey, D	do	7th N. Y. art		Sept. 17, 1864.
7349	Witzgall, John	do	2d Ind	D	Aug. 30, 1864.
3319	Wolf, A	do	10th Tenn	C	July 14, 1864.
4069	Wolf, A	do	146th Pa	D	July 27, 1864.
2855	Wolf, B. F	do	8th Iowa	E	July 4, 1864.
1791	Wolf, Samuel	do	76th Pa	B	June 10, 1864.
11821	Wolf, T	do	88th N. Y.	D	Nov. 5, 1864.
11031	Wolf, W	do	2d N. Y. art	M	Oct. 16, 1864.
9626	Wolfe, C	do	14th Vt	B	Sept. 24, 1864.
1920	Wolfe, F	do	13th Mich	E	June 14, 1864.
6130	Wolfe, Frederick	Corporal	24th N. Y.	E	Aug. 19, 1864.
60	Wolfe, J	Private	11th Tenn	E	Mar. 18, 1864.
7834	Wolfe, J. D	do	3d N. H.	F	Sept. 4, 1864.
941	Wolfe, J. H	do	13th Pa. cav	H	May 7, 1864.
4916	Wolfe, J. H	do	2d Iowa	C	Aug. 6, 1864.
10902	Wolford, D	do	54th Pa	K	Oct. 14, 1864.
591	Wolfram, A	do	52d N. Y.	C	April 17, 1864.
5031	Wolverton, —	do	1st N. J. cav	I	Aug. 8, 1864.
3437	Wolverton, C	do	6th Mich	B	July 17, 1864.

No. of grave.	Name.	Rank.	Regiment.	Co.	Died.
6996	Wolverton, J. S.	Sergeant	5th Mich. cav	A	Aug. 27, 1864.
8415	Wood, A.	Private	21st Ill	G	Sept. 15, 1864.
98	Wood, A.	do	2d Minn	B	May 10, 1864.
5211	Wood, A. L.	do	4th Ohio	L	Aug. 10, 1864.
8831	Wood, A. O.	Sergeant	7th Mich. cav	M	Sept. 10, 1864.
7521	Wood, E. G.	Private	24th N. Y. bat	...	Sept. 1, 1864.
3607	Wood, F.	do	5th N. Y. cav	I	July 19, 1864.
11242	Wood, F.	do	24th Mich	E	Oct. 21, 1864.
10063	Wood, H.	do	15th N. Y.	D	Sept. 30, 1864.
7231	Wood, J.	do	7th Tenn	C	Aug. 29, 1864.
7686	Wood, J.	do	97th N. Y.	D	Sept. 3, 1864.
9715	Wood, J.	do	10th N. Y. cav	M	Sept. 24, 1864.
11557	Wood, J.	Sergeant	19th Pa	C	Oct. 27, 1864.
1604	Wood, J.	Private	15th Ohio	B	June 4, 1864.
5909	Wood, J. B.	do	9th Minn	H	Aug. 16, 1864.
12137	Wood, J. M.	do	2d Pa. art	F	Nov. 23, 1864.
5039	Wood, J. S.	do	6th N. Y. art	A	Aug. 8, 1864.
3551	Wood, M.	do	111th N. Y.	H	July 24, 1864.
6115	Wood, P. D.	do	3d Tenn	B	Aug. 19, 1864.
6761	Wood, S.	do	123d Ohio	A	Aug. 25, 1864.
1055	Wood, William	do	89th Ohio	A	May 14, 1864.
7056	Wood, W. H	do	59th Ohio	E	Aug. 28, 1864.
10141	Wood, W. J.	do	95th N. Y	H	Oct. 1, 1864.
2246	Wood, W. J.	do	12th N. J	E	June 20, 1864.
11722	Woodburn, J. D	do	7th Pa	G	Nov. 1, 1864.
2345	Woodbury, A	do	7th N. H	H	June 23, 1864.
6483	Woodbury, B	do	17th Mass	A	Aug. 22, 1864.
4585	Woodbury, J	do	9th Minn	C	Aug. 1, 1864.
1042	Woodcock, R	do	16th Ill. cav	L	May 12, 1864.
7023	Woodford, J. A	do	106th Pa	E	Aug. 27, 1864.
5696	Woodhull, D. F	do	8th N. Y. cav	E	Aug. 15, 1864.
8264	Woodmaney, G	do	11th Vt	F	Sept. 9, 1864.
9132	Woodmemsey, D. M	do	3d N. Y. cav	M	Sept. 18, 1864.
3992	Woodruff, H	do	1st Mich. cav	E	July 26, 1864.
12699	Woodruff, J	do	4th Tenn. cav	B	Feb. 24, 1865.
9527	Woodruff, J. M	do	135th Ohio	F	Sept. 22, 1864.
3324	Woodruff, W. D	do	103d Pa	D	July 16, 1864.
9874	Woods, H	do	115th N. Y.	G	Sept. 27, 1864.
11392	Woods, J. M	do	1st Vt	F	Oct. 24, 1864.
11606	Woods, R. C	do	Knapp's bat	...	Oct. 28, 1864.
12779	Woods, F	do	13th Tenn	B	Mar. 15, 1865.
3031	Woodsend, T	do	7th Tenn	K	July 7, 1864.
1749	Woodsides, W. J.	do	18th Pa. cav	E	June 9, 1864.
1993	Woodward, G. W	do	3d Pa. cav	D	June 13, 1864.
10942	Woodward, J	Sutler	9th Iowa	...	Oct. 14, 1864.
794	Woodward, L. A.	Private	7th N. H	K	April 29, 1864.
5751	Woodward, S. P	do	1st Vt. art	H	Aug. 15, 1864.
6564	Woodward, W. A	do	27th Mass	B	Aug. 23, 1864.
9484	Woodward, W. D	do	1st Wis	H	Sept. 22, 1864.
2363	Woodward, W. W	do	20th Ind	A	June 23, 1864.
8322	Woodworth, B	do	50th N. Y	D	Sept. 10, 1864.
11323	Wooltinger, H	do	12th Mich	H	Oct. 23, 1864.
779	Woolley, J	do	45th Ohio	B	April 28, 1864.
12356	Woolley, J. C	do	7th N. Y. art	K	Dec. 30, 1864.
6458	Woolley, M		U. S. navy	...	Aug. 22, 1864.
9534	Woolman, H	do	18th Pa. cav	A	Sept. 22, 1864.
9193	Woolsey, J		2d Tenn	F	Sept. 18, 1864.
1089	Woolsey, R	do	22d Mich	E	May 14, 1864.
6980	Woolslair, W. H.	Corporal	77th Pa	A	Aug. 27, 1864.
8131	Woolston, S. P	Sergeant	13th Iowa	H	Sept. 8, 1864.

ANDERSONVILLE CEMETERY, GEORGIA. 221

No. of grave.	Name.	Rank.	Regiment.	Co.	Died.
259	Wootten, J	Private	2d Tenn	A	Mar. 31, 1864.
7884	Wordand, H	Corporal	1st N. Y	I	Sept. 5, 1864.
5520	Wordell, G. K		U. S. navy		Aug. 16, 1864.
11386	Worden, G. W	Sergeant	7th Tenn	E	Oct. 24, 1864.
2457	Worden, J	Private	44th Ind	B	June 25, 1864.
11498	Worenton, J. H	do	106th Pa	H	Oct. 26, 1864.
6133	Workman, A	do	11th Pa	D	Aug. 19, 1864.
3696	Workman, J	do	7th Ill	G	July 21, 1864.
2554	Worp, J	do	3d Va	H	July 4, 1864.
1299	Worster, C. B	do	5th U. S. cav	H	May 23, 1864.
9384	Worte, J		116th Ohio		Sept. 20, 1864.
6608	Wortell, H. H	do	7th Tenn. cav	I	Aug. 23, 1864.
11770	Worthen, D	do	122d Ohio	B	Nov. 3, 1864.
2275	Worthen, W	do	9th Md	C	June 20, 1864.
11865	Worthins, S. F	do	1st Vt. cav	D	Nov. 6, 1864.
10582	Worthy, A. A	do	21st Ill	K	Oct. 10, 1864.
3410	Would, Joseph	do	11th Conn	C	July 16, 1864.
2132	Wray, Samuel	do	13th Tenn	C	June 12, 1864.
4688	Wries, J	Corporal	111th Ohio	B	Aug. 4, 1864.
12043	Wright, C	Private	1st Me	G	Nov. 16, 1864.
5222	Wright, C	do	16th Conn	B	Aug. 10, 1864.
4730	Wright, Charles	Teamster			Aug. 4, 1864.
6369	Wright, C. E	Private	27th Mass	B	Aug. 21, 1864.
7048	Wright, C. S	do	12th U. S	C	Aug. 27, 1864.
7322	Wright, C. S	do	11th Vt	A	Aug. 30, 1864.
4847	Wright, Charles S	do	115th N. Y	E	Aug. 6, 1864.
10941	Wright, D	do	43d N. Y	G	Oct. 14, 1864.
1021	Wright, J	do	12th Pa. cav	B	May 11, 1864.
1894	Wright, J. C	Corporal	1st Ky. cav	G	June 13, 1864.
5126	Wright, J. J	Private	142th N. Y	I	Aug. 9, 1864.
8298	Wright, J. S	do	89th Ohio	E	Sept. 9, 1864.
2024	Wright, J. W	do	35th Ill	C	June 28, 1864.
5267	Wright, J. W	do	7th Tenn. cav	B	Aug. 10, 1864.
5205	Wright, M	do	57th Ill	E	Aug. —, 1864.
19	Wright, Moses	do	2d R. I. cav	A	Mar. 7, 1864.
6288	Wright, M. E	do	27th Mass	C	Aug. 20, 1864.
1194	Wright, Samuel	do	6th Ind	I	May 12, 1864.
8142	Wright, S. M	do	7th N. J		Sept. 8, 1864.
1093	Wright, W	do	10th Pa. cav	A	May 14, 1864.
3269	Wright, W	do	5th Mich. cav	K	July 13, 1864.
10840	Wright, W	do	16th Pa	I	Oct. 13, 1864.
749	Wright, W. A	do	7th Mich	K	April 26, 1864.
3277	Wright, W. A	do	20th Pa. cav	G	July 13, 1864.
3562	Wright, W. M	do	3d Mass. art	G	July 18, 1864.
2840	Wroten, D	do	89th Ohio	H	July 3, 1864.
7784	Wulslager, John	Sergeant	85th N. Y	G	Sept. 4, 1864.
1977	Wyant, H	Private	103d Pa	G	June 15, 1864.
4589	Wyatt, James	do	147th N. Y	G	Aug. 2, 1864.
8908	Wyckhames, D. D	do	73d Pa	G	Sept. 16, 1864.
12470	Wyer, R	do	3d Me	K	Jan. 16, 1865.
7373	Wyett, J	do	90th Ohio	B	Aug. 31, 1864.
6372	Wyman, A	do	32d Me	C	Aug. 21, 1864.
4923	Wyman, H. C	do	2d Mass. art	H	Aug. 6, 1864.
2095	Wyman, J	do	16th Me	A	June 17, 1864.
1386	Wynans, J	Corporal	150th Pa	C	May 26, 1864.
7334	Wyucoop, G	Sergeant	12th N. Y. cav	H	Aug. 30, 1864.
11750	Wyncoop, T. J	Private	7th Pa	I	Nov. 2, 1864.
2900	Wyne, W. E	do	13th Ind	D	July 5, 1864.
1051	Wyrick, Eli	do	2d Tenn	A	May 12, 1864.
7799	Wynn, H	do	10th Pa	F	Sept. 4, 1864.

Y.

No. of grave.	Name.	Rank.	Regiment.	Co.	Died.
2910	Yacht, E	Sergeant	22d Mich	E	July 5, 1864.
10766	Yagle, C	Private	24th Ill	B	Oct. 12, 1864.
383	Yarbor, Y	do	5th Tenn	I	April 5, 1864.
6496	Yarger, A	do	18th U. S	K	Aug. 22, 1864.
5682	Yarnell, J. E	do	3d Tenn	E	Aug. 14, 1864.
12369	Yates, J	do	120th Ill	E	Dec. 9, 1864.
7433	Yates, W. C	do	71st N. Y	H	Sept. 1, 1864.
11872	Yeager, J	do	49th Pa	C	Nov. 6, 1864.
7816	Yeager, John	do	7th Ohio cav	B	Sept. 4, 1864.
2689	Yeager, L	Sergeant	11th Ky cav	D	June 30, 1864.
6545	Yeager, Samuel	Private	158th Pa	D	Aug. 23, 1864.
3758	Yeast, F	do	1st Ky. cav	I	July 22, 1864.
4984	Yencer, J. D	do	24th N. Y. bat		Aug. 7, 1864.
12501	Yeomand, G	do	7th N. Y	A	Jan. 21, 1865.
12626	Yessen, A	do	24th Wis	A	Feb. 10, 1865.
455	Yieldhall, R	do	9th Md	C	April 9, 1864.
6103	Yingling, E	do	78th Pa	E	Aug. 18, 1864.
1166	Yocomb, J	do	10th Ky	D	May 17, 1864.
3799	Yocomb, W. B	do	93d Pa	B	July 22, 1864.
904	Yocombs, H	do	11th Ky	D	May 5, 1864.
4900	Yocum, J	do	1st Pa cav	M	Aug. 6, 1864.
8736	York, Charles	do	1st N. H. cav	B	Sept. 14, 1864.
9536	Yorke, C	do	5th Mich	K	Sept. 22, 1864.
5838	Yorter, David	do	28th Ind	B	Aug. 16, 1864.
5055	Younce, C. A	do	7th Ind. cav	I	Aug. 8, 1864.
1142	Young, ——	do	2d Tenn	F	May 16, 1864.
148	Young, A	do	8th Va	C	Mar. 5, 1864.
456	Young, A. B	do	8th Va	C	April 9, 1864.
6539	Young, C	do	41st N. Y	D	Aug. 23, 1864.
6394	Young, C. L	Corporal	16th Conn	C	Aug. 21, 1864.
12246	Young, D	Citizen	Teamster		Dec. 8, 1864.
8224	Young, E	Private	2d N. Y. art	L	Sept. 8, 1864.
694	Young, Edwin	do	8th Va	C	April 23, 1864.
1306	Young, Eugene	do	111th N. Y	G	May 23, 1864.
178	Young, E. W	do	3d Me	H	Mar. 26, 1864.
7411	Young, F. B	do	148th N. Y	A	Aug. 31, 1864.
10754	Young, F. B	do	2d U. S. art	M	Oct. 12, 1864.
8733	Young, George C	do	22d N. Y. cav	H	Sept. 14, 1864.
6922	Young, G. W	do	2d Mass. art	H	Aug. 26, 1864.
4127	Young, Henry	Citizen	Teamster		
6369	Young, J	Private	3d Me	H	Aug. 20, 1864.
6946	Young, J	Sergeant	1st N. Y. cav	B	Aug. 26, 1864.
7876	Young, J	Private	9th Ohio	F	Sept. 5, 1864.
878	Young, James	do	2d Tenn	B	May 4, 1864.
6068	Young, John	do	7th Ohio	E	Aug. 18, 1864.
10204	Young, J. B	do	49th Pa	G	Oct. 1, 1864.
11373	Young, J. C	do	19th U. S	A	Oct. 23, 1864.
8140	Young, J. W	Corporal	8th Me	I	Sept. 8, 1864.
7152	Young, N. C	Private	1st Mass	I	Aug. 29, 1864.
7101	Young, Robert	do	1st U. S. cav	K	Aug. 28, 1864.
5006	Young, S. D	do	9th Minn	I	Aug. 8, 1864.
10583	Young, W	do	6th Ohio	G	Oct. 9, 1864.
12659	Young, W	do	15th Ohio	A	Feb. 16, 1865.
8257	Young, W. A	do	Ship Ariel		Sept. 9, 1864.
11040	Young, W. H	do	145th Pa	F	Oct. 17, 1864.
5598	Youngs, Charles	do	15th N. Y	C	Aug. 14, 1864.
5477	Younker, S	do	80th Ohio	F	Aug. 13, 1864.
10481	Younker, W	do	1st N. Y. art	B	Oct. 7, 1864.
638	Yuterler, W. A	do	45th Ohio	E	April 20, 1864.

No. of grave.	Name.	Rank.	Regiment.	Co.	Died.
	Z.				
10428	Zaic, P	Sergeant	10th U. S	C	Oct. 6, 1864.
11327	Zane, M	Private	118th Pa	E	Oct. 23, 1864.
6573	Zane, William	....do	19th Pa	K	Aug. 23, 1864.
7480	Zaphan, H. P.	....do	7th N. Y. art	E	Sept. 1, 1864.
1060	Zeck, W. J	Corporal	7th Md	E	May 13, 1864.
12617	Zeigler, F	Private	145th N. Y	G	Feb. 8, 1865.
6348	Zerl, S	....do	103d Pa	F	Aug. 25, 1864.
1806	Zerphy, J	....do	79th Pa	C	June 10, 1864.
5257	Zetter, G	....do	4th Ky. cav	G	Aug. 10, 1864.
2626	Zett, J	....do	22d Mich	D	June 28, 1864.
4255	Zimmerman, B	....do	148th Pa	B	July 29, 1864.
3223	Zimmerman, Charles	....do	9th Md	E	July 12, 1861.
2391	Zimmerman, J	....do	1st Ill. art	....	June 24, 1861.
7793	Zimmerman, J	....do	17th U. S	D	Sept. 4, 1864.
10450	Zimmerman, M	....do	14th M. S	I	Oct. 7, 1864.
11253	Zink, A. J	....do	72d Ohio	E	Oct. 21, 1864.
1540	Zint, J. J	....do	65th Ind	H	June 1, 1864.
12204	Zoller, F. W	....do	40th N. Y	D	Dec. 1, 1864.
72	Zoran, Philip	....do	44th Ill	I	Mar. 20, 1864.
3225	Zuber, J. M	....do	100th Ohio	B	July 12, 1864.
	SMALL-POX CASES.				
	B.				
61	Bayne, Donald	Private	57th N. Y	D	July 4, 1864.
58	Bechler, Daniel	....do	5th Tenn	F	June 21, 1864.
6	Brandon, C.	....do	4th Tenn	D	April 4, 1864.
57	Broils, S.	....do	4th Tenn	F	June 21, 1864.
52	Brumwelt, H. D	....do	2d Tenn	H	June 3, 1864.
16	Burke, John	....do	2d Tenn	D	April 12, 1864.
	C.				
60	Christain, John	Private	2d Tenn	H	July 9, 1864.
5	Coodis, Z.	....do	117th Ind	K	Mar. 31, 1864.
	D.				
27	Devine, George	Private	1st Ky. cav	I	April 17, 1864.
23	Duncan, E	....do	12th Ky. cav	G	April 15, 1864.
43	Dykes, Pleasant	....do	2d Tenn	K	May 11, 1864.
	E.				
55	Eddles, James E	Private	2d Tenn	E	June 16, 1864.
	F.				
62	Frier, John	Private	2d Tenn	H	June 9, 1864.
	G.				
14	Geront, Samuel	Private	3d Tenn	E	April 10, 1864.
15	Graves, Henry	....do	2d Tenn	E	April 11, 1864.
59	Gray, John W	....do	2d Tenn	I	June 29, 1864.
3	Guild, James	....do	11th Tenn. cav	B	Mar. 18, 1864.
	H.				
4	Halsom, David	Private	8th Mich. cav	A	Mar. 27, 1864.
2	Headley, J. D	....do	18th Pa	G	Mar. 15, 1864.
31	Heaton, Amos	....do	45th Ohio	F	April 20, 1864.
26	Hooper, Samuel	....do	11th Ky. cav	D	April 16, 1864.

No. of grave.	Name.	Rank.	Regiment.	Co.	Died.
	J.				
29	Jenner, Henry	Private	3d N. Y. art	K	April 19, 1864.
	K.				
13	Kiger, J. H.	Corporal	45th Ohio	E	April 9, 1864.
7	King, Alexander	Private	17th Iowa	H	April 4, 1864.
35	King, James F	....do	2d Tenn.	D	April 25, 1864
	L.				
8	Larow, Thomas	Private	2d Tenn	H	April 4, 1864.
37	Lenner, John	....do	17th Mich	F	April 28, 1864.
53	Levi, J. N	....do	2d Tenn	K	June 3, 1864.
45	Lingo, James	....do	2d Tenn	K	May 17, 1864.
	M.				
24	Mayes, W	Private	2d Tenn	E	April 15, 1864.
41	Meadors, W. L	....do	4th Va. cav	K	May 3, 1864.
38	Mee, Thomas	....do	2d Tenn	F	April 29, 1864.
46	Morgan, H. S	....do	2d Tenn	G	May 18, 1864.
64	Mullins, W. W	....do	1st Ky. cav	H	Aug. 8, 1864.
	N.				
63	Nelson, John	Private	1st Ky. cav	D	July 19, 1864.
50	Nicely, ——	....do	8th Tenn	H	June 2, 1864.
	O.				
30	O'Neil, D.	Private	18th Ill. cav	K	April 9, 1864.
	P.				
32	Parker, Wiley	Private	3d Tenn	B	April 23, 1864.
25	Payne, Joseph	Corporal	29th Me	A	April 16, 1864.
10	Phillips, N	Private	2d Tenn	H	April 6, 1864.
20	Pilkerton, John	....do	11th Mass	E	April 14, 1864.
1	Poliver, Martin	....do	2d Tenn	E	Mar. 12, 1864.
9	Price, Barky	....do	45th Ohio	F	April 6, 1864.
	R.				
54	Raymond, C	Private	20th Mass	I	June 12, 1864.
49	Reed, Harman	....do	103d Ohio	E	May 25, 1864.
17	Riddle, Robert	....do	2d Tenn	F	April 12, 1864.
18	Rule, T. A	....do	10th Iowa.	A	April 12, 1864.
	S.				
42	Sabin, Alonzo	Private	100th Ohio	A	May 11, 1864.
39	Sandusky, G	....do	2d Tenn	B	April 29, 1864.
51	Skaggs, I. P	....do	11th Ky. cav	G	June 2, 1864.
44	Smith, John	....do	2d Ky.	I	May 13, 1864.
11	Stauton, W	....do	4th Tenn	E	April 6, 1864.
56	Stout, David D	....do	2d Tenn	F	June 18, 1864.
23	Stiner, Gotlieb	....do	20th Mo.	A	April 17, 1864.
36	Stiner, W. H	....do	2d Tenn	E	April 28, 1864.
12	Sutton, Thomas	....do	2d Tenn	I	April 8, 1864.
	T.				
47	Taylor, C. W	Private	84th Pa	B	May 24, 1864.
48	Tilt, George.	....do	2d Mich. cav.	D	May 24, 1864.

No. of grave.	Name.	Rank.	Regiment.	Co.	Died.
	W.				
40	Ward, T. B	Private	1st Ky. cav	A	May 3, 1864.
19	Weaver, P	do	2d Tenn	D	April 13, 1864.
33	Weese, William	do	2d Tenn	I	April 23, 1864.
22	Whitby, R. B.	do	2d Tenn	E	April 15, 1864.
21	Winchester, J. D	do	1st Tenn. cav	E	April 15, 1864.
34	Wright, William	do	7th Ohio	H	April 24, 1864.

www.ingramcontent.com/pod-product-compliance
Lightning Source LLC
Chambersburg PA
CBHW021837230426
43669CB00008B/999